스토리액팅
STORYACTING

세상을 움직이고 이끄는 것은 기계가 아니라 생각이다.

- 빅토르 위고

전영범 지음

스토리액팅
STORYACTING

스토리, '텔링'을 넘어 '액팅'으로

생각의 근육을 키우는
리더(Leader)의 리딩(Reading)

인생이라는 항해에서 가장 좋은 배는 리더십(leadership)이다. 이 배의 선장인 리더는 남들보다 한발 앞서 먼저 고민하고 상황에 끌려가지 않고 허둥대는 조직원을 이끌어갈 수 있는 혜안을 지닌 사람이다. 많은 사람들이 리더가 되기를 꿈꾼다. 리더십을 기르는 무수한 방법론이 쏟아져 나온다. 그런데 리더의 삶은 어떤 모습일지 생각해본다. 자신의 인생 시나리오를 남이 써주거나 현실에 휩쓸려 이리저리 왔다 갔다 하지 않고 스스로의 원칙을 믿고 나아갈 수 있는 힘이 있는 사람이 리더다.

외면적인 리더의 모양 그리고 리더십에 대한 책은 사회과학의 영역이겠지만 리더의 내면 모습은 인문교양의 영역이다. 리더는 스스로 자신의 인생 스토리를 드라마의 쪽대본처럼 허겁지겁 써 내려가는 사람은 아니다. 스스로 스토리를 텔링하는 데에서 나아가 액팅하는 사람이다. 리더가 스스로의 내면 모습을 만드는 데 필요한 나침반이 되는 이야기들을 몇 가지 키워드를 중심으로 엮었다. 많은 사람들이 몇 가지의 법칙만 실천하면 180도 바뀌는 자신의 모습을 발견할 것이라고 특효약 같은 행동양식을 책이나 다양한 방식으로 제시한다. 이 책은 이런 특효약을 제시하지는 않을 것이다. 꾸준히 스스로의 체질을 개선해 미래를 스스로 연출하는 사람으로 일상의 행복을 긴 호흡으로 누릴 수 있기를 바라는 마음에서 쓴 글이다. 특효약을 찾는 사람이라면 이 글이 다소 고답적이고 공자님 말씀 같다고 느낄 수도 있다. 책에는 많은 사람들의 사례가 소개되었고 이런 이야기들이 어떤 힌트를 넘어 스스로가 만드는 인생 스토리에 응용되었으면 하는 바람이 크다.

  '스토리텔링'이란 말이 익숙한 유행어처럼 넘쳐나는 시대다. 오디션 프로그램에서는 재능만 있는 사람보다 강렬한 인생의 스토리텔링 요소가 있는 사람이 스타가 된다. 휴대폰 판매원에서, 보일러공에서 일약 스타 가수가 된 사람도 있다. 이런 사람들이 자신의 인생에 특별한 시나리오를 쓰지 않고, 자신이 스토리텔링한 내용의 스토리를 액팅(acting)하지 않았다면 삶에 별다른 변화는 없었을 것이다. 시나리오를 준비하고 스토리텔링을 하는 수준에서 나아가 스토리를 액팅할 수 있는 강력한 에너지를 발견해내지 못하면 시나리오는 빛을 잃을 것이다.
  철학자 프랜시스 베이컨은 "아는 것이 힘"이라고 했다. 아는 것은 스토리텔링을 위한 시나리오를 작성하는 데는 유효하지만, 강력한 행동의 동기부여를 위해서는 "하는 것이 힘"이 되어야 한다. 그래서 '스토리액팅'의 개념을 제시한다. 스토리액팅을 위해서는 우선, 우리가 유한한 삶에서 행복과 죽음에 대한 생각을 정립할 필요가 있다. 그래야 단단한 스토리텔링의 기초가 형성될 것이다. 그리고 시간을 소중히 여기고, 꿈을 갖고 도전하고, 사회적 존재로서 인간관계를 원만히 할 때 자신의 스토리액팅은 완성될 수 있다.

  인간은 때로 생존을 위해 음식물보다 이야기가 더 필요하다. 나의 삶을 설레게 하는 이야기가 있어야 동기가 부여된다. 미래를 구체적인 스토리로 상상할 때 우리는 도전하고 움직이는 강력한 에너지원을 얻을 수 있는 것이다. 우리는 이야기로 성경을 배우고 불경을 읽는다. 그리고 어떤 영적인 체험을 전하기도 한다. 이야기를 텔링하고 액팅하는 모델을 어떤 것을 취하느냐에 따라 한 사람의 인생이 달라진다. 인생의 스토리를 써 내려갈 때 필요한 몇 가지 키워드가 떠오른다. "행복, 죽음, 시간, 도전, 관계." 이 책에서 주로 다루고자 하는 인생의 나침반들이다. 이런 풍부한 이야기들이 리더에게 생각의 마중물이 되었으면 한다.

스토리가 완벽해지면, 한 사람의 인생도 하나의 작품이 될 수 있다. 위대한 사람의 삶의 자취를 따라가다 보면 우리가 본받아야 할 스토리텔링의 포인트가 있다. 하나의 작품이 된 인생에는 흥미 있는 시나리오가 숨어있다. 그 시나리오를 우리의 삶에 응용해 강력한 스토리액팅(storyacting)의 에너지로 삼는 것은 오로지 독자의 생각에 달려있다. 이 책은 두 부분으로 나눌 수 있다. 1부는 누구나 생각하는 행복한 삶과 후회 없는 죽음을 위해 우리가 어떤 인생의 스토리텔링을 준비할 것인가에 관한 내용이고, 2부는 스토리텔링에서 나아가 행동하는 힘, 즉 스토리액팅의 동기를 얻고자 하는 것에 관한 내용이다. 스토리액팅의 방법을 얻기 위해 시간을 소중히 여기는 삶, 꿈을 가지고 도전하는 삶, 관계 속에서 자신을 완성하는 삶을 소주제로 이야기를 풀어나갔다. 리더가 되려는 사람에게는 인생의 스토리텔링 시나리오를 준비하는 것만으로 부족하며, 스토리액팅이 필요하다. 이를 위해서는 자기 내부로부터의 혁명, 즉 생각의 전환이 전제되어야 한다.

인간은 생각을 바꿈으로써 자신의 인생을 바꿀 수 있다는 것을 얼마나 확신하느냐에 따라 삶의 과정과 결과가 확연히 달라진다. 같은 여건에서도 다른 결과를 내고, 더 열악한 환경을 딛고 더 크게 성공한 사람들을 보게 된다. 그들을 특별한 사람으로만 보고 자신의 그런 특별함과는 거리가 멀다고 생각할 수도 있고, 아니면 자신도 그런 특별함의 대열에 설 수 있다고 생각할 수도 있을 것이다. 사실 우리 인생은 누구에게나 특별하다. 한 번밖에 기회가 없기에 소중하고 죽음까지의 제한된 시간에 자신의 인생을 설계하고 완성해야 하기 때문이다. 특별한 인생을 위해 우리가 먼저 해야 할 것은 어떤 삶을 살아야 할 것인가 하는 생각의 설계도일 것이다. 볼테르의 말처럼 우리가 일상에서 무수히 직면하는 "어떤 문제도 꾸준한 생각의 공격 앞에선 대항할 수 없는 것"일 수도 있지만, 한편으로는 생각이 쉽지가 않다. IBM의 창립자 토머스 왓슨은 "사람들이 생각할 의지만 있으면 세상의 문제를 해결할 수 있지만, 생각을 위해 온갖 수단을 동원해도 쉽지가 않다"고 한 바 있다.

한편으로 인생은 누구에게나 행복을 추구하는 여행길임이 분명하기에 어떻게 행복을 추구할 것인지의 문제가 우리 생각의 많은 부분을 차지한다. 조금 더 양보해도 대다수의 인생이 그렇다고 할 수 있다. 행복 따위는 사치일 뿐이고 그저 주어진 숙명에 따르는 노예와 같은 삶에 만족할 뿐이라고 생각하는 사람도 있을지 모른다. 그러나 적어도 불행하기로 작정한 사람은 애초에 없을 것이다. 그럼 인생의 행복을 이루는 요소는 어떤 것이 있을까. 저자가 인생을 들여다본 바로는 몇 가지의 변수가 있었다. 그것은 인생의 물리적인 구성성분이라고 할 '시간', 가치 있는 뭔가를 끊임없이 추구하는 정신인 '도전', 사회적 동물로서 사람 사이의 '관계', 그리고 유한한 삶을 살고 있는 생명체로서 '죽음'이 그것이다.

이 책에서는 자신의 인생을 특별함으로 가꾸어가는 사람들의 이야기를 매개로 해서 이러한 것들을 다루어보았다. 수많은 사람들이 매일매일 자신의 일상을 지리멸렬할 수도 있는 평범함에서 긍정적이고 찬란한 비범함으로 탈바꿈시키기 위해 자기 나름대로의 방식으로 전력투구한다. 그러나 인생에서 누구에게나 통용되는 정답이나 매뉴얼은 없다. 그것은 사람마다 개성이나 처한 환경이 다르고 그에 따른 행동양식의 스펙트럼은 천차만별이기 때문이다. 그럼에도 인간사를 관통하는 보편적인 것들은 있을 것이며, 그것이 행복을 추구하는 인간의 마음에 일정한 지도로서 작용할 수 있기에 생각의 나침반을 따라 길을 나설 필요가 있는 것이다.

폴 발레리는 "생각대로 살지 않으면 사는 대로 생각하게 된다"고 했다. 우리는 자기합리화의 기제를 점점 발달시켜 가면서 핑계거리를 찾는 데 익숙해져 가면서 어느새 불평불만과 친하게 된 자신을 발견할 때가 있다. 어느새 사는 대로 생각하는 자신에 익숙해지는 것이다. 필자도 사는 대로 생각하면서 점점 현실과 타협하려는 모습에서 '앗' 하는 순간에 인생이 지나가고 있다는 것을 느꼈다. 나의 인생 시나리오를 멋지게 스토리텔링 해도 그것을 액팅할 수 있는 시간이 많지 않은 것이다. 구체적인 인생계획에 대한 질문을 받고 당황한 적이 여러 번 있다. 자신의 미래에 대한 질문에 "대충 어떻게 되겠지 뭐" 하는 식으로 얼버무려 그 순간은 피할 수 있어도 단단한 시나리오를 생각으로 정리하지 않으면, 한 번뿐인 인생을 하나의 작품으로 만들기가 쉽지 않을 것이다.

많은 사람들이 일상에 매몰된 삶에서 탈출하기 위해서, 불평의 굴레속에서 살지 않으려고 스스로를 다잡고자 남다른 노력을 기울이고 있다. 그런데 우리의 행동을 유발하는 생각에는 일정한 방향이 필요하다. 이 책을 통해 우리의 삶이 생각대로 가기 위해서 무엇이 필요할까를 고민해본 사람들의 가슴에 작은 공감의 불씨가 심어졌다면, 언젠가는 열정의 불길로 활활 타오를 것이라 믿는다. 또한, 삶을 예술의 경지로 만들어가는 사람들에게 도움이 된다면 이 책은 '시간', '도전', '관계', '죽음'이라는 네 가지의 단어를 늘 연주자의 악기처럼 다루어 인생을 명연주로 탄생시키려는 화두로 삼았으면 한다. 그럴 때 아마 '시간', '도전', '관계', '죽음'이라는 단어는 우리 삶에서 잘 아우러져 멋진 4중주로 탄생할 것이고, 그 곡의 제목은 현악 4중주가 아니라 '행복 4중주'가 될 것이다.

철학자 탈레스는 "세상에서 가장 어려운 일은 자신을 아는 일이고, 세상에서 가장 쉬운 일은 남에게 충고하는 일"이라고 했다. 저자도 자신을 모르면서 남에게 어설픈 충고를 하는 건 아닌가 하고 반문해본다. 심리학자 칼 융은 "한 사람의 발에 맞는 신이 다른 사람의 발에는 꽉 낄 수 있다. 마찬가지로 모든 경우에 들어맞는 삶의 비결 같은 것은 없다"고 했다. 그렇지만, 한 사람이라도 자신에게 딱 맞는 신발을 고른 기쁨을 누리게 된다면 그것은 곧 나의 즐거움이기도 하다. 딱 들어맞는 신발을 고르는 재미보다 자신의 문제를 규명하고 해결하고자 하는 의지를 다지는 것도 의미 있는 일이다. 긴 인생을 살아가기에 자신의 부족함은 없는지 성찰하는 것 자체가 이미 진지한 인생행로에서 절반쯤은 성공한 것으로 볼 수 있기 때문이다.

"세상은 자신이 갈 길을 알고 있는 사람에게 길을 열어준다"고 믿는다. 자신이 가야 할 행로를 가르키는 나침반이 정확하다면 자신의 길은 활짝 열려있을 것이다. 자신이 쓴 인생의 시나리오를 스스로가 스토리액터가 되어 멋지게 연출해 빛나는 삶으로 승화시켜 리더로 거듭나려는 모든 사람들에게 도움이 되었으면 한다.

2
Chapter

인생 시나리오의 실현을 위한 스토리액팅

1

Chapter

리더의 인생,

스토리텔링을 위해

내 인생의 스토리텔링을 위해
행복과 죽음의 얼굴을 응시하자.

　우리 인생의 시나리오는 자기가 쓴 대로 연출될 수 없다. 때로는 수정도 필요하다. 그러나 기본적으로 시나리오의 주제는 '행복'일 것이다. 그리고 분량은 제각각일 수 있지만, 분량 또한 죽음이 언제 닥칠지 모르기 때문에 자신이 쓴 대로 연출할 수 없다. 그렇지만 우리는 행복과 죽음을 생각하면서 인생의 스토리텔링을 해서 시나리오의 뼈대를 구축해야만 한다. 행복과 죽음에 대한 자신의 관점이 불분명하면 시나리오의 방향은 흔들린다. 여기에 인생 시나리오를 쓰는 데 참고가 될 행복과 죽음에 대한 이야기를 풀어놓았다.

　술자리에서 건배사를 통해서도 많은 사람들이 스토리를 텔링하는 시대다. 건배사를 시켰는데 당황해서 어쩔 줄 모른다면 그 자리의 성격이나 본질을 놓치고 있는 것이다. 건배사를 재치 있게 못 해도 진정성이 있다면 마음의 박수를 받을 수 있다. 모든 사람이 주목하는 가운데 술잔을 들고 자신을 응시하는 눈빛을 즐기자. 그런 무대를 즐기지 못하는데 인생의 무대는 어떻게 즐길 수 있을까. 자신감이 없으면 어떤 자리건 시나리오를 미리 써보자. 한 번뿐인 자신의 인생에 대해서도 미리 시나리오를 써보는 것은 인생에 대한 예의일 수도 있다.

TV 드라마가 부실하게 되는 것은 쪽대본으로 허둥지둥 촬영하기 때문에 생기는 고질병 때문이다. 당신의 인생도 쪽대본으로 임한다면 완성도가 떨어질 수밖에 없다. 이제 우리의 인생에 대해서도 스토리텔링 할 수 있도록 연습을 해보자. 아마 행복에 대한 생각, 죽음에 대한 생각이 확실하다면 시나리오는 저절로 써질 것이다.

스토리텔링을 할 때 막히면 어떤 것이 과연 내가 생각하는 인생의 행복과 한 번뿐인 삶의 완성도를 높이고 엔딩(죽음)을 맞는 일에 도움이 될지 돌아보자.

리더의 스토리텔링을 위한
나침반 하나, 행복

어떻게 사는 것이 행복으로 가는 지름길일까. 수많은 사상가나 행복론자들이 저마다 해법을 제시하고 있다. '행복학'이라는 학문 분야가 생겨날 정도로 '행복'에 대한 관심은 물질적인 풍요와는 별개로 긍정심리학의 고수들이 많은 책으로 들려주어서 그런지 날로 커져가고 있다. 우리 인생을 '행복'이 넘치게 스토리텔링하려면 먼저 행복의 모습을 그려보아야 한다. '행복'이라는 것이 짧은 하나의 문장으로 정의되지는 않더라도 스토리로 우리의 뇌를 지배한다면, 리더를 꿈꾸는 사람에게 소중한 나침반 하나로 남을 것이다.

우리는 우리가 행복해지려고 마음먹은 만큼 행복해질 수 있다.

- 에이브러햄 링컨

1. 행복의 얼굴

'행복'이란 말이 홍수처럼 쏟아지고 있는 시대다. 기업들은 고객의 행복이 최우선 가치라고 내세우고, 정부에서도 국민의 행복을 위해 복지에 힘쓸 것이라고 한다. 한편으로 행복은 외부의 배려에 의해 쉽게 도달되기 어려운 과제로 보인다. 애덤 스미스는 "건강할 때, 빚이 없을 때, 양심의 가책이 없을 때 사람들은 행복을 느낀다"고 했다. 물질과 정신 모두가 건강해야 행복이 가까이 올 것이다.

인간은 서로에게 행복을 더해줄 사람을 만나려고 하고, 연인을 만나고 결혼도 한다. 결혼과 이혼은 우리에게 행복의 중요한 분수령으로 작용한다. 설사 그렇지 않더라도 많은 사람이 그렇게 믿는다. 미디어에서는 자신들이 광고하는 물건이 우리를 행복하게 해줄 거라는 확신을 불어넣고 있다. 특정한 자동차, 특정한 커피를 소비해야 만족도가 높아져 행복해진다는 것이 대부분의 광고 문구가 전하는 메시지다.

우리를 행복하게 해줄 사람이라고 믿었지만, 서로 원수가 되어 헤어지기도 한다. 우리를 행복하게 해줄 거 같은 물건도 또 다른 신제품이 나오면 천덕꾸러기가 되기도 한다. 문득 행복해지려는 모든 선택들이 때로는 신기루에 지나지 않는다는 사실을 느끼기도 한다. 복잡한 현대 사회에서 많은 사람들은 모든 우리의 선택이 행복한 결과를 가져다줄 것이라는 순진한 믿음을 잃어가고 있다. 그렇지만 우리는 행복해지려고 살고 있다. 그 확신이 점점 약해지더라도 행복을 위해 삶을 이어가고 있을뿐더러 최대한 행복의 극단으로 가려고 노력한다. 더 이상 행복의 가능성이 보이지 않고 삶이 여의치 않을 때 자살이라는 극단의 선택을 하는 경우도 보게 된다.

1970년대 이래 국민가요로 자리 잡은 "저 푸른 초원 위에 그림 같은 집을 짓고 사랑하는 우리 님과 한 백 년을 살고 싶다"는 가수 남진의 노래는 행복의 모습이 어떤 것인지를 묘사하고 있다. 그런데 이제 그 가사는 적어도 많은 서울 시내 학부모의 생각에는 "좋은 학군에 좋은 아파트를 사서 사랑하는 우리 아들딸 좋은 대학 진학시켜야겠다"는 버전으로 바뀌어야 하지 않을까. 행복에 대한 스토리텔링도 시대에 따라, 환경에 따라 바뀔 수 있는 것이다. 그런데 남들과 같은 스토리텔링을 위해 힘겹게 좇아가기보다 스스로의 독특한 스토리텔링으로 행복에 가까이 가는 방법은 자신만이 알 것이다. 그래서 다수가 가는 트렌드를 따르지 않고 대안학교를 찾고 적성을 찾아서 자신만의 스토리를 만드는 사람도 늘어나고 있는 것은 아닐까.

♣ 행복이라는 무지개

어쩌면 행복이란 말할 수 있는 것이 아닌지도 모른다. 그래서 무지개처럼 손에 잡히지 않은 것은 아닐까. 행복은 훌륭하고 멋진 인생에 깃들어있는 속성의 하나이지 그 당사자가 인지하는 것이 아닌 몰입의 상태 그 자체일지도 모른다. 그렇다면 행복은 굳이 정의하려고 애쓸 필요가 없는 어떤 것이기도 하다. '시간'이나 다른 개념처럼 상대적이고 인생 자체가 가진 얼마간의 허구성과 같이 어울려 우리의 정의(定義) 밖에 어떤 이데아로 인간을 내려다보고 있는 것이 행복이라고 해두자.

정말 행복과 비슷한 감정을 느끼는 사람은 포장마차 주인이 영업을 마감하고 그날 수입을 계산하고 미소를 지으며 내일 딸의 학원비를 감당할 돈이 생겼다고 좋아하는 모습, 교향악 연주자들이 절정의 기량으로 지휘자와 호흡을 맞추는 모습, 어떤 농부가 모내기를 하다가 땀을 훔친 뒤 새참으로 막걸리 한잔을 맛있게 걸치고 있는 모습에서 느낄 수도 있을 것이다. 하루를 바쁘게 살면서 문득 생각나서 자신을 돌아볼 때 잔잔한 미소가 번지는 상태를 행복한 상태라고도 해둘 수 있겠다. 행복은 이렇게 손에 잡히는 조형물이 아니라 항상 우리의 삶 속에 녹아있는 공기와 같은 존재일지도 모른다.

> 행복한 가정은 모두 엇비슷하고 불행한 가정은 불행한 이유가 제각기 다르다.
>
> — 레프 톨스토이, 『안나 카레니나』의 첫 문장

나에게도 행복감을 느낀 순간들은 있었다. 다른 사람에게는 뉴스거리가 되지 못하는 소소한 성취와 잔잔한 미소를 띠게 하는 순간들이 있었던 것이다. 행복을 생각하면서 글을 쓰는 이 시간 휴대전화 발신 신호와 함께 '행복하세요.'라는 메시지가 보인다. 친구의 전화가 왔다. '행복하세요.'의 마침표가 물음표로 느껴진다. 정말 행복한지 스스로를 돌아보게 만든다.

♣ 행복도 일종의 기술

티베트 승려 마티외 리카르는 미국 위스콘신대에서 실시한 기능성 자기공명장치(fMRI) '뇌 움직임' 검사에서 긍정적인 감정 수치가 역대 최고를 기록한 이후 "세계에서 최고로 행복한 사람"이라는 별칭을 얻은 바 있다. 그는 행복도 다른 기술처럼 꾸준한 노력을 통해 갈고 닦을 수 있는 일종의 기술이라고 보았다. 이 파란 눈의 승려는 프랑스 파스퇴르연구소에서 세포유전학 박사 학위를 받은 과학도인데 불현듯 히말라야 여행을 통해 출가한 후 40여 년간 4만 시간 이상의 참선 수행을 했다고 한다. 과학도에서 승려로 변신한 서양인답게 행복을 갈고 닦는 기술이라고 본 점이 이채롭다.

그는 『행복, 하다』라는 책에서 우리가 착각하는 행복은 쾌감의 일종으로 이것이 지나치면 일종의 탈진이 될 수 있다고 함으로써 진정한 행복은 쾌감으로 도달할 수 없음을 설파하고 있다. 브래드 피트의 열연으로 알려진 영화 <티벳에서의 7년>은 임신한 아내를 뒤로한 채 히말라야 고봉의 하나인 낭가파르바트산 원정을 떠난 오스트리아의 산악인 하인리히 하러의 삶을 그리고 있다. 하인리히는 달라이 라마와의 만남을 통해 진정한 행복이나 인생의 본질에 대해 고민하게 되는데 그가 보낸 7년의 세월은 인간이 일상적 행복을 떠나 근원적 삶의 가치를 고민하는 모든 사람들에게도 '감정이입' 하게 만드는 면이 있다.

붓다도 사실은 당시로서는 중년의 나이라고 할 29세에 왕자로서의 지위를 포기하고 설산의 고행을 자처함으로써 불교의 바탕이 된 것이다. 당시의 평균연령이 60이 채 안 되었기에 오늘날의 29세와는 다소 다른 인생의 주기라고 봐야 할 것이다. 현재 한국인의 평균수명은 80세를 상회하고 100세 시대를 바라보고 있다. 행복의 기술은 어느 순간 불현듯 득도하듯 얻어지는 게 아닐 것이다. 길어진 인생행로에서 무엇이 진정한 행복인가는 자신에게 지속적으로 물음표를 던지면서 살아야 할 문제일 것이다.

♨ 리더에게 행복은 항구가 아니라 항해의 과정에 있는 것

중·고교 시절엔 입시 부담에서 해방되어 대학교에 입학만 하면 행복해질 것이라고 생각했다. '행복'을 도달해야 할 이상적인 아름다운 '역(驛)'이라고 생각한 것이다. 대학을 자유와 낭만이 넘치는 행복의 낙원으로 생각한 것이다. 그러나 대학생활도 자유와 낭만만 있었던 것이 아니다. 정의감이 불타는 젊음이 언제나 그러하듯 대학생으로서 부조리한 현실을 직시하면서 젊은이가 스스로의 행복만을 위해서 사는 것은 일종의 죄악이라는 생각이 들기도 했다. 우리는 인생에서 어떤 목적지에 도달하기 위해 다양한 경로를 거치는데 그 과정이 주는 기쁨과 행복을 망각하고 목적지만 보는 경향이 있다.

고교 시절 자율학습 시간에 빠지고 몰래 영화를 본 기억이나 대학 시절 가벼운 호주머니를 털어 새우깡과 소주 한잔에 세상 걱정을 다 하는 듯한 치열한 토론의 기억, 치기 어리고 어리석기만 해 부끄럽게 기억되는 여학생과의 순진하기 그지없는 데이트…, 이 모든 미성숙한 과정은 성숙을 만드는 과정에 있었지만 행복한 기억으로 미소 짓게 하는 것이다. 부처나 모나리자의 미소를 머금은 게 행복의 모습일까. 자신도 모르는 사이에 지나가고 있는 불완전한 우리의 솔직한 모습 속에 들어있는 무수한 행복을 무시하지 않거나 지나치지 않는다면 행복의 총량은 늘어날 것이다. 내 인생의 다양한 스토리텔링 과정을 음미하고 잔잔한 미소를 짓는 순간, 이 순간은 이미 행복이 우리는 감싸고 있는 때가 아닐까.

행복을 수중에 넣는 유일한 방법은 행복 그 자체를
목적으로 삼지 말고 행복 이외의 어떤 다른 것을
인생의 목적으로 삼는 일이다.

- 존 스튜어트 밀

2. 세잎클로버의 행복

♣ 행복과 욕망… 뻐꾸기 둥지에서 날아간 행복

뻐꾸기는 작은 새의 둥지에 알을 낳는데, 그 뻐꾸기의 알에서 먼저 깨어난 새는 작은 새의 알을 모두 굴려 밖으로 던져버린다. 작은 새는 혼자 남은 새끼 뻐꾸기를 자기 새끼인 줄 안다. 새끼 뻐꾸기는 덩치가 크고 식성이 좋다. 작은 어미 새는 이 뻐꾸기를 먹이느라 쉴 틈이 없다. 어미보다도 덩치가 커져도 날지 못하는 새끼 뻐꾸기는 먹잇감을 달라고 떼를 쓰고 어미 새는 혼신의 힘을 다해 먹잇감을 갖다 준다. 자기 새끼인 줄로 알고 키웠는데 어느덧 다 자란 뻐꾸기는 날개를 퍼덕이며 뒤도 돌아보지 않고 숲으로 날아간다. 작은 새는 그 모습을 바라만 볼 뿐이다. 작은 어미 새가 불쌍하게 느껴진다.

이 이야기를 듣고 우리는 패륜 이야기나 다양한 직계존속에 대한 불효의 이야기를 떠올릴 수도 있을 것이다. 필자는 행운과 행복, 욕망의 은유를 읽을 수 있었다. 큰 뻐꾸기 알은 행운이라고 할 수 있으며, 작은 새 자신의 알은 행복이라고 할 수 있는데 어느덧 욕망이 덧칠해진 행운은 행복을 밀어내고 어미 새의 마음을 차지하는 순간 우리는 불행하게 될 수 있다. 작은 행복을 잘 지키려는 노력의 소중함을 뻐꾸기를 키운 가엾은 어미 새의 모습에서 발견하게 된다.
네잎클로버의 꽃말은 '행운'이고, 세잎클로버의 꽃말은 '행복'이라고 한다. 우리는 네잎클로버를 찾기 위해 풀밭을 돌아다니면서 무수한 세잎클로버를 짓밟은 경험이 있을 것이다. 네잎클로버의 행운을 찾기 위해 무수한 행복을 짓밟고 있지는 않은지 주위를 돌아보자. 내가 가진 세잎클로버의 행복을 생각하는 것이 인생 시나리오의 스토리텔링을 위한 출발이 아닐까.

✿ 행운보다는 행복

별똥별은 흔히 볼 수 없지만 햇빛은 매일 모자람이 없이 비추고 있다. 별똥별이 나타나지 않는다고 피지 않는 꽃이 있다면 그 얼마나 어리석은 식물인가? 인간도 마찬가지다. 우리에게 지금 당장 엄청난 행운이 찾아올 가능성은 없지만, 작은 기쁨이라면 수도 없이 찾을 수 있을 것이다. 그 작고 사소한 기쁨 하나하나를 음미하면서 즐겨보자. 귀염둥이 딸이 아빠 볼에 입을 맞추며 사랑한다고 속삭인다. 오랜만에 전화를 걸어온 후배가 좋은 직장을 얻었다고 해서 축하하고 보니 나도 즐거워진다. 오래간만에 이발을 했더니 선배가 미남이 되었다고 추켜세운다. 정말 내가 즐거워할 사소한 일상은 왜 이리 많은 건가. 이것이 행복을 만드는 것이 아니면 무엇일까. 작가 마리 앙투아네트 그레구아르 쿠팔은 "행복이 사소한 것들로 이루어져 있다면, 일시적인 시련보다 더 돌이킬 수 없이 행복을 망치는 것이 바로 그 사소한 것들이다"[1] 라고 했다.

> 행복은 아주 드물게 얻을 수 있는 행운 조각들이 아닌
> 날마다 얻을 수 있는 조그만 기쁨들로 만들어진다.
>
> - 벤저민 프랭클린

3. 행복을 파는 가게는 없다

돈은 우리 삶의 거의 모든 영역에 침투해있다고 해도 지나친 말이 아니다. 우리가 사용할 수 있는 돈의 정도는 대인관계, 여가활동, 건강 관리의 질을 비롯해 많은 분분에 있어 상당한 영향력을 발휘하고 있는 것이 사실이다. 많은 사람들이 그 일을 즐기기 않으면서도 수입을 위해 어쩔 수 없이 하고 있다. 중소기업인들이 자신이 운영하는 기업의 부도나 도산 직면에 견디다 못해 죽음을 택하거나 많은 범죄가 돈의 취득을 목적으로 일어나고 있는 것도 사실이다. 작가 젤린스키는 돈에 대해 세 가지 원칙을 가지고 살 것을 제언하고 있다. "첫째, 돈을 버는 법에 관한 새롭고 창의적인 아이디어가 고갈되기보다는 돈이 고갈되는 것이 낫다. 둘째, 돈을 펑펑 쓰다 보면 돈을 펑펑 써야만 좋은 시간을 보낼 수 있다는 사고에 갇히기 쉽다. 셋째, 돈의 가치는 그것으로 얼마나 많은 것을 살 수 있느냐가 아닌 돈을 얼마나 창의적으로 사용할 수 있느냐에 달려있다"[2]는 것이다. 돈에 의해 자신의 행복이 결정되지 않게 하기 위해서라도 우리가 돈에 대한 생각을 가다듬어 볼 필요가 있을 것이다.

♣ 행복의 조건, 돈?

펜실베이니아 주립대 사회학자인 글렌 파이어보 교수와 로라 타흐 교수가 1972년부터 2002년까지 미국인 2만 명을 대상으로 '돈과 행복의 관계'를 조사한 후 돈이 사람을 행복하게 한다는 결론을 내렸다. 자본주의 대국이라 할 미국인에 대한 조사여서 그런 것만이 아니라 아마 대부분의 한국인을 포함해 돈의 위력을 실감한 인류는 어느 정도의 돈은 풍족한 소비를 가능하게 하여 행복에 어느 정도는 도움이 된다는 사실에 동의할 것이다. 물론 황금을 보기를 돌같이 하라는 선비정신으로 최소한의 생활비 외에는 사치성 소비를 경멸하는 고고한(?) 정신세계를 가진 사람들도 있을 수 있다. 그러나 돈이 행복을 가져다줄 수 있다는 믿음은 때로는 지나치게 맹신으로 흘러 뇌물이나 불법한 방법으로 취득하게 해 행복의 역리(逆理)에 다다르게 하는 경우도 심심찮게 볼 수 있다. 권력의 정점에 섰던 사람들이 정권이 바뀔 때마다 뉴스의 단골소재로 등장하는 비리가 바로 불법한 돈의 수수와 관련된 것임은 흔히 볼 수 있었던 풍경이다.[3]

그러나 다른 연구결과를 보면 돈은 상대적인 것이 분명하다. 욕망의 크기가 크면 돈이 아무리 많아도 만족할 줄 모르기 때문에 욕망이 적으면 행복할 것이라는 것은 학자들의 연구결과를 인용하지 않더라도 상식에 속한다. 월급을 500만 원 받는 사람은 동료가 600만 원을 받는다면 불행해할 것이다. 반면, 300만 원 받는 사람이라도 동료가 200만 원을 받는다는 것을 알면 행복해할 가능성은 크다. 돈이 행복의 필요충분조건은 아니더라도 충분조건의 하나로는 분명해 보인다. 많은 사람들이 대학교육의 학비를 감당하지 못해서 좌절하고 수술비가 없어서 생명의 위험을 느끼면서도 차선의 방법을 찾는다. 더 좋은 아니 더 비싼 자동차와 주택을 소유하고 싶어도 돈이 제약요인이 된다.

대학생 시절 오디오 기기에 관심이 많아서 아르바이트로 번 내 나름대로의 거금을 스피커 구입에 쓰려고 했지만, 얼마가 모자라서 좌절한 기억이 있다. 더 좋은 입지와 더 넓은 공간에 살고자 해도 호주머니의 한계가 앞을 가로막은 경험은 재벌이 아니라면 대부분이 겪었을 문제이다. 돈이 행복을 가져오는 것처럼 보이는 많은 경우를 예로 들기는 어렵지 않다. 맞벌이 부부가 돈을 들여서 아이를 돌보는 가정부를 쓰면 자신들의 일손을 덜게 해주고, 이 외에도 우리가 돈을 들여 계약한 각종의 대행업체는 우리의 수고와 시간을 덜어준다. 그런데 이렇게 우리의 시간과 노력을 덜어준 돈의 힘이 바로 행복과 직결되는지는 좀 더 생각해볼 일이다.

♣ 행복의 계량화는 가능할까

인간의 오래된 욕망 중의 하나는 보이지 않는 것을 보이게 만들고 싶은 것이다. 그래서 모든 것을 '지수'로 만들어 들여다보고 싶어 한다. 그래서 그것을 상품화하고 거래를 한다. '행복'이라는 추상적인 것을 파는 가게는 없다. 그러나 그 물건을 사면 행복해진다고 하고 활짝 웃는 멋진 모델의 표정을 보고 지갑을 열게 하는 것이 거의 모든 마케팅의 핵심요소다. 무형의 추상명사가 구체적인 물건 구매로 모습을 드러내게 하는 것처럼, 무형의 요소를 지수로 나타내고 싶은 것은 사회과학자들의 욕망이다. 그래서 여름에는 '불쾌지수'가 등장하고, 주가지수를 비롯해 우리가 실생활에서 만나는 지수는 너무나 다양하다.

행복의 변수에 관한 연구들은 사실상 계량화하여 말하기 힘든 부분이 있다. 또한 부자 나라보다 가난한 나라 사람들의 행복지수(GNH, Gross National Happiness)가 높다고 말하는 사람이 있기도 하지만, 이는 행복의 기준에 대한 다양한 변수를 고려했다고 하기보다 인상평가가 있을 수 있다. 선진국 사람들의 심미적 요구나 욕망체계가 저개발 국가와 다르기 때문일 수도 있고, 저개발 국가의 경우는 의식주 수준이나 다양한 삶의 향유에 대한 욕망체계가 선진국과는 다른 부분이 있을 것이기 때문이다. 1990년대 들어 여행자유화가 되고 많은 한국인들이 선진국은 물론 우리보다 소득수준이 낮은 국가를 체험하거나 여행할 수 있게 되었고 이제는 글로벌사회라는 말을 실감할 정도로 국경의 개념이 옅어져 '평평한 세계'에 살고 있다는 말이 실감나게 되었다. 필자도 여행이나 업무 출장으로 다녀온 몇몇 저개발 국가의 사람들이 반드시 GNP 수준으로만 우리보다 불행한 나라라고 말한다는 것은 상당히 위험한 발상일 수 있다고 생각한다. 아프리카 탄자니아나 저개발 국가에 간 적이 있는데 다 떨어진 축구공을 맨발로 맨땅에서 차는 아이들의 천진한 웃음, 길거리에서 행상을 하는 아낙네들이 하얀 이를 드러내 보이며 웃는 모습 속에 행복이 들어있는 것처럼 보였다.

2012년 세계적 여론 조사기관인 갤럽이 전 세계 148개 나라 국민을 대상으로 행복의 정도를 조사했다. 그 결과 우리나라는 몽골과 같이 97위였다. 미국은 중국과 같이 33위였고 일본은 59위였다. 아시아에서 소득이 가장 높은 싱가포르는 꼴찌였다. 가장 행복한 나라는 남미의 개발도상국인 파라과이였다. 행복의 정도는 소득과 비례하지 않는다는 것이 밝혀진 것이다. 이때 조사에 사용된 질문 항목들은 "당신은 다른 사람들로부터 존경받는다고 느낍니까?" "잘 쉬었습니까?" "자주 웃거나 미소 짓습니까?" "무엇인가 흥미로운 것을 최근에 배웠습니까?" "어제 즐거웠습니까?" 등과 같은 것이었다.

우리나라는 1인당 소득이 3만 달러를 넘어서며 과거에 비해 괄목할 만하게 높아졌지만, 행복도는 소득에 비례해 나아진 것 같지 않다. 우리나라는 경제협력개발기구(OECD) 국가 중 자살률이 1위다. 왜 그럴까. 행복은 주관적인 것이다. 돈 많이 벌고 출세했다고 모두 행복을 느끼는 것은 아니다.

리처드 레이어드에 따르면, 인간은 널리 자연을 정복했으나 아직 자신을 정복하지 못했다. 지난 50년 동안 서구사회에서 물질적인 절대빈곤은 사라졌다. 올바른 정책과 서구사회의 도움이 있다면 앞으로 100년 이내에 다른 나라에서도 절대빈곤이 사라질 것이다. 하지만 절대빈곤이 사라졌어도 서구사회는 더 행복해지지 않았다.[4]

스스로 행복지수를 매겨보자. 성공을 향해 줄달음치되 잠시 호흡을 가다듬고 이것이 행복으로 가는 행로가 맞는지 궤도를 점검하는 것은 우리 인생의 스토리텔링 방향을 점검하는 소중한 시간이다.

♧ 이스터린의 역설

최근 급격한 경제성장을 통해 G2 국가로 성장한 중국의 경우를 보자. 미국의 경제학자 리처드 이스터린 교수는 1990년부터 2010년까지 20년 동안 총 6차례에 걸쳐 중국인의 삶에 대한 만족도를 조사한 바 있다. 그 기간 중 중국의 GDP는 4배가 늘었지만 행복도는 늘지 않았다고 보았다. 저소득층의 경우 '삶에 만족한다'는 응답률이 1990년 65%에서 2010년 71%로 고작 6% 느는 데 그쳤다. 이스터린 교수는 원인을 소득격차에 따른 불평등에서 찾았다. 서유럽 국가에 비해 복지 사각지대가 많고 빈부 차가 심한 국가적 특성에 따른 상대적 박탈감에서 원인을 찾을 수도 있을 것이다. 소득이 중요하지만 주거환경이나

치안, 일과 삶의 균형을 찾는 사회의 문화적 성숙도가 동반되어야 행복감도 상승할 것이다. 한국도 고도성장의 그늘이 곳곳에서 나타나고 있다. OECD 국가 중 자살률 1위라는 불명예는 국민의 행복도가 어느 정도인지 짐작게 한다.

돈으로 행복을 살 수 없다고는 하지만, 그래도 일정한 소득이 삶의 만족도를 증가시키는 것은 사실이다. 미국 하버드대 심리학과의 다니엘 길버트 교수는 돈으로 행복을 살 수 있으나 1인당 소득이 일정액(연간 6만 달러)을 넘으면 소용없다고 보았다. 그는 행복해지려면 물건보다 경험에 돈을 쓰라고 충고한다. 이를 근거로 여러 국가들을 비교했을 때 소득이 일정한 수준을 넘어서면 소득과 행복의 관계는 미미해진다는 '이스터린의 역설'이 성립한다고 할 수 있다. 동국대 민세진 교수도 소득은 일정한 '만족점'이 있어서 그 이상으로 소득이 올라가도 더 이상 행복해지지 않는다고 보았다.[5]

♣ 가난한 행복

소설가 알랭 드 보통은 『불안』이라는 저서에서 "가난이 낮은 지위에 대한 예부터의 물질적인 형벌이라면, 무시와 외면은 속물적인 세상이 중요한 상징을 갖추지 못한 사람들에게 내리는 감정적 형벌이다"라고 했다. 남들과의 비교를 통해 자신의 가난이나 물질적인 지위를 한탄하고 자신에게 질책하는 것은 비교가 낳은 일종의 감정적 형벌이라 하겠다. 있다가도 달아나고 없다가도 생기는 물질 때문에 자신에게 가혹할 필요는 없을 것이다.

아직도 많은 저개발 국가에서는 2달러 미만의 금액으로 하루의 생계를 이어가지만, 그들 모두가 불행하다고 할 수 있는가. 히말라야 산중에 있는 소국 부탄을 비롯한 저개발 국가의 국민들의 행복지수가 선진국보다 높다는 것은 계량화하기 힘든 면이 있을 것이다. 상대적인 비교보다 자신의 현세의 삶에 대해 안분지족(安分知足)하는 생활태도나 불교적 색채가 강한 종교관 등 여러 요소가 스트레스 없는 삶과 연결되기 때문일 것이다. 무엇보다 중요한 것은 상대적 박탈감을 느끼지 않기 위해 비교하지 않는 자신만의 인생관이 필요한 것이다. 매사에 긍정적이고 낙관적인 자세는 스트레스 없는 삶과 연결되고 이는 행복지수를 증가시킬 것이다. 긍정과 낙관의 자세가 말이 쉽지 어디 쉬운 일인가.

　개인의 경우도 마찬가지가 아닐까. 단칸방에서 알콩달콩 신혼의 단꿈을 꾸던 때를 얘기하는 사람은 그때가 더 행복했다고 한다. 시인 방민호의 '행복'이라는 시를 한번 감상해보자.

> 우리가 아무것도 가지지 않았을 때
> 옷 없는 짐승들처럼 골목 깊은 곳에 단둘이 살 때
> 우리는 가난했지만 슬픔을 몰랐다
> 가을이 오면 양철 지붕 위로 감나무 주홍 낙엽이 쌓이고
> 겨울이 와서 비가 내리면 나 당신 위해 파뿌리를 삶았다
> 그때 당신은 내 세상에 하나뿐인 이슬 진주
> 하지만 행복은 석양처럼 짧았다
> 내가 흐느적거리는 도시 불빛에 익숙해지자
> 당신은 폐에 독한 병이 들어 내 가슴속에 누웠다
> 지금 나는 거울에 비친 내 얼굴에 침을 뱉는다
> 시간이 물살처럼 흐르는 사이

당신을 잃어버린 내게 남은 건 상한 간과 후회뿐
그땐 우리 얼마나 젊고 아름다웠나
우리가 아무것도 가지지 않았을 때
백열등 하나가 우리 캄캄한 방을 지켜주던 나날

백열등 하나가 캄캄한 방을 지켜주던 가난한 시절, 석양처럼 짧게 지나간 행복을 떠올리는 작가의 마음에서 우리는 행복의 모습을 짐작해본다. 살찐 소파에서 기름진 음식을 먹은 것만이 행복의 기준이 될 수는 없을 것이다. 소주에 새우깡, 막걸리에 파전이면 더 이상 좋을 수가 없었던 나의 대학 시절이 떠오른다. 그나마도 용돈이 궁해 학생증까지 담보로 해서 마시던 외상술이 또 얼마였던가. 지금 어떤 호화로운 카페에서 그런 술맛을 느낄 수 있을지 아련한 기억이 새롭다.

몰리에르의 『수전노』라는 작품에 묘사된 바에 따르면 돈이란 자신을 맹목적으로 떠받드는 자들을 제멋대로 농락하는 잔혹한 신이다. 집에 항상 두 개의 출입구를 두었다는 프랑스 작가 발자크는 한쪽 문으로 고리대금업자가 쳐들어오는 동안, 다른 쪽 문을 통해 바깥으로 도망쳐 나가는 신세였다고 하니 곤궁한 살림살이가 짐작이 간다. 돈에서 너무 초연해서도 문제이다. 돈이란 교환가치로서 모든 재화가 순조롭게 유통되게 하는 중요한 기능을 한다. 돈은 인간의 삶의 조건을 규정하는 중요한 변수로 볼 수 있다. 그러기에 행복을 가늠하는 무시할 수 없는 변수의 하나임에는 분명하다.

♣ 돈에 대한 자신만의 관점을 가지자

세계 최고의 부자인 마이크로소프트의 빌 게이츠는 통 큰 기부로 잘 알려져 있지만 스스로는 돈에 대한 철학이 확고한 검소한 생활인이기도 하다. 그는 웬만한 거리가 아니면 비행기 좌석으로 이코노미 클래스를 이용한다고 한다. 매스컴에서 이유를 묻자 "회사 돈이나 개인 돈이나 낭비하는 것은 이해할 수 없다. 퍼스트 클래스 요금으로 몇 배의 금액을 지불한다고 해서 도착하는 시간이 몇 배 빠른 것은 아니지 않은가?"라고 반문했다고 한다. 호텔에 투숙할 때도 "큰 방은 아깝다. 누울 자리와 통신이 연결된다면 그것으로 좋으니까"라며 좋은 방을 요구하는 일이 없다고 한다. 돈의 가치를 제대로 알고 쓰는 사람일수록 진정한 행복에 한 발짝 더 가까이 가있는 것은 아닐까.

돈이 많은 문제를 해결해줄 수 있는데, 애써 초연하라고 하는 것은 무리한 요구다. 돈이 있다면 그 활용의 지혜를 찾아서 행복과 돈이 정비례할 수 있도록 해보자. 돈이 나를 행복하게 하지 못하는 이유에 대해 소냐 류보머스키는 돈을 쓰는 이유가 이웃을 따라잡기 위해서, 내가 부자임을 확인하기 위해서, 외모·권력·지위를 과시하기 위해 돈을 쓰기 때문일 가능성이 크다고 보았다. 그녀는 행복감과 충족감을 극대화하기 위한 지출로 자신을 계발하고, 성장시키고, 인적인 교류에 투자하는 경우를 예로 들고 있다. 즉 자신이 유능하거나 전문가라는 인식을 주는 데 필요한 역량의 향상을 위한 지출(역량), 타인들과의 교류를 위한 지출(관계성), 자신의 삶을 지배하고 통제한다는 느낌을 주는 지출(자율성)과 같은 것들이 이런 예라고 보았다.[6] 사실 돈이 현대 사회에서는 해결해주는 요소가 많다. 자신의 집 안 청소도 도우미를 통해 해결하고, 심부름이나 배달 등 다양한 서비스가 자신의 시간을 절약해주기 때문에 허드렛일에 들어가는 자신의 노력을 줄여주는 측면도 있는 것이 사실이다.

돈에 대해 수도사 수준의 절제와, 물욕을 죄악시하는 것과 같은 엄격함 대신 돈이 자신을 지배하지 않고 자신이 돈을 지배할 수 있도록 경계하자. 돈의 위력을 통해 청부살인도 서슴지 않는 야만이 도사리고 있는 한, 돈은 자본주의가 우리에게 주는 영원한 시험의 하나임이 분명하다. 지구에 내일 종말이 온다고 해도 한 그루의 사과나무를 심겠다는 말로 유명한 네덜란드의 철학자 스피노자는 돈에 굴복하지 않는 사상가이기도 하다. 유대인이지만 그의 무신론적인 소신 때문에 신의 존재에 대한 회의, 영혼의 존재에 대한 의심으로 파문된 스피노자는 평생 렌즈를 갈아서 생계를 이어가면서도 그의 소신을 굽히지 않았다.

가족들에게도 외면 받고 심지어 테러의 위험 속에서 이름을 바꾸기도 하며 평생 고독하게 자신의 사상을 다듬은 스피노자는 가난을 불편해하기는 커녕, 고독 속에서도 지극히 작은 것으로도 만족하는 자연의 모습을 닮으려고 했다. 스피노자는 그의 인품에 반한 독지가의 기부나 귀족의 막대한 유산 상속제의도 한낱 거추장스러운 제안으로 여겨 거절해 자신의 소신과 원칙을 꼿꼿이 지키는 단호함을 보여주기도 했다. 흔히 "대의명분을 위한 길인데 이 정도는 뇌물도 아니지. 돈은 단지 나의 대의명분을 위한 수단일 뿐이야"라면서 불법적인 돈거래를 하다가 적발되는 고위층들을 뉴스를 통해 수도 없이 보게 된다.

이런 뉴스들을 접하면 스피노자의 고고한 도덕률을 요구하는 것은 사치로 느껴진다. 스피노자는 그의 학문적 성취보다도 자기원칙에 충실한 삶, 돈의 위력에 굴복하지 않은 모습으로 그 어떤 위인의 삶보다도 큰 울림을 남기고 있다. 자본주의사회에서 돈에 대한 자신만의 뚜렷한 관점을 가지는 것은 행복의 출발점이 될 것이다. 미국의 작가 루이자 메이 알코트는 그의 작품 『작은 아씨들』에서 아가씨들 엄마의 입을 빌려 돈에 대해 이렇게 얘기하고 있다.

> 돈이란 요긴하고 소중한 것이야. 잘만 쓰면 아주 고귀한 것이기도 하지. 하지만 엄마는 너희들이 돈을 제일로 여기거나 돈만 바라고 사는 것은 원하지 않는단다. 엄만 너희가 자존심도 평안도 없이 왕비의 자리에 있느니, 차라리 가난한 한 남자의 아내로 행복하고 사랑받고 만족하게 사는 걸 보고 싶단다.

♣ 돈보다 가치 있는 것들을 찾아보자

재일교포 기업인 손정의는 소프트뱅크의 주식이 급상승하던 시절에 그의 보유주식의 가치는 일주일에 1조 엔(약 12조 원)씩 증가했다고 한다. 당시 언론은 손정의의 자산이 IT업계의 영웅인 마이크로소프트사의 빌 게이츠보다 많다고 연일 보도했다. 그때 어느 한 순간 손정의에게 스친 생각은 "돈 따위는 원치 않는다"라는 것이었다고 한다. 매주 1조 엔씩 늘어나는 상황에서 "집을 사고 싶다, 차를 사고 싶다, 옷을 사고 싶다"는 욕구나 물건을 사는 즐거움도 완전히 사라졌을 때 드는 생각은 "누가 이 돈을 좀 가져갔으면 좋겠다. 방해가 된다"는 것이고 금전 감각이 마비되니 감정도 마비되어 갔다고 한다. 그때 손정의가 통감한 것은 "사람들을 기쁘게 할 수 있는 일을 하고 싶다. 돈을 많이 버는 일을 넘어서 사람들이 고마워하는 일을 하고 싶다. 돈에 얽매이지 않는 일을 하고 싶다. 그렇게 해야만 한다"[7]는 것이었다고 한다. 손정의가 굴지의 경영자로서 입지를 굳힐 수 있었던 것은 이런 마음의 자세 덕분이 아닐까 한다. 만약 그가 성공의 과실을 향유하는 데 몰입해 더 큰 가치를 찾는 데 실패했다면 아마 오늘의 손정의는 없었을 것이다. 우리는 기업인의 많은 영욕의 스토리를 뉴스로 접하고, 일부 부도덕한 기업인의 돈이면 무엇이든 할 수 있다는 천민자본주의적인 행태를 뉴스로 무수히 접한다. 그리고 쇠고랑을 차고 스러져간 기업인도 무수히 보고 있다. "자신을 가장 강하게 채찍질하고 움직이게 하는 생각에 집중하라"고 손정의가 주문했는데, 돈이 주는 행복 이외의 가치를 찾는 기업인이 얼마나 있는지 궁금한 일이다.

♣ 행복과 지식

부는 순식간에 빠져나갈 수 있지만, 지식은 순식간에 빠져나갈 수 있는 것이 아니다. 공부를 통해 체득한 지식, 삶의 경험 속에서 우러나온 지혜는 누구도 쉽게 앗아갈 수 없는 값진 자산이다. 많은 재산을 자랑하는 사람보다 결코 앗아갈 수 없는 지혜와 고매한 인품을 지닌 사람을 우리는 그래서 존중하는 것이다. 물론 많은 재산을 가지고 이 사회에 기부하고 좋은 일을 하는 것도 의미가 있지만, 자신의 지식과 지혜를 널리 알리고 세상을 살 만한 세상으로 만드는 것은 큰 의미가 있을 것이다. 자신의 지식이나 지혜가 반드시 석·박사 학위로 증명되는 것은 아니다. 표절로 얼룩진 논문으로 허명을 쌓았다가 나중에 자신의 허위의식이 탄로가 나 나락으로 추락하는 경우도 보게 된다.

더 높은 학위를 위해 부정한 방법을 동원해서 공직자청문회에서 논란이 되기도 한다. 논문표절이 가끔 고위공직자나 유명인의 발목을 잡는 것이다. 자신의 지식을 학위나 객관적 지표로 과시하고 싶은 욕구가 내실을 기하려는 마음을 앞지르기 때문일 것이다. 지식의 수준이 단순히 겉치레를 위한 학위라는 포장으로 평가되지는 않을 것이다. 인성과 조화를 이루는 지식의 넓이와 깊이를 추구할 때 그 사람의 인격과 함께 지성도 빛이 날 것이다.

♣ 성공과 행복

권력과 부(富), 명예를 성공의 상징으로 이해하는 것이 우리의 상식이다. 그러나 이런 것들을 남부럽게 성취한 사람이 과연 행복한지는 의문일 수 있다. 물론 세 가지가 행복을 위해 상당히 필요한 요소라는 것에는 대다수가 동의할 것이다. 그러나 이것이 오히려 부메랑이 되어 불행에 빠뜨리게 되는 경우도 쉽게 보게 된다. 좀 더 큰 권력과 부, 명예를 성취하려는 끝없는 욕망 때문에 인생이 피폐해진 경우를 쉽게 찾을 수 있기 때문이다. 욕망의 노예상태가 된다면 결국은 항상 상대적 박탈감 속에서 살게 되는 것이다. 우리는 성공의 잣대를 우리가 아닌 다른 사람을 통해서 만드는 경우가 많다.

프랑스의 작가 알랭 드 보통은 우리는 성공한 인생과 아닌 인생을 다른 사람의 잣대로 평가한다고 보았다. 누구나 인생에서 위기에 처할 때가 있고, 대부분 돈 문제로 귀결되는 경우가 많다. 그래서 사람들이 두려워하는 것은 돈 문제도 있지만 남에게 '조롱'당할 것에 대한 불안이다. 우리는 하루에도 수많은 명사들이 추락하는 것을 목격한다. 그 잘난 사람들이 이런저런 비리나 스캔들에 얽혀서 나락으로 떨어지는 것을 보고 자신은 소시민으로 살지만 저런 꼴을 안 당하는 것이 얼마나 다행이냐고 스스로를 위로하는 심리가 있다. 알랭 드 보통도 성공의 의미를 다른 사람과 비교하는 데에서 찾기 시작하면, 아무리 성공한 인물도 행복할 수 없다고 보았다. 스스로 성공의 의미를 만들어가는 사람만이 행복에 가까이 갈 수 있을 것이다.

미국의 시인이자 사상가인 에머슨(1803~1882)은 성공에 대해 이렇게 정의한다. "자주 웃는 것, 지혜로운 사람들에게 존경받고, 아이들에게 호감을 얻는 것, 정직한 비평가들로부터 인정받고, 거짓 친구들의 배신을 참고 견디는 것, 아름다움을 분별할 줄 아는 것, 다른 사람의 장점을 발견하는 것, 건강한 아이를 키우거나 작은 텃밭을 일구거나 사회의 환경을 개선하거나 조금이라도 나아진 세상을 만들고 떠나는 것, 그대가 있었기에 한 생명이라도 좀 더 편안하게 숨을 쉬었다는 사실을 아는 것" 이런 것이 성공이라고 했다. 에머슨이 1순위로 꼽았듯이 웃는 것이 중요하다. 웃음이 건강에 도움이 된다는 사실은 여러 가지 과학적 근거로 속속 증명되고 있다. 성공한 기업들도 펀(FUN)경영이라는 이음으로 유머를 접목하고 있다. 미국의 노스웨스트 항공사가 대표적이다. 이 항공사에서는 금연을 권유할 때 이렇게 방송한다고 한다. "승객여러분, 본 비행기에서 담배를 피우시려면 비행기 날개 위의 라운지를 이용하세요. 그곳에서는 영화 <바람과 함께 사라지다>가 상영되고 있습니다."

남을 행복하게 할 수 있는 사람만이 행복을 얻을 수 있다.

- 플라톤

4. '근거 없는 희망'의 힘

문명의 발전이 인류에게 여러 가지 그림자를 드리우게 한 것도 사실이지만, 전체적으로 봐서 세계는 지난 50여 년간 놀랍고도 뚜렷하게 좋아졌다. 평균적 한국인은 1955년에 비해 수명은 26년, 연간소득은 열다섯 배로 늘었다. 평균적 멕시코인은 1955년의 평균적 영국인보다 오래 산다. 평균적 보츠와나인은 1955년의 핀란드인보다 소득이 많다. 오늘날 네팔의 유아사망률은 1951년의 이탈리아보다 낮다. 베트남에서 하루 2달러 이하로 살아가는 사람의 비율도 20년 새 90%에서 30%로 줄었다.[8] 그러나 이런 좋아진 현실이 그대로 안주하는 것을 의미해서는 안 되겠다. 사회는 진화하는 생물체와도 같이 끊임없는 변화의 와중에 있기 때문이다. 때론 비이성적 낙관주의자가 될 필요가 있다. 근거 없는 희망이 인생의 에너지가 될 때가 있기 때문이다. 희망은 현재의 삶을 더 나은 방향으로 이끌 수 있도록 도와준다. 아직도 세상은 절망할 것도 많고, 뉴스를 보면 굶주림과 범죄가 창궐하는 것처럼 보일 때도 있다. 그렇지만, 천둥과 먹구름 속에서도 언뜻 보이는 햇빛이 분명히 있다.

영업목표는 달성이 어렵고, 전 조직원은 불황이라는 먹구름 속에서 움츠려있을 때도 기업의 CEO는 활로를 찾아야 할 것이다. 그 길이 보이지 않을 때는 궁즉통(窮卽通)이라는 마음으로라도 긍정의 에너지를 불어넣을 필요가 있다. 어떤 회사에서 사장이 현실적으로 어려운 목표를 제시하고 낙관론을 펴자 한 간부가 사장의 근거 없어 보이는 낙관론의 배경에 도대체 무슨 배경이 있는지를 물었다. 그러자 사장은 알 듯 모를 듯한 미소만 띠고 된다는 메시지를 전하고 있었다. 그런데 결과적으로는 외부환경이나 여러 요인들이 우호적으로 작용해 목표를 달성할 수 있었고, 사장은 선견지명이 있는 사람으로 직원들에게 점수를 딸 수 있었다고 한다. 만약 전 직원이 회의론을 가지고 부정적인 에너지만으로 침체되어 있었다면 내부 에너지를 결집하는 데도 무리가 따랐을 것이고, 결과는 달라졌을 수도 있을 것이다. 어차피 피할 수 없는 현실이라면 근거가 없더라도 긍정의 줄에 서면 어떨까. 근거 없는 희망은 약이 될 수 있다.

노련한 뱃사공은 높은 파도를 즐긴다고 한다. 우리 앞에 닥친 파도가 험하다면 더 멀리 갈 수 있는 기회로 삼을 지혜를 찾아보자.

불행을 견디는 것은 힘들지만, 행복을 견디는 것은 더 어렵다.

- 횔덜린

♨ '희망'이라는 발명품

담대한 희망을 얘기한 버락 오바마가 2008년 미국 대통령에 출마해 당선되었을 때 그가 내걸었던 선거운동 슬로건은 바로 희망이었다. "Yes We Can!"이 그것이다. 그의 슬로건은 희망의 표현이자 커다란 동기부여였다. 오바마가 집권 초에 특별한 실적이 없이 노벨평화상을 수상한 것이 도마에 오르자 『미네소타 포스트』지는 다음과 같이 그를 두둔했다. "희망의 정신은 강력하다. 희망을 비웃는 것은 인간인 우리의 가치를 훼손하는 것과 다름없다. 올해 노벨평화상이 수여된 이유를 찾는다면 그것은 전 세계의 공통성, 즉 영혼을 고양하는 희망의 메시지를 전했기 때문이다."

마틴 루서 킹 목사도 "세상에서 이루어지는 모든 것이 희망으로 이루어진다"고 했다. 물론 글자 그대로 모든 것은 아니고 인종차별과 같은 잘못을 바로잡는 것을 의미했을 것이다. 하지만 그것만으로도 충분한 것이 희망의 가치다. 존 판던은 『오! 이것이 아이디어다』라는 책에서 '희망'이라는 추상명사를 인터넷, 전기 등의 발명품과 함께 인간의 위대한 아이디어의 하나로 올려놓았다.

♣ 행복의 든든한 밑천이 되는 '긍정'

인지과학자들에 따르면 인간은 하루에 약 6만 가지의 생각을 한다고 한다. 무려 1초마다 한 가지의 생각을 한다고 할 수 있다. 또 놀랄만한 사실은 95%의 생각들은 어제의 생각과 같은 것이라는 사실이다. 우리가 습관처럼 반복하는 일상을 극복하기가 그만큼 어렵다는 얘기도 된다. 나아가 6만 가지 생각 중에서 80%, 즉 4만 5천 가지의 생각은 긍정적이지 못하다는 것이다. 이 4만 5천 가지 생각을 어떤 방식으로 긍정적인 것으로 바꿀까가 행복의 열쇠가 될 것이다. 『명상록』에서 로마황제 마르쿠스 아우렐리우스는 '인생은 그 사람의 생각의 결과'라고 했다. 동양의 일체유심조(一切唯心調)의 불교철학과도 맞닿아 있는 얘기다. 긍정적인 생각이 긍정적인 결과를 낳을 것이고, 위대한 생각이 위대한 결과를 낳는다.

낙관주의자는 푸른 신호등만 보고, 비관주의자는 붉은 신호등만 본다. 그러나 진정으로 현명한 사람은 색맹이다.

- 알베르트 아인슈타인

외국의 한 여배우가 세 번 이혼했다. 왜 세 번씩이나 이혼을 했냐는 기자의 질문에 "사람들은 왜 내가 이혼한 일만 기억하는지 모르겠어요. 나는 세 번을 뜨겁게 사랑했어요"라고 답했다고 한다. 부정적인 면을 본다면 인생이 불행해지지만 긍정적인 면을 보면 행복해질 수 있을 것이다. 아마 이 여배우는 실연의 아픔 속에서도 자신의 미래를 낙관하면서 살았을 것이다.

반쯤 찬 물컵을 절반밖에 안 남았다고 말하는 사람이 있는가 하면, 절반이나 남았다고 말하는 사람이 있다. 어두운 면만 생각하면 인생은 불행으로 점철된 시간의 연속처럼 보인다. 그때의 슬픔은 단순한 슬픔이 아니라 불행의 동의어다. 어느 순간 닥쳐온 슬픔 때문에 남은 인생이 불행으로 온통 헝클어지는 것이다.[9] 시대의 현자들은 슬픔과 고통마저도 삶의 일부로 껴안으라고 하지만, 어디 그게 쉬운 일인가. 인생은 치과에 가는 것에 비유하면 어떨까. 새로운 시도는 치과에 가는 것처럼 두렵지만, 통증은 곧 지나갈 것이다.

배우 오드리 헵번은 평소에 사람들에게 자신의 입술이 예쁜 것은 다른 사람에 대해 좋은 말만 한 결과이고, 눈이 아름다운 것은 사물의 긍정적인 면을 보았기 때문이라고 했다.

언젠가 늙고 시들어갈 외모의 아름다움에만 집착했다면, 우리가 기억하는 오드리 헵번은 없었을 것이다. 긍정을 배경으로 인생의 그림을 그린다면 훨씬 밝은 색으로 표현될 수 있을 것이다. 그러나 무한의 긍정주의가 신자유주의적인 경쟁 이데올로기를 통해 모든 책임을 긍정의 에너지로 무장하지 않고 주저한 개인에게만 화살을 겨누는 쪽이어선 안 될 것이다. 그래서 패배자에겐 일말의 동정의 시선보다는 싸늘한 냉소를 보내는 방향으로 간다면 이는 사회구조적인 측면에 눈을 감으라는 맥락과 연결될 수도 있다. 그러기에 지나치게 '음모론'적인 시각으로 해석하기보다 글자 그대로 긍정이 가지는 밝은 면을 보았으면한다.

♠ '희망', 인생 최고의 묘약

『죽음의 수용소에서』로 우리에게 잘 알려진 빅터 프랭클은 삶은 우리가 마지막 숨을 거두는 순간까지 의미가 있으며 지금 궁극적인 의미를 알지 못해도 우리는 믿음을 가지고 그 의미를 추구해야 한다고 했다. 1942년 나치에 체포되어 3년간 강제수용소에서 지내는 동안 아내와 부모, 형제를 모두 잃었다. 장티푸스로 사경을 오가면서도 수용소에서 용케 훔친 종이에 자신의 이야기를 써가며 삶을 이어갔다.

전쟁이 끝나자 프랭클은 빈에서 의사로 활동하는 한편, 정신의학 및 신경의학 교수로 훌륭한 학문적 업적을 남겼다. 빅터 프랭클은 고된 노역과 비인간적인 대우를 감당하면서도 삶에 대한 희망의 끈을 놓치지 않았기에 생존할 수 있었다. 알몸으로 신체 상태를 점검받고 수용소 간수의 손끝 하나에 강제노역행 또는 죽음의 가스실행이 결정되는 생지옥과 같은 현실을 견뎌낸 건 현실은 선택할 수 없어도 그것을 대하는 자신의 태도는 선택한다는 각오로 '희망'이라는 단어를 끝까지 붙들고 있었기에 가능했을 것이다.

아도르노가 아우슈비츠 이후에는 서정시를 결코 쓸 수 없을 것이라고 했듯이 인류사에 재앙으로 남은 '아우슈비츠'의 아픔은 영화 <쉰들러 리스트>에서도 생생히 묘사되고 있다. 강제노역을 위한 기계에 지나지 않는 처참한 상황, 핏기 없는 얼굴에 자신의 피를 얼굴에 바르면서 건강한 혈색으로 보이게 해야만 하는 참담함은 인간의 야만을 직시하게 했다. '몇 명을 더 살릴 수도 있었는데…' 하면서 울부짖는 쉰들러의 절규는 아직도 잊을 수 없다. 로베르토 베니니 감독의 영화 <인생은 아름다워>에서는 나치수용소에서 '희망'이라는 말을 알지 못하는 꼬마에게 희망을 심어주는 아빠의 익살스러운 모습에서 웃음대신 처연함을 느끼게 된다.

우리는 어떤 외부의 자극과 우리의 반응 사이에 있는 빈 공간을 우리의 의지로 채울 수 있다. 빅터 프랭클처럼 극한의 고통에 굴복하지 않고 끝까지 삶의 희망의 끈을 붙들고 갈 수 있고 자살이나 다른 반응을 보일 수 있는 것이다. 같은 조건 속에서도 반응의 양식에 따라 우리가 받아들이는 행복의 크기는 천차만별일 것이다.

영화 <쇼생크 탈출>에서 탈출에 성공한 앤디가 출옥한 레드에게 남긴 편지글 중 일부이다.

체스판 준비하고 당신을 기다릴게요.
기억하세요. 레드.
희망은 좋은 겁니다.
가장 좋은 것인지도 몰라요.
좋은 것은 절대 사라지지 않아요.

♣ 내 '의지'의 레버를 외부에 맡길 순 없다

영화 <맨 인 블랙(Men in black)>에서 시체를 부검하는 장면에서 머리가 열리면서 기계인간의 뇌 장치 속에서 레버를 당기며 뇌를 작동시키고 있는 것은 호문쿨루스(homunculus)라는 외계생명체였다. 이것이 개별인간으로 치자면 우리 생각의 핵심적인 통제자로서 '의지'가 아닐까 한다. 우리는 의지라는 레버를 잡아당기거나 아니면 아예 뇌가 우리가 원하는 대로 작동하기를 포기하고 녹이 슬대로 슬게 방치하고 있는 것은 아닌지 생각해볼 일이다. 우리는 새해 결심이라든지 어떤 계기를 통해 새롭게 자신을 다잡는 경계지점을 설정하곤 한다. 그러나 이런 결심이 작심삼일에 그치거나 오래가지 못하는 것은 현재의 안락이라는 사이비 행복을 위해 미래의 행복을 포기하는 것이 아닐까. 물론 미래의 행복을 위해 결코 현재의 보장된 안락함이나 나태, 게으름의 즐거움을 희생하지 않는 것은 개인의 자유다.

아침이면 태양을 볼 수 있고,
저녁이면 별을 볼 수 있는 나는 행복합니다.
잠이 들면 다음 날 아침 깨어날 수 있는 나는 행복합니다.
…
기쁨과 슬픔, 사랑을 느낄 수 있고 남의 아픔을 같이
아파해줄 수 있는 가슴을 가진 나는 행복합니다.

- 김수환, 『우리가 서로 사랑한다는 것』 중에서

5. 비교는 행복의 적(敵)

어떤 사람은 자기가 늘 불행하다고 자탄한다.
그러나 이것은 자신이 행복함을 깨닫지 못하기 때문이다.
행복이란 누가 주는 것이 아니라 스스로 찾는 것이다.

- 도스토옙스키

벤저민 프랭클린은 "우리를 망치는 것은 다른 사람들의 눈이다. 만약 나를 제외한 다른 사람이 모두 장님이라면 나는 굳이 고래 등과 같은 번쩍이는 가구도 원힐 필요가 없을 것이다"라고 했다.

세네카도 "인간은 단지 행복해지기를 원하는 게 아니라, 남들보다 더 행복해지기를 원한다. 그런데 우리는 무조건 남들이 자기보다 더 행복하다고 생각하기 때문에 남들보다 행복해지기 어려운 것"이라고 남들과의 비교 속에서 스스로 행복을 잠식해가는 인간의 모습을 통탄하고 있다.

인간은 본능적으로 모든 사물을 인식한 후 비교 평가하는 속성이 있다. 거의 매일 접하는 뉴스는 한국의 부조리나 현실을 선진국의 그것과 비교하기도 하고, 다양한 비교분석을 통해 그 현주소를 진단한다. 레이요와 베커(Rayo & Becker)의 연구는 인간은 뼛속 깊숙이 어떤 기준을 필요로 하고 있다는 가설을 기반으로 했고, 많은 연구는 비교의 기반 없이는 진행이 불가능할 정도로 비교를 통해 논리를 전개시킨다. 진화는 인간의 유전자가 다른 유전자와 비교해 우수한 것만 살아

남아 형성된 결과물이라는 논리를 생각할 수 있을 정도로 우리는 비교에서 자유로울 수 없다.

어려서부터 우리는 그 잘난 옆집 '엄친아', '엄친딸'과의 비교 속에서 자극도 받고, 서로에게 자극도 주면서 자란다. 행복을 위해 비교를 완전히 버리라고 할 수는 없다. 엄밀한 의미에서 자신이 비교우위에 있는 점이 하나도 없는 사람은 없다. 비교열위에 있는 것이 더 많을 지라도 비교우위의 요소를 생각하라는 것이 비교를 없애면 행복해진다는 그 많은 행복전도사들이 전하는 행복의 '비법' 아닌 비법이 아닐까. 내가 가진 세잎클로버를 가지지 못한 많은 사람을 생각하면서 비교의 그늘에서 벗어나자. 그 순간 우리 인생의 스토리텔링은 우울한 드라마가 아니라 제법 활기찬 드라마로 거듭날 수 있다.

♧ 똑같은 상자, 다른 크기의 행복감

아파트로 상징되는 도시생활은 인간의 많은 부분을 획일화시키고 있으며, 행복의 크기도 남들과의 비교에 의해 달라질 것처럼 우리의 의식을 기계적으로 동질화시키는 부분이 있다.
미국의 1961년 전후의 도회지 모습에 대한 가수 겸 작곡가인 말비나 레이놀즈의 노랫말을 음미해보자.

산허리에 싸구려 재료로 만든 작은 상자들이 널려 있다.
작은 상자들, 작은 상자들, 한결같이 똑같은 작은 상자들.
녹색, 핑크색, 푸른색, 노란색 상자들이 널려있다.
모두 싸구려 재료로 만들어졌고 하나같이 똑같아 보인다.

그리고 그 집 사람들은 모두 대학을 다녔다.
대학에서 모두 똑같은 상자에, 작은 상자에 들어갔다.
그리고 의사가 있고 변호사가 있고 기업 중역들이 있다.
그들은 모두 싸구려 재료로 만들어졌고 모두 똑같아 보인다.

그리고 모두 골프장에서 골프를 치고 드라이 마티니를 마신다.
모두 예쁜 아이들이 있고 아이들은 학교에 간다.
그리고 아이들은 여름 캠프에 가고 대학에 간다.
거기서 모두 상자에 들어가고 다시 똑같은 사람이 되어 나온다.

어떤가? 마티니가 소주로 바뀐 것 빼고는 아마 한국의 21세기 도시의 모습과 크게 다르지 않다. 삶의 다른 대안이 있을 거라고 믿으며 대안학교를 찾거나 행복의 길이 어디에 있는지를 진지하게 성찰하는 사람들도 생겨나지만, 대다수의 삶의 형식에 자신도 모르게 따라가는 삶은 아닌지 생각해볼 일이다. 그러기에 남들과 다른 삶을 살아가는 소수자를 불행하다고 단정할 수도 없는 일이다. 모두가 같은 방향으로만 간다면 비교가 쉬울 것이고 서로 간의 차이도 보일 것이다. 그렇지만 다른 방향으로 가는 삶에 대해 등위를 매길 수는 없을 것이다. 비교의 스트레스를 없앤다면 행복에 좀 더 가까이 가 있을 것이다.

소설 『꾸뻬 씨의 행복여행』에서 주인공인 정신과 의사는 흑인들이 사는 열대의 나라에서 그곳의 아이들이 집도 없이 맨발로 지내지만 표정이 무척 밝다는 것을 발견한다. 한 흑인 여의사에게 초대받은 자리에서 아이들이 어른보다 행복한 이유에 대해 질문하자 참석자 중 한 사람이 "아이들은 비교할 줄 몰라요"라고 답했다. 비교가 불행의 씨앗이 될 수 있음을 암시하고 있다. 요즘 한국 도시의 아이들은 행복한 것인지 살펴보자. 학교와 학원, 집을 '뺑뺑이' 도는 사이 어느새 웃음을 잃어버리고, 즐거움이라고는 부모의 눈을 피해 인터넷 게임에 몰입하는 순간은 아닌지 생각해본다. 흙이라고는 밟을 기회가 많지 않고 치열한 경쟁의 모습을 너무 일찍 체험하고 있는 아이들에게 연민을 느끼게 된다. 이제 아이들에게 '비교'를 빼고 웃음을 돌려줄 책임은 어른들에게 있다. 아이들의 웃음과 행복을 앗아가는 교육이 누구의 행복을 위한 것인지 부단히 질문하는 것은 어른들의 몫이기 때문이다.

♧ '엄친아' 율곡의 방황

조선의 대학자 율곡 이이(1536~1584)는 명문대가에서 태어나 일찍이 신동으로 이름을 떨쳤다. 신사임당의 가르침 아래 13세에 진사시에 합격했으니 요즘으로 치면 '엄친아'임이 분명했다. 한영우 서울대 명예교수가 쓴 『율곡 이이 평전』에 따르면 구김살 없었을 것 같은 율곡의 생애도 방황의 흔적이 보인다. 한 교수는 책에서 "죽고 싶다는 생각을 할 정도로 심리적 갈등을 겪은 것으로 보이지만, 이런 방황 속에서 인간적인 고뇌를 슬기롭게 극복해 진정한 위인이 되었다"고 평했다. 실제로 율곡은 열여섯에 어머니 신사임당을 잃고 무단가출한 후 1년간 승려생활을 하기도 했다.

명문대 재학생 자살이 사회적 이슈가 된 적이 있었다. 엄친아, 엄친딸로 자랐을 청소년이 왜 이렇게 무너졌을까. 상위권의 성적을 유지해야 하고 남들과 비교해서 자신의 가치를 검증받으려고 했는데, 성적(成績)지상주의적인 사고방식으로 인해 주위의 기대가 크다 보니 정신적인 압박감이 극에 달하고 이것이 극단적인 선택의 원인이 되었다는 분석이 가능하다. 결국 다원적인 가치가 아닌 학업성적이라는 단일한 잣대로 비교하고 줄을 세우니 1등 이외에는 전부가 패자일 수밖에 없는 것이다. 비교가 청소년들의 행복을 갉아먹고 있는 것은 아닌지 주위를 돌아볼 일이다.

법학자 김두식은 청소년기 딸을 키운 경험을 애기하면서 인간은 누구나 '지랄총량의 법칙'이 있어서 일정시간이 지나면 잠잠해질 것이라고 스스로를 위로했다고 한다. 예나 지금이나 청소년을 둔 부모들은 근심에서 벗어나기가 쉽지 않다. 청소년기에는 일정한 궤도를 벗어나고 싶은 원심력이 발동하는 시기이다. 누구나 이런 시기에 적절한 구심력이 작용하기만 하면 그것이 하나의 성장통이자 면역주사로 삶에서 건강한 에너지로 승화될 수 있다. 청소년들이 행복의 의미나 가치를 배울 틈이 없이 학업에 치이기만 한다면 목적을 잃고 궤도를 벗어난 자신을 추스를 수 있는 힘을 잃게 되고 그것은 커다란 사회적 손실이다.

♧ 비교의 함정

인간은 누구나 나이를 먹고 병에 걸리고, 누구나 사랑하는 사람과 무덤까지 같이 갈 수는 없는 노릇이니 언젠가는 사랑하는 사람도 잃는다. 삶이란 불안정 그 자체이다. 돈도 다른 어떤 것도 삶의 그런 속성을 바꿀 수는 없을 것이다. 행복한 사람은 삶의 그런 불안정성을 받아들이는 기술을 가진 사람일지도 모른다. 반면, 불행한 사람은 삶의 그런 측면을 무시하거나 지나치게 집착하는 사람은 아닐까. 이런 불안정성은 인생의 고비마다 주기적으로 나타나고 또 소멸하기도 한다. 불안정성을 인생의 본질중의 하나라고 생각하는 여유가 우리에게 행복의 공간을 마련할 수 있게 할 것이다.

남과 비교를 하지 않는 것을 어떤 의미에서 소극적인 행복으로 폄하할 소지도 있다. 빅터 프랭클은 아우슈비츠의 굴뚝이 있는 수용소(이는 곧 가스실과 죽음을 의미한다)가 아닌 수용소로 옮겨온 뒤에 수용소 사람들이 상대적으로 느끼는 행복감을 적어도 다음 수용소로 이동할 수송용 차가 오기 전까지는 삶이 보장된 행복의 상태로 보았다. 더 큰 희망과의 비교를 통한 적극적인 행복이 아닌 주어진 상황에 대한 감사의 의미로 해석할 수 있을 것이다. 나도 군대 생활이 힘들기로 소문난 야전부대에서 이등병 생활을 하던 시절이 생각난다. 훈련이 많은 야전부대의 이등병에게는 선임병의 군기 잡는 행위가 없는 야전의 텐트 생활이 훨씬 편하다. 선임병의 군화를 광이 나게 닦지 않아서 기합을 받거나, 내무반 청소 상태가 불량하다고 얼차려를 받는 일은 없기에 훨씬 행복하게 느꼈다. 이를 소극적인 행복이라고 할 수 있다.

인간은 고유한 개성을 가지고 있기에 남들과 비교될 수 없는 자신만의 영역이 분명히 있다. 황순원문학상 수상 작가인 이승우는 노벨상 수상 작가인 르 클레지오가 한국어로 글을 쓰지 않는 한 황순원문학상은 못 받을 것이라고 했다. 이는 그가 한국어로 쓰지 않기 때문이고, 노벨문학상도 수많은 문학상 중의 하나라고 보았다. 이승우는 노벨상은 상금이 많은 상이지만 올림픽의 금메달을 따는 것과는 다른 것이라고 보았다. 노벨문학상은 대개 망명이나 감옥에 드나든 사람이 많이 받는 특징이 있으며, 문학의 고유한 가치를 비교를 통해서 평가받는다는 것에 대해 부정적인 시각을 보였다.[10] 문학의 경우처럼 우리의 삶도 비교할 수 없는 자신만의 색깔이 있는 것이다.

스웨덴의 잉마르 베리만 감독의 1957년 작품인 영화 <산딸기>는 주인공인 스웨덴 의사가 과거에 대한 회한과 자신의 죽음에 대한 이미지에 사로잡혀 있다가 자신의 어린 시절을 추적하고 자신의 과거 삶의 행적을 추적하는 내용이다. 성공했건 실패했건 간에 과거의 사건 하나하나는 다 의미를 가지고 연결되어 있다는 생각에서 자신의 정신적 시간여행을 통해 현재를 수긍하는 자전적 일관성(autobiographical coherence)에 도달한 것처럼 보인다.

현재의 나는 이 스웨덴 의사처럼 언젠가 내가 했던 과거의 행동이나 심리가 반영되어 있을 것이다. 행복과 불행도 어느 순간에 갑자기 엄습해올 수도 있지만 곰곰이 생각해보면 과거나 현재가 미래와 어느 정도 일관된 연결성이 있다. 그래서 현재의 삶을 충실히 살아낸다면 그 자체가 행복이고 미래 또한 행복의 가능성에 좀 더 가까이 있는 것은 아닐까.

♋ 비교가 주는 행복

배우이자 작가인 피에르 프랑크는 비교가 우리를 행복하게 할 수 있다고 한다.

> 당신이 오늘 아침 일어났는데 아프지도 않고 건강하다면 당신은 다음 주에 더 이상 살지 못할 수백 명의 사람들보다 행복한 사람에 속한다. 또한 전쟁의 위험이나 감옥의 고독함, 고문과 같은 죽음의 투쟁이나 배고픔의 절박함에 있지 않다면 당신은 5억 명의 사람들보다 더 행복한 것이다. …
> 당신이 결혼을 하고 당신의 부모가 아직 살아있다면 당신은 이미 정말로 드문 경우에 속한다고 할 수 있다. 당신이 이 페이지를 읽

을 수 있다면 마찬가지로 당신은 축복받았다. 왜냐하면 당신은 글을 읽을 수 없는 20억 명의 사람들에 속하지 않기 때문이다.[11]

우리가 행복할 수 있는 것은 이런 불행의 그림자가 없다는 감사의 마음과도 연결시킬 수 있다. 아직 나에게 주어진 많은 긍정의 신호를 애써 외면하지 않는다면 말이다. 『돈키호테』를 쓴 세르반테스는 분명 오른팔로 글을 썼을 것이다. 그는 왼팔이 없는 상태였고, 노예로 팔려 갈 뻔한 위기를 겪었으며, 숱한 위기를 겪은 후 세비야 감옥에서 오십이 넘은 나이에 이 돈키호테 같은 무모한 글쓰기 도전을 성공시킨 것이다. 그가 만약 안락한 가정의 서재에서 소설을 썼다면 돈키호테가 태어날 수 있었을까.

비교는 인간의 본성과도 같은 측면이 있다. 건강한 의미에서 비교는 자신의 삶을 자신보다 우수하다고 생각하는 다른 사람이 자극제가 되어 자신의 삶을 부단히 향상시키는 동기부여가 될 수 있기 때문이다. 그렇지만 마냥 자신이 가지지 않은 것에만 집착한 나머지 자신이 가진 유·무형의 다양한 자산을 간과하고 좌절하고 개선의 노력을 하지 않는다면 이는 불행의 씨앗이 될 것이다. 경제학적인 개념을 빌려본다면, 비교우위의 요소를 찾아서 감사의 마음을 갖되 비교열위에 있는 것들은 부단히 개선하고자 하는 도전정신의 에너지로 삼는 것이 행복의 지름길이 아닐까.

♣ 실재(實在)하는 것이 완전한 것이다

스피노자는 "실재성과 완전성을 같은 것으로 이해한다"고 했다. 즉, 현실은 그 자체로 완전하다는 것이다. 현실적으로 장애나 다양한 종류의 결핍은 그 자체로는 없지만, 다른 대상과 비교할 때 발생하는 것이라고 할 수도 있다. 스스로를 자신의 옆이나 앞에 있는 사람과 비교할 때 장애나 결핍은 더 도드라지고, 스스로를 고통스럽게 한다.

행복하기 위해서 내게 부족한 무엇을 보충하기 위해 노려하는 것도 필요하다. 그러나 현 상태에서 무엇을 하면 더욱 즐겁고 충만한 삶을 살 수 있을까를 생각하는 것이 행복에 한 걸음 더 가까이 가 있는 생각이 아닐까.

장님은 완벽하지 않다.
무언가가 결핍된 것이다.
정확히는 시력이다.
…
그럼 당신에게는
날개가 결핍되어 있다고
할 수 있는가?

- 스피노자

6. 감사, 행복의 절대조건

로마의 정치가 키케로는 "감사는 미덕의 어머니"라고 했다. 감사하는 마음을 가지면 다른 사람과 비교해 현재상황이 조금 어렵더라도 그래도 내가 가진 것으로 상황을 호전시킬 수 있는 여지가 어딘가에는 있다고 믿을 수 있다. 많은 사람들이 감사의 자기최면을 걸어서 현재를 더욱 호전시킬 수 있다고 스스로에게 주문하라고 가르친다. 그러나 어디 그게 쉬운가. 비교의 마음은 감사의 마음을 이내 앗아가기 쉽다. 더 많은 떡을 가지고 행복을 향유하는 것처럼 보이는 주위의 사람들도 많고, 더 우수한 지능과 아름다운 외모로 대인관계에서 유리한 고지를 선점한 것처럼 보이는 사람도 많다. 그런데도 "이 초라한 현실에 감사하라고?" 누구나 의문을 제기할 수 있는 문제다. 감사의 마음이 마법처럼 현실을 바꿀 수는 없지만 적어도 현실을 건강하게 개선해나가는 데 도움을 줄 수는 있을 것이다. 돈이 드는 일이 아니니까 손해 보는 셈 치고 감사의 마음을 한번 자신의 가슴에 새겨보자. 자신의 인생을 감사의 캔버스 위에 그려보자.

♧ 생각하는 것은 곧 감사하는 것

영어의 'thank'와 'think'는 같은 어원에서 유래했다고 한다. 즉, 우리가 깊이 생각을 하면 감사할 수밖에 없다는 의미가 있는 것이다. 실존주의 철학의 거장 마르틴 하이데거는 "생각하는 것이 곧 감사하는 것"이라고 한 바 있다. 우리는 세상의 많은 사람들에게 빚을 지고 있다. 이미 세상에 빛을 본 순간 수많은 정자 중에서 로또에 당첨된 한

마리의 정자가 난자를 만나 어머니의 자궁 속에서 자라 인간으로 태어난 것만도 감사할 일이 아닌가. 비관론자는 인생에서 확실한 것은 죽음과 세금뿐이라고 투덜거린다. 그런데 인생에서 우리가 빚진 수많은 대상에 감사한다면 확실한 것에 추가할 항목은 너무나 많다. 그것은 감사할 대상이 너무나 많기 때문이다. 우리가 너무나 많은 것을 누리고 있다는 것을 잊고 있는 것은 아닌지 돌아보자.

OECD 국가 중에서 자살률이 최고수준이라는 불명예를 안고 있는 한국이다. 한 번 더 생각함으로써 감사할 줄 안다면 자살까지 가기 전에 긍정의 요소를 찾을 수 있지 않을까 생각해본다. '아침편지'를 통해 수만 독자를 만나고 있는 고도원은 가장 보람된 순간의 하나로 어떤 젊은 여인이 인생의 무게를 못 이겨서 자살하려다가 마지막으로 자신의 유품이며 이메일 계정을 정리하려다가 무심히 읽어본 '아침편지'의 감사와 관련된 글에서 위로를 받고 자살 결심을 돌렸다는 얘기를 전한다. 감사의 마음 하나는 자살하려는 사람의 발걸음도 돌릴 수 있는 강력한 에너지가 될 수 있다.

행복은 우리가 가진 것으로 결정된다.
가진 것을 어떻게 바라보느냐에 따라 좌우된다.
가난해도 행복할 수 있고, 부유해도 비참할 수 있다.

- 윌리엄 D. 호드(미국 정치가)

♣ 감사의 생활화

미국이 배출한 세계적인 바이올리니스트 필립 퀸트는 자신이 대여해 쓰고 있던 명기(名器) 스트라디바리우스를 택시에 두고 내린 일이 있었다고 한다. 285년 된 그 악기는 400만 달러에 달하는 그야말로 명기였는데, 금액도 금액이지만 자신의 분신과도 같은 악기를 분실해 절망감에 사로잡혀 5시간을 이리 뛰고 저리 뛰며 수소문했지만 허사였다고 한다. 이때 양심적인 택시기사가 수소문 끝에 퀸트에게 바이올린을 찾아주었다고 한다. 이후 퀸트는 감사의 마음을 담아 자신이 악기를 잃었던 공항 택시 승강장에서 연주를 했다고 한다. 감사의 마음을 담은 그의 연주는 아마 연주자와 감상하는 사람 모두를 행복하게 했을 것이다. 탈무드에도 세상에서 가장 지혜로운 사람은 배우는 사람이고, 세상에서 가장 행복한 사람은 감사하며 사는 사람이라고 했다. 퀸트의 경우처럼 극적으로 내면에 감사의 마음을 깨우는 기적으로 일상이 가득할 수는 없을 것이다. 그러나 우리의 일상은 곰곰이 들여다보면 무수한 감사의 대상이 있다.

토크쇼의 여왕 오프라 윈프리는 좌절의 조건을 많이 가졌지만 결코 넘어지지 않은 비결로 '감사'의 마음을 꼽는다. TV 뉴스의 메인 앵커로 발탁되었지만 너무 감정적인 뉴스를 전달한다는 비평에 시달리다 그만 아침 토크쇼 진행자로 좌천된다. 매일매일 감사의 일기를 쓴다는 윈프리는 아침 토크쇼가 오히려 자신의 자리라고 믿고 최선을 다해 자신의 브랜드로 최고의 토크쇼 진행자의 자리에 오른 것이다. 윈프리는 아직껏 매일 5가지의 감사할 일을 일기에 적는데 그 내용은 눈부시게 푸른 하늘을 볼 수 있게 해주었다든지, 아침 일찍 일어날 수 있게 해주었다든지 하는 어쩌면 사소해 보일 수 있는 것이다.

대림대 제갈정웅 총장은 2010년 3월부터 독특한 실험을 했다. 깨끗한 유리병 두 개를 준비해 하나에는 '감사합니다'라는 글씨를 쓰고, 다른 병에는 '짜증 나'라는 글씨를 써 붙였다고 한다. 그리고 유리병 안에 직접 지은 밥을 똑같이 넣고 매일 두 개의 병을 향해 쓰여 있는 대로 말해주었다고 한다. 그 결과 '감사의 병'에 담긴 밥은 곰팡이가 조금 피긴 했으나 밥이 상하지 않았지만, '증오의 병'에 담긴 밥은 곰팡이가 피고 부패해서 보기가 흉했다고 한다. 이 실험을 중국어, 일본어, 영어 등 외국어로 해도 결과는 같았다고 한다. 이런 결과를 바탕으로 자녀의 인성교육에 있어서도 동일한 실험을 같이 하며 감사하고 최선을 다하는 태도를 가르쳐주었더니 몰라보게 달라졌다고 한다.[12]

매일 아침 일터로 나가기 전에 옷매무새를 가다듬고 마지막으로 빠뜨린 게 없는지 살펴보자. 이 세상에서 제일 향기는 좋지만 값이 싼 '감사'라는 향수를 뿌리고 발걸음을 힘차게 내딛자. 그러면 자신의 인생스토리는 한결 쉽게 액팅된다.

♣ 감사할 대상은 무궁무진하다

뽀빠이로 잘 알려진 방송인 이상용 씨는 고령임에도 철저한 자기관리로 감사함 속에서 청춘을 구가하고 있다. 그는 "어제 죽은 재벌은 오늘 아침 라면도 못 먹어. 감사히 살아. 튀지 말고 잘난 척하지 말고 건강하게 열심히 사는 거야. 인생 뭐 별거 있어?"라고 하면서 자신의 감사 마인드를 전한다. 평생 술, 커피, 담배는 입에도 대지 않았다는 그는 불우한 어린 시절의 기억을 안고 있다. 이상용 어머니의 가족들이 아빠 없는 아이로 흙에 묻으려고 할 때 이모가 흙에서 간신히 구해내 살렸다고 한다. 그는 젊은 사람과의 대화 한 토막을 소개하면서 감사의 마음을 가지면 못할 것이 없다고 한다. 다음은 어느 날 실업자 청년 한 명이 뽀빠이를 찾아와서 대화를 나눈 장면이다.

> 청년: 저는 건강한데 왜 돈을 못 벌죠? 어쩌면 좋죠?
> 뽀빠이: 자네, 우측 팔 하나 자르고 1억 주면 될라나?
> 청년: 아뇨, 미쳤어요?
> 뽀빠이: 그럼 80 먹은 노인으로 만들어주고 10억 줄까?
> 청년: 안 해요. 미쳤어요? 나 그냥 갈래요.
> 뽀빠이: 그렇다면 자네는 지금 11억 원을 가지고 있는 셈이네.13)

사지가 없는 닉 부이치치는 지구를 누비면서 행복을 전도하고 있다. 결핍 속에서 또 다른 충만을 찾는 사람들을 보는 것만으로도 행복에너지를 충전할 수 있을 것이다.

✿ 욕망에 반비례하고 감사에 정비례하는 행복

> 누군가를 행복하게 해주고 싶다면
> 그의 재산을 늘려주기보다
> 그의 욕망을 줄여주는 것이 낫다.
>
> - 에피쿠로스

행복과 욕망은 반비례하고 감사에는 정비례 관계가 있다고 볼 수 있다. 불행하다고 생각하면 자신의 욕망을 줄이고 감사하는 마음을 늘리면 된다. 단순한 수학이지만 이를 실행하기는 쉽지 않다. 아마 매스미디어가 우리 주변에서 지속적으로 수많은 비교의 대상을 쏟아내 우리의 비교본능을 자극하기 때문일 수도 있다. 감옥이라는 폐쇄된 공간은 그런 비교가 단순화되는 곳이라고 한다. 매일매일 정해진 일과에 따라 생활하면서 자신의 출소 일을 기다리는 죄수의 심정은 상상만으로는 이해하기 힘들 것이다.

사상범으로 장기복역수 경험을 토대로『감옥으로부터의 사색』을 지은 신영복은 일상의 작은 행복에 대한 그리움, 자신의 상태를 증오로 표출하지 않는 담담함으로 독자들에게 많은 울림을 준 바 있다. 여기 소개하는 박영희 시인의 시는 30년 동안 찾아올 사람 하나 없었던 독방에 갇힌 장기수(長期囚)의 이야기라고 한다. 이 장기수가 절절히 원하는 행복을 우리는 얼마나 많이 누리며 사는지 생각해보면서 그 행복의 토양 위에서 얼마나 많은 불평을 하고 있는지도 생각해볼 일이다.

단 하루라도 좋으니

- 박영희

단 하루라도 좋으니
형광등 끄고 잠들어봤으면
누군가와 밤이 새도록 이야기 한 번 나눠봤으면
철창에 조각한 달이 아닌 온달 한 번 보았으면
단 하루라도 좋으니
따뜻한 방에서 한숨 푹 자봤으면
탄불 지핀 아랫목에서 삼십 분만 누워봤으면
욕탕에 들어가 언 몸 한 번 담가봤으면
단 하루라도 좋으니
흠뻑 비에 젖어봤으면
밤길 한 번 거닐어봤으면

단 하루라도 좋으니
잠에서 깨어난 아침 누군가 곁에 있어 주었으면
그리운 이의 얼굴 한 번 어루만질 수 있었으면
마루방 구석에서 기어 나오는 벌레들 그만 죽였으면
단 하루라도 좋으니
딸에게 전화 한 통 걸어봤으면
검열 거치지 않은 편지 한 번 써봤으면
접견 온 친구와 한 시간만 이야기 나눠봤으면
단 하루라도 좋으니
단 하루라도 좋으니
내 방문 내 손으로 열 수 있었으면

일상의 소소한 행복을 누릴 길 없는 감옥에서의 답답한 마음이 전해져 온다. 우리가 누리는 작은 자유가 얼마나 소중한지를 느끼게 하는 시다.

인생에는 무수한 수학적이고 통계적인 습관들이 있다. 1일 1회 취침, 3회 식사, 양치질 3회, 결혼은 대부분 1회에 한하고…. 우리 뇌에는 이러한 통념이 강하게 입력되어 있는 것이 사실이다. 여기에 한 가지 습관을 더하자. 욕망은 줄이고 감사를 늘리자. 그럼 행복은 커질 것이다.

행복하려고 마음먹은 만큼 우리가 행복해진다는 링컨의 말처럼 행복하려고 결심한다면 행복할 요소로 넘쳐나는 것이 인생이다. 사흘만 시간이 주어진다면 얼마나 행복할 수 있을지를 노래한 헬렌 켈러를 생각하니, 내가 이렇게 밤늦은 시간 건강한 눈으로 글을 쓰고 사색할 수 있는 힘이 있는 것도 얼마나 행복한 일인지 모른다.

7. 행복을 찾아서

♋ 돌 하나도 옮기지 못하는 불평

토크쇼의 달인으로 미국방송계의 전설이 된 오프라 윈프리는 흑인들만이 다니던 테네시 주립대학에 진학했다. 오프라의 타지 생활과 독립을 원치 않았던 부친의 뜻에 따라 집에서 가까운 대학에 다닌 것이다. 흑인의 사회적 진출 차별을 포함해 인종차별에 항거하는 시위로 대학가가 어수선한 가운데 오프라는 내심 이런 결심을 했다고 한다. 그러기에 시위대의 과격한 투쟁에 참여하지 않는다고 핀잔하는 친구들이 있었지만 개의치 않았다고 한다.

> 학교를 졸업하고 세상에 나갔을 때 영향력을 끼치는 사람이 되어야 해. 그래야 세상을 변화시킬 수 있어. 이렇게 과격한 구호를 외친다고 사람들은 공감하지 않아. 그러려면 먼저 나에게 능력이 있어야 해. 비록 흑인이지만 백인보다 모든 면에서 탁월한 실력을 갖췄을 때 사람들이 내 얘기에 귀를 기울이고 마음을 열어줄 거야.

이렇게 자신의 입장을 정리한 오프라는 불평의 대열에 참여하는 대신 전공과목인 드라마와 스피치 공부에만 집중했다고 한다.[14]

우리는 행복을 위해 적당한 운동의 범위가 어느 정도인지, 성인의 적절한 섹스 주기는 어느 정도가 바람직한지, 채식이나 육식이 어떤 식으로 건강에 영향을 주는지에 대해 많은 정보들이 넘쳐나는 시대에 살고 있다. 어떤 생활습관이 바람직한지 좀 더 오래 건강하게 사는 길이 무엇인지는 인간에게 영원한 숙제로 남아있으며, 오늘도 많은 자칭 타칭 현자들이 자신의 방법이 절대선이라고 주장하는 경우를 많이 보게 된다. 조깅이나 헬스장을 찾는 것은 이미 보편화된 건강관리의 방법으로 알려져 있으며, 마라톤이나 철인경기와 같은 신체의 극한도전이 정신적 성취감을 극대화해 결과적으로 최고의 행복을 선사한다는 예찬론자까지 운동의 방법과 강도에 대한 견해도 다양하다.

극단적인 금욕을 통해 정신적·도덕적 우월성을 주장하는 교파가 있는가 하면, 난잡할 정도의 성교를 통해서 신과 가까이 갈 수 있다는 교파까지 현대에는 그 수를 헤아리기조차 힘들 정도로 많은 교파들이 있다. 아침형 인간이 최고의 생산성을 보장한다며 습관의 혁명을 주장하는 이가 있는가 하면, 느리고 천천히 살면서 자신을 돌아보는 마음 수련이 행복을 보장한다는 주장도 있다.

인류는 다양한 삶의 방식으로 수명을 연장시켜 왔으며, 평균수명 100세 시대가 현실이 되는 것도 머지않아 보인다. 행복한 장수는 분명 축복일 것이다. 통계적으로 남성들보다 여성이 장수하는 것은 분명한 사실이다. 이에 더해 남자들이 대개 더 많은 노동량과 스트레스에 따라 여성보다 단명한다는 투의 해석이 지배적이다. 그러나 '스트레스'라는 말이 모든 이러저러한 이유를 봉합하는 최선의 어휘인지는 정확하지 않다. 우리들 대부분이 '스트레스'라고 믿고 있는 이 보편화된 은유적 언어가 행복의 적이라고 생각하는 것도 사실이다.

이 세상 모두가 백만장자가 될 수는 없으며, 도인의 경지에서 세상을 관조할 수도 없을 것이다. 그러나 자신의 마음과 행동을 조금 더

주도적으로 통제함으로써 행복이라는 이 막연한 은유에 가까이 다가가려는 노력은 할 수 있을 것이다. 여기 행복을 위한 몇 가지 팁을 정리해보았다.

첫째, 인생은 속도보다 방향이다.

우선 올바른 방향의 생각이 우선이다. 그리고 그 방향대로 살아가는 것이다. 인생은 속도보다 방향이라는 것을 알면 자신의 방법으로 삶을 개척하면 얼마든지 1등 할 수 있는 영역이 있을 것이다. 모두가 같은 방향으로 갈 때는 1등부터 줄을 세울 수 있지만, 다른 방향으로 가면 전부가 다 1등이 될 수 있다.

둘째, 행복한 사람은 결점과 싸우지 않는다.

어떤 사람들은 자리에 앉기가 무섭게 타인의 결점에 대해 줄기차게 비판하는 사람이 있다. 아마 내면에 받은 상처를 술 한잔의 힘을 통해 씻어내고 싶은 속사정이 있을 수도 있겠다. 그러나 듣는 사람 입장에서도 언젠가 나도 저 사람의 거친 입에 제물이 될 수도 있겠다는 생각을 하게 될 것이다. 대부분의 사람들은 칭찬할 만한 구석이 분명히 있다. 그 점을 배우면 그만이다.

셋째, 감사와 용서의 마음이다.

감사의 가장 진화된 형태가 용서라고 한다. 행복으로 가는 길에 감사는 가장 크고 넓은 정거장임이 분명하다.

넷째, 행복으로 가는 길에 또 하나의 큰 정거장은 이기심이 아닌 이타주의일 것이다.

준다는 것은 어떤 의미에서 가장 순수한 형태의 감사이다. 감사를 행동으로 바꾼 것이 이타주의의 실천이다. 애덤 그랜트는 『기브 앤 테이크(Give and Take)』라는 저서에서 자기 자신보다 남을 위해 돈을 쓴 사람의 행복지수가 높았다고 했다. 톨스토이도 "우리에게 최고의 행복을 안겨주는 것은 자기 자신에 대한 봉사가 아니라 다른 사람을 향한 봉사다. 우리들은 남을 위해 살 때만 자신을 위해 사는 것"이라고 한 바 있다.

한순간 자신을 낮출 수 있는 것,
여인의 미소에 몇 년을 희생할 수 있는 것, 이것이 행복이다.

- 헤르만 헤세

♋ 최악의 상황에서도 행복할 여지는 있다

하버드의 심리학자 댄 길버트는 원하지 않았던 극단적 결과도 시간이 지나고 나면 행복감을 주는데 로또 당첨과 별반 다르지 않다고 한다.

"한순간도 후회한 적 없죠, 영광스러운 경험이었어요." 이 말은 모리즈 빅햄이라는 사람이 저지르지도 않은 범죄 때문에 루이지애나주 교도소에서 37년간 복역한 후 DNA 검사를 통해 무죄가 판명된 후 한 말이다.

"결국 좋은 결과가 있을 것으로 믿었어요." 이 말을 담담하게 한 사람은 해리 S. 링어맨으로 레이 크록보다 맥도날드 체인점을 먼저 구상하고 실행해내려고 했던 사람이다. 링어맨은 투자자인 형의 반대를 설득하지 못해 당시 미국 최고의 부자반열에 오를 기회를 날린 사람이다.

지금도 법정에서는 인간이 만든 불완전한 심판대 위에서 많은 사람들이 억울함을 호소하면서 암울한 현실을 탓하기도 하고 극적으로 구조되기도 한다. 법정 밖에서도 우리 주변에선 억울하거나 성공을 눈앞에서 놓친 많은 사람들의 사례를 찾을 수 있다. 그들이 불행의 늪에만 있지는 않다. 오히려 로또에 당첨되어 벼락부자가 된 사람들이 갑자기 바뀐 생활에 적응하지 못하거나 스스로 돈의 노예가 되어 인생을 잡쳐버리는 소식을 듣게 된다.

최악이라고 생각하는 상황에서도 많은 사람들이 의연하게 툭툭 털고 일어서서 행복해질 수 있는 가능성을 찾고 있고, 남부러울 것 없어 보이는 사람들이 자살과 같은 극단적인 형식으로 자신의 삶을 마감하는 경우를 보게 된다. 상황을 어떻게 받아들이는지가 행복을 결정한다.

♤ 행복은 삶의 여러 구성요소 간의 조화의 문제

행복하기 위해 원하는 대로 다 하지 못하는 것은 서로 충돌하는 가치 때문이다. 극단적으로 열심히 일하면 쉬지 못한다. 일과 휴식 모두 삶의 중요한 구성요소다. 우리는 대개 일주일에 52시간이라는 노동시간과 명절이나 국경일을 포함해 빨간색 휴일 표시가 있는 날에 쉬게 된다. 또한 휴가라는 이름으로 주로 여름철에 1~2주간의 휴식을 취한다. 사실 한국의 가장에게는 가족을 위한 또 다른 일과 봉사의 시간이 되기도 한다.

맛있는 음식을 먹는 행복을 누리려면 어느 정도 다이어트는 포기해야 하는 면이 있다. 이성적인 판단력을 갖춘 사람이라면 어떤 상황에서도 극단의 행복감을 느끼기 위해 극단적인 행동을 하지는 않는다.

기분을 좋게 하는 약물을 투여한다면 행복의 순간이 지속될 수 없음을 잘 알기에 절제하기도 한다. 결국 행복도 조화의 문제일 것이다. 가정과 일, 휴식과 노동 등 얼핏 충돌해 보일 수 있는 일상의 시간배분이 조화로운 삶과 행복으로 가는 열쇠가 될 것이다.

미국의 역사학자이자 철학자, 여류시인이기도 한 제니퍼 마이클 헥트는 『행복이란 무엇인가(The Happiness Myth)』에서 행복을 과거의 통념에서 벗어나 냉철한 인식으로 되짚어보고 있다. 그녀는 행복을 세 가지 범주로 나누어 구체적 일상의 행위로 제시한다. 미국의 현실과 차이, 생활수준에 따른 차이가 있을 수 있으나 대체로 한국의 중산층 정도의 삶을 누리거나 아니면 대체로 행복한 일상을 꿈꾸는 이들에게는 공감이 가는 목록일 수가 있어서 소개해본다.

'좋은 하루'는 어떻게 만드는가?
친구 만나기/이웃과의 대화/초콜릿 케이크 먹기/술 한잔 마시기/자녀와 놀기
좋은 책 읽기/일찍 일어나서 상쾌한 아침 보내기/산책/놀이/운동/소중한 사람 돌보기
쇼핑/목욕/마사지 받기/섹스/가재도구 손질/TV 시청과 영화 관람/요리

'도취감'은 어떻게 느낄 수 있는가?
섹스/음악/명상/행복약/단체 활동/춤/익스트림 스포츠/예술 활동

삶을 사랑하고 향유하는 '행복한 인생'을 위해 무엇이 필요한가?
가족/우정/축제와 의식/여행/공부/자신만의 재능이나 기술 숙련/적절한 은행 잔고
자원봉사/외모 가꾸기/모험/좋은 평판/도취감의 기억/많은 '좋은 하루'

♣ 모나리자의 얼굴과 행복

행복 심리학자 에드 디너는 "모나리자가 갖는 아름다움의 비결은 83%의 긍정적인 느낌과 나머지의 부정적인 감정에 있다"고 했다. 100% 충만한 행복은 불가능에 가깝다고 할 수 있다. 설사 있다고 하더라도 100% 완벽한 행복 속에 사는 사람은 이 행복이 어떤 예기치 못한 일로 어긋나지나 않을까 걱정하지 않을 수 없을 것이다. 자신이 통제할 수 없는 무수한 요인들이 인생사에 도사리고 있기 때문이다. 어쩌면 모나리자의 완벽하지 않은 그래서 살짝 그림자가 드리운 웃음이 최상의 행복한 얼굴인지 모른다. 행복 또한 불행까지는 아니더라도 매일 이어지는 즐거운 파티나 기억으로만 채워지지 않고, 다소 힘든 일이나 그것을 극복하는 과정을 이겨낸 뒤 오는 성취욕과 같은 다양한 요소들과 어우러져 있을 때 빛이 나기 때문일 것이다. 즉, 고난도 인생의 일부로 기꺼이 맞을 준비가 되어있는 사람은 쉽게 불행에 빠져 행복으로 가는 길을 잃어버리지 않을 것이다. 장기표는 유신시대 민주화 운동으로 세상에 이름을 알렸다. 금배지를 달거나 높은 지위에 올랐던 사람이라는 기준으로 정치인생을 평가하자면 성공한 정치인은 아니다. 인생행로도 고달파 보인다. 그는 수배 12년, 복역 9년, 연이은 정치실패에 대해 "이 모두가 제 인생입니다. 살면서 수많은 고난 속에서도 인생에 보탬이 될 만한 가르침을 얻었습니다. 자연의 섭리를 따르는 몸, 자아실현을 위한 노동…. 고난은 있었으나 고통은 아니었습니다"라고 칠순의 노신사가 되어 격렬한 젊은 시절을 회고했다. 그의 삶을 불행하다고만 할 수 있을까.

♧ 의미 부여의 마술

서울대 의대에 재직 중인 윤영호 박사는 죽음만큼 아무도 부인할 수 없는 진리는 '인간은 스스로 의미를 부여할 수 있는 존재'라는 것에서 인간의 특징을 찾는다. 이것이 죽음과 다른 점은 죽음은 한 번 시작되면 되돌릴 수 없는 비가역적인 것이고, 의미 부여의 가능성은 되돌릴 수도 있는 가역적인 것이라는 것이다. 인간은 누구나 삶의 의미를 찾을 수 있는 가능성이 내재되어 있지만 모든 인간이 삶의 의미를 찾는 것은 아니다. 찾느냐 못 찾느냐는 자신의 선택으로 남기 때문이다. 생각에 따른 의미 부여가 마술을 부리면 꺼져가는 생명도 그 의미를 찾을 수 있는 것이다. 스코틀랜드의 의사이자 정치개혁가였던 사무엘 스마일스는 "생각을 바꾸면 행동이 달라지고, 행동을 바꾸면 습관이 달라지고, 습관을 바꾸면 성격이 달라지고, 성격을 바꾸면 운명이 달라진다"고 한 바 있고 철의 여인 대처도 이를 즐겨 인용했다.

빅터 프랭클이 죽음의 수용소에서 인간성이 말살되는 참혹한 현실을 버틸 수 있게 한 건 그것을 바라보는 자신의 태도를 결정할 수 있었던 데 있었다. 극단의 고통 속에서도 자신이 그것을 대하는 태도는 자살이나 생존을 위한 최대한의 노력 사이에 있을 것이다. 그렇다면 선택을 좀 더 긍정적인 쪽으로 돌리는 것은 스스로에게 달린 것이다.

EBS에 출연해 '죽음을 이야기하는 의사'로 자처했던 윤영호 박사는 암이나 중병으로 죽음을 마주하게 된 환자들을 돌본 사례를 담담히 말한 바 있다. 환자의 입장을 헤아려 그들에게 죽음을 준비할 시간을 주는 문제에 대해 여러 가지 의견을 제시하고 있다. 윤 박사는 말기암 환자들이 죽음을 이야기하면 그들이 충격에 사로잡혀 아무것도 할 수 없으리라는 것은 당신의 성급한 추측일 뿐이라고 한다. 혹시 당신의 미안함, 그로 인해 진실 앞에서 머뭇거리는 태도가 오히려 환자의 시간을 뺏고 있는 건 아닐까 생각해볼 필요가 있다고 보았다. 그래서 당당히 진실을 알리고 그에 대면하게 하는 쪽을 조심스럽게 얘기하고 있다.

"자기 앞에 다가선 진실을 마주한다고 해서 불안과 공포로부터 자유로워지는 건 아니다. 저들을 바라보는 의사도 무섭다. 전자시계가 한 번씩 깜빡일 때마다 누군가의 삶을 채워주는 시간의 창고가 비어가고 있다. 저 웃음이 그칠 날이 그리 멀리 있지 않을 것이다. 보는 사람도 잠깐씩 진저리를 치게 되는데 당사자의 마음은 얼마나 두려울까. 하지만 그래서 더더욱, 끝내 웃는 낯이고자 하는 저 간절함이 눈물겹다. 강한 평정심으로 하루하루 의미를 찾고자 하는 노력이 아프고 예쁘다"는 윤 박사의 말에서 죽음 앞에서 흔들리는 인간의 모습을 보게 된다. 그리고 삶의 유한성을 절실히 느끼면서 행복하게 살아야 할 이유를 찾게 된다. 러시아의 문호 안톤 체호프는 "이 지상의 생활에서는 절대적 행복이란 있을 수 없다. 드물게조차 없다. 우리는 다만 행복을 바랄 뿐이다"라고 우리를 슬프게 한다. 그러나 우리는 행복을 신기루가 아닌 어떤 것으로 믿으며 추구해야 한다. "네 믿음은 네 생각이 된다. 네 생각은 네 말이 된다. 네 말은 네 행동이 된다. 네 행동은 네 습관이 된다. 네 습관은 네 가치가 된다. 네 가치는 네 운명이 된다"는 간디의 말에 공감하기 때문이다.

♣ 부탄인의 행복

부탄에서는 장식을 위해서 꽃을 꺾지 않는다. 불교적인 생각 탓인지 생명의 싹인 꽃을 인위적으로 꺾지 않고 그저 바라볼 뿐이다. 이 얼마나 환경 친화적인 습관인가. 첫눈이 내리는 날은 휴일이다. 이 얼마나 낭만적인 발상인가. 부탄에서 첫눈은 행운의 상징이기에 모든 관공서가 쉰다고 한다. 부탄에서는 현관문을 열었을 때 눈사람이 있으면, 눈사람을 만들어놓은 사람한테 한턱내야 한다고 한다. 행운을 부르는 눈이 내렸는데 늦잠을 잔 벌로 말이다. 첫눈에 어린아이처럼 마음이 들뜨는 부탄인은 행복을 작은 것에서 찾는 지혜를 가진 것처럼 보인다.

2012년 스위스 다보스포럼에서 국민총행복(GNH) 개념을 제안한 나라가 부탄왕국이다. 히말라야 기슭의 작은 나라인 부탄왕국은 국민소득이 2천 달러가 채 되지 않기에 우리가 생각하는 부국(富國)과는 거리가 멀다. 그러나 초고속성장으로 2만 달러 고지를 돌파한 대한민국 국민보다 행복지수 면에서 뒤처지지는 않는다고 생각할 것이다. 그들은 성장과 개발 대신 독특한 문화와 가치를 지키면서 자연과 조화 속에서 느리지만 행복이 무엇인지를 생각하면서 살아가고 있다. 물론 교육이나 문화혜택, 산업기반 시설 등 보편적 관점에서 많이 모자란 면이 있겠지만, 이들은 자신들에게 있는 것에서 행복을 찾으면서 살아가고 있다. 우리가 미처 보지 못한 행복에 대해 그 방향과 속도를 달리해 생각해보기를 권하고 있는 듯하다. 가끔 질주하는 인생에 브레이크를 걸고 속도와 방향을 달리해서 스토리를 텔링해보면 어떨까.

♣ 인문학을 공부하면 행복해질까

영국 『이코노미스트』지의 서울 특파원인 다니엘 튜더는 한국과 한국사회에 대한 날카로운 통찰이 담긴 칼럼을 지면에 연재하곤 한다. 그는 대학에서 철학, 정치학, 경제학을 동시에 전공했다고 한다. 그는 이 세 가지 학문 중에서 철학이 가장 유익했다고 한다. 실용적인 관점에서는 경제학이 취업이나 현실 분석에 도움이 될 거라는 일반적인 인식과 거리가 있다. 그는 철학을 통해 거시적인 생각으로 삶의 불확실성을 겸손히 인정하게 되고 모르는 사실에는 부정확한 분석보다는 모른다고 대답할 수 있는 것이 훌륭한 행동일 수 있다는 것을 배웠다고 한다.

철학 나아가 문학과 역사를 아우르는 인문학 전반에 대한 반성의 기운이 일고 있다. 사실 문사철의 위기론은 어제오늘의 이야기가 아니고, 인문학을 활용한 스토리텔링과 같이 소통하는 인문학을 위한 많은 방법론이 회자되고 있다. 인류문화의 근간을 이루는 생각이 인문학의 보고에 고스란히 담겨있음은 잘 알려진 사실이다. 인문학에서 수많은 문화콘텐츠나 응용학문이 발흥한 것도 사실이다. 그런데 그것을 수용하는 대중이 어렵게 느끼거나 취업에 별 도움이 안 된다고 느끼게 만드는 것은 전공하는 사람들의 책임이 크다.

지난 대학 시절을 돌아본다. 대학 1, 2학년 때에는 인문학 관련 과목을 많이 수강했지만, 막상 서양의 어떤 학자가 어떤 이야기를 했다는 소개, 역사적인 사건의 스토리, 어느 소설가의 어떤 작품에 대한 소개 등이 어렴풋이 기억날 뿐이다. 내가 우둔한 것인지 교수들이 갓 입학한 학생들의 눈높이에서 관심을 갖고 공부하게 할 수 있는 동기부여가 부족했음인지 이해하기 힘든 부분도 많았다. 원래 상아탑이라 불리는 대학의 속성이 그렇고 학문이라는 게 현실과는 거리가 있어서 그런 것이라 생각했다. 뭔 얘긴지 깊이 몰라도 폼 잡기에 좋은 딜레탕트적인 호사를 위한 장식품쯤으로 인문학을 교양의 액세서리로 치장하고 취업이나 생활에 필요한 것은 스스로 알아서 챙기라는 분위기가 지배적이었다.

이제 오래된 기억을 폐기하고 낯설고 힘들어 보였던 철학책이 인생사의 파고를 조금은 겪어보고 마흔 살을 넘기니 눈에 들어온다. 돌이켜보면 20대 초반 어린 시절에 중년이 넘은 교수들이 자신의 아들딸 키우는 얘기며, 자신의 실존적 고민을 좀 더 쉽게 인문학적 맥락과 닿게 강의해주었다면 좋았을 걸 하는 생각도 든다. 그리고 인문학은 자신을 스스로 비추어볼 때 원거리에서 바라볼 수 있게 해줘서 사소한 일상의 아픔을 하찮게 넘기는 아량도 생기게 해 행복감을 느끼게 할 수 있는 가능성을 제시할 수 있다.

다니엘 튜더도 말한다. "철학은 당신이 취직하는 데 도움이 되지 않을지 모른다. 하지만 이는 철학 자체의 문제라기보다 사회의 편견 탓이다. 이것은 부끄러운 일이다. 철학은 당신이 일을 잘 수행하도록 약간 도움이 될 수 있을 뿐 아니라 행복한 인간으로도 만들어줄 수 있기 때문이다."15) 철학 대신 인문학을 대입해도 맥락이 닿는다. 가끔 우주 속의 작은 미물(微物)인 자신을 졸보기로 보기도 하고, 천상천하 유아독존의 기개로 자신을 돋보기로 보기도 하자. 이런 자신을 돌아보는 내공은 인문학적 사색의 힘에서 나올 수 있다.

♣ 우리는 어디로 가고 있는가

인문학적 사색의 본질은 우리는 인간의 본질은 무엇이고 어디서 와서 어디로 가는지에 대한 근원적인 탐색이라고 하겠다. 몇 년 전 서울시립미술관에서 고갱 전(展)이 있었다. 그 전시회의 타이틀에 소제목이 "우리는 어디서 왔는가, 우리는 무엇인가, 우리는 어디로 가는가"였다. 어떤 면에서 철학 에세이의 제목으로도 손색이 없는 문구다.

은행가로 출발한 고갱은 서른다섯의 늦깎이로 화가의 길에 들어섰으나 이내 처자식이 있는 파리에서의 삶을 박차고 문명세계와는 다른 새로운 세계에 대한 동경으로 타히티에 정착한다. 새로운 회화에 도전한 고갱은 가족이 있는 파리와 타히티를 몇 번 오가다 가족에게도 외면 받았다. 마지막에 제2의 고향과도 같은 타히티 파페에테에 돌아온 고갱은 병마에 시달렸고 파리에 머무는 동안에 겪었던 처절한 패배감으로 우울증에 빠져 자살을 기도하였다.

이때 마지막 유언으로 여기며 제작한 그림이 유명한 <우리는 어디서 와서 어디로 가는가>이다. 고갱의 이 질문과 그림은 그의 삶과 오버랩 되어서 인문학적 성찰의 모든 요소를 담고 있다. 인문학을 특정 경계에 가두어두기보다 많은 실용학문과의 융·복합을 통해 곳곳에 인문 정신이 스며들게 하는 출발로 고갱의 질문을 곱씹어보는 것이 좋을 듯하다. 자신의 삶을 송두리째 던질 수 있는 의문을 품는 것은 인문 정신의 출발이 아닐까. 거기서 행복에 대한 자신의 주관도 형성될 수 있을 것이다.

대학에서는 인문학 위기론이 있지만, 일반인이나 기업인에게는 열풍이라 할 정도로 인문학이 주목을 받고 있기도 하다. 인문학의 본질은 당장 써먹을 수 있는 지식을 연마하는 것은 아닐 것이다. '쓸모없음'은 얼마간 인문학의 본질이다. 쓸모가 없어 보이지만, 크게 쓰이는 것이 인문학의 역설이 아닐까 한다. 역사를 알면 현실에서 반면교사를 찾을 수도 있고, 철학은 우리의 사고를 정교하게 가다듬어 주고, 심리학은 상대방을 좀 더 쉽게 설득할 수 있는 길을 열어줄 수도 있다. 공기와 물처럼 흔해서 그 쓸모를 가늠하기 힘든 것이 인문학의 바다가 아닐까 생각해본다. 그렇지만 팍팍한 현실은 자신이 몸담은 기업의 매출을 올리는 방법이나, 당장의 성과에 목말라 한다. 그런데 인문학적 내공은 가끔 멋진 광고로 표출되고 협상의 파트너에게 좋은 인상을 심어줄 수도 있어서 은연중에 '쓸모'로 나타나기도 한다. 기본과 원칙을 찾는 시간이 되면, 우리를 현실의 쓰나미 속에서 단단히 묶어둘 내공이 필요하다. 그때 인문학이 우리의 흔들리는 마음을 붙들어 맬 수 있다.

LPGA에서 활약한 박지은 선수는 유복한 가정의 비교적 좋은 환경에서 골퍼로서 미국 LPGA에서 6승을 거두는 등 세계 정상의 위치에 올랐다. 부상 때문에 롱런하지 못하고 은퇴한 박지은 선수는 후배들에게 자신과 같은 독종 골퍼보다는 행복한 골퍼가 되라고 당부한다. "행복하지도, 즐겁지도, 그렇다고 간절하지도 않아 보이는 골퍼가 적지 않다"는 이야기를 들었다고 한다. 그녀는 하루 4시간이 넘는 강훈련은 무의미하고, 책을 읽든 공부를 하든 여행을 하든 요리를 배우든 인생의 폭을 넓혀가는 후배들이 승부에도 강하고 삶도 풍요롭게 꾸려가는 여건을 만들고 싶다고 했다.[16] 인문학적 사색을 통해 인생의 나침반을 점검할 수 있는 사람을 키우고 싶고 결코 골프 기계를 길러내고 싶지는 않다는 뜻으로 들린다. 그녀의 말을 들으면서 행복하지도 그렇다고 간절하지도 않은 삶에 자신의 인생을 소비하지는 않는지 반성하게 된다. 자신의 인생 스토리를 텔링하고 액팅하기 전에 그 전체 시나리오의 방향을 수시로 점검하는 것은 "이 산이 아닌가 봐" 하고 다시 하산하는 일을 막기 위해서도 필요한 일이다.

본질에 대한 끊임없는 탐색과 고민이 인문학의 본질이 아닐까. 아우구스티누스의 『고백록』에 나오는 구절은 인문학의 본질, 나아가 삶의 궁극적인 목적에 대해 생각하게 한다.

> 인간은 산 정상에 올라 아름다운 광경에 넋을 잃고,
> 풍랑이 이는 바다를 바라보고,
> 굽이치면서 흐르는 강물을 바라보고,
> 세상을 휘감는 큰 대양을 바라보고,
> 밤하늘을 가로지르는 별들의 운행을 바라보고 넋을 잃지만,
> 정작 인간의 내면에 대해서는 진지하게 생각하지 않는다.

♫ 천재 과학자가 찾은 행복

1931년에 발표한 "과학과 행복(science and happiness)"라는 수필에서 아인슈타인은 과학이 결코 행복을 가져다주지 못하는 것에 대해 자문하고 있다. "과학자들은 사람들의 행복에 대한 관심이 모든 기술적인 노력 중에서도 최고봉이라는 사실을 잊지 말아야 한다." 물리학자이지만, 아마추어 바이올리니스트로 활동하기도 하고 다방면에 관심이 많았던 아인슈타인은 '행복'의 과학적 원리에도 관심이 많았던 것이다.

정작 아인슈타인이 찾은 행복은 '몰입'의 즐거움이었을 것으로 보인다. 그의 아내 밀레바는 1905년 상대성이론에 관한 논문을 마친 남편의 모습을 이렇게 묘사했다. "마침내 그는 문제의 결론을 도출해냈고, 6월 초에 초벌 논문을 마친 뒤 지칠 대로 지쳐 침대에 몸을 무너뜨리고는 2주간 그대로 누운 채 잠만 잤다"[17]고 했다. 엄청난 몰입의 결과 탈진한 에너지를 보충한 그만의 방식을 짐작게 한다.

"행복한 삶을 살고 싶다면 사람이나 사물이 아닌 목표에 의지하라"고 자신만만하게 말하던 그의 결혼생활도 외면적으로는 행복하게 보이지 않았다. 그는 아내를 "결코 해고할 수 없는 직원과 같은 존재"라고 보았다. 아내 밀레바와의 첫 결혼을 불행한 세월로 짐작게 하는 말이다. 실제로 아인슈타인에게 집안일과 대외적으로 필요한 경우를 제외하고 자신과의 개인적 관계를 완전히 포기해야 한다는 각서를 요구받은 밀레바는 두 아들을 데리고 과학이 1순위이고 2순위가 된 자신과 가족의 존재를 못 견뎠기에 아인슈타인에게서 탈출한다. 물리학에서의 합리와 이성은 현실 생활에서는 다소 무력했던 모양이다.

이런 아인슈타인이 "인생을 살아가는 데에는 두 가지 방식이 있다. 하나는 기적은 어디에도 없다는 것이고, 또 하나는 모든 것이 기적이라고 보는 것이다"라는 말을 남겼다. 합리로 무장된 세계적인 물리학자의 말이다. 우주만물이 모두가 기적일 수 있는 것이다. 아인슈타인 말처럼 우리 스스로가 그 기적의 한 부분을 이루고 있다고 생각하면, 비관론에 휩싸일 겨를이 없을 것이고 날마다 존재에 대한 감사로 행복한 미소를 지을 수 있지 않을까.

♣ 모두가 행복한 '멋진 신세계'라는 신화

헉슬리(Aldous Huxley)의 소설 『멋진 신세계』에서는 어느 누구도 불행하지 않을 조건을 갖추고 있는 것처럼 보인다. 적어도 굶주림과 실업, 가난이란 존재하지 않기 때문이다. 또한 질병과 전쟁도 없으며, 어디든 환경이 청결하다. 예상 수명은 길고, 늙어도 표가 나지 않는다. 누구도 고독하거나 절망을 느끼지 않고 불안해하지도 않는다. 모든 것이 즐겁다. 누구나 결핍이 없다는 측면에서 현대인들이 부러워할 행복의 조건을 공유하고 있으며, 욕망하는 것을 채울 수 있는 대상도 풍부하다. 누구와도 서로 섹스를 하며, 모든 사람들은 욕망하는 것들을 소비한다. 물론 기대했던 것과는 달리 약간의 우울함이 느껴지면 '소마(Soma)'라는 마약을 삼키면, 기분을 흥분시킬 뿐 아니라 마음을 안정시키고 편안한 환각 상태가 유발된다.

헉슬리의 『멋진 신세계』는 2540년의 세계를 묘사한 것이다. 1908년, 자동차 회사 헨리 포드의 유명한 T 모델 자동차가 세계 최초의 컨베이어 시설에서 생산되어 미국적 소비사회로의 길을 열었던 때로부터 632년이나 지난 시점을 상상해서 쓴 소설이다. 포드는 포드시스템으로 현대 경영에서 획을 긋는 사람으로 일관공정에 의한 대량소비사회의 서막을 연 사람이다. 포드의 경영시스템은 서구의 경제를 혁명적으로 변화시켰다. 포드는 컨베이어 시스템을 생산 과정에 도입해 가장 단시간에 자동차를 생산하는 것이 가능하도록 한 것이다. 이렇게 생산된 것이 '작은 남자'를 위한 최초의 자동차인, 전설적인 T 모델 자동차였다. 동시에 포드는 노동자들의 임금을 최저생계비 이상으로 인상했고, 이를 통해 노동자들을 동시에 자신의 구매자들로 만들었다. 대량생산과 대량소비 사회에서 행복의 방식은 남들보다 더 많이 구매하고 소비하는 길이라고 믿는 신화가 자라나기 시작한 것이다. 이러한 신화는 아직까지도 우리의 의식을 상당 부분 지배하고 있다. 그런데 역설적으로 멋진 신세계가 주는 의미심장한 경고가 세비지를 통해 소설에 나타나고 있다. 세비지는 행복해지는 알약 '소마'의 복용을 거부하고 "나에게 불행해질 권리를 달라"고 절규한다. 결핍이 없어 보이는 완전함이 역설적으로 인간의 삶과는 어울리지 않는 것이라는 메시지가 읽힌다. 인간의 삶은 고정된 스톡(stock) 개념이 아닌 플로우(flow), 즉 행복과 불행, 기쁨과 고통을 교차하면서 지나가는 하나의 흐름인 것이다. 그러기에 우리는 수많은 도전 속에서 실패, 좌절을 겪기도 하지만 크거나 작은 성공의 달콤함도 느끼면서 흘러가는 가운데 행복처럼 보이는 어떤 것을 낚아채기도 하고 아쉽게 놓치기도 하면서 삶을 자신의 것으로 만들어가는 것이다. 어쩌면 행복은 아무 결핍이 없는 '멋진 신세계'라는 신기루보다 다양한 가능성이 공존하는 현실에서 수많은 가능성으로 꿈틀거리며 살아서 움직이는데 우리가 보지 못하고 지나치는 어떤 것이 아닐까.

영국의 버나드 쇼도 자신의 희곡 『인간과 슈퍼맨』에서 "평생의 행복! 살아있는 그 누구도 그것을 견딜 수 없다. 그것은 지상의 지옥이 될 것이다"라고 하면서 헉슬리의 『멋진 신세계』처럼 행복의 역설을 웅변하고 있다.

이미 우리에게 주어진 행복에 항상 조바심을 느끼면서 언젠가 달아날 행복을 미리 걱정하는 것도 문제다. 미국 미시간대의 놀렌 획스마 교수는 이 순간이 행복하다고 느끼면서도 지나치게 미래에 올 가능성이 희박한 불행을 염려하는 행위를 오버싱킹(overthinking)으로 규정한다. '걱정도 팔자'란 말처럼 지나친 걱정에 현재를 즐기지 못하는 것도 문제인 상태가 아닐까.

♣ 행복이 들어올 공간을 만들자

아리스토텔레스는 그의 저서 『니코마코스 윤리학』에서 삶의 목적은 행복이라고 했다. 행복이 곧 '최고의 선'으로 우리가 인생에서 추구할 최고의 가치라고 본 것이다. 그런데 행복에 대한 기준이나 정의는 동양과 서양, 시대별로 많은 사람들이 얘기하고 있지만 다소 다르게 해석될 수 있다. 그것은 사람마다 삶의 의미를 어떻게 설정하는지에 따라 다를 수 있기 때문이다. 미국의 철학자 휴 S. 무어해드는 그의 저서 『삶의 의미(The meaning of life)』에서 250명의 작가와 학자들이 말한 삶의 의미를 소개하고 있다. 소설가 제임스 미치너는 "가치 있는 일을 하는 것"이라고, 에머슨은 "노동이 있는 곳에 사랑이 있다"고 각각 말했다. 윌리엄 포크너도 "어제고 오늘이고 매일같이 8시간 동안 계속할 수 있는 것은 노동뿐이다"라고 했다. 우리는 8시간 동안 줄기차게 할 수 있는 것으로 먹는 일이나 사랑의 행위를 매일같이 할 수는 없을 것이다. 노동은 피하고 싶은 것일 수도 있지만 우리 삶의 기본요소임에는 분명하다. 노동은 삶을 가치 있게 만드는 것이기도 하다. 루스벨트 대통령은 "삶에서 최고의 선물은 가치 있는 일을 할 수 있는 기회"라고 했다.

영국의 작가이자 인생철학의 아버지로 불리는 제임스 알렌은 행복에 대해 이렇게 말하고 있다.

과연 행복은 허구나 망상에 불과하며 영원히 지속될 수 있는 것은 고통뿐인가? 진지하게 관찰하고 성찰해보자. 지혜의 길로 들어선 이들을 제외한 모든 사람들은 욕망을 충족시키면 행복을 얻을 수 있다고 믿는다. 무지의 영혼에 깊이 뿌리박혀 이기적인 갈망의 물로 마른 몸을 적시는 행위야말로 이 세상 모든 비참함의 원인이다.
…
행복은 기쁨과 평화가 가득한 내면의 완벽한 만족 상태이다. 이때 모든 욕망이 제거된다. 욕망을 충족시킨 후에 느끼는 만족감은 실체 없는 착각에 불과하며, 이것은 더 큰 만족을 향한 욕구를 동반한다.[18]

행복은 '마음의 문제'인데, 우리가 가치 있는 일을 할 수 있는 기회를 가졌다고 생각하는 사람이라면 행복한 사람이다. 욕망과 비교의 노예로 산다면 행복이 우리 인생에 비집고 들어올 틈은 없을 것이다. 욕망이나 비교로 가득 찬 우리의 마음에 감사의 공간을 넓혀주자. '욕망'이나 '비교'가 들어찰 공간에 '감사'의 마음을 채워 넣으면 아마 행복도 덩달아 늘어날 것이다.

헬렌 켈러는 "행복의 한쪽 문이 닫히면 다른 쪽 문이 열린다. 하지만 때로 우리는 닫힌 문만 너무 오랫동안 바라보는 바람에 우리를 위해 이미 열려있던 다른 문을 보지 못한다"고 했다. 행복을 위해 비교의 문을 닫으면 감사의 문이 열릴 것이다. 활짝 열린 감사의 문을 통해 우리 인생의 스토리를 마음껏 텔링 해보자.

♧ 행복담론 과잉의 시대

수많은 광고에서 수많은 정치인들의 슬로건에서 '행복'이라는 단어는 고객이나 유권자의 마음을 사로잡으려는 듯 반복되고 있다. 그 물건을 사면 행복해지고, 특정 인물을 당선시키면 행복해질 수 있다면 얼마나 좋은 일인가. 그런데 행복이 물건 한 번 사고, 정치인 한 명 뽑는다고 쉽게 다가올 수 있는 것인가. 사실 '행복지수'라든지 행복을 계량화하는 시도는 모순이 많다. 각 개인이 느끼는 주관적인 감정 상태를 어떤 방식으로 계량하고 지수를 설정한단 말인가. 행복지수가 낮다거나 높다고 할 때 비교가 어려운 개인의 심리 상태를 재단하는 폭력성이 내재되어 있을 수 있다. 행복의 크기와 높이를 재는 작업과 풍성한 '행복담론'이 넘치는 시대인데, 어떤 방향으로 행복의 좌표를 설정해나가고 그것이 삶의 질을 향상시키는 쪽으로 잘 가고 있는지에 대한 부단한 점검이 필요하다. 그것은 근본적으로 개인의 몫이기도 하지만, 국가의 몫이기도 하다. 행복이란 감성을 오래 붙들어두고 싶지만 우리의 감정은 이를 쉽게 허용하지 않는다. 우리의 비교본능이나 우울한 증세가 언제든지 우리 삶에 비집고 들어설 준비를 하고 있는 듯하다. 행복도 결국은 개인의 감정조절의 문제로 귀결될 수 있다.

독일의 저널리스트 슈테판 클라인은 저서 『행복의 공식』에서 우리의 감정을 어떻게 조절해야 행복감을 느끼는지에 대해 기술하고 있다. 그중에서 현대인의 외로움과 소외를 상징하는 우울증 극복에 대한 부분이 인상 깊다. 클라인은 우울한 감정은 그 자체가 우울한 감정을 계속 증폭시키기 때문에, 기분이 우울할 때는 일단 단순한 일이라도 시작해서 몸을 움직이면서 성취감을 느끼는 것이 좋다고 한다. 이 작은 성취감은 느낄 때마다 행복감을 느낄 수 있는 호르몬이 더 많이 분비된다고 한다. 우울함에서 탈출하는 길은 작은 성취를 할 수 있는 도전을 지속하라는 의미일 것이다. 그런데 말이 쉽지 인간은 살면서 감정의 기복이 있기 마련이다. 우리가 수도사가 아닌 이상 항상 일정할 수 없는 감정의 흐름 속에서 살고 있다. 감정이 고양된 시기가 있으면 좋지 않은 시기도 찾아올 것이다. 부정적인 저조기를 어떻게 지혜롭게 극복하는가의 문제가 행복의 열쇠가 될 것이다.

♧ 왕이 추구한 행복

조선의 왕들 중에서 가장 긴 재위기간(52년)을 누리고 82세까지 장수한 영조는 자신의 호를 육오거사(六吾居士)라고 했다. 당시의 문인인 권필이 사오(四吾)를 일컫고 남용익이 십오(十吾)를 일컬었던 것을 참작하여 자신은 '여섯'을 칭한다고 했다.

영조가 언급한 권필은 "나의 밭에서 나오는 것을 먹고, 나의 샘에서 나오는 물을 마시며, 나의 천성을 지키고, 나의 연수를 마친다(천수를 누린다)"는 뜻에서 사오(四吾)라는 당호를 썼다. 남용익은 나의 밭에서 나오는 것을 먹고, 나의 샘에서 나오는 물을 마시며, 나의 집 서까래를 맺고, 나의 밭두둑에 의지하며, 나의 시편을 읊고, 나의 거문고를 타며, 나의 현묘한 도(道)를 지키고, 나의 잠을 편안히 자며, 나의 천성을 즐기고, 나의 연수를 마친다는 뜻에서 십오(十吾)라는 당호를 썼다. 그런데 영조는 나의 밭에서 나오는 것을 먹고, 나의 샘에서 나오는 물을 마시며, 나의 책을 보고, 나의 잠을 편안히 자며, 나의 본분을 지키고, 나의 연수(수명)를 즐기겠다는 뜻에서 육오(六吾)라고 했다.

소박할 수 있는 것이지만 제왕이 아닌 한 인간으로서 누리고 싶은 행복이 깃들어있다. 장수의 비결이 자신의 소박한 행복관을 확고히 실천했던 것은 아닐까 생각해본다. 당신은 '몇 오'를 누리고 살고 싶은

가? 그렇게 누리고 싶은 행복에 따라 인생의 시나리오를 스토리텔링 해보면 어떨까.

♋ 행복은 신기루이거나 신화일 수 있다

행복에 대한 계량적인 측정 시도는 지금도 계속되고 있다. 그런데 이 과정에서 많은 오류의 가능성이 존재한다. 행복은 일반화해서 도식화하기 힘든 주관적인 요소가 강하기 때문이다.

그래서 많은 자기계발 전문가들은 행복을 위해 우리가 해야 할 것들이 무엇인지에 대해 다양한 방식으로 접근하고 있다.

영국의 문화사학자 리처드 스코시에 따르면 "자기계발서의 연간 매출액은 10억 달러이며 항우울제 시장은 170억 달러에 이를 만큼 행복과 관련된 산업은 유망한 산업의 하나"라고 했다. 행복은 가게에서 쉽게 사거나 특별한 습득 방법이 있는 대상이 아닐 수 있다. 일종의 위약효과처럼 자신이 행복하다고 믿게 만드는 상황을 설정하고 매사를 긍정하라고 한들 고단함의 일상이 갑자기 개선되거나 행복이 갑자기 물밀 듯 자신의 삶 속에 들어오기를 기대하기도 힘들다. 많은 사람들이 마음먹기에 따라 같은 현실도 행복하게 느낄 수 있다고 가르치는 긍정심리학의 세례를 듬뿍 받으며 살지만, 어떤 종교적 믿음의 수준까지 자신을 단련하지 않는 한 행복과의 괴리는 일정부분 불가피한 면이 있을 것이다. 인간은 아마도 행복과 불행 사이의 어떤 공간에 살면서 자신을 행복 쪽으로 부단히 이동할 수 있는 가능성에 무게를 두는 낙관주의자와 불행 쪽에서 행복 쪽으로 나가기가 불가능하거나 만만치 않다는 비관주의 사이의 어떤 지점에 서 있는 것은 분명하다. 우리는

'행복'이라는 추상명사를 플라톤의 이데아처럼 가상의 이상향으로 삼고 시시포스의 바위를 굴리는 엔진으로 삼고 있는지 모른다.

그리고 그렇게 바위를 굴리는 힘은 상당부분 미래에 대한 희망과 긍정에서 나오는 것은 분명하다.

행복해지기 위해서 지금의 나와 전혀 다른 사람이 되라고 이상적인 모습으로 개선을 한다고 그 사람이 행복해질까? 인간은 사회와의 상호 작용 속에서 자신을 사회에 비춰봄으로써 자신이 처한 좌표를 보고 행복의 정도를 가늠하는 경우가 대부분이다. 외모가 자신의 이상이나 기준과 다르다고 성형을 하는 여성이 많다. 탤런트 누구의 코와 또 다른 탤런트 눈을 닮게 해달라고 성형을 주문하는 것이 낯설지 않은 풍경이다. 그렇다면 그 이상적인 사람들의 신체 부위를 정말 감쪽같이 닮게 했다고 해서 그 사람이 그 이상형이 가진 아름다움을 모두 지니거나 종합판으로서 미(美)를 온전히 구현해낼 수 있을까. 그러지 않을 것이다. 행복해지고 더 나은 삶을 살기 위해 이런저런 조언이나 생각을 전하는 사람들의 모든 요소를 흡수해 살기는 힘들다. 설사 그렇게 좋은 행동들을 현실적으로 실천한다고 해도 그 사람의 사회적 지위가 달라지고 내면의 행복이 증가된다는 보장은 없다. 행복은 수학공식에 대입해 어떤 요소만 실천한다면 뚝딱 만들어지는 것이 아니기 때문이다. 만약 그렇게 '뚝딱 만들어지는 행복'이 마법처럼 만들어진다고 하고 그런 정신의 상태를 행복한 상태하고 한다면, 각성제나 흥분제로 느끼는 일시적인 우리의 정신 상태를 행복한 상태라고 하는 것과 다를 바 없는 것일 것이다.

하버드 의대의 조지 베일런트 교수는 75년간 하버드대 출신 268명의 일생을 추적해 연구한 결과 인간 행복의 조건과 비결은 스스로 성장을 추구하는 내적 능력에 달려있다고 결론을 내린다. 인간은 누구나 변화할 수 있고, 성장할 잠재력이 있다. 그 변화는 자신의 내면에서 오는 진정한 변화일 때 파괴력이 있을 것이다. 행복은 야구 선수가 근육강화제를 통해 홈런을 치고 성형의사의 칼끝으로 성형미인이 탄생하는 것과는 다른 과정을 통해 긴 인생의 여정 속에서 우리가 찾아야 하거나 우리 안에서 조금씩 자라나는 어떤 것이리라. 우리가 애써 행복이라는 무지개를 잡으려고 하기보다 짧은 일상 하나하나를 알차게 가꾸어갈 때 그 속에 행복은 이미 숨어있을지도 모르기 때문이다.

이 책에서 얘기하는 내용도 궁극적으로는 행복한 인생에 도움이 될 수 있는 내용일 수는 있지만, 궁극적으로는 독자들이 전혀 다른 사람으로 변신해서 행복에 다다르게 하려는 불가능한 의도가 숨어있는 것은 아니다. 자신의 개성에 따라 행복의 좌표는 얼마든지 달라질 수 있다. 다만 어떤 행선지로 인생을 몰고 가든지 간에 몇 가지는 짚어볼 가치가 있다고 판단하는 것을 중심으로 이야기를 풀어가고자 한 것이다. 그래서 인생에서 한정된 자원이라고 할 수 있는 주어진 시간을 소중히 다루는 삶, 꿈을 향해 도전하는 삶, 사회적 동물로서 관계 속에서 답을 찾는 삶, 죽음 앞에서 후회하지 않는 삶을 위해 해법을 찾아보고자 한 것이다. 행복과 죽음에 대한 생각은 기본적인 개인의 가치관을 형성하고 이를 바탕으로 인생의 시나리오가 스토리텔링 되어야 할 것이다. 그래서 '행복'과 '죽음'은 인생의 중요한 나침반이 되는 것이다. 죽음 앞에서 수십 년에 지나지 않는 유한한 인생이라는 시간 동안에 할 일을 스토리텔링했다면, 이 스토리를 액팅할 수 있는 '시간', '도전', '관계'라는 세 개의 또 다른 나침반이 있다.

\<행복을 생각하는 리더의 스토리텔링\>

대부분의 사람에게 인생은 불친절할 수 있다.
정호승 시인에게는 소주 한잔 사주지 않은 인생이었고
우리들 대부분에겐 로또 당첨 같은 행운이 찾아오지 않는다.
그러나 행복하기로 마음먹는다면 그만큼의 행복은 찾아온다.
비교의 자리에 감사를 앉히고 행복의 요소들을 찾으면
생각보다 많을 것이다.

스토리액팅을 위한 생각습관 Ⅰ

'행운'보다는 '행복'을 찾는 마음
- 내게 주어진 무수한 세잎클로버를 보자.

'비교'보다는 '감사'의 마음
- 내게 주어진 당연한 것으로 보이는 많은 것이 다 감사의 대상이다.
- 자신이 비교열위에 있는 것보다 비교우위에 있는 것을 발견하고 감사하자.

새로운 경험에 많은 시간을 투자하라.

때로 '근거 없는 희망'을 가지자.

행복도 하나의 신기루일 수 있음을 기억하자.
- 행복은 특정한 항구가 아니라 인생이란 항해의 과정에서 무수히 발견될 수 있다.

행복은 나비와 같다. 잡으려 하면 항상 달아나지만,
조용히 앉아있으면 스스로 너의 어깨에 내려와 앉는다.

- 너새니얼 호손

2

리더의 스토리텔링을 위한
나침반 둘, 죽음

인생을 다시 살 수만 있다면
나는 매일 밤 죽음을 생각하는 습관을 들이겠네.
말하자면 죽음을 기억하며 살아가겠다는 거야.
… 늘 죽음을 의식하지 않으면 인생은 무미건조하다네.
차라리 계란 흰자만 먹고 사는 게 낫지.

- 영국의 소설가 뮤리엘 스파크의 『메멘토 모리』 중에서
모티머 경위의 말

친구여, 우리는 일생 동안 계속해서 살아가는 법을 배워야만 하네.
그런데 훨씬 더 놀라운 일은 우리는 일생 동안 계속 죽는 방법을
배워야만 하는 거라네.

- 세네카

1. 죽음, 최고의 발명품일까?

♋ 죽음은 대단한 발명품

한국인은 죽음을 입에 달고 산다. 좋아서 죽겠다고 하고, 바빠서 죽겠다고도 한다. 어떤 물건이 마음에 쏙 들면 죽이는 물건이라고 한다. 또 음식은 어떤가. 둘이서 먹다 하나 죽어도 모를 맛이라고 하기도 하며, 죽이는 맛이라고 추켜세우기도 한다. 죽음은 늘 우리 곁에 붙어 다닐 정도로 우리 언어 속에서 무수히 등장하지만, 우리의 심장이 멎는 죽음 앞에서는 공포와 두려움에 떨게 된다. 그런 죽음을 냉정하게 통찰한다면 역설적으로 우리의 유한한 삶을 더욱 알차게 가꾸는 계기가 될 것이다.

한국은 OECD 국가 중에서 최고의 자살률을 기록하고 있는 국가다. 죽음의 형태 중에서도 가장 바람직하지 않은 '자살'이라는 극단적 선택을 강요받는 치열한 경쟁사회의 아픈 단면이 보인다. 죽음을 똑바로 응시하는 것 자체는 바로 삶의 스토리를 풀어가는 엔진이 된다.

내가 죽음의 고통을 가장 가까이 느낀 건 아버지가 돌아가셨을 때다. 손녀가 배 속에 있는 상태에서 병원 신세 한 번 지지 않으시고 돌연사하신 것이다. 환갑을 갓 지난 연세이시니 안타까운 나이다. 장남인 나는 천붕의 고통이 뭔지 알 것 같았다. 장례를 치르고 그동안 아버지의 큰 그림자 속에서 살다가 내가 장자로서 집안의 대소사를 챙겨야 하는 위치가 되니까 비로소 아버지의 부재를 실감하게 되었다.

늘 못마땅하게 반항하고 싶은 마음이 들게 한 것은 우리 부자(父子)만이 겪는 것이 아닌 우리 시대 모든 아버지와 아들에게 얼마간은 있을 법한 세대 차 때문이라는 너그러운 시선도 돌아가시기 전까지는 없었다. 지독한 가부장적 권위가 싫었지만 돌아가신 후에는 오히려 그 외골수의 모습이 너무 그리웠다. 죽음 앞에서 지난 불효를 황망히 떠올리고 눈시울을 붉혀도 그것은 오히려 불효에 대한 자기연민에 지나지 않을 듯했다. 천붕의 고통을 당했던 그때 내게 죽음은 최악의 발명품이라고 할 수 있었다.

스티브 잡스는 죽음을 최고의 발명품이라고 한다. 그는 2005년 스탠퍼드대학교 졸업식 축사에서 "인생의 중요한 순간마다 곧 죽을지도 모른다는 사실을 명심하는 것이 내게 가장 중요했다. 죽음을 생각하면 무언가 잃을지 모른다는 두려움에서 벗어날 수 있다. 죽음은 삶이 만든 최고의 발명품이다. 죽음은 삶을 변화시킨다. 여러분의 삶에도 죽음이 찾아온다. 인생을 낭비하지 말기 바란다"고 했다.

잡스처럼 죽음이 건강한 삶을 사는 원동력이 되었다면 얼마나 좋을까. 그러나 불치병으로 시한부 인생을 선고받은 사람에게 인생은 하루하루가 희망이 없는 지옥처럼 느껴질 수도 있다.

지인 한 사람의 이야기가 생각난다. 대기업 간부로 재직 중에 암으로 시한부 삶을 선고받은 뒤 극적으로 치료해 삶의 방식이 바뀐 경우다. 이분은 시한부 판정을 받은 이후 그동안 아내와 자녀, 부하직원들에게 매몰차게 대했던 점을 반성하는 등 거의 도인(道人)과도 같은 삶을 살면서 자신의 장례식 초대인사 리스트를 꼼꼼히 작성하는 여유를 보였다고 한다. 그러다 기대치 않게 암 치료가 성공적으로 끝나니, 서서히 평소의 괄괄한 품성으로 돌아가는 자신을 발견했다고 한다. 그리고 완치되기 전에는 인생에서 중요한 것과 불필요한 것이 확연하게 보이며 안개가 걷히는가 싶더니 치료 후 복잡한 문제들이 다시 안개처럼 밀려왔다고 한다. 사실, 인생의 유한성(有限性)은 이미 예견된 것이었지만, 우리는 인생이 영원할 것 같은 망각 속에서 살아가는 것은 아닌지 돌아볼 일이다. 그러면 아마 자신의 버킷리스트는 저절로 떠오를 것이다.

의붓딸과 결혼하는 데에서 보듯 그 유별난 사생활로 잘 알려진 우디 앨런은 2010년 칸 영화제에서 "죽음에 대한 이야기를 많이 만드는데 지금은 어떻게 생각하느냐"는 질문에 "(죽음에) 완전 반대한다"고 답해 좌중을 웃음바다로 만든 바 있다. 그의 영화는 어차피 죽는데 사는 게 무슨 의미냐에 대해 꾸준히 질문하는 듯한 작가주의적인 영화가 많은데, 그는 삶의 빛나는 순간을 포착하는 데도 인색하지 않다. 그는 세간의 평가에 아랑곳하지 않고 자신의 방식으로 살아가는 예술가이기도 하다. 1978년 50회 아카데미상에서 작품상, 감독상, 각본상, 여우주연상을 우디 앨런의 <애니 홀>이 독식하다시피 했다. 당연히 시상식에 나타나리라고 기대한 순간에 우디 앨런은 나비넥타이에 연미복을 멋지게 차려입고 나타나지 않았다. 그 이유가 외국에서 영화를 찍는 것도 아니었다. 그의 대답이 걸작이다. "시상식이 있던 그날은 매주 월요일 밤에 예정된 클럽에서 재즈 클라리넷을 연습하는 날"이라 불참했다고 했다. 남들이 칭송하건 말건 자신만의 리듬으로 매년 거의 한 편씩 꾸준히 영화를 만들고 있는 우디 앨런의 삶에서 '죽음에 반대'하기에 그 반대하는 이유도 열심히 찾는 모습이 보인다.

♣ 영생의 고통

인간의 오랜 꿈 중의 하나는 불로장생(不老長生)이다. 아르헨티나의 작가 보르헤스는 『불멸(The Immortal)』이라는 단편소설에서 불멸을 얻고 괴로워하는 한 사나이를 다루고 있다. 이 사나이는 소설의 전반부에서 영생을 허락하는 샘물을 찾아 나서지만, 후반부에는 자신의 죽음을 허락하는 또 하나의 샘물을 찾아 나서는 모습을 보여준다.

클로드 휘트마이어가 지은 "아는 것과 의미 있는 일(Mindfulness and Meaningful Work)"에 나오는 죽음의 의미를 생각하게 하는 구절을 보자.

> 한 사나이가 죽어서 눈을 떠보니 천국이 따로 없는 휘황찬란하고 아름다운 곳이다. 이때 흰 재킷을 입은 남자가 말을 건다. "당신은 뭐든지 선택할 수 있소. 여기에는 온갖 먹거리와 오락거리가 있소." 사내는 희열 속에서 산해진미와 죽기 전에 경험 못한 다양한 것들을 경험했다. 어느 날 이 모든 것들에 싫증이 난 사내가 안내자에게 물었다. "나는 이제 이 모든 것들에 지쳤소. 일을 하고 싶소. 혹시 내가 할 일을 마련할 수 있나요?" 안내자는 고개를 저으며 대답했다. "죄송합니다. 우리가 해드릴 수 없는 일이 있다면 바로 그것입니다. 여기에 당신이 할 일을 마련할 수는 없습니다." 그러자 사내가 답했다. "그럼 좋아요. 차라리 지옥으로 보내주시오." 안내자는 다시 물었다. "당신은 어디에 있다고 생각합니까?"

영생이 보장된 삶이 얼마나 무미건조할지는 쉽게 상상이 간다. 목표한 영어공부 점수를 얻기 위해 내일 당장 학원에 등록하고 일정한 시간 내에 점수를 높이려고 발버둥칠 일도 없을 것이고, 혼기가 찬 선남선녀가 올해는 꼭 배필을 만나야겠다고 다짐하는 일도 없을 것이다.

내년이면 어떻고, 10년 후면 어떠냐고 생각하면서 매사에 의욕이 없어질 것이다.

영화 <아델라인: 멈춰진 시간(The Age of Adaline)>은 늙지 않는 삶을 사는 어떤 여성에 관한 이야기다. 교통사고로 사망 직전에 번개를 맞으며 기적같이 살아났지만 유전자변이를 일으켜 더 이상 나이를 먹지 않게 되었다. 친구들과 주위 사람들과 다르게 나이를 먹지 않아서 20대에 머물러 있다. 그녀에게 불멸은 저주가 되었다. 늙지 않는 고통을 체험하면서 그녀는 마을을 떠나서 살다가 이번에는 또 다른 자동차 사고로 이번에 다시 유전자가 정상을 되찾아 늙어가게 되었다. 그녀는 흰 머리카락이 생기는 것을 보고 뛸 듯이 기뻐하면서 신체의 노화를 축복으로 받아들인다. 다소 황당할 수 있는 내용이지만 과학자들이 아무리 생명연장의 꿈을 실현시키려고 노력해도 자연의 순리와도 같은 생로병사의 질서를 떠나서 아직은 살아가기 힘든 현실임을 시사한다.

☙ 인생의 시기별 세 가지 대화

죽고 싶을 정도로 처절한 삶의 바닥을 경험한 사람이 그것을 경험으로 다시 일어나 반전의 용기로 전환할 수 있다면, 그 겸손함으로 바닥까지 수축한 스프링이 더 많이 팽창하듯이 더 높이 튀어 오를 수 있을 것이다. 필자의 지인들 중에서도 자신이 밑바닥에서 절망하다가 용수철처럼 튀어 올라서 남부럽지 않은 성공을 이룬 분들이 많다. 이분들의 공통점은 바로 겸손이다. 반면에 큰 어려움 없이 성공 가도를 달리는 사람은 어딘지 모르게 어깨에 힘이 잔뜩 들어가 있다. 물론 다다 그런 건 아니지만 대체로 그러하다. 은행지점장으로 은퇴하고 사업에 실패한 뒤 죽음의 문턱까지 가보았다가 닭꼬치 가게 사장으로 재기한 김재만 씨의 경우는 인생의 연장전에서 부활한 경우라고 스스로를 평가한다.[19] 죽음의 문턱에서 다시 돌아선 사람이라면 연장전 승부에 사력을 다해 명승부를 펼칠 수 있을 것이다.

역설적이게도 잘 죽는(well dying) 방법은 잘 사는 것이다. 잘 사는 방법은 어떤 것일까. 인생의 시기별로 그에 걸맞게 살아나가는 것이 아닐까. 인간의 생은 3가지 시기로 나눌 수 있다. 세 시기를 삶과 죽음의 연장선에서 생각해보자.

첫 번째 인생의 시기는 죽은 사람과 대화하는 시기라고 할 수 있다. 어린 시절은 고전을 많이 읽어서 자신의 가치관이나 올바른 사고 습관을 형성해야 하는 시기이다. 이 시기는 주로 학창 시절이나 지식의 습득이 주를 이루고 본격적인 사회생활을 위한 준비기라고 할 수 있을 것이다. 내가 다닌 조그만 시골 초등학교는 '여름독서학교'라는 걸 운영했다. 그때 책과 친할 수 있는 계기가 되었다. 매년 방학 때면 도서실에서 책을 마음껏 읽었던 기억이 새롭다. 그때 읽은 위인전이나 동화책이 독서습관이나 인성형성에 많은 도움을 준 것으로 생각된다. 지금은 스마트폰이나 오락거리가 많아서 부모들이 자녀들 게임중독을 걱정하는데, 부족함 속에서 책과 벗하며 과거와 대화한 시기는 내 인성형성의 중요한 요소가 되었다.

둘째는, 살아있는 사람과 대화하는 시기이다. 이때는 활발한 경제활동의 시기로 자신과 네트워크가 되어있는 사람과 역동적으로 교류하는 시기라고 할 수 있다. 죽은 사람과의 대화, 즉 선대(先代)의 지식을 학습한 바탕 위에서 자신의 역량을 마음껏 발휘하는 시기라고 할 수 있다. 아줌마들의 계모임, 아저씨들의 조기축구회부터 다양한 친목모임이 있다. 한국사회는 자신들의 동질감을 확인하는 많은 모임들이 있고 그 중심에는 회장, 부회장, 총무 역할을 하면서 모임을 이끄는 사람들이 있다. 내가 아는 어떤 분은 자신의 인맥을 과시하면서 30여 개에 달하는 모임에서 총무 역할을 하는 자신을 자랑스럽게 소개하고 있다. 조직의 심부름꾼이라고 할 수 있는 '총무' 역할을 무리 없이 한다는 것은 성실성과 친화력이 바탕이 되어야 가능한 일이다. 그러면서도 의문이 드는 것은 그 많은 모임에 자신의 시간을 쏟으면 자신의 콘텐츠를 가다듬을 시간은 어떻게 할애하는지가 궁금해졌다.

모임과 아는 사람에 기대어 인생을 살 수는 없고, 관계 지향성이 너무 지나치면 자신의 콘텐츠를 가다듬을 시간이 없으니 누구의 친구나 어떤 모임의 총무가 아닌 자신의 개성과 색깔을 잃어버리는 것은 아닌지 생각하게 되었다. 자신의 삶을 창조적이고 열정적으로 꾸려갈 에너지가 분산되지는 않는지 살펴볼 일이다. 그렇다고 외톨이로 세상과 담쌓고 살지는 말아야겠다. 사회적 동물인 인간의 존재가치는 사람들과의 부대낌 속에서 나오는 것이기 때문이다.

셋째 시기는, 자신과 대화하는 시기라고 하겠다. 이 시기는 활발한 사회생활에서 은퇴한 시기라고도 할 수 있는데, 자신의 삶을 정리하면서 죽음을 준비하는 시기라고도 할 수 있다. 대부분은 이 시기를 늦추고 싶어 하지만, 현실적으로 일정한 연령에 달하면 봉착하게 되는 시기이다. 서울에서 직장생활을 은퇴하고 고향에서 텃밭도 가꾸고 서예나 책 읽기와 같이 혼자서 할 수 있는 취미생활도 즐기며, 또래 사람들과 어울리면서 여생을 꾸려가는 분을 알고 있다. 명절 때 가끔 보는 자녀들 외에는 어쩌다 연락이 되는 지인들을 초대해 막걸리 한잔 하는 게 삶의 재미라고 하면서 별 여한 없는 자신의 삶을 마무리하는 모습이 참 홀가분해 보였다. 더 큰 지위와 더 많은 재산을 위해 허겁지겁 달려온 인생을 정리하고 차분히 호흡을 가다듬어야 할 시기는 분명히 올 것이다. 자신의 격렬한 인생 스토리를 액팅하고 마침표를 찍어야 할 순간에 미련이 남는다면 그 삶도 행복하지는 않을 것이다.

인생은 모든 것이 계획대로 이루어질 수는 없을 것이다. 그러나 그 시기가 어떤 때이건 간에 그에 걸맞은 준비를 하지 않으면, 결코 편안히 눈을 감을 수 없다는 것은 불변의 진리이다. 세 시기를 주체적으로 스토리텔링하고 액팅했던 삶이라면 죽음 앞에서 후회와 마주치는 일은 없을 것이다.

살아있는 동안 행복하기를. 죽어있을 시간은 아주 기니까.

- 스코틀랜드 속담

2. 메멘토 모리

반드시 죽는다는 사실을 기억하라(Memento Mori)

- 고대 로마의 격언

삶의 유한성은 우리가 수많은 죽음을 뉴스로 접하고 주위의 지인들이 죽는 것을 보면서 어느 정도 느낄 수 있다. 그러나 신체가 건강한 사람이라면 그것이 자신의 문제로 가까이 다가오는 것은 잘 느끼지 못하거나 애써 외면하는 경우가 많다. 논리적으로 죽음을 완전히 외면한다면 인간은 죽음과 엮일 일이 없다. 의식이 살아있는 자신이 있으면 죽음이 없고, 죽음이 있으면 자신이 없다는 단순논리로 죽음의 문제와 엮이지 않고 결별할 수도 있다. 물론 사후세계나 영혼의 문제와 같이 육체의 생물학적 죽음과는 별개의 영적인 체험과 같은 문제를 도외시한다면 말이다.

워쇼스키 형제의 영화 <매트릭스>는 첨단 그래픽이나 기발한 상상력 못지않게 그 철학적인 메시지가 음미할 대목이 많은 영화다. 그중에서 "시작하는 모든 것은 끝이 있다"는 말이 인상적이다. 지극히 상식적일 수 있는 말이지만, "영원한 것은 없다"는 것을 상징하면서 의미심장하게 다가온다. 이 말은 영화에서 오라클이 일부러 스미스에게 흡수당하면서 남긴 메시지다. 인간은 무한 복제되는 스미스 요원과 달리 그 유한성이 이미 증명되어 있지만, 좀체 믿지 않거나 잊어버리고 영원히 살 것처럼 행동하는 경우가 많다. 인도의 대서사시 <마하바라

타>에는 어느 호숫가에서 자연의 정령이 전사이자 왕자인 유디스트라에게 존재의 의미에 관해 이것저것 따져 묻는 구절이 있다.

> 자연의 정령: 세상에서 가장 놀라운 일이 무엇인가?
> 유리스티라: 세상에서 가장 놀라운 일은 매일 무수히 많은 존재가 죽음의 집으로 가는데도 인간은 여전히 자신을 불멸의 존재로 생각한다는 것이다.

지구 위에 인류가 살아온 것은 대략 25만 년 전이라고 보고 계산한 결과에 따르면 지금까지 인류는 900억 명가량이 명멸해갔다. 지금의 인류가 70억 명 수준이니 대부분의 인간은 수십 년 내에 언젠가는 900여억 명 중의 1명에 포함될 운명이다. 그리고 염세주의 철학자 쇼펜하우어는 "걷는 것은 넘어지지 않으려는 노력에 의해, 우리 몸은 죽지 않으려는 노력에 의해 유지된다. 따라서 삶은 연기된 죽음에 불과하다"고 보았다.[20]

우리는 가끔 영원히 살 것처럼 행동한다. 우리 마음속에 어제와 같은 오늘 내일이 주는 관성에 의해 영원할 것 같은 삶의 연속성이 각인되어 있기 때문일 것이다. 아주 어렸을 때 할머니는 흑백 TV 속의 인물들이 나오는 원리를 이해하기 힘드셨는지 "저 사람들은 어떻게 매일 조그만 상자 안에서 뭘 먹고 사노?"라고 하셨다. 물론 약간의 유머가 섞였겠지만 나도 사실 그와 유사한 어떤 거대한 조작 속에서 살고 있지는 않은지 생각하게 된다. 영화 <투루먼 쇼>는 거대한 세트장에 갇힌 채 그것이 세상의 전부인 양 살아가는 한 인간의 모습을 생중계로 내보내는 것을 다루고 있다. 많은 사람들이 이런 속임수에 연루되어 있기에 그의 삶은 거대한 조작 그 자체라고 할 수도 있다. 신(神)이나 절대자의 존재를 믿는 사람에게는 규모의 차이는 있을지언정 우리 인간도 결국은 하나님의 의지대로 부처님의 손바닥에서 놀고 있다고 생각할 수 있다. 그러면서도 영원히 살 것 같은 착각 속에서 자신의 운명의 시계가 돌아가는 것을 잊어버리고 있는 것은 아닐지 모른다.

어제와 같이 하루 세끼를 먹고 생활하는 자신의 모습을 보고, 거울에 나타난 어제와 유사한 자신의 모습을 확인하고 별다른 변화 없이 살 수 있을 것으로 착각한다. 물론 머릿속 뇌가 인간의 노화가 미세하지만 진행되었을 것이라고 인식할 수 있고 사실은 어제와 다른 작지만 많은 변화가 있다는 것을 알 수는 있을 것이다. 그리고 나의 생명의 시계도 사실은 24시간 이상 단축되어 있다는 것도 말이다. 크리스토퍼 차브리스와 대니얼 사이언스가 쓴 『보이지 않는 고릴라』에는 우리가 가지고 있는 다양한 심리적인 착각에 대해 말하고 있다. 책에서는 우리가 직관적으로 알고 있는 사실들이 인간의 불완전함 속에 얼마나 왜곡되게 인식되는지를 실증적으로 보여주고 있다. 동영상에서 거대한 고릴라가 등장해 가슴을 두드리고 포효해도 자신이 보고 싶은 것만 보는 학생이나 익숙함에 길들여져 이면의 사실을 제대로 인식하지 못하는 무수한 인간들의 오류를 낱낱이 보여주고 있다. 그래서 가끔 영원히 살 것처럼 행동하는 인간에게 고대 로마인들도 '메멘토 모리'라고 하면서 옐로카드를 가끔 들어 보였던 것은 아닐까.

'메멘토 모리'를 생각해야만 하는 게 인생인데, 삶과 죽음에는 어떤 차이가 있을까. 프랑스 의사 그자비에 비샤는 "생명은 죽음에 저항하는 기능들의 총합"이라고 했다. 철학자인 블라디미르 장켈레비치는 "죽음에는 긍정성이라고는 없다. 생명은 삶의 정반대 쪽에 놓인 죽음과 실랑이를 벌이며 그것에 저항한다. 죽음은 생명의 자기실현을 막는 절대적인 방해물"이라고 한 바 있다. 의학적으로 죽음은 독자적인 최소의 생명 단위라고 할 수 있으며, 우리 몸에 수십 조 개가 있는 세포의 죽음이라고 할 수 있다. 삶과 죽음은 이렇게 생명의 단절을 사이에 두고 철저한 대극에 위치한 것인가. 생명체에 죽음이 없는 삶을 상상할 수 없듯이 죽음은 인간의 삶에 의미를 부여하는 무엇임에 분명하다. 인류는 그 의미 부여를 위해 종교를 만들고, 동물과 달리 우리 인간이 추구해야 할 무수한 가치체계를 만들어왔다.

♣ 불확실한 사후세계

인생에서 가장 확실한 것은 죽음이지만, 가장 불확실한 것은 죽음이 닥치는 시기이다. 불확실하지만 언젠가 찾아올 죽음 앞에서 떳떳한 삶을 위해서 오늘 할 일을 찾는 것이 인생이다. 죽음 이후의 삶에 대해서 많은 사람들이 궁금해하지만 이를 체험할 수는 없는 일이다. 어떤 사람들은 죽음을 보았다고 하고, 죽음에 도달했다가 다시 살아나온 것처럼 말하기도 하지만 그것이 죽음의 실체인지는 현대의학의 힘을 빌려서도 증명할 수가 없다. 일정한 신앙과 신념의 힘이 뒷받침되어야만 죽음의 모습을 보았다는 말에 어렴풋이나마 동의할 수 있을 것이다. 고대 이집트의 『사자의 서(Book of Death)』, 가까이는 미국의 정신의학자인 엘리자베스 퀴블러 로스의 『죽음과 죽어감(On Death and Dying)』이라는 책에서 죽음의 경험과 관련된 이야기가 나오고 있다. 하버드대 신경외과 의사인 이븐 알렉산더의 『나는 천국을 보았다(Proof of Heaven)』라는 책에서는 의사인 저자가 7일간의 뇌사체험 경험을 설명하고 있다. 이 책도 엄밀한 의미에서 완전한 죽음 이후의 세계를 다룬 것은 아니다. 심장이 완전히 멈추어 육체와 정신이 완전히 마비된 상태가 아니라 뇌사상태라는 점에서 일종의 자신의 종교적 체험을 사후세계라고 강변하는 측면이 있다.

사후세계의 지도가 확실하게 밝혀져서 불교의 믿음처럼 인간이 동물로 환생할 수 있다거나, 다른 어떤 생명체로 부활한다는 믿음이 있다면 우리의 삶은 많이 달라질 것이다. 몇 번의 삶이 기다리고 있는 생명체라면 적어도 현재를 붙들고 치열한 경쟁 속에서 아옹다옹하지는 않을지 모른다. 아마 사후세계에 대한 명확한 지도는 인간의 유전자 지도와 같이 과학의 영역을 넘어선 것일지도 모른다. 그러기에 한 번 사는 삶이라는 불변의 사실 속에서 인간의 가치체계와 인류의 문명이 꿈틀거리고 있는 것이 아닐까.

☘ 사마천에게서 배우는 죽음 사용법

사마천은 억울하게 궁형(宮刑)을 당해 거세된 채 실의에 빠진 나날을 보내다 친구에게 자신이 지금 죽으면, 아홉 마리 소에서 털 한 오라기(九牛一毛)가 없어지는 것과 다를 바가 없다고 했다. 그리고 명저 『사기』를 집필했다고 한다. 사마천의 태도에서 우리는 죽음에 대해 깊이 생각할 수 있다. 사람은 반드시 죽는 존재이지만, 어떤 죽음은 태산보다 무겁고 어떤 죽음은 구우일모처럼 깃털처럼 가벼운 것일 수도 있기에 죽음을 사용하는 것(어떻게 죽을 것인가?)에 대해 생각하게 되는 것이다. 누구나 한 번만 맞이할 수 있는 죽음이다. 애국 열사들은 커다란 대의명분을 위해 자신의 목숨을 바꾸면서 후세에 큰 울림을 주기도 하고, 어떤 이는 현실의 무게에 눌려서 스스로 목숨을 끊기도 한다. 구우일모(九牛一毛)의 하찮음으로 자신의 하나뿐인 생명을 소진한다면 이 얼마나 어리석은 일인가.

영국군에 도시가 점령당하고 강렬한 항쟁으로 인해 전 도시의 시민들이 몰살당할 위기에서 6명의 용감한 시민을 선발해주면 전체 시민의 생명을 구해준다는 제안에 누가 나섰는가. 그 사람들은 귀족이나 부유한 상인을 포함한 6명의 '노블레스 오블리주'를 실천한 사람이다. 결국 영국 왕실에서 임신한 왕비의 태교를 위해 6명의 목숨마저 구하는 극적인 드라마는 노블레스 오블리주의 대명사처럼 알려져 있다. 로댕이 헌정한 '칼레의 시민' 조각상은 우리에게 진정한 죽음의 가치를 묻고 있다. 한 번뿐이 죽음을 극적인 상황에서 값있게 쓴 사람은 청년 윤봉길, 유관순을 비롯해 무수히 많다. 극적인 상황에 대면하지 않더라도 자신이 준비한 인생의 시나리오를 충실히 액팅하는 것이 곧 한 번뿐인 죽음을 현명하게 사용하는 길이 될 것이다. 생명윤리학자인 셔윈 눌랜드는 『사람은 어떻게 죽음을 맞이하는가(How we die)』라는 저서에서 우리가 세상을 떠나는 시기와 방법에 대해 우리가 할 수 있는 일은 거의 없다고 보았고, 심리학자 어니스트 베커는 "인간이 자신의 상징적 세계에서 하는 모든 일은 자신의 달갑지 않은 운명을 부정하고 극복하려는 시도"라고 한 바 있다. 그러나 그런 달갑지 않을 수도 있는 운명을 받아들이고 죽음마저도 아름답게 승화시킨 칼레의 시민들에게서 죽음의 의미를 배울 수 있다.

♧ 절망과 죽음의 고통을 예술로 승화한 뭉크

'절규'로 우리에게 잘 알려진 노르웨이의 화가 뭉크는 다섯 살 때 어머니를 잃었다. 어머니를 잃은 뒤 열네 살 때에는 어머니처럼 따르던 누이를 결핵으로 잃었다. 한창 모성이 필요한 시기에 그에게 찾아온 절망의 크기는 짐작이 가고 남는다. 그림으로 죽음의 그림자를 탈출하고자 하지만 그의 그림에는 음산한 죽음의 그림자가 인간의 본질적 불안과 고통을 응시하고 있다. 뭉크는 일기에 "나는 날마다 죽음과 함께 살았다. 나는 인간에게 치명적인 두 가지 적을 가지고 태어났는데, 그것은 폐결핵과 정신병이다. 질병, 광기 그리고 죽음은 내가 태어난 요람을 둘러싸고 있던 검은 천사들이었다"고 적고 있다.

절망의 그림자 속에서 예술혼을 불태운 뭉크가 있었기에 우리는 역설적으로 존재에 감사함을 느낀다.

♧ 죽음의 무게, 영혼의 무게

인생은 출생과 죽음 사이에 잠깐 장난감 가게에 들렀다 가는 것
(a short visit to a toyshop between birth and death)

　　　　　　　　　　　　　　　- 영국의 인류학자 데스몬드 모리스

살아있다는 영광을 누릴 때에는 아무것도 중대하지 않다.
다른 사람들의 죽음 외에는.

　　　　　　　　　　　　　　　　　　- 사샤 기트리

우리는 지금 평균수명 80세 시대를 넘어 100세 시대가 곧 올 것이라는 걸 알고 있다. 그런데 사람들의 생각이나 제도는 60대가 평균수명인 시대와 크게 차이가 나지 않아 보인다. 정년 60세가 유래한 것은 루스벨트 대통령 시대에 평균수명이 61세라 죽기 전에 1년 정도는 쉬라는 의미에서 생겼다는 얘기가 있다. 65세인 사람이 지하철 승차를 공짜로 하는 노인으로 취급받는 것이 온당한지에 대한 논란이 일기도 했다. 길어진 인생과 거기에 맞는 사회적인 패러다임의 변화도 우리에게 닥친 숙제가 되고 있다. 길어진 인생이지만 분명한 것은 언젠가는 죽는다는 사실이다. 메멘토 모리(Memento mori)는 자신의 "죽음을 기억하라" 또는 "너는 반드시 죽는다는 것을 기억하라", "네가 죽을 것을 기억하라"라는 의미로 쓰이는 라틴어 낱말이다. 언젠가는 죽는다는 변할 수 없는 사실은 될 대로 되라는 식의 삶이 아니라 역설적으로 우리의 삶을 함부로 살 수 없게 만드는 에너지원이기도 하다.

이렇게 언젠가 종착역이 있는 삶에 대해 갑작스러운 사고로 죽으면 보상의 기준을 놓고 그 사람의 가치를 금전적으로 환산하는 경우가 있다. 생명보험사에서 사망 시에 그 사람이 노동할 때의 가치를 환산해서 일정한 보상액을 정하는 호프만방식 등이 있지만, 수학적으로 사람의 가치를 금전으로 환산하기는 쉬운 일이 아니다.

2011년 미국무역센터 건물에 대한 9.11 테러 희생자에 대한 보상사례는 생명의 물질적 가치에 대해 생각하게 한다. 이는 그들이 살아서 부가가치를 생산할 노동의 가치나 여러 가지를 감안해 결정한 것일 수 있지만 여기에는 쉽게 단정할 수 없는 생명의 가치가 내재되어 있다. 법원의 판결에 따라 보험회사나 정부에서 지급한 돈은 다르지만 대체적으로 남성이 여성보다, 젊은 사람이 늙은 사람보다 더 많이 받았다. 30대의 남성은 280만 달러, 70대가 넘는 남성은 60만 달러 이하를 유족들이 받았다. 희생자 2,880명의 유족에게 평균적으로 200만 달러가 지급되었다. 한편 희생자들 중 연봉 400만 달러 이상인 여덟 명에게는 640만 달러가 제공되었지만, 최저로 지급된 사람은 20만 달러에 그친 경우도 있다.

희생자 가족들은 고인의 가치를 상대적으로 높이기 위해 온갖 개인적 장점들을 제시한다. 한 미망인은 36년간 결혼 생활을 했던 자기 남편의 상실이 새신부의 신랑이 사망한 것보다 더 비싸게 평가되어야 한다고 말하기도 한다. 또한 휴대전화로 죽음 직전의 상황에서 여러 차례 통화가 증명된 사람은 더 많은 고통을 겪었다는 점에서 더 많은 보상이 따라야 한다고도 했다. 희생자가 부유한 은행가이건 가난한 사람이건 간에 조건을 따지지 말고 일괄적으로 동일한 금액을 지급해야 한다는 주장도 있었다. 결과적으로 차등지급이 이뤄졌지만 그 가운데 96명의 부유한 희생자 가족들은 단체보상기금 수령을 거부하고 법원에 항공사에 대한 소송을 제기해 그들 중 93명은 평균 500만 달러의 합의금을 받아냈다.[21]

죽음의 가치를 매기는 것은 어리석은 것일 수도 있지만, 실제로 보험사는 곳곳에서 생명의 물질적 가치를 기계적으로 환산한다. 그것은 그 사람의 정신적 가치 이전에 삶의 물질적 생산력에 초점을 맞춘 불가피한 자본주의의 선택일 수 있다.

인간의 죽음에 물질적인 가치를 매기는 것이 타당한지를 떠나서 현실적으로 보상의 문제에 부딪힐 때 매겨야만 하는 것처럼, 죽음과 함께 우리 몸에서 빠져나간다고 알려진 인간 영혼의 무게는 물질적으로 몇 그램이 되는지를 분석해 우리의 흥미를 자극한 사람이 있다. 110년 전 미국의 의사 덩컨 맥두걸은 침대 크기의 초정밀 저울을 이용해 임종 전후의 사람 몸무게의 변화를 측정해 영혼의 무게가 21g이라는 결론을 내렸다. 영화 <21그램>은 이런 영혼의 무게를 제목으로 뽑은 경우다. 영화 마지막에 나오는 독백이 이렇다. "… 사람이 죽는 순간에 21g이 줄어든다고 한다. 누구나 다. 21g은 얼마만큼일까. 5센트 5개의 무게, 벌새 한 마리의 무게…."

이렇게 물질적으로는 가벼운 영혼, 그러나 존재의 무게가 녹아있는 영혼이나 상처받은 영혼을 치유하는 것은 쉽지 않다. 죽음과 마찬가지로 영혼의 무게를 재는 것은 인간의 영역이 아닐 것이다. 인간은 그런 불가능한 영역에 대한 짐을 덜기 위해 '신(神)'을 만들었는지도 모른다.

♣ 이별은 삶의 본질

이별은 삶의 본질 중의 하나이다. 어떤 이별은 갑자기 닥치기도 하고, 어떤 이별은 예측 가능할 수도 있다. 우리가 선택하는 이별도 있고, 우리의 선택의 여지가 없는 이별도 있다. 아마 그 이별과 상실의 아픔 중에서 가장 큰 것은 죽음일 것이다. 주위 사람들과의 영원한 단절로 받아들여지기도 하기 때문에 사람들은 죽음의 고통 앞에서 울부짖는 것이다. 내가 겪은 최초의 영원한 이별은 할머니의 죽음이다. 88세였으니 천수(天壽)를 누렸다고 볼 수도 있다. 돌아가시기 얼마 전부터 할머니는 "내가 빨리 죽어야 하는데, 우리 손자 장가가는 건 못 볼 거 같고 대학 가는 건 볼 수 있을지…" 하시기에 어린 나이에 죽는 게 얼마나 무서운데 저런 말씀을 하시나 생각했다. 그래서 "정말 죽고 싶은 거야? 무섭지도 않은가 봐"라고 할머니께 응석을 부리면 빙그레 웃기만 하시던 모습이 생각난다.

지금 생각해보니 기력이 쇠해서 거동이 불편해지고 타인의 보살핌이 필요한 나이가 되니 가족들에게 부담을 주기 싫다는 의미에서 하신 말씀이 아닌가 하는 느낌이다. 인간은 누구나 죽음에 대한 공포가 있다고 한다. 심지어 자살을 결심한 사람마저도 삶에 대한 미련을 갖가지 행동으로 남기고 있다고 한다. 안용민 한국자살예방협회장 겸 서울대병원 정신과 교수는 "자살을 생각하는 사람들은 평소에도 주변 사람들이 자신의 이야기를 들어주길 바라는 마음에서 여러 표현을 한다"며 문자메시지도 그런 심리가 반영된 것이라고 보았다. 그는 또 "미국 샌프란시스코 금문교에서 투신하는 사람들의 대부분이 혹시라도 살수 있을까 하는 마음에 육지 쪽을 향해 뛰어내린다고 한다."22) 죽음에 대한 공포, 영원한 이별에 대한 공포가 자살의 순간에도 우리의 심리를 지배하는 것을 알 수 있다.

영화 <나우 이즈 굿>은 암 판정을 받은 10대 여주인공이 돌연 치료를 중단하고 자신의 버킷리스트대로 실행에 옮기는 모습을 그린 영화다. 지금 이 순간이 소중하다는 제목과도 같이 명쾌한 메시지로 죽는 순간까지 자신이 하고 싶은 것을 추구하는 소녀의 모습을 통해 삶의 진정한 의미에 대해 생각하게 하는 영화다.

『참을 수 없는 존재의 가벼움』에서 소설가 밀란 쿤데라는 "인생이란 한 번 사라지면 두 번 다시 돌아오지 않기 때문에 한낱 그림자 같은 것이다. 그래서 산다는 것에는 아무런 무게가 없고, 우리는 처음부터 죽은 것과 다름이 없어서 삶이 아무리 잔혹하고 아름다워도 혹은 찬란하다 할지라도 그마저도 무의미한 것이라고 한 바 있다. 정말 그 많은 생명체가 생성소멸을 반복하는 것처럼 자연의 이법에 따르는 대수롭지 않는 것으로 죽음을 '쿨' 하게 받아들일 수 있는 말이다.

♆ 산다는 것은 "뭔가 생산적인 일을 하는 것"

생명을 연장하고 영생을 누리고 싶은 인간의 욕망은 끝이 없다. 죽을 수밖에 없는 현실이지만 좀 더 다양한 삶을 누리고자 하는 욕망 또한 있다. 내가 아는 연극인은 청소년 시절 부모의 이혼과 방황 속에서 일찍부터 인생의 의미에 대해 고민했다고 한다. 그 친구는 짧은 인생을 좀 더 다양하게 경험해보고 싶어 연극배우가 되겠다고 했다. 결국 연기에 재능이 없다고 느껴서인지 연극연출가의 길을 걷고 있다. 그의 바람대로 풍부한 인생을 간접적으로 경험하고 있는 것이다.

인생은 간접체험만으로 자신의 것이 되지는 않는다. 문제는 자신이 주인공이 되어 온몸으로 살아내는 것이다. 그럼 주인공으로 산다는 건 어떤 삶일까. 한국 여성패션계의 대모라고 할 수 있는 노라노 여사(84세)는 산다는 것의 의미에 대해 "산다는 건 뭔가 생산적인 일을 하는 것이잖아요. 아무것도 안 하는 것은 죽은 것이나 다름없다고 생각해요. 사는 날까지 건강이 허락한다면 평생 옷 만드는 일을 하고 싶어요"라고 했다. 결국 사회 속의 인간은 생산적인 일을 할 수 있어야 인생이 의미가 있다는 얘기일 것이다.[23]

조직에서도 자신이 어떤 생산적인 일을 하는가에 관심이 없고 보상에만 관심이 있거나 실질적인 생산성이 없는 사람은 존재가치에 대해 부단히 의문점을 제기해야 할 것이다. 내가 어떻게 몸담은 조직에 생산적으로 기여할 것인가에 대한 고민 없이 수입을 기대하는 사람은 조직원이 아니라 '월급 도둑'일지도 모른다.

♧ 나이는 잊고 생산적인 일을 하는 좀 오래된 청춘들

나이는 숫자에 불과하다고 말하기도 하지만, 성취를 위한 절대적인 노력과 시간은 필요하기에 나이가 발목을 잡는 경우도 있다. 그러나 사람마다 분야마다 고유한 성취의 리듬이 있다. 36세와 31세에 각각 요절한 모차르트와 슈베르트의 성취에 조급할 필요가 없다. 다빈치는 54세 때 모나리자를 완성했고, 파스퇴르는 62세에 광견병 백신을 개발했다. 세르반테스는 58세에 돈키호테를 완성한 바 있다.

코페르니쿠스는 지동설을 주장한 역저 『천체의 회전에 대하여』를 50세부터 67세까지 오랜 기간에 걸쳐 집필한 바 있다. 악기의 명인 안토니오 스트라디바리는 83세에 최고의 악기를 제작했다. 사라 장을 비롯한 많은 연주자들이 스트라디바리의 아름다운 선율을 많은 음악 팬들에게 들려주고 있다.

꾸준한 자기관리가 바탕이 된다면 우리의 몸과 뇌의 사용연한은 의외로 길다. 72세의 소설가이자 번역가인 안정효는 번역서 138권 외에 소설도 10여 편을 썼다. 그는 가공할 만한 생산력의 비결에 대해 선택과 집중을 원인으로 꼽는다. 그는 휴대폰은 아예 없고 이메일도 하지 않는다. 유일한 취미는 낚시로 매주 강화도를 찾는다고 한다. 70대인데도 뇌가 둔화되는 걸 느끼지 않느냐는 물음에 '전혀'라고 잘라 말한다. "쓰면 쓸수록 발달하는 게 뇌"라고 말하는 그는 현재도 번역과 소설 쓰기라는 본업에 매일 최소 8시간 이상 매달린다고 한다. 잘 알려지진 않아도 자신의 노년을 마냥 흘려보내지 않고 젊은이 못지않게 왕성하게 활동하는 사람은 많다.

10년간 200여 권의 책을 번역했고, 7권의 저서를 펴낸 83세의 김욱 옹(翁)은 옹이라는 말을 붙이기 어색할 정도도 아직도 쉼 없이 집필활동을 하고 있다. 건강관리의 비결에 대해서는 "사람들이 육체의 건강만 챙기는데, 정신이 늙으면 몸이 늙는다. 나이 먹을수록 신문도 보고 세상에 호기심을 가져야 한다. 지적으로 우쭐거리는 친구를 보면 샘이 나서 따라잡고 싶어서 계속 공부를 하게 되고, 그래서 늙을 틈이 없다"고 한다. 나이를 의식해 죽음을 기다리지 않고 자신의 시간을 만들어 인생의 스토리를 풍성하게 만드는 사람은 노인이 아니라 좀 오래된 '청춘'일 뿐이다.

3. 버킷리스트를 실천하는 마음으로

인생의 유한성을 안다면 한정된 시간에 자신이 실현 가능한 목표들을 하나씩 달성해나가는 마음가짐이 필요하다. 시골 친구들하고 평상에서 막걸리 한잔하는 소박한 꿈을 리스트에 올리는 것에서부터 수십 년 후 보편화될 수 있다고 보는 우주여행에 이르기까지 사람에 따라 다양할 것이다. 그 실현의 난이도를 떠나서 실현했을 때의 행복감과 만족감은 어떤 것과도 바꿀 수 없는 자신만의 리스트를 한번 만들어보자.

꿈과 희망으로만 이루어지는 것이 아닌 자신의 의지로 이룰 수 있는 것을 담는 것이 현실적인 버킷리스트를 만드는 길일 것이다. 클린턴 전 미국 대통령은 "손자를 무릎에 앉히고 놀아주기"도 자신의 버킷리스트에 넣고 있다. 평범한 할아버지의 소박한 꿈도 언젠가는 큰 행복을 주는 것일 수 있다. 버킷리스트를 작성한다는 것은 삶의 유한성을 의식하면서 자신이 할 수 있는 일에 도전한다는 측면과 인생의 플랫폼을 알차게 채우는 콘텐츠를 준비하는 것이라는 점에서 삶에 뚜렷한 목표의식과 활력을 부여하는 촉매가 될 수 있다.

♧ 원하지 않는 삶을 위해 발버둥치고 있지는 않은가

사람은 죽음을 생각할 때 가장 순수해지고 삶의 우선순위가 명확해진다고 할 수 있다. 인생의 유한성, 웰 다잉(well dying)의 문제를 생각한다면 오늘 하루를 충실히 살지 않을 수 없을 것이다.

OECD 자문관인 수잔 오코너 박사는 한국의 정신건강시스템 전반을 다룬 평가보고서에서 한국은 세계 최고 수준의 자살률, 알코올 남용과 도박, 인터넷 중독, 학교 폭력과 같이 정신적 고통이 만연해있는 나라라고 보았다. 자살이라는 극단의 선택을 한 사람들에게 그 사람이 겪은 고통의 수위를 가늠하지 않고서 무조건 비난하기는 쉽지 않을 것이다. 그러나 고통마저 현실의 일부로 끌어안고 살아야 하는 것이 인생이다. 허무할 수도 있는 인생, 우울증으로 삶을 단축시키기도 하지만 자살은 또 다른 삶의 기회를 포기하는 살인인 것이다. 극작가 아서 밀러의 『샐러리맨의 죽음』에 관한 이야기를 들어보자.

> 결국 그렇게 죽을 걸 왜 그렇게 살았나요.
> 왜 원하지도 않은 존재가 되려고 발버둥치고 있는 건가요?
> Why am I trying to become what I want to be?

샐러리맨 윌리는 아들 사업자금을 보험금으로 마련하려는 의도로 자동차를 과속으로 몰고 간다. 앞서 자살을 암시하듯 친구에게 했던 윌리의 대사는 절절한 울림을 남긴다. "우습지 않아? 고속도로 여행, 기차 여행, 수많은 약속, 오랜 세월, 그런 것들 다 거쳐서 결국엔 사는 것보다 죽는 게 더 가치 있는 인생이 되었으니 말이야." 남편의 자살을 이해하지 못하는 윌리의 아내가 하는 독백도 가슴을 저미게 한다. "여보, 난 울 수가 없어, 당신이 그냥 출장 간 것 같기만 해요. 계속 기다리겠죠. 여보, 눈물이 나오지 않아요. 왜 그랬어요? 오늘 주택할부금 다 갚았어요. 오늘 말이에요. 그런데 집에는 아무도 없어요. 이제 우리는 빚진 것도 없이 자유로운데…."

"원하지도 않는 존재가 되려고 발버둥치고 있는 건가요?"라는 말에 나는 한동안 멍할 수밖에 없었다. 뭔가 의미 있는 삶을 시작하자고 속으로 결심하게 된 강한 동기부여의 한마디가 되었다. 의미 없는 술자리의 유희 대신에 영어원서, 논문과 씨름하면서 박사 학위에 도전할 수 있는 강력한 에너지가 된 한마디였다. 뜻이 있으면 길이 있다고 때마침 학비를 지원하는 프로그램이 있어서 도전의 계기가 되었다. 자신의 인생 시나리오를 스토리텔링하는 시작은 자신이 어떤 존재가 되기를 원하는가에 대한 깊은 고민에서 시작된다. 그런 고민이 없다면 스토리를 액팅(acting)할 수 있는 에너지를 찾기가 쉽지 않을 것이다. 기회는 고민하는 자에게 주어진다.

솔개의 생존법에서 배운다면 우리는 자신의 부리를 벽에 부딪히면서 제2의 삶을 꾸준히 준비할 것이다. 솔개는 조류로서는 드물게 40년 정도 사는데, 어떤 솔개는 무디어진 부리와 발톱을 갈고 날개마저 새로 갈아서 30년 정도를 더 산다고 한다. 솔개는 이 6개월의 구조조정 기간에 스스로 발톱과 부리를 딱딱한 벽에 부딪혀서 빼내고 날개도 뽑아내 고통의 시간을 기다린 후에 새로운 부리와 발톱을 장착하고 새 날개를 퍼덕여 비상한다고 한다.

♧ 늙기 싫어도 결국은 늙는다

노년에는 스스로 싸우고 권리를 지키며
누구든 의지하려고 하지 않고 마지막 숨을 거두기까지
스스로를 통제하려 할 때만 존중받을 것이다.

- 키케로

안티 에이징(anti aging)이라는 이름으로 우리 인간은 인체의 노화에 대해 부단히 도전해오고 있다. 이런 분위기에 다소 냉소적인 시선을 보내는 의사의 말을 들어보자.

우리 시대를 지배하는 분위기는 자기 자신에 대한 몰두와 그것의 자연스러운 연장인 자기도취증이다. 그 징표는 도처에서 뚜렷하게 드러난다. 젊은이 문화, 거대한 미용 성형 시장, '개인적 성취'라는 사교(邪敎)의 유행, 인간 잠재력 운동 문화라 불리는 것들과 심지어 가족에 반대되는 의미로서의 개인에 대한 과도한 강조, 머리카락을 자라게 하거나 발기시켜 주며 노화를 극복하는 신약의 인기. 그리고 마지막으로 지금 내가 말하고 있는 바로 이 상황. 유전학적 연구가 우리를 불멸의 길로 인도할 가능성 …
헛된 것을 추구하다가 우리들 중 너무나 많은 사람들이 사리 분별을 잃어버린다. 오늘날처럼 방종이라는 교리가 그토록 많은 전도사를 찾아낸 시대는 인류 역사상 없었다.

- 셔윈 B. 눌랜드, 『의사 인간을 어루만지다』 중에서

미래학자 제러미 리프킨은 인간의 수명연장에 대한 집착이 세계의 "유한성을 거부하려는 광분"에서 비롯된 것이라고 했다.

건강하게 오래 살아서 의미 있는 생을 살아가는 것은 정말 축복할 일임에 틀림없다. 그러나 인생의 의미보다는 인생의 길이에만 관심이 있다면 개인의 삶은 천박하게 될 수 있을 것이다. 마르쿠스 아우렐리우스가 『명상록』에서 한 말이 경구가 된다.

나는 쓰러져 죽을 때까지 자연의 길을 여행하겠다. 그리하여 내가 매일 마시던 공기 속으로 나의 마지막 호흡을 반환할 것이며, 나의

아버지가 씨를 얻고 어머니가 피를 얻고 유모가 우유를 얻었던 대지에 깊이 묻히리라. 그 오랜 세월 동안 나에게 매일같이 육류와 음료를 공급해주고 그렇게 무자비하게 남용되면서 여전히 내가 그 표면을 짓밟기를 허용하던 대지에 묻히겠다.

이제 죽음의 한 과정으로 웰 에이징(well aging)을 준비하자. 웰 에이징의 과정이 충실하면 웰 다잉이 가능할 것이기 때문이다. 생물학자 루이스 월퍼트는 『당신 참 좋아 보이네요!』에서 생물학자인 저자 스스로 두 번의 우울증 경험을 바탕으로 의학, 생물학적으로 인간은 왜 늙는지에 대해 쉽게 얘기하고 있다. 월퍼트는 인간의 최대 산소 섭취량은 10년마다 10%씩 줄어들고, 지구상의 모든 동물 중에서 사람만이 뇌의 크기가 줄어든다고 한다. 그의 조사에 따르면 노인에게 과거로 돌아갈 수 있다면 인생에서 바꾸고 싶은 것을 물었더니 3위는 다른 사람과 결혼하고자 하는 것이고, 2위는 저축을 더 많이 했으면 하는 것, 1위는 성관계를 더 많이 맺었으면 하는 것이었다. 어떤 면에서 생물학적 욕구가 최상위를 차지하는 것이 인간을 초라하게 만드는 조사처럼 보이기도 하지만 그만큼 충만한 사랑의 느낌을 갖고자 하는 마음이 아닐까.

술자리에서 유행했던 건배사 중에서 '걸걸걸'이라는 것이 있는데 이는 좀 더 많이 베풀 걸, 좀 더 많이 사랑할 걸, 좀 더 많이 (   )할 걸 같은 후회가 없도록 하자는 취지로 하는 건배사다. 인간이 죽는 순간에 임박해서 고매한 가치를 떠올리고 좀 더 존귀한 존재로 죽어가고 싶은 욕구 이면에 생물학적으로는 많은 부와 좋은 짝, 그리고 멋진 성생활을 갈망하는 욕구에서 자유로워지기도 쉽지는 않을 것 같다.

월퍼트는 나이 드는 것이 단점만 있는 것이 아니라 행복 측면에서 장점도 있다는 사실을 보여준다. 그는 30대부터 행복의 정도가 점점 낮아져 40대에 최저점을 찍고 이후는 서서히 올라가 80대에 최고점에 달한다고 보았다. 물론 소득수준을 포함해 다양한 변수가 있을 수 있을 것이나 고단한 한국의 중년들에게는 희망적인 말이 아닐 수 없다. 얼굴의 주름은 보톡스로 완화시킬 수 있고 머리는 염색할 수 있으나 현대의학도 노화를 완전히 멈출 수는 없다.

『걸리버 여행기』로 유명한 조너선 스위프트가 제시하는 시간을 이길 수 없는 인간이 지혜롭게 노년을 살기 위해 명심할 팁을 살펴보자.

1. 젊은 여성과 결혼하지 말 것
2. 젊은이들이 진정 원하는 경우가 아니면 친구 삼으려 하지 말 것
3. 짜증내거나 시무룩해하거나 의심스워하지 말 것
4. 현재의 방식, 유머, 패션, 남자, 전쟁 등을 비난하지 말 것
5. 아이들을 좋아하지 말며, 아이들이 내 곁에 절대로 오지 못하게 할 것
6. 같은 사람한테 했던 말을 반복해 하지 말 것
7. 탐욕을 부리지 말 것
8. 젊음에서 오는 어리석음과 약점을 감안해 젊은이에게 너무 엄격하지 말 것
9. 품위와 청결을 소홀히 하지 말 것
10. 조언이나 훈계를 남발하지 말 것
11. 나의 조언을 청하는 사람 외에는 조언을 삼갈 것
12. 많은 말을 삼가되 특히 자신의 얘기는 더욱 삼갈 것
13. 과거 자신의 아름다움이나 건강을 자랑하지 말 것

사람에게 소중한 것은 이 세상에서 몇 년을 살았느냐가 아니다. 이 세상에서 얼마만큼 가치 있는 일을 하느냐 하는 것이다.

- 오 헨리

인간은 지나간 과거를 좋았던 시절로 회고하는 특이한 사고경향을 가졌다.

- 아놀드 하우저

♧ 의연하게 죽음을 준비하는 사람들

우리는 멜로드라마에서 흔히 환자에게는 비밀로 하라는 전제하에 보호자에게 시한부 생을 살 수밖에 없다는 말을 전하는 의사의 비장한 얼굴과 가족의 절망에 찬 모습을 낯설지 않게 보았다. 그러나 죽음을 받아들이고 지혜롭게 한정된 시간을 살아가려고 노력하는 사람도 분명히 있다.

『마지막 강의』로 유명한 랜디 포시는 다섯 살, 두 살, 한 살짜리 아이를 둔 40대 가장이 췌장암으로 사망선고를 받는다. 그러나 그는 죽음이 아닌 삶의 희망을 강의한다. 너무나 당당한 모습으로 이것은 대학생이 아닌 언젠가 자녀들이 자라면 봤으면 하는 마음이 크다고 한다. 서강대 장영희 교수는 세 번의 암 투병 속에서 『살아온 기적 살아갈 기적』을 썼다. 그녀는 "아무리 운명이 뒤통수를 쳐서 살을 다 깎아 먹고 뼈만 남는다 해도 울지 마라. 기본만 있으면 다시 일어날 수 있다. 살이 아프다고 징징거리는 시간에 차라리 뼈나 제대로 추려라. 그게 살길이다"라고 죽음에 당당히 맞서 많은 이들에게 감동을 주었다.

스포츠 신문기자로 바쁜 생활을 하던 미치(Mitch Albom)는 어느 날 우연히 TV에서 자신의 옛 은사인 모리(Morrie Schwartz)가 루게릭병으로 투병 중이라는 것을 알게 되고, 대학 졸업 후 처음으로 그를 찾아간다. 10여 년의 세월이 흐른 뒤 다시 만났지만 미치와 모리는 묘한 공감대를 형성하게 된다. 모리를 만나면서부터 미치는 자신의 각박한 생활을 새로운 시각으로 바라보게 되고 급기야는 자신의 일을 뒤로한 채 매주 화요일이면 모리를 찾아가 그로부터 인생의 의미에 대해서 배우게 된다. 그 과정에서 미치는 자신의 바쁘고 지친 삶에 회의를 느끼게 되고, 자신의 삶을 되돌아보며 스승과의 서먹해진 관계도 복원한다. 결국 모리는 루게릭병으로 죽으면서 이들의 마지막 수업은 끝나지만, 미치는 영원히 잊지 못할 삶의 교훈을 얻는다. 이것이 『모리와 함께한 화요일』의 내용이다. 모리와 포쉬, 그리고 장영희 교수 모두 자신의 예정된 죽음을 무기력하게 맞이하기보다는 냉정히 응시하고 남은 삶을 주도적으로 설계하고 아름답게 마무리했다. 그리고 그들이 남긴 메시지는 아직도 많은 사람들의 가슴에 남아있다.

코앞에 닥친 죽음을 생각하면서 자신의 인생의 품격을 지키고 큰 울림을 준 사람들을 가끔 만날 수 있다. 이들은 대부분 자신의 인생 시나리오를 후회 없이 스토리텔링하고 액팅한 사람들이다.

♣ 죽는 것은 아무것도 아니다

죽는 것은 아무것도 아니다. 정말 무서운 것은 결코 살아보지 못하는 것이다.

빅토르 위고가 『레미제라블』에서 장발장의 입을 빌려 한 말이다. 진정으로 삶을 밀도 있고 치열하게 살아가는지 목숨만 붙어있는 죽은 삶을 연장하고 있는지를 돌아보게 만들면서 죽비처럼 뇌리를 스치는 강렬한 한마디다. 이제 제대로 살기 위해 내가 주연인 삶의 시나리오를 치열하게 써나가야 하겠다.

잭 니콜슨과 모건 프리먼이 주연한 영화 <버킷리스트>는 두 60대 노인이 '장엄한 광경 보기', '잘 모르는 사람 도와주기', '스카이다이빙 하기'같은 죽기 전에 하고 싶은 것들을 실행하는 모습을 재미있게 그려낸 영화다. 인간은 죽음의 공포를 바로 코앞에 가져와 적극적으로 대면할 때 그 공포에서 벗어나 역설적이게도 그 공포에서 벗어나 진정으로 가치 있는 것들을 발견하게 된다.

우리의 버킷리스트는 유명한 관광지를 돌아보거나 색다른 체험거리로만 채워 넣는 것이 전부는 아닐 것이다. 일상에서 꾸준히 노력해서 삶의 과정에 하나씩 녹여내는 것이 바람직하지는 않은지 생각해볼 일이다. 오늘 하루 죽음을 생각하면서 독한 실천을 해낸 것이 있는지 돌아보게 된다. 재미 의사이자 시인인 마종기는 이국에서 살면서 매년 시를 8편씩 쓰기로 스스로 약속했다고 한다. 그는 30년간 자신과의 이 약속을 한 번도 어긴 적이 없다고 한다. 얼핏 대단한 목표가 아닐 수도 있지만, 의사로 교수로 바쁜 일상 속에서 시를 쓸 시간을 내기가 수월치 않았고 실제로 9편 이상을 쓴 해가 한 해가 없을 정도로 혼신의 노력을 기울여 시를 썼다고 한다.

마종기 시인처럼 자신과의 약속을 꾸준히 실천하는 가운데 인생의 깊이를 더해가는 쪽으로 버킷리스트의 내용물을 채우는 것이 어떨까.

그러다 보면 인생의 시나리오는 어느새 멋지게 연출되고 있을지 모른다. 나의 경우도 몇 가지 성취목표를 세운 적이 있다. 전문 분야에서 박사 학위를 취득하고, 악기를 한 가지는 능숙하게 다루고, 2년에 한 권 꼴로 꾸준히 책을 쓰고…. 돌아보면 한 것도 있고 미진한 것도 있다. 이제 리스트를 재점검하고 수시로 자신의 나태에는 채찍을 가하고 성취에는 스스로 포상을 하자.

죽음은 내일이 오는 것보다, 낮 다음에 밤이 오고, 여름 다음에 겨울이 오는 것보다 더욱 확실하다. 그런데 왜 우리는 내일과 밤과 겨울을 준비하면서 죽음을 준비하지 않을까? 죽음을 준비해야 한다. 그 준비는 오직 한 가지, 선한 생활이다. 생활이 선하면 선할수록 죽음의 공포가 줄어들고 죽음이 가벼워진다. 성인에게 죽음은 존재하지 않는다.

- 톨스토이

4. 죽음 이후에 더 빛나는 삶의 가치

정현종 시인은 "사람이 온다는 것은 거대한 세계가 온다는 것"이라고 했고, 아프리카 속담에는 "노인 한 명이 죽는 것은 도서관 하나가 없어지는 것과 똑같다"는 말이 있다고 한다. 위대한 개인의 죽음은 하나의 거대한 세계가 무너진 것과 다를 바 없는 것이다. 죽음은 삶을 치열하게 살다 간 사람에게는 거대한 세계의 몰락과 같은 절망이기도 하다. 스티브 잡스의 말처럼 죽음이라는 위대한 발명품이 없다면 우리의 일상은 죽음이라는 거대한 단절을 의식하지 못한 채 지리멸렬하거나 긴장이 없는 나사가 풀린 것 같은 생명의 연장에 불과할지도 모른다. 실존주의 철학자 하이데거는 막연한 환상으로 살아가는, 즉 반쯤 살아있는 것 같은 일상에 매몰되지 않기 위해서는 죽음에 대한 불안이 필요하다고 했다. 문화인류학자 어네스트 베커는 그의 명저『죽음의 부정(The Denial of Death)』에서 "우리는 죽을 운명이라는 것을 객관적으로 알고 있으나 이 엄청난 진실을 피하기 위해 온갖 획책을 다 한다"고 했다.

아이러니하게도 베커는 퓰리처상 수상 두 달 전에 사망했다. 온갖 수단으로 삶을 조금 늘릴 수는 있겠지만, 인간은 1세기 이상을 살기가 힘들다. '일상'을 무한정 늘리기보다 같은 시간이라도 살아있는 동안 치열한 삶을 살다가 자신의 발자취를 후세에 영원히 살아남게 하는 것이 더 현명한 길이 아닐까.

만일 인생의 길에서 성공과 실패를 만나더라도
그 두 가지를 똑같은 것으로 받아들일 수 있다면
그리고 만일 네 생애를 전부 바친 일이 무너지더라도
몸을 굽혀 낡은 연장을 들고
그것을 다시 일으켜 세울 수 있다면
그렇다면 세상은 너의 것이며 너는 비로소
한 사람의 어른이 되는 것이다.

- 키플링

♨ 웰 다잉(well dying)을 생각하며

한국은 자살률이 OECD 국가 최고라는 불명예를 안고 있다. 압축성장의 후유증이나 그늘에 대한 다양한 분석이 있지만, 고도성장의 이면에 행복을 느끼는 사람이 적다는 것은 사실이다. 시간으로 환산하면 33분에 1명꼴이고, 인구 10만 명당 33.5명, 전체 사망자 중에서 6% 정도의 비율이다. 교통사고 사망자보다 자살자가 더 많다.

최근에는 가상 임사체험(臨死體驗)을 통해 죽음 직전의 단계를 경험하는 의미에서 관 속에 들어가 보기도 하고 유서를 작성하는 등 죽음을 가정한 정신 치료적인 프로그램이 등장하기도 했다. 유명인들은 미리 자신의 묘비명을 적기도 한다.

일본의 선승 모리야 센얀의 것도 이에 못지않다. 술을 좋아하는지 알 수는 없지만, "내가 죽으면 술통 밑에 묻어줘. 운이 좋으면 술통 바닥이 샐지도 모르니까"라고 했다. 죽음은 어쩌면 자신이나 가족, 지인이 아닌 타인들에게는 일상에서 그저 한 번 지나가는 해프닝일 뿐인지도 모른다. 자신에게 온 우주의 무게로 자신의 삶 앞에 버티고 있는 죽음을 지혜롭게 맞이하는 방법은 곧 삶을 지혜롭게 사는 방법과 통하지 않을까. 달라이 라마의 말에 고개가 끄덕여진다. 달라이 라마는 "죽음을 제대로 맞고자 한다면 제대로 사는 법을 배워야 하며, 평화로운 죽음을 희망한다면 우리의 마음과 삶 속에 평화를 일구어야 한다"고 했다.

✿ '톨스토이의 마지막 인생'에서 배운다

『톨스토이의 인생론』은 한 세기 이상 지난 지금 현대인들이 읽어도 전혀 퇴색되지 않은 인생론으로 많은 사랑을 받고 있다. 대문호 톨스토이의 마지막 인생을 들여다보자.

영화 <톨스토이의 마지막 인생>은 톨스토이의 마지막 비서의 전기를 바탕으로 한 일종의 팩션이다. 톨스토이 사상에 심취한 문학청년 발렌틴 불가코프(제임스 맥어보이). 그에게 믿기 힘든 기회가 찾아온다. 바로 자신이 존경하는 작가이자 사상가인 톨스토이(크리스토퍼 플러머)의 개인 비서로 고용된 것이다. 톨스토이의 수제자, 블라디미르 체르트코프(폴 지아마티)는 스승의 유언장을 새로 만들기 위해 발렌틴을 고용한다. 블라디미르는 발렌틴에게 톨스토이의 부인인 소피아(헬렌 미렌)를 유심히 관찰하라고 주문하며 집에서 일어나는 모든 일을 기록하라고 한다. 드디어 발렌틴은 톨스토이를 만나게 되고, 그의 따뜻한 배려와 인품에 감격을 금치 못한다. 그리고 블라디미르의 이야기와는 달리 톨스토이를 깊이 사랑하는 소피아의 진심도 느끼게 된다.

발렌틴은 톨스토이의 공동체에서 생활하면서 자유로운 영혼을 가진 마샤(케리 콘돈)를 만나 이내 사랑에 빠진다. 그러나 블라디미르는 발렌틴과 마샤의 연애를 달가워하지 않고, 발렌틴이 소피아의 편을 드는 점을 못마땅하게 여겨 마샤를 모스크바로 보내고 만다. 마샤는 함께 모스크바로 떠나자고 하지만 발렌틴은 쇠약해진 톨스토이를 지키고 싶어 이를 거절한다. 그러던 중 톨스토이가 작품의 저작권을 사회에 환원하겠다고 선언하고, 소피아는 이를 받아들일 수 없다며 극심하게 분노한다. 톨스토이는 소피아의 남편이자, 가족의 가장이라는 역할과 자신의 신념을 실천에 옮기고자 하는 사상가로서의 위치 사이에서 크게 갈등하게 된다. 사랑과 신념이라는 선택의 기로에 서게 된 두 남녀의 운명도 묘한 여운을 남기고 있다.

톨스토이의 작품 『이반 일리치의 죽음』은 삶과 죽음의 문제를 깊이 있게 성찰한 작품이다. 마흔다섯의 중견판사 이반 일리치의 죽음은 톨스토이 자신의 문제를 대비시킨 듯하다. 명문가에서 순조롭게 법조인의 길로 가던 이반 일리치가 문득 찾아온 병마에 시달리다가 자신이 추구해왔던 쉽고 편안한 삶이 사실은 위선으로 가득 차 있으며, 물질적이고 육체적인 안락을 행복으로 착각하면서 살아왔다는 것을 느낀다. 동료 판사들은 물론이고 가족들도 자신을 생산능력이 떨어진 거추장스러운 짐으로 생각한다는 데에 이르러서는 삶에 의미 부여를 하기 힘들어진다.

그의 독백은 이렇다. "저들이 불쌍해, 저들이 힘들어하지 않도록 해주어야 해, 저들을 해방시켜 주고 나도 이 고통으로부터 해방돼야 해." 톨스토이는 이반 일리치의 죽음을 이렇게 묘사하고 있다. "죽음이 있던 자리에 빛이 있었다. 그는 숨을 멈추고 긴장을 푼 후 숨을 거두었다." 가족과의 불화 속에서 평화로운 죽음을 갈구했던 톨스토이가 마치 자신의 죽음을 묘사한 듯하다.

톨스토이의 마지막 삶을 보면서 법정 스님이 떠오른다. 얼핏 사상적 연결고리가 약해 보이지만 소로의 사상을 매개로 연결 지어 본다면 흥미로울 수 있을 것이다. 실제로 법정도 소로의 은거지를 직접 가기도 하면서 깊은 공감을 했다고 한다. 톨스토이 같은 대문호의 말년도 여느 자산가 할아버지의 말년처럼 가족과 사회, 유산의 문제 같은 평범할 수 있는 고민 속에 있었다. 영화는 번뜩이는 대사 한마디 한마디가 인생의 의미를 되돌아보게 하는 작품이다.

젊은 시절에 바람도 맞았고 지금은 아내의 등쌀을 피해 어느 작은 역사(驛舍)에서 쓸쓸히 최후를 맞이하게 된 대문호가 발렌틴에게 전하는 온몸으로 체험한 진정성 있는 한마디, 사랑에 관한 말은 긴 여운과 울림을 남기고 있다. "오직 하나 인생의 진리는 사랑이라네. 어떤가. 간단하지.(One single Truth in life is love. Love. Simple.)" 영화의 원제목은 종착역(The Last Station!)이다. 러시아 대문호의 종착역은 러시아 남부의 아스타포보역에서 종지부를 찍는다. 지금은 톨스토이역으로 이름이 바뀌었다고 한다. 영화를 보고 삶의 종착역이 어디일지 생각해본다면 삶의 의미 있는 성찰의 기회가 될 것이다.

> 육체는 신성한 의복이다.
> 인간이 처음과 마지막에 입는 옷이다.
> 이 세상에 올 때도 그 옷을 입고 오고,
> 세상을 떠날 때에도 그 옷을 입고 간다.
> 그러니 예를 갖춰 다뤄야 한다.
>
> - 마사 그레이엄

♻ '오래 살기'보다 '옳게 살기' 위한 노력

죽음은 무조건적인 고통과 공포의 대상이 아닐 수도 있다. 세월이
지나도 젊음이 오래 지속되기를 바라는 마음은 인간의 본능과도 같지
만 언젠가 유한한 인생의 마무리 시점은 오기 마련이다. 적어도 외면
적으로는 의외로 죽음을 고통 없이 받아들인 사람들이 제법 있다. 플
라톤은 글을 쓰다가 죽었으며, 바그너는 아내의 어깨에 머리를 기대고
잠을 자다 죽었다고 한다. 의학 권위자들도 죽어가는 사람들이 공포나
회한을 느끼지 않는 경우에 대해 놀라워한다. 키케로도 죽음에 대해
이렇게 말한다. "우리가 영생을 할 운명이 아니라면 적당한 때에 숨을
거두는 것은 바람직한 일이다. 자연은 모든 것들에 한계를 정하듯 삶
에도 그렇게 한다. 노년은 삶을 마무리하는 때다. 피곤한 데다 지겨워
지기까지 할 때 놀이에서 벗어나는 것과도 같다."

종교적으로도 죽음에 따라 의미를 부여하는 것은 각 종교마다 다르
지만 삶을 충실히 살아낸 사람에게 죽음은 휴식이거나 축복이라는 해
석이 강하다. 중요한 것은 우리가 인생의 시간을 얼마나 많이 보냈느
냐가 아니라 우리가 어떻게 그 시간을 사용했는지의 문제이다. 시인
월러는 이렇게 말한다. "원은 크기가 커서가 아니라 그 모양이 정확하
고 완벽해서 찬사를 받는다. 우리 인생 또한 그렇다. 오랜 세월 살아서
가 아니라 올바르게 살아서 찬사를 받는 것이다."

순간을 알차게 보내는 것에 대해서도 많은 사람들이 경구로 알려주
고 있다. 순간을 흘려보내면 영원을 잃고 만다"고 독일의 시인 실러가
이야기한 바 있으며, 단테도 "가장 지혜로운 사람은 시간을 잃는 것을
가장 슬퍼한다"고 말했다. 괴테의 『파우스트』에는 이런 말이 나온다.

"당신은 열심히 살아가고 있는가? 바로 이 순간을 움켜잡아라. 당신이 할 수 있는 것, 혹은 생각할 수 있는 것, 그것을 시작하라."

연일 뉴스에 사건사고로 억울한 죽음을 당하는 사람 소식을 접한다. 원전사고나 태풍이나 쓰나미 같은 엄청난 재난 앞에서 인간은 한없이 왜소해 보인다. 이렇게 불현듯 닥칠 수 있는 죽음이 우리를 피해간다는 사실에 안도하면서도 살아있는 동안의 축복을 누리려면 우리 인생의 스토리를 가치 있게 만들어나가야겠다. 어제 죽은 이가 그토록 그리워하는 오늘을 그냥 흘려보내기보다 좀 더 가치 있는 삶으로 승화하기 위해 스스로가 만든 인생 시나리오를 적극적으로 액팅해보자.

♋ 127시간을 버티게 해준 것

2003년 미국 유타주 블루 존 캐년 등반 중 협곡에 추락할 때 함께 떨어진 바위에 팔이 낀 채 조난되어 127시간 동안 사투를 벌이다 바위에 낀 팔을 등산용 칼로 직접 자르고 살아 돌아온 '아론 랠스턴'의 실화는 미국에서는 잘 알려진 이야기다. 그의 놀라운 생존기는 CNN, NBC 다큐멘터리 등 세계 언론의 집중 조명을 받았고 『Between a Rock and a Hard Place』라는 책으로도 출간되어 화제를 모았다. 가진 것은 산악용 로프와 칼 그리고 500밀리리터의 물 한 병이 전부. 아론 랠스턴(제임스 프랭코)은 협곡에 갇힌 127시간 동안 자신의 지난 삶을 돌아보게 되고 이 과정에서 친구, 연인, 가족 그리고 그가 사고 전에 만난 사람들을 떠올리며 생존을 위한 사투를 벌인다. 영화화된 <127시간>은 국내에도 개봉된 바 있다.

영화를 보면서 안락한 의자에 앉아 있는 관객들을 주인공이 조난당한 협곡 속으로 몰입하게 만드는 것은 살고자 하는 주인공의 의지다. 그 의지는 안타까움을 넘어 보는 이를 숙연하게 만든다. 스스로 팔을 잘랐다는 것은 어쩌면 단순한 사실일 수도 있다. 놀라운 것은 살아남기 위해 마취제나 타인의 도움 없이 스스로 자해에 가까운 행위를 실행에 옮겼다는 것이고, 무엇보다 이것이 실화라는 점이다. 결국 위대하다고 할 수 있는 주인공의 강렬한 삶의 의지가 죽음의 문턱에서 삶의 희망을 길어 올린 셈이다.

영화 후반부에 등장하는 사람들은 실제 아론의 가족과 친구들이다. 대니 보일 감독은 아론에게 특별한 경험을 선물한 것이다. 실제 아론은 사고 3년 후 현재의 아내를 만나 결혼했고, 영화제작 기간 동안 첫 아들을 얻었다고 한다. 가족들의 애타는 안부전화에도 무심하게 자신만의 세계 속에서 거침없이 질주하는 패기만만한 20대가 어느 날 혼자 나선 가벼운 산행에서 실족하고 고립되어 죽음의 순간에 직면한다.

평소에 그 소중함을 몰랐던 가족, 친구들의 사랑과 그들과 만들어온 값진 추억들은 삶의 의지를 북돋우는 기폭제가 된다. 우리도 돌아볼 일이다. 우리 곁에 공기처럼 존재하는 소중한 사람들이 있기에 우리의 삶이 '추진 엔진'을 얻고 있는 것이 아닌지. 죽음과의 강렬한 대비 속에서 삶의 순간순간이 그토록 소중함을 전하는 <127시간>, 언제 닥칠지 모르는 죽음을 생각하면 한시도 허비할 수 없는 소중한 시간이다. 우리에게는 127시간, 혹은 좀 더 많은 시간이 남아있는 차이가 있을 뿐이지 삶의 순간을 허비하지 않고 죽음을 물리쳐야 하는 건 어쩌면 모두 비슷한 처지가 아닌가 생각할 일이다.

♋ '죽음' 학자가 본 죽음

예일대 철학과 교수로 죽음에 대한 강의만 17년째 이어온 셸리 케이건 교수는 죽음 이후의 세계를 부정한다. 육체의 소멸은 존재의 완전한 소멸로 영혼이나 사후세계는 존재하지 않는다고 단언한다. 그렇다고 쾌락주의적인 삶을 살라는 것은 아니다. 삶이 1회성으로 유한하기 때문에 가치가 있으며, 죽음 이후에 사라질 기회를 못 살리기 때문에 삶을 더욱 가치 있게 보내라고 한다. 죽음이 나쁜 것도 기회를 없애기 때문이라는 것이다. 그렇다고 경험할 기회를 무한정 늘리는 것은 어디까지나 상상의 영역이다.

미국의 대표적인 자유주의 철학자 로버트 노직은 '경험 기계'라는 개념을 고안했다. 이 기계는 완벽하고 현실적인 경험을 제공하는 장치로 실제와 동일한 느낌을 준다고 한다. 에베레스트 정상에 올라가는 경험이나 저 멀리 남극을 탐험하기도 하고 이 기계가 제공하는 것은 거의 현실의 모든 경험을 제공할 수 있다고 한다. 그렇다면 남은 생을 이 기계 안에서 보내는 것을 희망하는 사람은 얼마나 될까? 케이건 교수는 15% 정도만 그렇다고 답한다고 한다. 나머지는 상상을 실현시키는 경험보다는 부딪히고 깨어지더라도 불확실한 현재를 온몸으로 느끼길 원한다는 얘기다. 케이건 교수는 자살자들이 자신의 삶을 서둘러 단축하는 행위도 나머지 자신의 삶에 존재할 멋진 가능성을 보지 못하는 비극적 선택으로 경계한다.[24]

♣ 미리 써보는 묘비명

묘비명은 책의 제목과도 같이 그 사람의 인생을 압축해 표현해낸 문구라고 할 수 있다. 우리의 인생을 스토리텔링하고 마지막에 멋진 제목을 입히는 것이다. 이때 나를 어떻게 표현하면 좋을지 생각해 보면 인생을 어떻게 살아야 할지 방향을 잡을 수 있다.

워싱턴의 휴머니스트이자 미국인들에게 웃음 전도사로 알려졌던 칼럼니스트 아트 부크월드는 스스로 자기 죽음을 알린 부고 동영상을 남기며 그답게 죽음을 맞이했다.

> 안녕하세요. 아트 부크월드입니다. 제가 조금 전에 사망했습니다.
>
> — 뉴욕타임스 인터넷판 2007년 1월 18일 자

자신이 죽은 이후에 띄워달라고 지인들에게 부탁한 영상은 생존 시에 촬영했던 것이다. 이 영상이 공개되면서 아이러니하게도 자신이 조금 전에 죽었다고 알리게 되는 재미있는 상황이 연출되었다.

생전에 『서양철학사』를 쓴 철학자로 행복에 관한 다양한 에세이를 쓴 작가로 자유분방한 일상 속에서 바람둥이의 면모까지 보였던 버트런드 러셀(1872~1970)은 1세기에 가까운 긴 생을 정리하는 자신의 부고기사를 손수 써놓는 재치까지 보여준다. 그가 미리 쓴 부고 기사는 1962년 영국의 일간지 『타임스』에 수록되어 있다.

> 러셀은 한평생을 천방지축으로 살았지만 그 삶은 시대에 뒤떨어진 방식으로 일관성이 있었고, 이 때문에 우리로 하여금 19세기 초의 귀족 출신 반역자들을 떠올리게 한다. 그의 신념은 기묘했으나 그의 행동은 늘 신념에서 벗어나지 않았다.

월리엄 포크너는 작가로서의 직업정신에 투철한 사람이다. 그는 작가가 되기 위해 많은 책을 읽으면서 상상력을 키웠다고 한다. 미시시피에서 일생을 보내면서 그 지역의 모든 것을 작품 안에 담았을 정도로 포크너는 자신이 만족할 수 있는 작품을 쓰기 위해 애썼다. 묘비명에서 확인할 수 있듯이 그는 작가로 성공했고, 자신의 사후에 남을 것은 책밖에 없다고 말하고 있다.

> 나의 야심은
> 역사에 묻혀 없어진
> 한 사람의 개체로 남는 것이다
> 책 말고는
> 아무런 찌꺼기를 남기지 않고
> 나의 삶 전체나
> 나의 삶에 대한 이야기는
> 모두 책으로 만들고 죽는 것이다
> 이것이 바로
> 나의 사망 약력이나 묘비명이다
> 아무도 들어오지 말 것

린드버그의 묘비명인 "If I take the wings of the morning and dwell in the uttermost parts of the sea"는 성경의 시편 139편 9절로 바다와 하늘의 이미지가 그의 생애와 아름답게 조화되어 있는 시적인 표현이다. "너무도 간절히 하고 싶었던 일을 하면 아드레날린이 샘솟는다. 비행기 없이도 날 수 있을 것 같은 기분이 들 정도다"라고 말한 찰스 린드버그는 최초로 대서양 횡단 비행에 성공해 당시에 미국의 영웅이 되었다. 첫아들이 유괴된 후 살해당하는 아픔을 겪었던 린드버그는 하늘과 바다가 있었기에 그 쓰라린 고통을 견디었을지도 모른다.

내가 새벽 날개를 치며
바다 끝에 가서 거할지라도

미국 작가 스티븐 킹이 생전에 미리 쓴 묘비명은 우리 선조들이 자기수양의 원리로 삼은 '일신우일신(日新又日新)'이라는 문구를 떠올리게 한다. 스티븐 킹은 추리소설로 대단한 인기를 얻고 있으며 그가 쓴 소설을 원작으로 만들어진 영화도 인기리에 상영된 바 있다. 돈과 명예를 거머쥔 인기 작가지만 자만하지 않고 자신을 더 닦으려고 하는 자세를 가진 것으로 보인다. 이 묘비명 "He tried to be better than he was"처럼 늘 자신을 일깨우는 진정한 창작자의 자세를 가졌다고 할 수 있다. 어떤 시적이고 멋스러운 표현보다 부단한 노력과 자기 수양의 자세가 읽히는 표현이다.

그는 본래의 자기보다
나아지려고 애썼다

떨어지는 사과를 보고 만유인력의 법칙을 발견했다는 전설 같은 이야기의 주인공 뉴턴, 그는 근대과학의 상징적 인물이자 인류 최고의 과학자라 평가받고 있다. 대표적인 저서 『프린키피아』는 다윈의 『종의 기원』과 함께 인류 역사상 가장 중요한 과학책으로 일컬어지고 있다. 묘비명에서 신학·철학·과학의 모든 부분에서 천재적이라고 했던 것처럼 죽은 지 300여 년이 지난 지금도 뉴턴은 핫한 인물이다. 최근 강창래는 『책의 정신』이라는 책에서 『프린키피아』가 역사를 바꾼 책이라지만 정작 읽은 사람은 몇이나 되는지 궁금할 정도로 난해한 책이라 인류에 영향을 어떤 식으로 끼친 것인지 의심스럽다는 독설을 퍼부은 바 있다.

여기 아이작 뉴턴 경이 잠들다
그는 사물과 자연과 신학을 연구하여
전능한 신의 위대함을
그 철학에서 증명하였고,
복음서와 같은 검소한 생활을
으뜸으로 삼았다
이 인류의 자랑이
저승의 세계에 들어온 것은
저승에 있는 모두의 영광이 아니고
무엇이겠는가

후세에서 이렇게 대단한 헌사를 바친 묘비명도 드물 것이다. 세계과학사의 상징적인 거인에게 걸맞은 헌사다.

미리 쓰는 묘비명은 사람마다 다르겠지만, 그 사람의 인생을 집약한 지혜로운 한마디로 우리 삶의 의미를 되새기게 한다. 토크쇼 진행자로 유명한 자니 카슨은 묘비명에 어떤 글을 남길 것이냐는 질문에 "잠시 후에 돌아오겠습니다"라고 방송인답게 재치 있게 대답한 바 있다. 죽음 이후에 다시 돌아올 수 있어서 또 다른 삶을 산다면 얼마나 좋을까. 그러나 대부분의 사람들이 믿고 있듯이 인생은 한 번뿐이다. 카네기는 "자신보다 현명한 사람의 도움을 받을 줄 알았던 사람, 여기 잠들다"라는 묘비명을 남겼다.

자신의 묘비명을 생각하는 사람이라면 세상에 의미 있는 무엇을 남기기 위해서라도 오늘 어떻게 살아야 할지 정신이 번쩍 들 것이다. 정치철학자 마키아벨리는 천국이 아니라 지옥에 가기를 열망한다고 했는데, 그 이유로 "지옥에서는 교황, 왕 그리고 왕자들과 어울릴 수 있지만, 천국에는 거지, 수도승 그리고 사도들만 있을 테니까"라는 재치 있는 말을 남겼다. 그가 1527년에 사망할 것을 고려하면 교황권의 득세, 정치가를 비롯한 권력자들의 세속적인 위선에 진저리를 친 게 아닌가 생각해볼 수 있는데, 이를 절묘하게 풍자한 말로 보인다.

손가락이 없는 피아니스트 이희아는 "작아서 행복했습니다"라는 비문을 남기고 싶다고 한다. 그 이유로 "세상의 편견 때문에 괴물이라는 놀림까지 받았던 자신이 이제는 힘들고 아픈 이들을 위로할 수 있는 자리에 섰다"고 하고 남들보다 신체가 작기 때문에 여전히 아이들과 같은 눈높이에서 세상을 보고, 세상을 연주하고, 세상에 대한 사랑을 지켜나갈 수 있기에 작아서 행복하다고 한다. 개그우먼 김미화는 "웃기고 자빠졌네"라는 재치 있는 묘비명을 남기고 싶다고 한다.

신문에 유머 칼럼을 연재하던 61세의 여성 작가는 말기암 환자로서 죽음이 임박한 사실을 직감하고 스스로 자신의 부고를 작성한 경우도 있다. 미국의 일간지인 『시애틀타임스』에는 2013년 7월 28일 61세의 나이로 죽은 여성 작가 제인 로터의 부고기사를 실었다. 로터는 부고에서 "내가 바꿀 수 없는 일로 슬퍼하는 대신 나의 충만했던 삶에 기뻐하기로 결정했다고 하면서 태양, 달, 호숫가의 산책, 내 손을 쥐던 어린아이의 손… 이 신나는 세상으로부터 영원한 휴가를 떠나는 것"이라고 죽음을 정의했다.

로터는 두 명의 자녀에게도 따뜻한 사랑을 담은 인생에 대한 조언을 잊지 않고 있다. "나는 삶이라는 선물을 받았고 이제 이 선물을 되돌려주려 한다. 딸과 아들아, 인생길을 가다 보면 장애물을 만나기 마련이란다. 하지만 그 장애물 자체가 곧 길이라는 것을 잊지 말아라"고 자녀들에게 전하는 말도 남겼다. 제인 로터는 존엄사를 택했고, 그녀의 가족이 지켜보는 가운데 평화로운 얼굴로 눈을 감았다고 한다. 그녀의 가족은 장례식에서 "여기 있어 행복했다(Beuatiful day. happy to be here.)"고 적힌 배지를 문상객들에게 나눠 주었다고 한다.

그녀의 남편은 "제인은 삶을 사랑했기에 부두에 널브러진 생선 같은 형태로 삶을 마무리하고 싶지 않았다. 마지막 순간에도 창가에 있는 새 집에 벌새가 날아드는 광경을 보려고 콘택트렌즈를 빼지 않겠다고 한 사람"이라고 했다. 삶에 대한 집착으로 울부짖기보다 스스로 담담하고도 존엄한 마무리를 선택한 한 여인의 죽음에서 삶을 배우게 된다.

♣ 거인들의 유언

악법도 법이라고 한 소크라테스는 죽음에 대한 두려움보다는 초연하게 받아들인 철인이었다. 그는 억울한 형의 집행에 슬퍼하는 제자들에게 삶과 죽음 가운데 어떤 게 더 좋은 쪽인지는 신만이 알기 때문에 너무 슬퍼할 일이 아니라며 제자들을 오히려 위로했다고 한다. 그의 유언은 참으로 소박하지만, 인간의 도리를 끝까지 다하고자 하는 인격자의 면모를 보여준다.

"여러 잔도 아니고 한 잔의 독약으로 죽음을 맞이할 수 있으니 이 얼마나 감사한 일인가. 크리톤, 내가 아스클레피오스에게 닭 한 마리를 빚졌네, 대신 좀 갚아주게."

대제국을 건설한 알렉산더 대왕은 유언으로 "내가 죽거든 묻을 때 손을 밖으로 내놓아 사람들이 나의 빈손을 볼 수 있게 하라"고 했다. 알렉산더 대왕은 당대의 학자와 장군들을 만났는데, 그 가운데 늙고 가난한 노철학자 디오게네스도 있었다. 두 사람의 만남은 두고두고 회자되고 있다. "내가 알렉산더 대왕이오. 노철학자는 원하는 것이 무엇이오?"라고 묻자 "대왕께서 햇볕을 가리고 있으니 조금 비켜주서서 햇볕이나 좀 쐬게 해주시오"라고 대답한 것은 잘 알려진 일화다. 내면에 지닌 자신의 가치가 당당하다면 어떤 부귀영화도 두려워하지 않는 배짱이 생기지 않을까. 죽음을 앞두고도.

♧ 스콧 니어링의 삶에서 배운다

삶은 획득이나 축적에 의해서라기보다 정직한 꿈과 노력으로 이루어지며, 그 결실이 결코 세상의 일반적인 것이 아니더라도 당당한 것이면 칭송받을 만한 가치가 있다고 스콧 니어링의 삶은 전한다. 그는 대학의 불의에 맞서 대학을 떠났으며, 불의에 맞선 그의 편에는 존 듀이를 비롯한 많은 양심적인 학자들이 있었다.

니어링을 생각하면 고(故) 김준엽 선생이 떠오른다. 광복군 출신의 김준엽(1920~2011) 선생은 고려대 총장 재직 시절 군부독재의 회유와 협박에 굴하지 않고 상아탑이 진리를 지키는 최후의 보루여야 한다면서 버티다 사직을 강요당하는 처지에서 졸업식장에 섰다. 그때 총장을 지켜야 한다는 학생들의 유인물이 뿌려지고 졸업생 대표의 눈물이 많은 이들을 울린 적이 있다. 그러나 원칙에 충실한 삶은 후세에 울림을 남겼다.

세상은 원칙대로만 살 수 없는 것이라고 그래서 적당히 타협하는 차선의 길은 무수히 많다고 외치는데도 니어링은 자신의 원칙에서 한 치의 양보 없는 삶을 살다가 갔다. 니어링에 비하면 쓰레기에 불과한 많은 사람들이 설치면서 큰 감투를 쓰지만 진정한 성공의 영예를 어떤 잣대로 평가할 것인가. 1883년에 태어나 한 세기를 살다가 떠난 니어링의 삶에서 근본주의자나 까칠하고 융통성 없는 사람이라는 그림자를 볼 수도 있다. 그러나 원칙에 충실한 삶은 후세에 울림을 남겼다.

자신의 땅값이 올랐지만 그것이 불로소득임을 깨닫고 기부해버린다거나 세속적 성공에 눈이 멀어 자신이 생각하는 방향과는 다르게 치달리는 아들과는 절연한 일도 니어링을 한낱 꼬장꼬장한 영감으로만 생각지 못하게 만드는 일이다. 우리 삶에서 옳고 그름에 대한 근원적 질문을 던지는 니어링의 삶은 근본주의적인 실천으로 죽음까지 달려간 한 거인의 향기를 아직껏 그리게 한다.

✪ 뜻대로 되지 않는 게 인생

인생이 정해진 시나리오대로 살기만 하면 된다면 얼마나 재미가 없을까. 때로는 자신이 미리 철저히 준비한 시나리오대로 딱딱 맞아떨어지기도 하지만, 때로는 내일 어떻게 해야 할지를 몰라서 밤새 쪽대본을 쓰고 드라마 촬영 직전에 배우의 손에 대본을 들려줘서 미쳐 어떤 방식으로 연기를 할지 연습할 기회를 가질 시간이 없는 경우도 있다.

정해진 지도대로 내비게이션을 따라 목적지에 곧바로 달려가는 것이 인생이라면 반전의 묘미가 없어서 지루할 수 있다. 좀 힘들어도 불확실성이 도처에 도사리고 있는 신나는 게임이라고 생각하고 순간순간 돌발 상황에 대처하면서 고통의 순간조차 담담히 받아들이자. 물론 성인군자가 아니면 극단의 스트레스로 자살의 충동까지 느낄 수 있는 것이 삶이다.

첫 직장에 큰 고민 없이 입사했다. 요즈음 같으면 사치스러운 얘기일 수도 있지만, 난 금융계통의 일에는 적성이 맞지 않았다. 거의 매일 직장에 대한 최소한의 예의를 차리면서 전직을 모색했다. 1년이 지나서 그만둔다고 했을 때 주위에서 말렸다. 그런데 이미 사표를 쓰고 신문에 난 광고를 보고 패키지 여행상품을 하나 구매해버렸다. 한 명이니까 어떤 중년 아저씨와 짝을 지어주었다. 거의 아버지뻘 되는 아저씨는 사업이 잘 안 풀려서 머리를 식힐 겸 여행을 오게 됐다고 했다. 1990년대 초반이니까 해외여행이 흔하지 않던 시절이다. 나는 거금을 들여서 왔는데 태국의 찬란한 불교유적도 홍콩의 휘황찬란한 야경도 눈에 들어오지 않았다. 아저씨나 나는 마치 아버지와 아들처럼 자신의 터닝 포인트를 찾는 여행길의 동반자가 되었고, 나는 인생이 실패를 통해 재도약할 수 있는 기회는 무수히 많을 수 있다는 것을 푸릇푸릇한 20대의 두뇌에 각인시키고 돌아왔다. 그리고 새롭게 출발해도 늦지 않다는 아저씨의 말을 마음으로 받아들이고 새롭게 도전할 길을 찾았다.

사법고시 공부를 꽤 오래 했던 친구가 있었다. 내가 직장에 일찍 취직해 돈벌이를 하는 입장이라, 가끔 그 친구를 만나 수험생의 고달픔을 달래주기도 했다. 그런데 고시는 예나 지금이나 쉽지 않은 시험이라 몇 번 떨어지는 모습을 보게 되었다. 지금도 기억나는 것은 합격자 발표를 전화기로 확인하고선 땅이 꺼질 듯이 한숨을 쉬더니 말없이 앉아있던 친구의 모습이다. 그날 술을 실컷 마시고 다음 날 친구는 강릉 바닷가로 가겠다고 처진 어깨를 하고 떠났다. 그 이후 독한 마음으로 공부를 했는지 판사가 되었다. 그리고 지금은 그 시절 좌절의 고비를 즐겁게 돌아보게 되었다. 삶의 고비에서 자신의 인생 시나리오가 어긋나는 지점에 여행을 떠나든지 새로운 이정표를 설정하고 의지를 다진다면, 또 다른 시나리오는 나올 수 있을 것이다. 지나고 보면 이 모든 것이 풍성한 스토리텔링 할 거리들이다.

삶의 과정 중에서 만나게 되는 결혼은 어떤가. 결혼은 여성에 대해 다시 생각하는 계기가 되었다. 어머니와 여성은 확실히 다르고 연애상대로서의 여성과 배우자로서의 마누라는 확실히 다르다. 화성인과 지구인의 차이가 존재한다는 남녀의 존재가 화학적 결합을 하는 과정이 어디 쉽겠는가. 우리 인생에서 이성을 이해하는 데에는 평생이 걸리고도 모자랄지 모른다. "해도 후회, 안 해도 후회"라는 말이 그냥 나온 말은 아닐 것이다. 결혼은 진정한 인내의 의미를 아는 사람에게는 분명히 달콤한 보상을 내릴 것이다. 결혼은 삶을 본질 속으로 들어가 살아가게 하지만, 독신은 왠지 복싱선수가 인파이팅이 아니라 아웃복싱을 하는 것처럼 느껴진다. 캐슬린 헤이브룬은 결혼에 대해 "결혼은 사랑이 가져올 아픔을 감수하고, 사랑을 지키고, 그것 없이는 삶이 불가능하다는 것을 인정하는 것"이라고 했다. 기꺼이 아픔을 감수하는 용기, 자신을 닮은 2세와 사랑을 지켜가는 행복한 시간을 가지려면 결혼을 하는 것이 좋을 것이다. 결혼을 관성처럼 하는 것에 대해 많은 사람들이 이의를 제기하고, 결혼이 행복의 필수품이 더 이상 될 수 없다고 주장하기도 한다. 이제 결혼 못지않게 지혜로운 이혼에 대해서도 많은 이들이 훈수를 두고 있는 것이 현실이다. 조두진은 『결혼면허』라는 소설에서 2016년 가상의 한국사회를 다루고 있다. 소설에 따르면 한국에 결혼면허증 제도가 생겨나 1년 과정 384시간의 강좌를 이수하고 일정한 시험을 통과해야만 결혼 자격이 주어진다는 설정을 하고, 결혼 생활 10년마다 행복지수를 평가해 '행복세'를 징수하는 상황이 나온다. 오늘도 많은 사람들이 꿈에 부풀어 웨딩마치를 올리고 신혼의 단꿈을 꾸지만, 상당수의 부부가 얼마 지나지 않아 서로 딴 꿈을 꾸는 경우가 생긴다. 결혼의 환상과 현실에 대해서는 많은 예술작품이 다루고 있다. 이어령의 주례사는 결혼에 대해 많은 것을 생각하게 한다.

> 영화는 활동사진으로부터 시작해 입체영화로 발전해갔지만 결혼은 거꾸로 총천연색 시네마스코프로 시작해 채플린 시대의 흑백 무성영화로 끝나는 것이라고 말하는 사람이 있습니다. 젊음의 현란한 색채는 사라지고 수입은 반 토막 나고 자유롭던 생활은 가정이라는 굴레를 쓴다고 생각합니다. 그래서 마지막 늙은 노부부에게는 흑백 무성영화의 침묵만이 흐른다는 것이지요. … 그러나 자식이라는 황금 잔이 있으며….
>
> - 이어령의 주례사(장동건과 고소영 결혼식)

경제학자인 김창진 고려대 교수는 '공적분(cointegration)'의 개념을 활용해 결혼주례사를 한다고 한다. 경제변수가 되는 주체들이 장기적으로 공통분모(common stochastic trend)를 형성해 균형을 이루는 것을 공적분이라고 하는데, 결혼 생활도 이런 상태가 필요하다고 보았다. 그래서 그는 불황이 꼭 나쁜 것만은 아닌 것은 불황이 구조조정의 계기가 되고 경제가 장기균형을 이루는 데 기여하기 때문이라고 보고, 부부싸움도 서로를 잘 알아가는 계기로 삼아서 부부간에 공적분 관계를 형성하라고 주문한다고 한다.

남아공에 인종차별을 종식시킨 세기의 영웅 만델라는 두 번의 이혼 경험이 있다. 첫 번째 부인 에블린은 만델라가 대통령이 된 후에도 언론에 종종 등장했는데, 그녀는 "만델라가 그저 인간일 뿐인데 사람들이 그를 신격화하고 있다"며 만델라와 주변인들을 비난하기도 했다. 소크라테스의 경우에서도 보듯 그 어떤 영웅의 결혼생활도 원근법에 따라 감상의 포인트를 달리해 본다면, 화려함과 평범함, 비참함이 교차할 수 있다.

결혼 이외에도 우리는 무수한 통과의례 속에 자신을 내어놓지만 관습과 통념에서 벗어나 자신의 주관대로 온전히 살 수 있는 사람은 그렇게 많지 않다. 사회적인 동물이기에 사회 속에서 자신의 모습을 비추면서 살 수밖에 없다. 물론 수도사나 성직자와 같은 극단적인 경우를 제외하면 평균으로 수렴되는 삶에 반기를 들기가 쉽지 않다. 어떤 삶의 과정을 지나왔는지를 나중에 스스로 돌아보고 스스로 심판대에 자신의 삶을 올려놓을 시기는 분명히 온다.

♧ 죽음의 문 앞에서 선다면

삶과 죽음에 관한 인간의 태도를 필생의 과업으로 연구해온 『인생수업』의 저자 엘리자베스 퀴블러 로스는 다음 세 가지 질문으로 자신의 일생의 연구를 정리한 바 있다.

살면서 그대는 사랑을 주고받았는가?
살면서 그대는 할 수 있는 모든 것을 했는가?
살면서 그대는 이곳을 조금이나마 살기 좋게 만들었는가?

인생을 정리하는 시점에 다다랐을 때 이 질문에 흔쾌히 '예스'라고 말할 수 있는 사람이 많을까. 인생에서 가야 할 길이 아직 많이 남은 사람이라면 이 질문에 대한 대답을 준비하면서 가면 어떨까. 곁길로 가거나 우회로로 간다는 생각이 들 때 이 질문을 자신에게 던진다면 적어도 막다른 길에서 헤매지는 않을 것이다. 우리가 인생 시나리오가 정해준 스토리를 액팅할 때 퀴블러 로스의 세 가지 질문은 꼭 마음에 새길 만한 문구다.

의사인 서울대 윤영호 박사는 그의 저서 『나는 죽음을 이야기하는 의사입니다』에서 의미 있는 삶과 죽음에 대해 이렇게 이야기하고 있다.

만약 여러분이 지금 막 세상을 떠난다고 상상해보라. 그 순간 "삶이 행복했고 아름다웠다. 정말 고마웠다"고 말할 수 있고, 남은 자들에게서 "당신이 있음으로 인해 우리가 행복했다"는 이야기를 듣는 삶을 살았기를 바란다. 그런 삶이라면 충분히 자족감 속에서 한 목숨 마무리해도 좋을 테니, 그것이 진정 '의미 있는 삶, 아름다운 마무리'가 아니겠는가.

인생이라는 연극무대에서 어떤 연기를 했는지에 대해 준엄하게 묻는 햄릿 연구가의 일침도 귀를 기울일 만하다. 90세가 넘은 노학자로서 70년을 햄릿 연구에 바친 영문학자 여석기 교수(고려대 명예교수)는 국내 연출가가 숱하게 무대에 올린 연극 <햄릿> 중에서 가장 좋았던 작품을 묻자 "유감이지만 하나도 없다"고 했다.

그는 감동의 시작은 배우이고 디테일이 중요하다고 한다. 손을 살짝 움직이는 것, 고개를 갸우뚱하는 것만으로도 어떤 배우는 관객을 집중시키므로 어렵더라도 계속 연극을 하라고 배우에게 주문하고 싶다고 한다. 인생이라는 연극무대에 우리가 배우라고 치면, 연기력으로 인정받으려고 노력해야 할 것이다. 때로는 그 무대가 초라할지라도. 운명이 신이 정해준 각본이라면 그 연극을 감동적으로 만드는 것은 배우의 연기다.

♧ 삶의 유한성을 극복한 몰입이 만들어낸 성취

긍정심리학의 대가 칙센트 미하이 교수는 "위대한 업적을 남긴 사람들이 목표에 몰입할 수 있었던 공통적인 이유는 삶의 한시성 내지는 죽음에 대한 두려움 때문"이라고 보았다. 죽음에 대한 통찰이야말로 생존을 위한 그럭저럭 꾸려가는 삶이 아닌 후회 없는 삶을 위해 자신의 에너지를 아낌없이 쏟아붓게 하는 동기부여가 될 것이다. "17세 이후 33년 동안 매일 아침 거울을 보면서 물었다. 오늘이 내 인생의 마지막 날이라면 내가 지금 하고자 하는 일을 할 것인가? 인생의 중요한 고비마다 곧 죽을지도 모른다는 사실을 명심하는 게 내 삶의 가장 중요한 도구가 됐다." 스탠퍼드대학교 졸업식에서 스티브 잡스가 한 말이다. 영화 <잡스>나 그의 전기에도 잘 나와 있듯이 죽음이 인생 최고의 발명품이라는 사실을 알고 매일매일 역사를 바꿀 수 있는 제품을 구상해왔던 잡스는 비록 그 일그러진 편집증적인 성격의 일면이 우리를 실망시키기도 했지만, 그의 놀라운 몰입은 세계인들에게 깊은 인상을 남겼다.

♧ 질문이 없는 삶은 죽은 삶

위대한 삶을 살다 간 사상가나 위인들은 저마다 자신의 가치와 기준을 가지고 실크로드를 외면하고 가시밭길을 개척하는가 하면, 세상이 다 옳다고 자신을 소외시켰지만 자신의 길을 의연하게 갔다. 갈릴레이, 스피노자의 삶이 그랬다. 무수하게 새로운 질문을 던지고 자신의 존재에 의문을 제기하는 것이 인문 정신이 아닐까. 배부른 소크라테스는 못 되어도 적어도 배고픈 소크라테스가 되려고, 사람답게 살려고 발버둥치지 않으면 우리의 삶의 의미는 어디에서 찾을까. 버트런드 러셀은 "거짓과 더불어 제정신으로 사느니, 진실과 더불어 미치는 쪽을 택하고 싶다"고 했다. 스티브 잡스는 펩시의 존 스컬리를 마케팅 담당 임원으로 영입하고자 제안하면서 "설탕물을 팔면서 평생을 낭비하시겠습니까? 아니면 세상을 바꾸겠습니까?"라고 당차게 질문했다. 질문이 없는 삶은 죽은 삶일 것이다. 일상의 분주함이 무엇을 향해 가고 있는지 부단히 질문하지 않는 삶은 이미 죽음의 깊은 잠을 준비하고 있는지도 모른다. 나는 오늘 의미 있는 질문을 준비하고 실천했는지 준엄하게 물어본다.

5. 후회 없는 죽음을 위해

2008년부터 암으로 투병하다가 2013년 작고한 소설가 최인호는 2013년에 쓴 산문집 『인생』에서 우리를 죽일 병은 없다고 했다. 그는 "우리를 죽이는 것은 강한 육체를 무기로 삼고 있는 악이다. 절망, 쾌락, 폭력, 중독, 부패, 전쟁, 탐욕, 거짓과 같은 어둠이 우리의 육체뿐 아니라 영혼까지 한꺼번에 죽인다"고 했다. 육체의 질병보다 정신의 질병이 우리를 죽음에 이르게 하는 중병이 아닐까. 육체가 쇠약해지고 언젠가는 흙으로 돌아갈 인생이지만 정신이 삶의 가치를 제대로 누리지 못하게 한다면 살아도 죽은 목숨이 아닌가. 최인호는 "생(生)은 신이 우리에게 내린 명령(命令), 그래서 생명이다"라고 했다. 누가 감히 준엄한 신(神)의 명령을 거역하고 인생을 허비할 수 있겠는가. 즉, 자신의 인생 시나리오를 텔링하고 액팅하면서 신의 명령을 충실히 따라야 한다.

♻ 삶의 아름다운 마침표를 위해

많은 사람들이 '죽음'을 숨이 멈추는 인체의 변화만이 아니라 그 사람의 세계가 송두리째 날아간다는 공포로 알고 있다. 문학작품이나 영화를 통해서도 죽음의 모습이 다양한 방식으로 묘사되고 있다. 클린트 이스트우드의 영화 <히어애프터>의 첫 장면에는 관객들이 죽음의 모습을 간접체험하게 만들고 있다. 태국을 평화롭게 여행하던 중 쓰나미에 휩쓸려 물속에 빠진 여인은 살기 위해 사력을 다하지만 죽음을 피할 수 없다. 구급대원이 심폐소생을 시도하지만 죽음을 멈출 순 없었다. 기적적으로 되살아난 여인이 되살아나기 전에 보았던 죽음의 모습을 증언한다. 이렇게 가끔 죽음의 모습을 보았다고 하고 죽음의 모습을 증언하는 사람들이 있다. 인생의 저편인 죽음의 세계에 다녀왔다는 사람들은 다시 이 세상에 돌아왔을 때 이타적이고 대범해진 자신의 모습을 본다고 말한다. 죽음에 대한 막연한 두려움도 사라졌다고 한다.

대학생 시절, 삶을 아름다운 소풍에 비유한 천상병 시인이 생전에 의정부 수락산 밑에서 살 때 가서 만나본 적이 있다. 천상병 시인의 삶과 시에 대한 책을 몇 권 읽은 뒤 호기심이 발동해 한번 보고 싶은 생각이 나서 문득 버스를 타고 좋아한다는 맥주 몇 병을 사서 천 시인을 찾아갔다. 천 시인은 언어 자체가 어린아이와 같이 순수했는데, 어쩌면 좀 모자란 사람으로 보일 정도였다. 동백림 사건의 고문 후유증이 이 명문대 출신의 엘리트를 사회적인 부적응자로 만들었던 것이다. 특유의 천진한 웃음으로 "잘 왔다, 잘 왔다, 잘 왔다"를 세 번 말한다. 『괜찮다, 괜찮다, 다 괜찮다』라는 책 제목처럼 천시인은 항상 세 번 말을 반복하는 버릇이 있다고 부인 목순옥 여사가 귀띔해주었다. 나도 시인의 동심을 들으며 해가 지는 줄도 모르고 제법 취해서 집으로 돌아왔던 기억이 아직도 선하다. 그런 천 시인은 그의 시 '귀천(歸天)'에서 세상살이를 동심의 세계에서 소풍처럼 즐기다 간다고 쓰고 있다.

로마의 시인 호라티우스는 "세상이 몰라주는 죽음이라고 그 삶이 잘못 산 것은 아니다"라고 말했다. 세상이 몰라주는 멋진 죽음은 지금 이 시간에도 일어나고 있을 수 있다. 그들을 대표해 우리는 소수의 멋진 죽음에 대해 찬사를 보낸다. 무명의 멋진 죽음으로 이 세상에 빛이 된 사람도 뜨거운 헌사를 받아 마땅하다. 영화 <버킷리스트>에서 죽음을 앞두고 있는 카터(모건 프리먼 분)는 이런 독백으로 그래도 누군가는 자신을 알아주었으면 하는 바람으로 한마디 한다.

> 누군가의 인생을 평가한다는 것이 쉬운 일은 아니야. 누군가는 그가 세상에 남긴 것으로 평가를 받는 경우도 있어. 인생이 무의미하다고 말하는 이도 있는데, 내게 중요한 것은 나를 제대로 알아주는 사람이 있었느냐 하는 거야.

의료기술의 발전에 따른 길어진 수명으로 죽음이 점점 멀어져 보이는가 하면, 교통사고의 위험은 오히려 증가했고 신종 바이러스에 의한 감염의 위험이 줄어들지 않은 것이 현대의 삶이다. 영국의 라이프스타일 사상가로 알려진 로먼 크르즈나릭은 저서 『원더박스』에서 중세 시절에 파리와 로마의 공동묘지는 사람들로 북적이는 시장터이기도 했다고 한다. 형제들이 어린 나이에 사망하고 아이들은 교회의 납골당에서 사람 뼈를 노리개 삼아 놀았을 정도로 죽음은 가까이에 있었기에 선물 같은 삶의 소중함도 중세인들은 더 뼈저리게 느꼈을 것으로 짐작한다.

어린 시절 공동묘지에서 병정놀이를 하거나 눈썰매를 타고 놀면서도 그 볼록한 흙더미 위에 시체가 들어있다는 생각은 까맣게 잊고 마냥 주검 옆에서 즐겁게 놀았던 기억이 있다. 사실 죽음과 삶은 매 순간 교차점에서 비켜서 그렇지 만날 수 있는 아찔한 순간들이 현대인에게는 부지기수로 널려있다. 외교관에서 우동집 사장으로 변신한 신상목 씨도 파키스탄에 근무할 때 간발의 차로 폭탄테러에서 비켜난 바 있다. 이후 한 번뿐인 삶에 대해 다시 생각한 끝에 가족을 설득해 오래전부터 하고 싶었던 우동 가게를 열었다고 한다. 죽음에

대한 생각이 삶의 아름다운 마침표를 위해 행로를 과감히 수정하게
만든 것이다.

미하엘 하네케 감독의 영화 <아무르(Amour, 사랑)>에는 80대 노부
부가 등장한다. 평소의 금실 좋던 부부라서인지 남편은 아내가 몸과
언어기능까지 마비되는 상황에서 간병인과 자식의 도움을 마다하고
아내를 지극정성으로 돌보지만 한계에 부딪히곤 한다. 더 이상 이성적
인 대화가 불가능한 사랑하는 아내를 죽음의 길로 보내는 남편의 모습
에서 삶과 죽음의 문제에 대한 철학적 성찰과 함께 진한 무언의 메시
지를 읽었다.

죽음이 결코 멀리 있는 것이 아니라는 것과 정신을 담은 육체라는
그릇이 고장이 날 때 너무나 무력한 인간의 모습을 절절히 느끼며 눈
시울을 붉히게 되었다. 살아있는 동안 주어진 시간을 어떻게 보내야
할지 다시 한번 생각하게 한 영화다. 사랑하는 사람을 죽음으로 밀어
넣을 수밖에 없는 남편의 모습에서 우리에게 일상으로 주어진 삶의 하
루하루, 그리고 건강한 나의 육신이 한없이 소중하게만 느껴질 것이
다. 이런 하루를 함부로 대할 수 있겠는가. 자신이 정한 시나리오를 오
늘 하루에 얼마나 열심히 액팅해낼 것인지 설레는 마음으로 시작한다
면 하루라는 선물은 소중히 대할 수밖에 없다.

♧ 어떤 죽음을 준비해야 할까

한 번뿐인 삶이다. 특정한 잣대를 대면 누구나 다 베스트 원(Best One)이 될 수는 없지만, 온리 원(Only One)의 삶을 살 수는 있다. 누구도 내 삶을 대신할 수는 없으며, 자신만의 색깔로 고독하게 걸어가야 하는 것이 삶의 모습이기도 하다. 언젠가는 닥치게 될 죽음을 생각해서라도 결코 허비하지 말고 매 순간을 알차게 채워나가야 한다.

> 르네상스 시대의 천재화가 중의 하나인 라파엘로가 성당의 천장화를 그릴 때의 얘기다. 이 작업을 지켜보던 왕이 라파엘로가 딛고 선 사다리가 위태롭게 보여서 동행하던 재상에게 그 사다리를 좀 잡아주라고 지시했다. 이때 재상은 "일국의 재상이 저런 한낱 환쟁이의 사다리나 붙잡아주는 것이 말이 됩니까?" 그러자 왕이 "자네 목이 부러지면 재상을 할 사람은 줄을 서 있으나, 라파엘로의 목이 부러지면 누가 저런 그림을 그리겠나" 하고 일갈했다고 한다.[25]

데이비드 리스먼(David Riesman)은 저서 『고독한 군중』에서 현대인의 모습을 '타자지향형'이라고 표현했다. 타인의 시선을 의식해 거기에 맞춰서 살게 되는 삶의 형태는 매스미디어의 발달과도 무관하지는 않을 것이다. 유행에 휩쓸려 나 자신의 삶의 행복보다 남들의 시선만을 의식하는 삶에서 벗어나기가 두려운 게 우리의 삶이다. 그렇지만, 언제든지 대체가 가능한 2등보다는 '온리 원'이 될 수 있는 길을 부단히 찾아야 하겠다.

♧ 미리 가보는 자신의 장례식

생물학적으로 인간의 육체는 20대에 절정의 젊음에 다다른 후 노화의 길을 걷게 된다. 죽음을 대비하고 느끼기에 아직 젊더라도 죽음을 언젠가는 닥칠 것이라고만 막연히 생각하는 것보다 자신의 삶에 언제든 닥칠 수 있는 문제라고 생각한다면 삶을 대하는 태도가 달라질 것이다. 그래서 '웰다잉'이 곧 '웰빙'이라는 생각으로 임사체험을 통해 삶의 소중함을 가르치는 교육프로그램도 등장하고 있다.

이런 프로그램에서는 실제로 영정사진을 찍고 유서를 쓰고, 나무로 만든 관 속에 들어가고 관 위로 흙을 덮는 소리가 들릴 때까지 이승과 결별하는 절차를 진행한다고 한다. 유서를 쓰면서 소리 내어 우는 50대 가장도 있고, 이런 시간에 영업이나 시키지 무슨 지랄이냐며 투덜거리는 직장인도 있다고 한다. 임사체험 교육의 궁극적 목적은 다양한 방식으로 임사체험을 하면서 삶에의 의지를 다지자는 것이기에 많은 단체나 개인이 직원교육이나 자기계발의 방법으로 신청한다고 한다.

미리 묘비명을 쓰기도 하고, 심지어는 관 속에 들어가는 행사를 통해 자신의 죽음에 대한 공포를 체험하게 하고 삶의 소중함을 깨닫게 하려는 방식이 좋은지 어떤지는 떠나서 이제 자신의 장례식장에 미리 가보는 상상을 해보면 어떨까. 관찰자의 입장에서 자신의 장례에 가장 슬퍼할 사람이나 올 것이라고 예상했는데 오지 못한 친구 등을 생각하면서 이런 상상도 해볼 만하다.

그래도 나의 가족들이 가장 슬퍼하는군. 내가 그 친구에게 많은 도움을 줬지만 안 와서 서운한 후배 녀석도 있네. 정승집 상가보다 정승집 개가 죽으면 찾아본다더니만. 어 그 많던 '페친(페이스북 친구)', '트친(트위터 친구)'들은 다 어디 간 거지? 역시 오래 살고 볼 일이야….

SNS 서비스를 통해 인간관계가 넓어졌다고 한다. 그러나 마음을 나누는 사람은 얼굴을 보고 서로의 고민도 얘기하고 살아가는 재미도 같이 느끼는 그런 사람들이 아닐까. 우리가 혹시 관계의 풍요 속에서 관계의 빈곤을 겪고 있지는 않은가. 풍성하고 깊은 관계 속에서 인생의 기쁨과 슬픔을 나눌 수 있는 많은 사람들을 만나자. 그 풍부한 무대에서 자신의 인생 시나리오를 스토리액팅하는 것은 배우의 몫이다.

♣ 천국의 메시지

죽음 이후에 천국의 상황을 묘사해서 문자를 보낸 사람이 있다. 목원대 심재호 교수는 제자 사랑이 각별했다. 그런 심 교수가 암으로 갑자기 사망한 후 주위의 많은 사람을 안타깝게 만들었다. 그런데 한 학생이 스승으로부터 문자메시지를 받았다. "벌써 천국에 도착했네. 생각보다 가까워. 내가 가까이 있으니 너무 외로워하지들 말아." 의외의 문자메시지에 제자들은 말을 잃었다. 문자의 발단은 죽은 후 망연자실해 있던 조교가 답신을 기대하지 않고 "이제 평안히 가셨을 것이라고 믿습니다"라는 문자를 전송했는데, 이를 부인이 보고 남편의 심정을 담아 학생들 휴대폰으로 보낸 것이었다. 황망한 중에도 남편의 제자 사랑을 전한 아내의 마음도 그렇고 훈훈한 풍경이다. 정말 천국에서 답신을 보낼 수 있는 삶이 되도록 스토리를 텔링하는 삶을 만들어 나가자.

후회 없는 삶을 산다면 천국에서 답신을 기쁜 마음으로 할 수 있을 것이다. 상식적으로 자신의 의지대로 삶을 헤쳐 나와 많은 성취를 이룬 사람은 후회가 적을 것이고, 원하는 것을 성취하지 못한 것이 많은 사람은 후회가 클 것이다. 그런데 후회를 남기기도 전에 갑작스러운 죽음을 맞이하게 되면서 계획과 달리 중간에 단절되는 삶도 얼마든지 있다. 간디와 링컨, 케네디는 모두 암살당했지만 그 죽음 자체가 아직껏 역사성을 가지고 있는 역사의 거인으로 남아있다. 류관순과 안중근과 같은 삶도 역사적 대의를 위한 의도적인 단절이라고 할 수 있다. 단순한 삶의 길이보다 의미를 남긴 삶을 생각한다면 하루하루를 그냥 흘려보내기가 두려워진다.

☘ '빨리 감기' 기능만 있고, '되감기' 기능이 없다면

중앙부처 공무원 중에 만년 주사인 공무원이 있었는데, 사무관으로 승진하는 것이 본인이나 주위 사람의 소원이었다고 한다. 그런데 겉으로는 본인은 나이도 이미 정년이 가까워오고 해서 승진보다는 무사히 공직을 마무리하는 것이 소원이라면서 태연하게 지냈다고 한다. 그는 품성이나 대인관계가 사무관 정도는 맡아도 무리가 없을 사람이어서 안타깝게 생각하는 출입처 기자들이 장관에게 인사 청탁(?)까지 할 정도였다고 한다. 그래서 고위직도 아니고 해서 발령정보를 당사자에게는 비밀에 부치고 인사를 하려고 내정했다고 한다. 나중에 그 기쁨이 배가될 것이기에 극비를 요구했다는 것이다. 그런데 발령일 하루 전에 자신의 승진 예정사실을 모르고 돌연사 했다고 한다. 인간의 운명은 순간의 차이로 바뀌는 경우는 많다. 괌에서 여객기가 추락한 사건이 있었다. 이 사고로 많은 사람이 참변을 당했다. 그날 같은 비행기에 타려고 했던 친구와 가족은 비행기편이 여의치 않아 불과 1시간 늦게 휴 가지로 가서 목숨을 구하는 것은 물론 슬픔 속에서도 기자로서의 직업 의식이 발동해 특종을 할 수 있었다고 한다.

영화 <클릭>은 직장에서 부사장 승진이 목표인 마이클이 리모컨을 통해 삶의 속도를 조절한다는 내용이다. 마이클은 직장에서의 성공을 위해 가족들과 함께하는 일상을 소홀히 해서 그 순간은 리모컨으로 '빨리 감기' 기능을 실행한다. 아이들과 놀거나 아내와의 잠자리까지도 회사일과 관련이 없다고 생각하면 무조건 '빨리 감기' 기능을 실행한 것이다. 나중에 아이들도 크고 자신도 원하는 부사장이 되었다. 이제 인생의 속도를 조절하려고 했는데, 여의치 않았다. 아이들의 졸업식, 부모님의 임종도 제대로 할 수 없었다. 리모컨이 자동인식 기능이 되어있어서 인생이 너무 빨리 감겨버리는 것이었다. 우리도 이 자동인식 기능을 뇌에 자신도 모르게 심어놓고 있지는 않은지 생각해볼 일이다. 그 기능이 좋은 습관에 관련된 것이면 다행이지만, 돌이킬 수 없을 정도로 끔직한 습관을 저장시키고 있다면 큰일이다.

만일 자신이 꿈꾸는 성공이 와도 행복하지 않다면 무슨 의미가 있을까. 에머슨은 '무엇이 성공인가'라는 질문에 시를 통해 이렇게 답하고 있다.

> 자기가 태어나기 전보다
> 세상을 조금이라도 살기 좋은 곳으로 만들어 놓고 떠나는 것,
> 자신이 한때 이곳에 살았음으로 해서
> 단 한 사람의 인생이라도 행복해지는 것,
> 이것이 진정한 성공이다.

몽테뉴는 『수상록』에서 "죽음은 단 한 번밖에 겪지 못하기에 괴로울 것이 없다. 그렇게 순간적인 일을 그토록 오랫동안 두려워할 이유가 있는가? … 지금부터 100년 뒤에(그때까지 살아있는 사람은 거의 아무도 없을 테니) 살아있지 않음을 슬퍼하는 것은 100년 전에 살아있지 않았다고 슬퍼하는 것만큼이나 어리석은 일이다"라고 한 바 있다. 오랜 수양을 거친 뒤 세계인에게 검증받은 '생활 철학'의 달인으로 유명한 몽테뉴이니까 그럴 만하다고 생각할 수 있지만, 어디 보통사람이 죽음의 공포 앞에 초연해지기가 쉬운 일인가. 그러나 몽테뉴처럼 초연할 수는 없어도 우리가 가끔 영생불사의 존재가 아니라 죽음이 기다리고 있는 인간이라는 사실을 명심할 필요는 있다.

그리스의 역사가 헤로노토스는 2,500년 전의 이집트 부유층 사교모임의 풍속도를 기록하고 있다. 그에 따르면, 사교모임에서 만찬이 끝나면 하인이 시체를 담은 관 하나를 끌고 손님의 주위를 돌게 한다고 했다. 죽은 뒤에는 모두가 이렇게 될 것이니 지금 이 순간의 행복을 충분히 만끽하자는 무언의 메시지였다고 한다. 진시황제는 중국을 통일하고 자신의 대제국을 영원히 통치하고자 영생불사의 삶을 꿈꾸면서 약초를 캐러 사방으로 신하들을 보내기도 했지만, 49세를 일기로 무수한 토용(土俑)과 함께 하인들을 순장시키며 묻혔다. 죽는 것에는 왕후장상과 지위고하가 따로 없기도 하지만, 순서 또한 예측이 힘들다.

헤로도토스는 전쟁으로 피폐한 조국의 현실을 꼬집으면서 "평상시에는 아들이 아버지를 묻지만, 조국을 위해 젊은이의 희생이 불가피한 (전쟁) 시기에는 아버지가 아들을 묻을 때도 있다"고 안타까워하기도 했다. 한 사람이 죽는다는 것은 하나의 세계가 무너지는 것이다. 어린

이는 그 안에 잠재된 에너지가 만개하기도 전에 지는 것이고, 노인의 경우는 하나의 도서관이 없어지는 것일 수도 있는 것이다. 시인 정현종은 '방문객'이라는 시(詩)에서 "한 사람이 온다는 것은 실로 어마어마한 일"이라고 했는데, 그것은 그 사람의 과거, 현재와 함께 미래가 오는 것이기 때문이라고 했다. 하나의 거대한 세계가 한 사람 한 사람에게 내재된 것이다.

일본의 영화감독 기타노 다케시는 2011년 동일본대지진에서 2만여 명이 죽은 것을 두고, 2만여 개의 사건이 동시에 일어난 것이라고 했다. 한 사람의 죽음은 하나의 세계가 무너지는 것이기도 하다. 모두가 우리에게 주어진 하나의 세계를 풍성하고 알차게 다듬어나가야 하겠다. '메멘토 모리'의 의미를 되새기면서 후회 없는 삶을 위해서.

2013년 남아공 민주화의 거인 만델라가 영면했다. 그는 대통령 은퇴 후 언론과의 인터뷰에서 고령의 나이에 정치개입에 대한 의혹을 사는 것이 싫었던지 "나는 은퇴로부터 은퇴했다(I am retired from retirement)"는 농담을 했다고 한다. 자신의 역할을 다하고 죽음을 맞이하는 사람은 모든 사회적 역할에서 은퇴하고 삶에서마저 은퇴해 편안히 죽음을 맞을 수 있지 않을까. 그렇다 하더라도 죽음을 자연의 이법(理法)에 따른 하나의 과정으로 편안히 받아들이라고 『명상록』에서 말하는 마르쿠스 아우렐리우스의 경지에 이르기는 쉽지 않다. 진흙탕에서 뒹굴어도 이승이 좋다는 생각을 하게 되는 것은 우리가 죽음이 주는 단절과 공포감을 의식, 무의식으로 접하기 때문일 것이다.

독일의 시인 라이너 마리아 릴케는 삶이란 죽음의 바다에 이르는 하나의 파동에 지나지 않는다고 했다. 영원한 것은 죽음이고, 죽음에 이르는 과정에서 잠깐 잘못되어 일어난 파동이 '삶'이라는 짧은 우리의 인생이라는 것이다. 릴케의 말처럼 영원에서 와서 잠깐의 파동을 치고 또 다른 영원으로 가는 것이 인생이라고 하더라도 그 짧은 삶의 순간을 멋진 파동으로 남기는 것은 살아있는 동안에 우리가 할 일이 아닐까.

'메멘토 모리'의 정신을 가지고 릴케의 생각을 따른다는 것은 우리가 마냥 죽음의 그림자 속에서 움츠려있지는 말라는 것이다. 어느 순간이 마침표가 될지 모르는 삶에서 지금 이 시간을 멋진 마침표를 위한 과정으로 다듬어서 삶을 더 빛나는 가치로 승화시킨다면, 현재(present)는 글자 그대로 선물(present)이 될 것이다. 그리고 이 선물을 잘 활용하는 에너지는 희망이다. 죽음에서 자유로울 수 없는 유한한 인생이다. 그러나 죽는 순간까지도 인간은 희망을 잃지 말고 살아야 한다. 삶을 지탱하는 에너지 중에서 가장 고귀한 것 중의 하나는 희망일 것이다. 시인 정호승은 인간이 저지르는 죄악 중에 가장 큰 죄악은 희망을 잃는 것이라고 한다.

인류 최고의 발명품 중의 하나인 '희망'이 있다면, 어떤 절망도 한 사람을 영원히 가둬둘 수는 없을 것이다. 임신한 아내에게 사과 하나 사줄 돈이 없어서 쩔쩔매던 젊은 사업가가 있었다. 그는 누구의 힘도 빌리지 않고 오기와 배짱 하나로 힘든 시기를 버티다가 연매출이 수백억 원을 훨씬 웃도는 탄탄한 기업을 일구었다. 그에게 가장 큰 자본은 '희망'이었다.

내 지금까지 결코 버리지 않은 게 하나 있다면 그것은 희망의 그림자다. 버릴 것을 다 버리고 그래도 가슴에 끝까지 부여안고 있는 게 하나 있다면 그것은 해질녘 순댓국집에 들러 술국을 시켜놓고 소주잔을 나누는 희망의 푸른 그림자다.

- 정호승의 시 '희망의 그림자' 중에서

♣ 깨지기 쉬운 유리잔이 더 가치가 있다

유리잔, 크리스털 잔은 깨어지기 때문에 조심스럽게 다루어야 한다. 그렇지만 역설적이게도 아무리 떨어드려도 깨지지 않는 플라스틱 잔보다 값어치도 더 나간다. 깨지기 쉬운 연약함 때문에 더 비싸고 가치가 있는 것이다.

사시사철 같은 색인 조화는 금세 시들어버리는 생화보다 가치가 높지 않다. 우리 삶이 마냥 청춘이 시기처럼 활짝 핀 젊음으로 영원할 수 있다면 그 아름다움의 가치는 떨어질 것이다. 무지개가 아름다운 것은 계속 하늘에 걸려있기 때문이 아니다. 금세 나타났다 사라지는 그 안타깝고도 짧은 유한성 때문에 눈부시게 아름답다.

우리 삶도 그 생명의 유한성, 언젠가는 죽는다는 것 때문에 하루하루가 가치가 있는 것이 아닐까. 그리고 언제 어디서든 위험에 노출되어 있는 그 취약성이 그 자치를 높여주는 것이 아닐까. 인생도 유한하고 깨어지기 쉽기에 더 가치가 있는 것이 아닐까.

<인생의 스토리텔링을 생각하는 리더의 생사관(生死觀)>

톨스토이는 "죽음을 망각한 삶과 죽음이 시시각각 다가오는 것을 의식하는 삶은 두 개의 삶이 완전히 다른 상태다. 전자는 동물에 가깝고, 후자는 신의 상태에 가깝다"고 한 바 있다. 삶의 유한성(有限性)을 의식한다면 우리 인생의 스토리를 더욱 알차게 만들 수 있다.

스토리액팅을 위한 생각습관 Ⅱ

메멘트 모리, 삶의 유한성을 인식하자.

임사체험의 의미를 되새기자.

- 미리 자신의 묘비명을 써보자.
- 자신의 장례식 분위기를 미리 스케치해보자.

노화를 자연의 순리로 받아들이자.

죽음 앞에서 후회 없는 삶을 살자.

- 인생은 되감기 기능이 없다.

살아가는 법을 배우십시오
그러면 죽는 법을 알게 됩니다
죽는 법을 배우십시오
그러면 사는 법을 알게 됩니다
훌륭하게 살아가기 위한
최선의 방법은
언제라도 죽을 준비를 하는 것입니다.

- 모리 슈워츠 교수의 마지막 메시지

2

Chapter

인생 시나리오의

실현을 위한 스토리액팅

스토리는 텔링이 아니라 액팅으로 완성된다.

행복과 죽음을 생각하면서 어떤 삶을 살 것인지 스토리텔링을 위한 뼈대를 얻었는가.

그렇다면 이제 무엇을 어떻게 시작할 것인지 구체적인 액션에 대해 생각해보자.

이제 당신의 스토리액팅을 준비해보자.

시간, 도전, 관계를 생각하면서 스토리액팅의 에너지를 얻었으면 한다.

내 인생의 스토리액팅을 위해

시간을 소중하게 다루고

꿈을 향해 도전하고

인간관계를 소중히 여기자.

착하게 살라는 말처럼 너무나 좋은 말이다.

이런 이야기를 텔링하는데

강렬하게 실천하는 사람의 이야기를 소개함으로써

독자들이 자신의 스토리를 액팅할 수 있는

에너지를 찾는 것이 중요하다.

여기 소개된 실행 멘토들의 이야기를 자신의 것으로 만들어보자.

자신의 현재가 지리멸렬하다면 시나리오를 다시 작성해보면 어떨까.

홍수환의 스토리는 4전5기의 신화로 강렬하게 액팅이 되었다. 홍수환이 몇 차에 걸쳐 세계타이틀을 방어했는지 아는 사람은 거의 없다. 그러나 4전5기의 신화를 모르는 권투 팬은 없을 것이다. 당신의 스토리가 강렬하게 액팅이 된다면, 그 어떤 것보다 강렬한 브랜드가 될 것이다. 당신은 어떤 스토리를 액팅할 것인지 준비하고 있는가.

스티브 잡스는 과학기술과 인문학의 융합을 통해 세상을 바꿀 기막힌 물건을 만든다는 스토리텔링을 몽상처럼 하는 데에 그치지 않았다. 애플사에서 해고되면서도 이런 거대한 꿈을 스토리액팅하기 위해 화두처럼 붙들고 늘어졌다. 그는 "누구도 해낸 적이 없는 성취를 누구도 시도한 적이 없는 방법으로 해냈다."

경험주의 철학자 프랜시스 베이컨의 말을 생각게 한다. 베이컨은 "누구도 해낸 적이 없는 성취는 누구도 시도한 적이 없는 방법을 통해서만 가능하다(If we are to achieve results never before accomplished, we must expect to employ methods never before attempted)"라고 했다.

여기 소개된 사람들은 직·간접적으로 내 인생에 들어온 사람들이다.

술 한잔을 하면서 깊은 속내를 얘기한 사람도 있고,
책으로 만나서 나의 마음을 떨리게 한 사람도 있다.
이 떨림을 전하고 싶었다.

2007년에 아카데미 조연상을 받은 배우 앨런 아킨의 말이 떠오른다.
"인간은 성장하거나 썩어가거나 둘 중 하나이다.
중간은 없다. 가만히 서 있으면 씩어가고 있는 것이다."

만약 가만히 서 있지 않고 자신의 스토리를 계속 액팅했는데도 삶이 서운하게 그대를 대한다면, 노여워하라.
푸시킨은 삶이 그대를 속여도 슬퍼하거나 노여워하지 말라고 했다.
그러나 슬퍼하고 분노하자. 그것이 더 강력한 스토리액팅의 에너지가 될 때까지.

스토리액팅을 위한
나침반 하나, 시간

인생을 사랑한다면 시간을 헛되이 낭비하지 마라.
시간으로 이루어져 있는 것이 바로 인생이기 때문이다.

- 벤저민 프랭클린

그리스인은 시간을 두 가지 단어, 크로노스와 카이로스로 설명한다. 크로노스는 연대기적인 순서로 양적인 흐름에 관한 것이고, 카이로스는 특별한 일이 발생해 내가 그 속에 있는지 정확히 알 수 없는 시간을 의미하는 질적인 의미의 시간이다. 카이로스는 옳거나 적당하거나 최고의 순간을 의미하는 말로 고대 그리스어에서 따온 말이다. 카이로스는 제우스의 막내아들이자 기회의 신을 뜻한다. 쏜살처럼 달려가는 크로노스의 흐름에 카이로스의 순간을 포착하고자 하는 것이 인생이 아닐까. 어떤 때는 한 시간이 일 년처럼 길어 보이기도 하고 일 년이 순식간에 지나가버리기도 한다. 시계의 초침은 균일하지만 시간의 흐름은 결코 만인에게 공평하지 않다. 오늘 당신의 1초는 어떻게 붙잡을 것인가. 당신이 리더라면 아마 1초가 모여서 하루가 된다는 사실을 알고 오늘을 붙잡을 것이다.

1. 만인에 평등한 시간

시간이 없다거나 바빠 죽겠다는 말을 입에 달고 사는 사람이 있다. 하루 24시간, 1,440분은 누구에게나 공평하다. 사실 시간은 누구에게나 공평하게 주어져 있는데 우리가 효율적으로 활용하지 못해서 생기는 현상일 수도 있을 것이다. 제주도의 귤도 남쪽의 것이 당도가 높다고 한다. 똑같은 귤나무에서도 윗가지에 달린 귤이 아랫가지에 달린 귤보다 당도가 더 높고 맛있다고 한다. 그것은 햇볕을 쬘 수 있는 시간에 차이가 있기 때문에 발생하는 것이다.

시간도 우리가 햇볕처럼 많이 활용하려고 하면 그 과실이 달게 될 것이다. 누구에게나 공평하게 주어진 것이 시간이다. 물론 생계를 위한 일에 시간을 다 써야 하는 경우가 있는가 하면, 생계를 위한 일에 최소한의 시간을 보내고 엄청난 양의 여가시간을 확보한 사람이 있다는 것은 다른 측면에서 불평등 요인이긴 하다. 그러나 절대시간만큼은 균일하다는 의미이다. 부자도 시간을 살 수는 없으며, 가난하더라도 하루가 짧은 것은 아니다. 영국의 소설가 아놀드 베네트는 시간의 평등성과 소중함에 대해 이렇게 말한다.

돈은 시간에 비하면 훨씬 손에 넣기 쉬운 것이다. 일정한 수입으로 이리저리 지출하는데 모자라면 좀 더 일하여 벌면 된다. 또는 남에게 빌려 쓸 수도 있을 것이고, 다른 방법으로 돈을 벌 수도 있다. 그러나 시간을 할당하는 일에 있어서는 다르다. 매우 일정하고 엄격히 제한되어 있기 때문이다. 시간의 세계에서는 부유한 귀족이라는 것이 없다. 당신은 그 매우 귀중한 일용품을 마음대로 빌려

올 수도 없다. 당신은 지금 이 순간을 쓸 수 있을 뿐이다. 당신은 내일이라는 날을 오늘 쓸 수는 없다. 내일은 내일을 위해 남겨져 있는 것이다. 당신은 앞으로 올 시간을 지금 쓸 수도 없다. 이 또한 그 시간까지 특별히 소중하게 간직해놓은 시간이다. 다음 해, 다음 날, 다음 시간은 다만 한순간이라도 함부로 쓰이는 일이 없도록 고스란히 당신을 위해 특별히 소중하게 간직되어 있다. 당신이 그럴 마음만 있다면 당신은 한 시간마다 생활을 새로이 할 수도 있는 것이다.

당신의 시간은 어떻게 사용되고 있는가. 인생은 시간으로 구성되어 있다고 해도 틀린 말은 아니다. 시간을 활용하는 지혜는 무궁무진하겠지만, 저마다의 취향이나 색깔에 따라 다를 것이다. 분명한 것은 베네트의 말처럼 인생의 순간순간이 다시 돌이킬 수 없는 보물이기에 함부로 쓰는 일이 없어야 한다는 사실이다.

톨스토이는 "시간이란 없다. 있는 것은 일순간뿐이다. 그리고 그곳, 즉 일순간에 우리의 전 생활이 있다. 그러므로 이 순간에 있어서 우리는 모든 힘을 발휘해야 한다"고 했다. 고대 로마 시인 호라티우스 (Quintus Horatius Flaccus)는 "현재를 즐겨라, 가급적 내일이란 말은 최소한만 믿어라(Carpe diem, quam minimum credula postero)"라고 했다. 동양에서도 선현들이 일찍이 권학문을 통해 시간의 소중함을 일깨워주고 있다. 주희는 권학문(勸學文)에서 "소년이노학난성 일촌광음불가경(少年易老學難成 一寸光陰不可輕)"이라는 말로 촌음을 아껴 쓸 것을 당부하고 있다.

시간을 달리기 기록계측에 사용되는 스톱워치처럼 자신이 마음대로 유예할 수 있다면 얼마나 좋을까 하고 상상해본다. 그러나 시간을 우리가 마음대로 사용하고 죽음이 영영 찾아오지 않는다면 그것 또한 문제일 것이다. 생명의 유한성이 있기에 인류의 질서가 유지되는 것이다. 불로초를 찾아서 영생을 도모한 진시황을 포함해 남부러울 것 없이 살면서 영원히 자신의 삶을 늘리고자 하는 영웅호걸에 악인(惡人)들까지 전부 다 인생을 늘리면 그것은 인류에게 재앙이 될 것이다.

건강한 대한민국 남성이라면 대부분 경험했겠지만 군대생활의 시계는 왜 그리 안 가는지를 느꼈을 것이다. 그렇지만 분명한 사실은 군인들이 제대 날짜를 애타게 기다리며 가지 않는 시간을 원망하며 "국방부 시계가 거꾸로 매달아도 간다"고 하듯이 시계의 초침은 항상 일정하게 재깍재깍 우리를 죽음에 한 발 더 가까이 데려가고 있다는 사실이다. 우리 인생의 스토리를 액팅하는 출발은 우리에게 주어진 유한한 시간에 대한 관념을 명확히 정립하는 것이다.

코카콜라사의 회장인 더글러스 아이베스터는 새해에 전 세계 직원들에게 이런 내용의 편지를 보낸다고 한다. 내가 무심코 흘려보내는 1초의 소중함을 느낄 수 있는 문장이다.

> 1년의 소중함을 알고 싶으면 입학시험에 떨어진 학생에게 물어보세요.
> 1년이 얼마나 짧은지 알게 될 것입니다.
> 한 달의 소중함을 알고 싶으면 미숙아를 낳은 산모에게 물어보세요.
> 한 달의 시간이 얼마나 힘든지 알게 될 것입니다.
> 한 주의 소중함을 알고 싶으면 주간지 편집장에게 물어보세요.
> 한 주가 쉴 새 없이 돌아간다는 걸 알게 될 것입니다.
> 하루의 소중함을 알고 싶으면 아이가 다섯 딸린 일일 노동자에게 물어보세요.
> 24시간이 얼마나 소중한지 알게 될 것입니다.

한 시간의 소중함을 알고 싶으면 약속장소에서 애인을 기다리는 사람에게 물어보세요.

한 시간이 정말로 길다는 것을 알게 될 것입니다.

1분의 소중함을 알고 싶으면 기차를 놓친 사람에게 물어보세요.

1분이 얼마나 소중한지 알게 될 것입니다.

1초의 소중함을 알고 싶다면 간신히 교통사고를 모면한 사람에게 물어보세요.

그 순간이 운명을 가를 수 있는 시간이란 것을 알게 될 것입니다.

1,000분의 1초의 소중함을 알고 싶으면 올림픽에서 아쉽게 은메달을 딴 사람에게 물어보세요.

1,000분의 1초에 신기록을 세울 수 있다는 것을 알게 될 것입니다.

당신이 가지는 모든 순간을 소중히 여기십시오.

시간은 아무도 기다려주지 않습니다. 어제는 이미 지나간 역사고, 미래는 누구도 알 수 없는 신비일 뿐입니다. 오늘은 당신에게 주어진 선물입니다. 그래서 현재(present)를 선물(present)이라고 부릅니다.

삶의 유한성을 알고 있는 사람이라면 너무나 익숙한 소포클레스의 "네가 헛되이 보낸 오늘은 어제 죽은 이가 그토록 그리던 내일"이라는 말의 의미를 되새겨보자. 시간에 대해 스스로 자세를 가다듬고 옷깃을 여미게 될 것이다.

2. 전자 기기에 점령당한 개인의 시간

우리 몸이 하나의 우주이듯이 '하루'는 인생 전체의 수만 분의 1이 아니다. 하루 자체도 완벽한 인생의 하나이다. 그러므로 '하루'를 대하는 태도는 인생 전체에 대한 태도에 다름 아니다. 하루를 헛되이 보낸 후에 내일을 기약하고, 또 내일마저 헛되이 보내고 모레를 기약한다면 그 사람의 미래는 없을 것이다. 그러나 많은 걸림돌이 우리의 집중력을 방해한다.

인터넷과 TV, 스마트폰···. 현대 도시의 일상생활에서 수많은 전자 기기는 인간의 많은 시간을 지배하고 있다. 'TGIF(트위터, 구글, 아이폰, 페이스북)시대'라는 말이 상징하듯 전자 기기를 매개로 한 의사소통이 일상화된 것이다. 운전 중이나 걸어 다닐 때도 어김없이 이들 기기는 우리의 시간 속으로 침입한다. 로버트 라이서는 "우리 뇌의 아주 작은 부분은 항상 그 침략에 대비한 비상 상태로 대응할 준비를 하고 있다"고 보았다.

그는 "이러한 기기에 하루에 최소 18시간 이상 노출된 현대인은 뭔가에 쫓기는 기분으로 일상을 보내는 경우가 많다고 보았다. '항상 쫓기는 느낌'이라고 말한 미국인의 비율이 1960년대 중반에서 1990년대 중반 사이에 거의 50% 이상 늘어났다. 또한 같은 기간 '거의 항상 매우 열심히 일한다' 혹은 '야근하는 경우가 자주 있다'고 말하는 사람도 현격하게 늘어났다"는 주장으로 이러한 사실을 뒷받침하고 있다.[26]

♧ 시간 도둑들에게 인생을 빼앗기고 있지는 않은가

디지털 기기들이 우리 삶의 질을 향상시킨 부분은 편리함이라는 관점에서 분명이 있다. 길 찾기는 내비게이션이, 연락처 암기는 수첩이나 뇌의 기억장치 대신 휴대폰이 하고 있다. 아날로그식 접근에 소요되는 시간에 비해 많은 시간이나 에너지가 절약되는 것 또한 사실이다. 그러나 이것이 뇌의 퇴행을 유발해 '디지털 치매' 현상, 즉 디지털 기기의 과도한 사용으로 뇌 기능이 손상돼 어느 순간부터 인지기능을 상실할 정도로까지 발전할 우려를 낳고 있는 것도 엄연한 현실이다.

그래서 독일의 만프레드 슈피처는 『디지털 치매』라는 책에서 디지털 기기 사용을 줄여 치매 환자를 줄이면 국가적으로 엄청난 경제적 이익을 창출할 수 있다고 한다. 독일의 경우 치매 환자가 130만 명이 있는데 2050년에는 260만 명으로 늘어날 것이라고 전망되고 그에 따른 간병비가 무려 300억에서 400억 유로 정도에 이를 것으로 진단된다고 보았다. 슈피처는 런던의 택시기사와 버스기사를 비교해 뇌에 미치는 영향을 조사한 결과 정해진 노선만 다니는 버스기사에 비해 택시기사들은 런던의 각종 시내 도로와 광장을 학습함으로써 뇌의 '해마' 부위가 발달했다고 한다. 과도한 디지털 기기 사용을 줄이고 아날로그적 감성을 기르는 생활태도를 하나씩 늘린다면 우리의 뇌는 더욱 활발히 움직이게 될 것이고 이는 시간적으로는 다소 손해를 보더라도 장기적으로 건강하고 균형 잡힌 삶을 위해 필요할 것이다.

SNS 세상에서 빠져나와 삼삼오오 등산을 가고 조깅도 하고 음악 감상도 하면서 느린 삶의 재미를 찾는 것은 어떨까. 전자 기기에 야금야금 점령되고 있는 시간이 점점 더 우리의 몰입과 집중을 방해하고 있다. 알랭 드 보통도 집중이 어려운 현대의 환경에 대해 이렇게 개탄하고 있다.

> 현대의 미처 예상치 못한 재난들 가운데 하나는 정보에 대한 유례없는 새로운 접근이 가능해진 대신에 어떤 한 가지에 집중할 수 있는 우리의 능력이 감퇴했다는 점이다. 깊이 몰입하는 사고는 과거에만 해도 문명의 가장 중요한 업적들을 생산했던 반면 지금은 이런 사고가 유례가 없는 공격을 받게 되었다. 현대의 우리는 최면적이고 선정적인 현실도피를 가능하게 해주는 기계로부터 격리되어 있는 적이 거의 없다.27)

인터넷이나 스마트폰이 일상화된 시대이기에 모든 뉴스가 곧바로 우리에게 전달된다. 다른 사람의 삶에 대해 관심을 가지기로 하면 한이 없을 정도로 흥미로운 뉴스가 수시로 우리의 관심을 자극한다. 그래서 댓글을 달고 품평을 하는 데에 시간을 쓰기로 하면 자신의 시간은 야금야금 빼앗기고 만다. 남의 삶을 엿보고 간섭하는 데에 우리의 인생이 소모되고 있다고 생각하면 얼마나 허망한가. 우리의 인생을 갉아먹고 있는 '시간 도둑'들로부터 우리의 시간을 지키자.

♣ 오늘 무수한 기회를 날리고 있지는 않은가

스포츠 브랜드로 더욱 유명해진 승리의 여신 니케(nike)의 모습이 앞머리가 무성한 이유는 사람들이 그녀를 보았을 때 쉽게 붙잡을 수 있도록 하기 위함이고, 뒷머리가 대머리인 이유는 내가 지나가면 사람들이 다시는 붙잡지 못하도록 하기 위함이며, 발에 날개가 달린 이유는 최대한 빨리 사라지기 위함이라고 한다. 그녀의 이름은 기회의 다른 이름이기도 하다.

스위스의 사상가 카를 힐티는 "오늘의 식사는 내일로 미루지 않으면서 오늘 할 일은 내일로 미루는 사람이 많다"고 하며 그날 할 일에 충실하라고 한다. 인생은 순간순간이 선택의 연속이고 기회의 연속일 수 있다. 플루타르코스 영웅전 중에는 "시간은 모든 권세를 침식하고 정복한다. 시간은 신중하게 기다려서 기회를 포착하는 사람에게는 친구지만, 때가 아닐 때 조급하게 서두르는 사람에게는 최대의 적이다"라는 말이 나온다. 기회를 기다리는 신중함도 필요하다.

일반인들이 부러워하는 천재들의 놀라운 성취와 그 시기를 보면 가끔 정신이 번쩍 들 때가 있다. 싱어송라이터이자 수학자인 톰 레러(Tom Lehrer)도 "모차르트가 내 나이였을 때는 이미 죽은 지 2년이나 지났다는 걸 생각하면 정신이 번쩍 든다"고 했다.[28]

♧ 속도에 대한 맹신으로 소중한 것을 잃고 있지는 않은가

언젠가 아프리카에서 백인 선교사가 흑인 짐꾼들을 고용해서 먼 길을 가게 되었다고 한다. 그런데 한동안 부지런히 달리던 짐꾼들이 갑자기 더 이상 가기를 거부하는 것이었다. 그 이유를 물으니 "몸이 너무 빨리 달려 영혼이 쫓아오지 못할까 봐 기다려야 된다"고 답했다는 것이다. 한강의 기적이라고 불릴 정도로 한국은 경제성장 모범 국가이지만, 너무 '빨리빨리' 달리다가 미처 쫓아오지 못하는 전통윤리나 가치를 놓치지 않았는지 돌아볼 일이다.

두 번의 결혼과 이혼, 납북을 겪으며 '파란만장한 삶'이라는 말이 잘 어울리는 여배우 최은희는 자신의 인생을 정리하려고 컴퓨터 앞에서 서둘러 무리하게 작업을 하다가 아픈 허리에 무리가 가서 휠체어 신세가 되었다며 "인생은 화살처럼 빠르지만 한편으로 아주 길다"고 하며 조심스럽게 살 것을 주문한다.29)

3. 카르페 디엠

카르페 디엠(Carpe diem: '지금 이 순간에 충실하라'는 뜻의 라틴어) 이란 말은 영화 <죽은 시인의 사회>에서 키팅 선생(로빈 윌리엄스 분) 이 한 말로 유명해진 라틴어이다. 키팅 선생은 말한다. "내일은 지금의 오늘이다, 내일을 바꾸고 싶다면 오늘을 바꿔라"라고. 그리고 외친다. "카르페 디엠! Seize the day!" 이 말이 계속 내 가슴에 꽂히는 이유, 그 리고 많은 영화팬들의 가슴에 남아있는 이유는 뭘까. 우리는 유한한 인생을 깨닫지 못하고 매일 오늘을 즐기지 못하고, 현재를 놓치고 사 는 자신의 모습을 보기 때문은 아닐까.

이와 유사한 말로 "개처럼 살아라"고 한다면 어떨까. 아마 상스러운 말로 거부감을 느끼는 사람도 있을지 모른다. 그러나 광고인 박웅현은 자신의 목표가 '개처럼 사는 것'이라고 당당히 말한다. 카피라이터인 박 웅현은 인생의 목표가 '개처럼 사는 것'이라고 하는 이유는 개 같은 인 생이 아니라 개처럼 미래를 걱정하지 않고 순간에 집중하면 그곳에 답 이 있다는 의미라고 한다. 현재에 충실한 재치 있는 광고인의 말이다.30)

동양고전에서도 카르페 디엠과 비슷한 말이 나온다. 일일시호일(日 日是好日). 중국 당나라 시대의 유명한 선승인 운문(雲門)의 말이다. 오늘 하루를 최고의 좋은 날로 만들자는 뜻이다. '카르페 디엠'의 동양 판이라고 할 수 있다. 무수한 오늘이라는 점(點)들이 모여서 인생이라 는 선(線)이 완성된다. 순간순간 최선을 다하면서 점을 찍으면 멋진 선 이 완성될 것이다. 과거, 현재, 미래라는 말이 우리의 의식을 지배하고 있다. 과거에 대한 집착, 미래에 대한 망상에서 벗어나서 현재에 충실한 삶을 살다 보면 그렇게 쌓은 과거나 그렇게 해서 열리게 될 미래는 어느새 자신의 상상대로 펼쳐질 것이다.

카르페 디엠과 함께 많이 쓰이는 말이 메멘토 모리(Memento mori), 즉 '죽는다는 사실을 기억하라'는 것이다. 이 말은 로마시대에 개선장군이 로마 시내를 퍼레이드 할 때 개선장군의 퍼레이드 행렬 뒤에서 노예들로 하여금 외치게 한 구호가 '메멘토 모리'인데, 여기서 유래했다고 알려져 있다. 메멘토 모리를 외치게 한 것은 언젠가 죽는다는 사실을 장군들에게 기억하게 함으로써 개선장군의 오만과 왕정을 위협하는 쿠데타와 같은 잘못된 판단을 경계하기 위함이었다고 한다. 또한 이 말은 이후에 언젠가 죽는 인간이기 때문에 현재를 충실하게 살아가라는 훈계의 의미로 널리 카르페 디엠과 함께 쓰이게 된 대표적인 말이 되었다.

오늘이 소중한 만큼 내일도 소중하다. 내일은 또 다른 오늘이기 때문이다. 오늘 부족한 삶에 대한 반성이 없고, 내일에 주어질 또 다른 오늘도 살지 못한다면 인생에서 내일은 영원히 오지 않을 것이다.

내일은 인생에서 가장 중요하다. 자정이 되면 내일은 아주 깨끗하고 완벽한 모습으로 우리에게 다가온다. 그리고 내일은 우리가 어제에게서 무언가를 배웠으리라 희망한다.

- 존 웨인

♧ 조선시대의 지혜, 애일당(愛日堂)의 정신

조선 중종 때의 문신이며 학자였던 농암 이현보(1467~1555)는 당시로서는 엄청난 고령이었던 94세의 부친을 위해 '애일당(愛日堂)'이라는 별당을 지었다고 한다. 글자 그대로 하루하루를 아끼는 마음이 느끼지는 당호(堂號)이다. 94세의 노부(老父)의 나이 들어감을 아쉬워하는 효자의 마음과 함께 하루를 아끼려는 농암의 의지가 보인다. 인간은 하루 2만 1천여 회가량 호흡을 한다고 한다. 2만 번이 넘게 매회 한 번도 멈추지 않고 생명을 움직이는 엔진이 쉼 없이 가동되는 것이다. 우리에게 주어진 순간을 정말 아끼고 사랑한다면 하루도 결코 허비할 수 없을 것이다. "사평역에서"라는 시로 잘 알려진 곽재구 시인은『우리가 사랑한 1초들』이라는 책을 내며 자신의 인생의 1초, 1초들이 얼마나 소중하고 행복한지 다시금 깨달았다고 한다. 하루 24시간, 8만 6,400초 어느 순간 하나 소중하지 않은 때가 없다고 하니 모차르트가 죽은 나이가 떠오르며 자신을 돌아보게 된다.

♧ 하고픈 일보다 해야 할 일을 먼저

그렇다고 마냥 헐떡이며 바쁘게 산다고 시간을 잘 활용하는 것은 아닐 것이다. 시간을 가치 있게 쓰는 방법은 각자의 스타일에 따르되 허비하거나 낭비했다는 생각이 들지 않게 하는 것이 중요한 일이다.

'건물 없는 교회'로 유명한 주님의 교회 담임목사인 박원호 목사는 과거에 대한 죄책감, 미래에 대한 염려를 과감히 떨쳐버리고 현재를 충실히 살아가자고 한다. 오늘의 삶을 감사해하며 즐기라는 것이다.

그러면서도 그는 바쁜 게 좋다는 생각을 버리고, 하고픈 일보다는 해야 할 일을 먼저 하라고 조언한다.

♣ 속도보다는 방향

심리학자 칼 융은 "서두름이란 그 자체로 사탄"이라고 했다. 분주함보다는 정확한 방향을 항상 생각하자. 지혜가 빠진 성실은 일을 그르칠 수도 있음을 생각해야 하겠다. 막상 서둘러 일을 처리하고 돌아보면 엉뚱한 것을 한 경우가 있다. 이럴 경우 안 하느니만 못한 경우가 허다하다. 원래 모습으로 복귀하고자 돌아가는데 시간과 에너지를 다 쏟고 나면 정작 가고자 하는 방향으로 가는 데 쓸 에너지가 고갈되는 경우도 있다.

3선 국회의원을 지낸 한 의원은 돌연 4선 도전을 포기하고 불출마를 선언하면서 갑자기 자신의 정치인생에 브레이크를 스스로 걸었다. 공천이나 당선 가능성 등 모든 면에서 큰 걸림돌이 없는 상태였지만, 스스로 속도조절을 한 것이다. 정계를 떠나 자신을 돌아볼 시간을 가진 것이다. 국회를 떠난 그는 시장에서 자신의 커피 한 잔 값보다 못한 돈을 벌려고 시장에 쪼그리고 좌판을 벌인 할머니들을 보며 '몸싸움 국회'로 시간을 보낸 국회의 모습을 깊이 반성했다고 한다. 민생이 무엇인지 성찰하는 기회를 갖게 된 것이다. 그의 보좌관들이 지금 브레이크를 걸면 언제 다시 돌아올지 모른다는 경고에도 아랑곳하지 않았던 자신의 모습을 후회하지 않는다고 했다. 속도보다는 방향을 생각하는 모습이 아닐까, 그 진정성에 한 표를 주고 싶다.

자신의 속도에 눌려 방향성을 잃고 휘청거리는 많은 사람을 보게
된다. 오늘도 신문 사회면에는 갖가지 부정(不正)한 스캔들로 "유명인
과 파리의 공통점은 신문에 맞아 죽는다"는 우스개를 떠올리게 되는
무수한 사례들이 등장하고 있다. 방향을 잃고 전력 질주하는 무모함은
없는지 자신을 돌아볼 일이다. 화려하고 멋지게 보이는 자리에만 행복
이 숨어있는 것은 아닐 것이다. 스스로의 인생을 스토리액팅하는 방향
은 어떤지 생각해보자.

지상에서 우리에게 허락된 시간이 한정되어 있고,
그 시간이 언제 끝날지 모른다는 것을 깨닫고 나서야
우리는 하루하루 최선을 다해 살기 시작할 것이다.
그날이 우리에게 주어진 마지막 날인 것처럼.

- 엘리자베스 퀴블러 로스

4. 젊은이에게 주기엔 아까운 '젊음'

거저 얻었고 잠시 스쳐갈 뿐인 젊음을 가졌다고 왜 우쭐대는가.

- 하인리히 하이네

♧ 젊음은 그 소중함을 모르는 젊은이에게 주기에는 너무 아까운 것

버나드 쇼는 "젊음은 시간의 소중함을 모르는 젊은이에게 주기에는 너무 아까운 것"이라고 했다. 젊음은 그 자체로 광채가 나는 축복이지만 이것을 알고 있는 젊은이는 별로 없다. 아프니까 청춘이라고 위로해도 젊음에 들어있는 가능성은 노년이 돈 주고 살 수 없는 것이기에 부러울 수밖에 없다.

철학자 화이트헤드가 "청춘은 아직 비극에 물들지 않은 생명이다"라고 청춘의 찬란한 아름다움을 말했던 시기는 73세였다.

나도 대학생들과 가끔 대화하다 보면 철부지 같은 미숙함도 그 자체로 젊음의 특권일 수 있다는 생각이 든다. 이것저것 겪어본 중년의 안정감이나 노년의 원숙미가 없어도 그 자체로 젊음은 빛날 수 있다는 생각이다. 정말 20대는 아픈 청춘일 수도 있지만 아픔도 모르고 체념하는 중·장년에 비하면 얼마나 축복의 시간을 보내고 있는가. 그들에게 남겨진 시간의 소중함을 모르는 사람에게는 지옥일지 몰라도. 최소한 청춘으로 허용된 시간을 꽉 붙잡으려는 사람에게는 젊음만 한 축복은 없다.

지나가버리는 한때의 젊음은 결코 경쟁력이 될 수 없다. 나이 들어서도 쉽게 없어지지 않을 자기만의 세계, 세상의 평가에 결코 일희일비(一喜一悲)하지 않는 자신만의 내공이 필요하다.

It is easy to be young (Everybody is,
at first.) It is not easy
to be old.
…Youth is given; age is achieved.
One must work a magic to mix with time
in order to become old.

"젊기는 쉽다. 모두 젊다, 처음엔. 늙기는 쉽지 않다. 세월이 걸린다. 젊음은 주어진다. 늙음은 이루어진다. 늙기 위해서는 세월에 섞을 마법을 만들어야 한다." 영국 시인 메이 스웬슨의 얘기다. 물론 늙기도 쉬울 수 있다. 마냥 세월을 흘려보내며 한정된 젊음을 허비한다면. 그러나 한시도 허투루 그냥 흘려보내지 않고 매 순간을 꽉 붙잡으려고 하는 사람에게 늙기는 쉽지 않다.

♧ 세월의 덧없음… 일 속에서 찾는 기쁨

『태백산맥』 집필을 시작할 때가 딱 마흔이었는데, 『한강』을 끝내니까 육십이야. 그때 이렇게 머리가 다 빠져버렸잖아요. 내가 집사람에게 그랬어. "난 지금도 내가 마흔일 줄 알았어, 그런데 육십이라니. 내 인생 20년이 어디로 날아가 버렸지?" 그러니까 집사람이 "여보, 그런 생각 하지 마, 책이 저렇게 쌓여 있잖아, 남들보다 훨씬 많은 일을 해

놓고 왜 이래" 하고 위로했지만 그건 집사람 생각이고, 뭔가 박탈당해 버린 느낌이 6개월 이상 가더군요.[31]

조정래 작가의 경우처럼 열심히 인생을 산 사람에게도 20년의 세월은 돌아보면 덧없이 지나간 듯이 느껴지고, 일정부분의 허무감을 동반하는 것일 수 있을지니 하물며 특별하게 내세울 실적 없이 허송한 것처럼 보이는 삶은 일러 무엇 할까. 이제 그만하면 커다란 족적을 남겨서 원 없는 삶을 살았다고 보이는 사람이지만, 뭔가를 끊임없이 구상하고 추진하는 걸 보면서 아낌없이 자신의 에너지를 불사르는 가운데 행복을 찾는 모습을 본다.

75세에 영화감독으로 데뷔해 화제가 된 김동호 문화융성위원장의 경우도 팔순을 넘긴 나이가 무색할 정도로 국내외를 넘나들면서 영화계와 문화계를 중심으로 나이를 초월해 정력적인 활동을 하고 있으니 일 속에서 행복을 찾는 경우라 하겠다. 몇 번 사석에서 본 바로는 몸에 밴 겸손이 이렇게 끊임없이 초빙되어 일을 맡을 수밖에 없을 정도로 신뢰를 주는 분이라는 인상을 지울 수 없게 만든다. 가끔 이런 사람의 모습을 보면서 죽비를 한 대씩 얻어맞은 느낌으로 스스로의 나태를 탓하게 된다.

♣ 우리는 시간의 요리사

내 경우엔 틈틈이 쓴 영화에세이가 영화평론집으로 나와 두 권의 책이 되었다. 책을 쓰려고 작정을 하고 쓴 것도 아니도 우연한 기회에 잡지에 연재하게 되고 그것이 쌓이다 보니 출판할 정도의 분량이 되고 출판을 권유하는 사람이 있고 해서 자연스럽게 책이 된 것이다. 작고 소소한 일상이나 의미 있는 현재의 기록은 출판할 가치가 있을 것이다. 책만이 아니라 우리의 인생에서 충실한 현재가 쌓이면 반드시 미래에 건설적인 형태로 보상받을 수 있을 것이다. 물론 약간의 행운이나 얼마간의 불운과 같이 생각하지 못한 변수들은 항상 있을 수 있다. 그런데 시간이 없어서 뭔가를 못 한다는 말을 입에 달고 사는 사람을 가끔 보게 된다.

정말 시간이 없는 것인지, 아니면 시간이 모자라서 못 한다고 하는 일이 우선순위에서 밀려나 있는 것인지 분간이 안 될 때가 있다. 대개 그런 분들은 시간의 문제라고 하기보다 의지의 문제인 경우가 많다. 같은 시간에 어떤 사람은 언제 그런 걸 다 할 시간이 있었는가 싶을 정도로 가끔 예상외의 일을 벌이거나 남다른 성취를 이뤄낸 경우를 가끔 보게 된다. 이런 사람들은 시간이 없다고 푸념할 시간에 시간을 만들어서 뭔가를 이뤄낸 경우가 아닌가 한다.

이렇게 시간은 누구에게나 공평하게 주어지지만 대하는 자세에 따라 천양지차가 난다. 시간도 요리에 비유할 수 있다. 그럴 때 우리는 인생에서 시간을 요리하는 요리사이다. 시간이라는 같은 재료를 가지고 배합비율을 절묘하게 해서 멋진 요리를 만드는 사람이 있는가 하면, 요리를 망쳐서 누구도 거들떠보지 않는 사람이 있다. 당신의 시간을 어떤 요리로 만들 것인가. 스토리를 액팅하는 당신의 솜씨에 달렸다. 요리를 망친다면, '시간'이라는 재료를 탓할 것인가, 아니면 요리사인 당신을 탓할 것인가.

♣ 하루하루가 작은 인생이다

독일의 극작가이자 시인인 실러는 "순간을 흘려보내면 영원을 잃고 만다"고 했다. 그렇다고 쉴 새 없이 자신을 탈진시키라는 의미는 아니다. 가치 있는 휴식도 얼마든지 있다. 문제는 시간의 가치를 분명히 인식하는가에 있다. 하고 싶은 일을 할 시간이 없다고 늘 불평하는 사람은 게으른 사람이거나 의지가 약한 사람이다. 시간은 누구에게나 똑같이 주어지기 때문이다. 시간이 없는 것이 아니라 의지가 없는 것이 문제다.

미국 텍사스대학교 MD앤더슨 암센터의 홍완기 교수는 암 연구에 있어서 타이거 우즈라는 별명이 붙을 정도의 권위자다. 그가 지금까지 쓴 연구 논문이 약 700편(공저 포함)이라니 믿기 힘들 정도다. 그는 원칙을 지키는 삶으로 오늘의 성공을 이뤘다고 말한다. 그런 자신감이 있기에 "평생 동안 쓴 것을 다 합친 거니까 그렇다. 이번 기회에 후배 의사들에게 꼭 하고 싶은 말이 있다. 학문에는 지름길이 없다. 인내심과 열정을 갖고 꾸준히 열심히 하는 방법뿐이다. 때로는 힘들고 고통스럽더라도 참고 견뎌야 한다. 그리고 의사는 장사꾼이 아니다. 의료계는 월가의 금융계와 전혀 다른 세계다. 혹시라도 돈벌이를 추구하려면 빨리 다른 곳으로 가야 한다"[32]고 일갈한다. 이런 삶의 바탕에는 70이 넘은 나이에도 병원에 제일 일찍 출근할 정도의 투철한 시간관리가 그 비결이라고 한다.

미하엘 엔데의 소설 『모모』는 시간을 훔치는 도둑과 그가 훔친 시간을 찾는 이야기다. 시간을 개량화하거나 저축한다는 개념은 자본주의사회에서는 낯설지 않은 개념이다. 이자는 현재가치와 미래가치의 차이를 보상해주는 것으로 볼 수 있다. 숫자로 시간의 가치를 노동력의 질이나 생산성과 같은 지표를 통해 표현해주는 다양한 방식이 존재한다. 소설 속에서도 시간저축은행에 시간을 맡긴 푸지는 일만 한다. 저기 전에 명상할 시간도 아끼고 고객과의 잡담시간도 줄여서 1시간에 할 일을 40분에 끝내는 식으로 일을 했다. 시간을 아낀 결과는 두꺼운 지갑으로 보상 받았다. 그러나 시간을 기계적으로 아끼는 데 몰두한 나머지 자신의 삶이 점점 피곤해지고 개성이 없어지는 것을 그들은 자각하지 못하고 있다.

시간은 삶이고 삶은 우리 마음속에 깃들어 있다. 때로는 저녁놀을 물끄러미 바라보기도 하고 아름다운 풍경 앞에 넋을 잃고 시간 가는 줄 모를 정도의 행복한 시간을 보낼 수도 있을 것이다. 이렇게 시간의 가치를 알고 즐기는 것은 다양한 방법이 있을 수 있다. 기계적인 시간 관념에 매몰되어 정작 행복을 잃어가고 있는지 자문할 일이다. 가족들 손을 잡고 산책을 하거나 딸의 재롱에 마냥 즐거워하는 시간을 낭비라고 한다면 그대는 이미 인간의 심장을 잃은 사람일 것이다. 인생의 스토리를 치열하게 텔링하고 액팅하면서도 인간의 심장으로 자신을 차분히 돌아보는 반성의 시간도 가끔은 필요하다.

♧ 시간의 속성

19세기 프랑스 낭만주의 시대의 대표적인 여성 작가인 조르주 상드는 그녀의 저서 『조르주 상드의 편지』 중에서 시간의 부족을 탓하고 있다. 시간의 부족은 현대에 나타난 일상만은 아닌 것이다. "시간은 언제나 내게 부족하다. 나는 단 하루도 허둥대지 않고 지나는 날이 없다.

또 긴급한 일 때문에 정신이 쏙 빠지거나, 관심을 가져야 하는 일, 도움을 제공해야 하는 일 없이 지나는 날은 하루도 없다"고 한탄하고 있다. 시간에 쫓기고 문제는 해결되지 않을 때 문득 꿈에서 또는 될 대로 되라는 식으로 한동안 잊어버리고 있을 때 문득 그 해법이 떠오를 때도 있다. 존 스타인벡(John Steinbeck)은 "밤에 그토록 어려워 보였던 문제가 잠 위원회(the committee of sleep)가 그에 대해 작업을 한 뒤 해결된 경험은 누구에게나 있을 것이다"라고 말한 바 있다. 그런데 결정을 마냥 미룰 수만은 없다. 현실적으로 우리는 수많은 선택과 결정 속에서 살아가고 있다. 결정을 유보하는 것조차 결정의 한 종류로 본 이반 블로흐(Ivan Bloch)와 같은 작가는 "결정을 내리지 않았다면 이미 결정을 내린 것이나 다름없다. 무엇인가를 하지 않는 것은 그것을 하는 것과 마찬가지다"고 했다.

♣ 시간의 기회비용과 평등성

"당신이 알지 못하는 것을 알기 위해서는 당신이 가보지 않은 곳을 가보아야 하고, 보지 않은 것을 보아야 하며, 하지 않은 것을 해야 하고, 되어보지 않은 것이 되어보아야 한다." 작가 조이스 와이크로프(Joyce Wycroff)의 말이다. 시간을 투자한 경험의 중요성을 지적한 말이다. 간접경험만으로는 한계가 있는 것이다. 다른 사람의 경험담에만 의존해 자신의 것으로 만드는 것은 기회비용을 아끼는 것보다 기회비용을 유예함으로써 잃는 것이 많을 수가 있다. 그러기에 많은 사람들이 시간을 투자해 실패를 두려워하지 않는 모험을 하고 있는 것이다.

누구에게나 1시간이 60분이고 1년이 365일이라는 것은 모두 같다. 명품시계와 짝퉁시계도 시계 초침은 같이 돌아간다. 시간이라는 재료는 같다. 그 시간을 요리하는 사람에 따라 결과가 다를 뿐이다. 시간을 요리하는 셰프는 당신이다. 자신에게 주워진 시간을 명품이나 짝퉁으로 만드는 것은 시간의 요리사인 당신이다.

♧ TV를 끄고 인생을 켜라

쓸데없는 모임은 줄이고, 다이어리도 다이어트를 해 번잡한 계획도 줄이자. 플래너에 조종당하는 듯한 삶에서 탈출하자. 마리 윈은 저서 『TV를 꺼라』에서 리모컨을 던지고 살찐 소파에서 뒹구는 생활에서 탈출하라고 한다. TV 밖에서의 삶이 당신에게 훨씬 더 많은 생기를 불어넣을 것이다. 집에 오면 습관적으로 소파에 앉아 리모컨을 찾는 삶에서 탈출해 책을 드는 사람들이 많아지고 있다. 물론 TV 시청도 하나의 오락거리로 삶에 많은 위안을 줄 수가 있다. 그런데 내 인생이 TV 앞에서 매일 3시간씩 강탈당한다고 생각해보면 아마 생각이 달라질 수도 있을 것이다.

자투리 시간이 쌓여서 우리의 운명을 바꿀 수도 있는 인생의 일부분이 만들어진다. 대부분의 가정에서 거실의 중심을 차지하고 있는 것은 TV다. 일정시간의 오락은 생활의 활력을 위해서도 필요하다. 그러나 그것이 신앙의 경지처럼 떠받들어지면 곤란할 것이다. 아내는 드라마 채널을 이리저리 돌려서 보고 남편은 스포츠 채널을 돌리면서 리모컨을 끼고 주말을 보내는 풍경에서 탈출해보자. 어느새 TV 드라마의 스토리 대신 내 인생의 스토리가 풍부해지지 않을지 생각해보자.

막상 'TV'라는 물신(物神)이 거실을 점령하고 있어서 가족들의 저항이 만만치 않을 것이지만, TV가 차지했던 빈자리는 독서와 사색이 채워줄 수 있을 것이다.

내일 갑자기 장님이 될 사람처럼 여러분 눈을 사용하십시오. 소리를 갑자기 못 듣고, 말을 갑자기 못할 것 같은 마음의 자세로 살아가십시오.

- 헬렌 켈러

5. 합리적인 시간관리를 위해

♧ 시간은 우리를 기다리지 않는다

괴테는 "헤매는 하루하루가 인생이다. 시간은 당신을 기다려주지 않는다"고 했다. 톱니바퀴처럼 짜인 스케줄에 따라 산책하고 책 읽는 삶에서 벗어나지 않았으며, 평생 자신의 동네에서만 살았다는 칸트의 삶이 정답은 아닐 것이다. 그러나 적어도 자신의 확고한 주관에 따라 살면서 이리저리 헤매지는 않았다는 점은 인정할 수 있다. 사람에 따라 차이는 있겠지만 습관을 하나 바꾸는 데 걸리는 시간이 21일 정도라고 한다.

시간을 아껴 쓰는 습관은 노력하기에 따라 누구나 들일 수 있다. 기다려주지 않고 야속하게도 흘러가는 시간을 잘 활용하는 지혜가 인생을 알차게 만들 것이다. 때로는 노자의 '무위자연(無爲自然)'처럼, '아무것도 하지 않을 권리'도 자신에게는 있겠지만 그것은 시간을 치밀하게 관리한 사람에게 주어지는 특권과도 같은 것이다. 이미 흘러간 물로는 물레방아를 돌릴 수 없기 때문에 자신에게 닥친 현실의 시간을 충실하게 보낸다면 미래는 희망적으로 다가올 것이다.

♧ 체감시간은 변한다

우리는 하루가 일 년처럼 느껴지는 때가 있는가 하면, 1년이 한 달처럼 빠르게 느껴지는 시기도 있을 정도로 체감하는 시간은 물리적인 시간과는 다르게 지나감을 느낀다.

1989년에 시간에 대한 본능적인 반응을 알아보기 위해 했던 한 실험이 인상 깊다.

스테파니아라는 이탈리아 여성은 시간을 전혀 알지 못하는 상태에서 자신의 본능적 리듬에 따라 잠을 자고 생활했다. 정상 생활에서 그녀의 하루 주기는 낮과 밤의 주기에 따르는 24시간이었다. 시간과 무관해지자 하루 주기는 곧 25시간으로 늘어났다. 몇 주일이 지난 뒤 그 주기는 더욱 길어져서 36시간에 이르렀다. 그 과정에서 일상적 리듬만이 아니라 시간에 대한 인식도 크게 변화했다. 130일이 지났을 때 그녀는 80일밖에 지나지 않은 것으로 생각했다.[33]

수용소에서 극단적인 고통 속에 시달렸던 빅터 프랭클도 자신의 시간경험을 이야기하고 있다. 그는 수시로 자행되는 폭력과 배고픔이 하루를 꽉 채우는 수용소에서는 하루라는 작은 단위의 시간이 영원처럼 느껴진다고 했다. 그러나 하루보다 더 긴 단위의 시간, 예를 들면 일주일은 아주 빠르게 지나간다고 했다. 대한민국 남자라면 군대생활의 시계가 왜 이리 늦게 가는지 느꼈을 것이다. 정말 하루하루는 왜 그리 안 가고 전역 날짜를 기다리는 병장 시절은 왜 그리 길게 느껴지던지 지금도 생생하게 느껴진다.

♧ 영원히 여기 머물 것처럼 일하고 내일은 떠날 것처럼 준비하라

파리외방전교회 소속 프랑스 신부로 초대 조선교구장에 선임되었으나, 조선 땅을 밟아보지도 못하고 1835년 세상을 떠난 브뤼기에르 주교의 말이다. "영원히 여기 머물 것처럼 일하고 내일은 떠날 것처럼 준비하겠다"고 했다. 인생은 짧지만 그 인생을 이루는 시간을 알차게 보내기 위해 무한한 길이로 활용하는 지혜가 담긴 말이다. 우리는 시간의 길이의 차이만 있을 뿐 언젠가는 떠나고 헤어지게 되어있다. 그 시간이 얼마간인지는 몰라도 서로의 인연이 아름답게 매듭짓게 하는 것은 브뤼기에르 주교와 같은 마음이 아닐까 한다. "우리 삶에서 가장 중요한 시간은 지금 이 순간이며, 가장 중요한 사람은 지금 우리가 마주 보고 있는 사람이다"라는 톨스토이의 말을 경구로 삼아도 좋을 듯하다.

니코스 카잔차키스의 『그리스인 조르바』에 나오는 조르바는 영원한 자유인의 대명사처럼 알려진 가상의 소설의 주인공이다. 삶과 시간을 대하는 작가의 정신이 소설 속에 잘 표현되어 있다.

조르바는 살구나무를 심고 있는 한 노인을 발견하고 그에게 다가가 그토록 나이를 먹고 어찌 새 나무를 심는지 물었다. 노인이 대답했다. "나는 절대 죽지 않을 것처럼 산다오." 그러자 조르바는 "저는 내일 죽을 것처럼 삽니다"라고 말했다.

어떤 사람의 삶의 방향이 옳은 것인가. 둘 다 대척점에 선 자세는 아니다. 극과 극은 통한다고 삶에 대한 강한 긍정은 죽음에 대한 강한 긍정과도 닿아있기 때문일 것이다. 에피쿠로스는 "난 애당초 죽음과 엮일 일이 없다. 내가 있으면 죽음은 없고, 죽음이 있으면 내가 없으니"라고 한 바 있다. 유한한 우리의 존재는 인정하되 죽음의 그림자 속에서 위축되어 살지는 말자.

♣ 남들보다 많은 시간을 투여하라

말콤 글래드웰은 '1만 시간의 법칙'을 통해 무엇이든지 1만 시간은 투자해야 의미 있는 성과를 낼 수 있다고 했다. 1만 시간은 대략 하루에 3시간씩 10년 정도를 투자해야 도달하는 시간이다. 일정한 성취를 위해서는 절대시간이 필요한 것이다. 수학계의 노벨상이라 불리는 필즈상 수상자인 일본의 수학자 히로나카 헤이스케는 『학문의 즐거움』이라는 책에서 "어떤 문제에 부딪히면 나는 미리 남보다 두세 곱절 더 투자할 각오를 한다. 그것이야말로 평범한 두뇌를 지닌 내가 할 수 있는 유일한 방법이다"고 하고, "나는 노력하는 데 있어서는 절대적으로 자신이 있다. 끝까지 해내는 끈기에 있어서는 결코 남에게 지지 않는다"며 자신의 성취가 끈기와 노력의 산물임을 강조하고 있다.

다이슨 청소기는 5,126번의 시제품이 실패한 후 5,127번째 제품이 히트한 경우이고, 숙취제거 음료 여명808도 807번의 실패 끝에 개발한 제품이다. 발명왕 에디슨도 천여 종의 발명품을 만들 때마다 수천 번의 실패를 거듭해도 그것이 실패가 아닌 성공으로 가는 여정으로 이해했기에 자신의 목적지에 도달할 수 있었을 것이다. 변화경영 전도사로 자청하는 구본형은 매일 새벽 4시에 일어나서 2시간은 완전히 자신의 시간으로 만들어서 글을 쓰고 책을 읽는 생활을 계속해왔다고 했다. 남모르는 노력의 다른 이름은 '시간의 투자'다.

자신의 인생 시나리오를 화려하게 스토리텔링했다고 스토리는 저절로 연출되지 않는다. 그 스토리를 액팅할 수 있는 '시간'을 꽉 붙들고 늘어져야 원하는 방향으로 인생이 연출될 수 있다.

♣ '하버드형' 시간관리의 기술

하버드대학에서는 학생들에게 시간관리의 방법을 알려주고 있는데 일정한 성취를 위해서는 이런 식의 시간관리도 합리적으로 보인다. 나의 경우 '계획-집중-반성'의 하버드형 라이프사이클을 그 나름대로 실천하려고 노력하는 편이다. 매일같이 할 수는 없어도 최소한 주중에는 계획을 짜서 그 날 할 일의 목록을 한번 작성해보고 몰입해서 일하는 시간을 정하고, 그 날의 성과를 일기를 쓰는 마음으로 점검하는 것은 합리적인 자기관리의 밑거름이 된다.

이 과정에서 일에 대한 집중은 집중의 여건이 조성되어야 가능한 일이다. 교우관계나 집안이 편안하지 않은 사람이 업무에 집중하기는 쉽지 않을 것이다. 그러기에 시간관리 측면에서도 사생활이 중요한 것이다. 또한, 겸손한 인품으로 자신을 돌아보는 태도는 반성으로 연결된다. 반성을 통해 자신을 항상 거울에 비춰볼 줄 안다면, 그 인생은 아마도 날마다 자신이 그리는 미래의 모습으로 한 걸음씩 가까이 다가가지 않을까. '계획-집중-반성'의 고답적인 방법이지만 기본에 충실한 하버드형 시간관리는 규칙적인 생활을 지향하는 사람에게 잘 들어맞을 것이다.

♣ 하버드대학의 시간관리 3단계

1단계: 그 날 그 날 계획을 짜라.
○ 컴퓨터를 켜기 전에 그 날 할 일의 목록을 작성하라.
 • 목록작성은 장기목표나 그 날을 성공적으로 보내기 위해 필요한 것을 중심으로 하라.
○ 달력에 해야 할 일을 명기하면 언제 어떤 일을 할지 알게 되고 실천의지가 강해진다.
 • 가장 어렵거나 중요한 일을 우선적으로 하도록 한다.
○ 과제는 세부단계를 나눠라. 그러면 거대한 과제에 대한 두려움이 사라진다.
 • 과제가 어려울수록 더 세분화하라.

2단계: 집중하기
○ 알람 이용법
 • 휴대전화나 컴퓨터에 알람이 1시간 단위로 울리게 하라.
 • 알람이 울리면 계획 진도를 1분 정도 점검하라.
○ 계속 집중법
 • 현재의 과제와 관계가 없는 생각이 떠오르자마자 별도로 메모하고 원래의 과제로 돌아가 집중하라.

3단계: 돌이켜보기
○ 하루의 일과를 마칠 때 그날을 되돌아보라.
 • 성취한 일과 미룬 일, 방해요인을 점검하자.
 • 내일 일을 성공적으로 하기 위해 필요한 것이 무언인지 생각해보자.

※ 출처: <하버드 비즈니스 리뷰> 2009. 7. 20일 자.

♣ 제2의 시간을 찾아서

『제2의 시간(Psychological Time)』의 저자 스티브 테일러는 인간의 시간 개념이 심리적인 요인에 의해 바뀐다는 것을 보여주고 있다. 테일러는 인간이 시간에 대해 느끼는 심리적 요소로 다섯 가지를 꼽았다.

첫째, 나이가 들수록 시간은 빨리 흐른다고 느끼게 되는 것이고, 둘째, 새로운 경험과 환경에 놓이면 시간은 천천히 흐른다고 느끼며, 셋째, 어떤 일에 몰입하면 시간은 빨리 흐른다고 느낀다고 보았다. 넷째로는, 몰입하지 않으면 시간은 천천히 흐르는 것으로 느끼고, 마지막으로, '의식적인 정신' 또는 평소의 자아가 사라지면 시간은 천천히 흐르거나 아예 멈춘 것처럼 느낄 수 있다고 보았다. 실제로 시간에 대한 우리의 느낌은 상황에 따라 달라지는 것이 사실이다.

시간을 풍성하고 합리적으로 활용하는 방법은 많은 현자들에 의한 무수한 자기계발의 담론 속에서 지금도 지속적으로 알려주고 있다. 스티브 테일러는 풍요로운 삶을 살기 위한 세 가지 유형의 삶을 제시하고 있다.

첫째는, 프랑스의 시인이자 여행가인 아르튀르 랭보(Arthur Rimbaud)와 같은 삶이다. 랭보는 아프리카와 유럽 각지를 떠돌다 서른일곱의 나이에 요절했다. 랭보의 삶은 비록 짧았지만 늘 새롭고 흥미로운 경험과 정보로 가득한 삶이었다. 그러나 이런 삶은 역마살이 체질이 아니고서야 견디기 힘든 측면이 있다.

두 번째는, 낯선 곳으로 여행을 하면서도 베이스캠프를 마련해두고 지내는 삶이다. 1년의 반은 일을 하고 나머지 반은 여행을 하는 삶이 이런 유형이라 하겠다. 그런데 이런 유형의 삶은 고정된 직장에 몸담은 사람으로선 엄두를 내기 힘든 유형이다.

세 번째는, 유사한 환경에서도 다양한 경험을 하도록 노력하는 것이다. 스스로 커리어 관리 차원에서 한 회사에만 너무 오래 머물지 않고 최대한 다채로운 경험을 한다든지 직장 내에서도 다양한 직무를 경험하는 것도 방법일 수 있다. 또한, 주말이나 휴가기간에는 낯선 환경을 찾아나서야 할 것이다. 다양한 관심 분야를 가지고 지적 호기심을 채우는 것도 이런 유형에게 어울리는 형태다.

테일러가 제시한 유형이 시간을 활용하는 정답일 수는 없다. 오히려 현대에는 바쁘게 다니면서 새로운 경험을 찾다가도 멈추어서 삶을 단순화시켜 자신을 돌아보고 힐링하는 것이 유행처럼 퍼져 '템플 스테이' 같은 프로그램이 인기를 끄는 경우도 있다.

시간을 효율적으로 관리해서 생산성을 높이거나 알차게 인생을 꾸려나가는 것은 좋은 일임에 분명하지만, 시간관리에만 너무 신경 쓰는 탓에 정작 인생의 본질에서 멀어지는 경우도 경계할 일이다. 앨런 라킨은 이런 유형의 시관관리를 경계하고 있다.

첫째, 과도하게 계획하는 사람(The overorganized)은 항상 목록을 만들고 업데이트하는 사람으로 이런 유형은 계획하는 데 열중한 나머지 변화나 새로운 기회, 다른 사람들의 요구사항을 읽는 데 미숙한 유형이다. 계획에 몰두한 나머지 실행력이 떨어지는 경우라 하겠다. 둘째, 과도하게 일하는 사람(The overdoer)은 너무 바빠서 진짜 중요한 것이 무엇인지를 잊고 사는 사람이다. 매우 능률적으로 보일 수 있지만 유연성이 부족해 집이나 직장에서 한순간도 쉬지 않는다. 셋째, 지나치게 시간을 따지는 사람(Time nut)은 시간에 정신이 팔린 사람이다. 이런 유형은 회의에 1분이라도 착오가 생길까 봐 초조해하는 유형으로 한마디로 함께 살거나 일하기에 너무 피곤한 사람이다. 라킨은 과유불급의 진리를 가르치고 있다. 어떤 극단도 바람직하지는 않다는 것이다.

지나친 계획은 계획이 없는 것만큼이나 효과적이지 않으니 사람마다 다양한 방법으로 자신의 리듬에 맞는 시간계획을 세우는 것이 현명한 길이 아닐까.

♧ 가거라. 근심들아, 금빛 날개를 타고

뇌과학자들은 우리가 하루에 떠올리는 생각은 6만 가지 정도라고 한다. 잠자는 시간을 8시간으로 가정하면 거의 1초에 한 가지씩 생각한다고 할 수 있다. 물론 이 생각에는 도피나 무반응과 같은 비생산적인 요소들도 포함된다.

이런 순간의 생각들이 개인의 삶을 구성하는 것은 분명하다. 만약 인간이 지속적이고 집요한 몰입의 상태만 있다면 아마 스트레스로 곧 쓰러질지도 모른다. 그러기에 잡념도 일정부분은 있을 수 있으며, 때로는 우리 뇌를 비우고 디폴트 값을 조정할 필요도 있다.

그래서 몸과 함께 생각도 쉬게 하는 태도도 필요하다. 흐르는 생각을 붙잡지 말고 그대로 흘려버릴 때도 있어야 한다. 때로 삶은 뭔가를 채우고 담기만 할 때가 있는가 하면, 버리고 비우는 순간이 필요하다.

그래야 정작 필요한 것들을 새롭게 채울 수 있으니까. 베르디의 오페라 <나부코> 중에서 '히브리 노예들의 합창'의 선율은 그 웅장함으로 우리에게 잘 알려져 있다. 그 가사는 이렇게 시작한다.

"가거라. 근심들아, 금빛 날개를 타고." 노예들의 근심들을 날려 보내는 웅장한 합창에 잠시 마음의 위안을 얻을 수 있을 것이다. 대부분의 연주회에서도 2시간 이상의 공연에는 인터미션 시간이 있다. 인간의 몸은 집중의 한계가 있는 것이다. 자신의 인생 스토리를 잠시 멈추고 근심을 잊고 스스로를 치유하는 것도 활기찬 스토리를 액팅하기 위한 에너지가 된다.

♣ '해먹'으로부터 배우는 휴식의 지혜

휴식을 알차게 꾸려가는 것은 시간관리 측면에서도 절대 필요하다. 해먹(hammock)은 기둥 사이나 나무 그늘 같은 곳에 달아매어 침상으로 쓰는 그물이다. 흔히 그물침대라고 불리기도 한다. 이 해먹은 유래 페루와 브라질 원주민이 처음 사용하였으며, 본래 "하모카스"라 불렸다. 콜럼버스 일행이 서인도제도 원주민의 그것을 보고 배 안에서 세균과 습기를 피하기 위해 응용하기 시작해 오늘날도 야외에서 많이 사용한다. 해먹은 원래 어부들이 고기잡이하던 그물을 그대로 활용한 데서 유래했다고 한다.

어부들이 해 질 때까지 고기잡이를 하고 집에 들어갔다가 다시 아침 일찍 나오려고 하니 수면시간도 부족하고 해서 휴식시간을 많이 확보하기 위해서 고기잡이 그물을 해변의 나무에 걸쳐놓고 그대로 잤다는 것이다. 우리도 일상에서 유명하고 대단한 휴양지만을 찾기보다 가까운 뒷산에 보석 같은 휴식 공간이 있을 수 있으니 찾아볼 일이다. 매일 갈 수 있는 뒷산에서 약수터의 물 한 모금 마시고 좋은 공기를 마실 수 있고, 서재에서 아무런 부담 없이 손때 묻은 책이나 집어 들고 독서 삼매경에 빠질 수 있는 것도 때로는 꿀맛 같은 휴식이 될 수 있다.

♨ 산책 삼아 에베레스트에 오를 순 없다

고미야 가즈요시는 일본 유수의 대학을 나오고 은행원 생활을 한 바 있는데, 이때의 경험담을 기반으로 시간관리와 대인관계의 노하우를 『프로의 경지』라는 책에서 밝히고 있다. 그는 야근을 하는 지친 삶 속에서도 하루 세 시간 정도의 시간은 책을 읽든지 자기계발을 위해 투자하라고 권유한다. 『익숙한 것과의 결별』로 알려진 구본형도 하루 두 시간은 자기만을 위한 시간으로 반드시 챙길 것을 새벽에 글쓰기와 책읽기에 몰입한 자신의 경험담을 근거로 주장한다. 고미야 씨는 "야근을 하며 오랜 시간 일을 해도 업무 외에 따로 공부할 시간이 없다면 맡은 일의 본질을 익히지 못한 채 그저 한때 처리하고 지나가는 업무가 되고 만다"[34]고 주장하면서 자신을 위한 시간을 떼어놓으라고 한다.

그는 대학에서 강의할 정도로 자신의 회계업무에 대한 내공을 쌓았다. 그런 바탕에는 어차피 프로의 경지가 되기 힘든 골프를 위해 연습으로 수많은 시간을 날리기보다 자신의 취미 중에서 정말로 잘할 수 있는 회계지식에 더 많은 시간을 투자하기로 마음먹고 주말에 세 시간씩 시간을 할애한 것이 밑거름이 되었다 한다. 그는 이런 자기관리를 바탕으로 대인관계에서도 일부러 특이한 행동으로 남의 시선을 끌려고 하지 말고 기본을 중시하면 반드시 성공의 길이 열린다고 보았다. 내공의 바탕이 없이 한순간 튀어 보이는 수준으로는 프로의 눈을 속일 수 없다. 그것은 시간과 노력이라는 거름이 있어야 열매로 수확할 수 있다.

내 주변에도 취미를 프로의 경지로 끌어올려서 주위를 경탄케 하는 사람이 여럿 있다. 틈틈이 그린 그림으로 동료들과 전시회를 열고, 오지를 찾아다니면서 렌즈에 담은 절경을 사진전으로 여는 사람을 보면서 그들이 얼마나 시간을 가치 있게 쓰면서 자신의 행복과 교환하고 있는지 알 수 있었다. 물론 이런 사람들이 누리는 여유는 아주 당연한 자신의 생업을 철저히 하고 난 뒤에 오는 보너스와 같은 시간을 잘 활용했기에 가능했을 것이다. 고미야 씨는 "모여 있는 양보다 더 많이 흘려보낼 수는 없는 것이다. 결과물로 내놓을 것을 전제로 모을 수 있을 때 모아두자"고 한다.

이렇듯 "평소에 쌓아두면 언젠가는 때가 되어 가치를 드러낸다"[35] 고 했다. 시간을 투여해 자신의 실력과 정성을 모이게 한 결과가 일정한 수준에 이르러 분출될 때 다른 사람에게 감동이란 선물을 줄 수 있을 것이다. 산책하는 김에 동네 뒷산에는 오를 수 있을지 몰라도 에베레스트산에 오를 순 없다. 등반장비도 챙기고 걸맞은 체력도 키워야 하고 일정한 경비가 조달되어야 가능한 것이다. 이 모두를 위해서는 일정한 시간이라는 투자가 선행되어야 한다. 기승전결의 탄탄한 스토리 라인을 가지고 인생의 시나리오를 전개하다 보면 어느새 목적지에 닿아있을지도 모른다.

♋ 시간여행, 인간의 영원한 꿈이자 로망

우리는 꿈에서 가끔 과거와 미래를 경험한다. 인간의 잠재의식은 아쉬운 과거나 간절한 미래를 돌이키거나 미리 경험하고자 하는 것이다. 영화와 소설에서도 시간여행에 관한 많은 작품들이 쏟아져 나오고 있다. 영화 <시간 여행자의 아내>는 시간여행의 운명을 지닌 남자 '헨리'와 보통의 시간대를 살아가며 그를 기다리는 여자 '클레어'의 애절한 사랑을 그린 오드리 니페네거의 동명의 소설을 영화화한 것이다. 영화 속 헨리는 시간여행을 통제할 수 없다는 점과 운명을 바꿀 수 없다는 점에서 기존 시간여행자들의 그것과는 다른 면모를 보여주고 있다.

최소한 누구나 꿈꾸는 달콤한 초능력은 아니기 때문이다. 알몸으로 낯선 곳에 떨어져 경찰에 쫓기는 장면이나 운명을 바꿀 수 없기에 엄마의 죽음을 수시로 반복해서 지켜봐야만 하는 장면에서는 초능력이 아니라 천형(天刑)처럼 보인다. 이는 아내가 임신한 배 속의 자녀에게도 대물림되어 몇 차례 유산의 고통이 따르는가 하면, 천신만고 끝에 태어난 사랑스러운 딸도 아빠의 유전자를 물려받아 시간여행자의 운명을 지니는 것에서 나타난다. 헨리는 아이러니하게도 장인의 사냥감으로 전락해 총상을 입고 죽게 된다는 비극적인 결론은 안타까움을 더해준다. <벤자민 버튼의 시간은 거꾸로 간다>는 영화도 시간을 거꾸로 살아 점점 젊어지는 사람의 이야기가 흥미롭게 펼쳐진다. 현재 똑딱똑딱 시침이 돌아가는 소리는 선명하고 현실의 짐을 벗어버리고 싶을 때 우리는 한 번쯤 시간여행의 몽상을 꿀 수 있다. 그러나 현실의 시계는 돌릴 수 없는 법, 그래서 시간은 누구에게나 공평하고 인생은 살 만한지도 모른다.

영화 <타이타닉>은 1912년에 실제 일어난 지상 최대의 해난사고를 배경으로 하고 있다. 영국을 떠나 미국으로 처녀항해를 하던 중 빙산에 충돌해 무려 1,513명이나 되는 희생자가 발생한 이 사건을 묘사하고 있는 영화는 호화유람선이 침몰하기 전에 배 안에서 일어난 갖가지 에피소드를 다루고 있다. 그 중심에는 계급의 차이를 뛰어넘어 아름다운 사랑을 만드는 두 남녀의 비극적인 스토리가 있다. 무일푼의 떠돌이 청춘으로 신세계에 대한 동경만으로 배에 승선했던 청년 잭(레오나르도 디카프리오 분)은 다음과 같은 대사를 읊고 있었다.

전 필요한 것은 전부 가졌어요. 제가 숨 쉴 공기와 그림 그릴 종이도 있고요. 더 행복한 것은 하루하루가 예측 불가능이며, 누굴 만날지도 모르고, 어딜 갈지도 모른다는 거죠. 어젯밤에는 다리 밑에서 자고 있었는데 지금은 세계 최고의 배에서 여러분과 샴페인을 들고 있잖아요. 인생은 축복이니 낭비하면 안 됩니다. 미래는 아무도 모르는 법이니까요. 순간을 소중히!

정말 그렇다. 거대한 빙산이 우리 앞에서 불의의 일격을 가할지도 모르지만 거대한 행운도 기다릴지 모르는 게 인생이다. 물론 항로를 지혜롭게 몰고 가고 끝까지 빙산을 피해서 가야만 만날 수 있는 것이 신대륙이거나 자신의 목적지가 될 것이다. 분명한 것은 인생의 순간순간을 낭비한다면 행운도 비켜갈 것이다. 독일의 작가 장 파울은 "인생은 한 권의 책과 비슷하다. 얼간이들은 아무렇게나 책장을 넘기지만, 현명한 사람들은 차분히 읽는다. 왜냐하면 그들은 단 한 번밖에 그것을 읽지 못한다는 것을 알고 있기 때문이다"라고 했다.

♣ 항아리 속의 시간

호중일월장(壺中日月長)이라는 말이 있다. 이 말은 항아리 속의 시간이 길다는 뜻인데, 중국 후한 시대의 고사에서 유래했다. 당시에 약을 파는 노인이 있었는데, 그 노인은 밤마다 가게 앞의 항아리에 몸을 숨겼다고 한다. 그 모습을 이상하게 여긴 관원이 그 이유를 묻자, 노인이 항아리 속으로 관원을 안내해 항아리 속의 넓은 정원과 저택에서 융숭하게 관원을 접대했다고 한다. 그렇게 열흘쯤이 지났다고 생각할 때 밖으로 관원이 나와 보니 실제로는 10년이 지나 주위에 아는 사람이 없었다는 이야기다. 이는 시간을 초월한 깨달음의 경지를 말한다. 항아리 속은 깨달음의 경지를, 일월장은 시간적 제약이 사라진 상태를 의미한다고 할 수 있다. 나날이 많은 스트레스와 번민 속에서 살 때와 정말 행복하다고 느낄 때의 체감시간은 다를 수밖에 없다. 하루가 10년처럼 길었다고 하기도 하고 1년이 하루처럼 지나갔다고 말하는 것이 반드시 엄살만은 아닌 것이다. 자신만의 항아리 속에서 시간의 흐름을 잊은 채 일을 즐기며 살 수는 없는 것일까.

♣ 미래를 상상해 생생한 현재로 만들자

많은 시대의 멘토들이 꿈을 가지라고 하지만 막상 어떻게 내가 그 잘난 사람들처럼 될 수 있을지 재능도, 조건도 모두 열악해 보일 때가 있다. 그렇다고 좌절해서 아무것도 안 하는 것도 아닌데 시간은 마냥 흘러 나이만 먹어가고 살아갈 시간이 막막하기만 하다고 느낄 수 있다. 우리는 흔히 시간은 흘러서 과거에서 현재로 그리고 미래로 나아가는 것이라고 알고 있다. 아무리 영화적인 상상력으로 4차원이나 거꾸로 흐르는 시간을 얘기해도 의식 깊숙이 박혀있는 시간이 흘러가고 내가 나이를 먹는다는 사실은 우리의 뇌에 깊이 각인돼 있다. 그렇다면 흘러간 과거는 어쩔 수 없지만 오지 않은 미래는 우리가 통제할 수 있지 않을까. 미래는 어느 정도 현재의 결과물이다. 수험생의 시험성적은 현재의 실력과 노력의 정도로 예측할 수 있다. 인간이 과거를 현재처럼 회상하고 교훈을 얻는 것은 기억의 힘이 있기 때문이다. 미래를 생생한 현재로 만들기 위해서는 상상력이 있어야 한다. 그 상상력은 현재의 자신의 자산을 활용하는 범위 내에서 가동되어야만 현실이 된다. 자신의 능력 밖의 재료를 동원해 상상한다면 그것은 허황된 신기루에 지나지 않는다.

남들이 신기루라고 여기는 것을 현실로 만들려고 부단히 노력하는 사람은 현재의 시간이 너무나 짧고, 남들이 가능하다고 하는 꿈도 꾸지 못하면서 시간을 허송하는 사람에게는 시간이 마냥 흘러만 갈 것이다. 신기루라고 할 정도로 무모한 꿈을 현실로 만든 사람들은 미래를 현재로 바꾸어 시간을 부단히 지배한 사람임이 틀림없다.

누가 한때 인도 불교에 심취하고 선(禪) 사상에 빠지기도 했으며, 대학의 철학과를 중퇴했던 히피 청년이 나중에 검은 터틀넥에 청바지를 입고 세상을 발칵 뒤집어놓은 아이폰을 들고 우리 앞에 나타나리라고 상상했겠는가. 세계 제일의 IT기업의 경영자였던 스티브 잡스는 현재에 우직하게 충실한 길(stay hungry, stay foolish)이 지름길이라는 것과 미래를 현재로 만드는 상상력을 가르치고 갔다. 하버드를 중퇴하고 컴퓨터에 미쳐있던 한 청년을 보고 이 청년이 불과 20~30년 후에 세계 최고의 갑부인 빌 게이츠가 되리라고는 누가 상상이나 했겠는가.

미래를 무서울 정도의 집중력과 집요한 도전으로 현재로 만드는 스티브 잡스나 빌 게이츠에게 흘러가는 시간은 야속하게만 느껴졌을 것이다. 그랬기에 "죽음이 최고의 발명품"이라는 스티브 잡스의 명언은 탄생되지 않았을까. 자신의 생생한 인생 시나리오를 액팅해낸다면 어느새 미래는 현재가 되어있을 것이다.

✿ 봄에 추수할 수는 없다

아무리 성과가 급해도 시간이 필요하다. 기업체에서는 CEO의 임기가 있고 대개 1년 단위로 결산을 하기에 밀린 방학숙제 하듯이 반기나 연말을 앞두고 결산실적을 신경 써야 하는 경우가 많다. 그래서 때로는 무리하게 가을에 추수해야 함에도 봄에 씨앗을 파종하기 무섭게 결실을 보고 추수할 것을 독촉하게 되는 상황을 자주 보게 된다. 시간을 다퉈 스피드 있게 일을 추진해 성과를 내는 문제도 중요하다.

일의 성격상 스피드가 중요할 때가 있지만, 마냥 시간을 단축하는 단기성과주의의 함정에도 빠지지 말아야 기업이든 개인이든 긴 호흡의 승리를 기약할 수 있을 것이다. 개인이나 기업의 경쟁력은 단기에 승부를 보기 위한 것과 중장기에 이루고자 하는 것이 조화를 이룰 때 생명력과 함께 롱런하는 비결이 될 것이다. 시청률 전쟁의 한가운데 있었던 예능 PD 출신으로 KBS 예능국장을 지낸 어떤 분은 자신이 단기적 성과를 위해 후배들을 다그치지 않았던 스타일에 대해 이렇게 말하고 있다.

나는 국장이라는 지위에 있는 동안 커다란 성과를 내는 일에 욕심을 보이고 싶지 않았다. 퇴임한 이후까지 바라봤다. 단기적 성과에 지나치게 매몰되면 안 된다. 봄에 심은 씨앗이 봄에 추수될 리는 없지 않겠는가. 내가 국장으로서 얻는 모든 성과는 이전부터 준비하고 실행한 성과다. 나는 또다시 봄이 되어 다음 국장에게 성과라는 열매를 딸 수 있도록 해주고 싶다.[36]

이상적인 말이지만, 실천은 쉽지 않다. 리더십이 부족한 사람은 아무리 열심히 해도 아랫사람의 성과를 가로챘다는 비난을 받기도 하고, 게으르지만 아랫사람 칭찬만 하고도 대단한 리더라고 칭송을 받기도 한다. 시장점유율을 놓고 전쟁과 같은 쟁탈을 벌이는 기업에서는 봄이나 여름에 추수할 것을 요구하기에 이에 맞춰야 하는 경우도 있다. 긴 호흡으로 연구개발에 투자하는 것과 당장의 먹거리를 해결할 수 있도록 하는 사계절 추수할 수 있는 메뉴를 개발하는 것 모두 소홀히 할 수 없는 과제다. 기업활동도 많은 경우 시간과의 싸움이다. 그래서 경영은 타이밍의 예술이기도 하다. 요즘 부도로 세간의 잎에 오르내리는 큰 기업도 자산을 적시에 매각하지 못해 자금흐름을 통제하지 못해서 부도가 난 경우가 대부분이다. 움켜쥘 때와 놓아줄 때를 아는 것은 기업이나 개인 모두 성공적인 항해를 위한 키 포인트다.

♣ 열심히 사는 사람에게 인생은 짧다

의학의 아버지라 불리는 히포크라테스는 "인생은 짧고 예술은 길다"고 했다. 의사라면 인생을 길게 늘려야 할 의무가 있는 사람이기에 그의 한마디는 어떤 금언보다도 절실하게 다가온다. 소크라테스와 동시대인이면서 90세 가까운 삶을 살아서 장수한 것으로 알려진 히포크라테스의 경구 전체를 읽어보자.

> 인생은 짧고 예술은 길고, 기회는 덧없고, 경험은 미혹하며, 판단은
> 지난하다. 왜냐하면 (의사로서) 우리 스스로 올바른 행동을 해야
> 할 뿐만 아니라, 환자와 그 주변 사람들 그리고 전체 상황들이 도
> 움이 되도록 만들어가야 하기 때문이다.

비단 의사라는 직업군에만 국한된 말이 아니라 인생의 덧없음 속에
서 하루하루를 알차게 보내려는 사람이라면 모두가 히포크라테스의
경구에 귀를 기울일 일이다. 14세기에 이탈리아의 작가 페트라르카도
히포크라테스와 유사한 경구를 전하고 있다.

> 인생은 짧다. 나의 이 짧은, 죽어야만 하는 삶 안에서 시간은 쏜살
> 같이 흘러가고 해(年)들은 달아난다. 그렇게 시간은 짧고 생각은
> 그렇게 빨리 사라진다. 왜냐하면 길은 길고 시간은 짧기 때문이다.

시간의 중요성을 강조하며 촌음을 아껴서 쓰라는 가르침에는 동서
양이 따로 없다. 18세기 영국의 귀족 가문의 일원이었던 체스터필드
백작은 시간을 흘려버리느니 그것을 높은 이자를 받고 빌려주는 편
이 나으며, 이를 통해 어느 정도 적절한 시간이 흐른 뒤에는 '엄청난
자본'이 형성될 수 있다고 보고, 기억력이 좋은 젊은 시절에 많은 책
을 읽어두면 인생의 다양한 상황에서 성공을 거둘 수 있다고 보았다.
그는 "이 지상에서 우리에게 주어진 짧은 시간 중 단 1분이라도 완
전한 게으름 속에서 보내는 일이 가능하다고 보아서는 안 된다"고
강조한 바 있다.[37] 괴테는 그의 대작 『파우스트』를 통해 60세의 늙
은 파우스트가 메피스토펠리스라는 악마와 젊음, 곧 시간을 거래대

상으로 흥정을 붙이는 장면을 선보인다. 82세라는 당시로서는 긴 인생을 살았던 괴테, 그리고 수많은 명작을 선보이며 한시도 허투루 보내지 않았을 것만 같다. 그런 괴테도 스스로가 짧은 인생에서 이루기 힘든 기나긴 예술과 학문에 대한 아쉬움을 상징이라도 하듯이 젊음과 시간에 대한 아쉬움을 그의 말년의 대작 『파우스트』 속에 남기고 있는 것이다.

♣ 벤저민 프랭클린에게서 배우는 계획과 반성의 삶

20세기에 아마 완벽한 인간형이라고 서구 시민사회에서 칭송하는 사람 중의 하나가 벤저민 프랭클린일 것이다. 내가 직장에서 교육을 받을 때도 프랭클린 다이어리를 잘 활용해 성실하고 알찬 하루를 보내는 것이 완벽한 인간형에 한 걸음 다가가는 길일 것이라는 내용의 교육을 받은 바 있다. 그리고 지금 전 세계적으로 자기계발을 위한 명언에 가장 많이 인용되는 사람일 것이다. 그는 과연 어떤 삶을 살았을까. 프랭클린은 완벽한 인간이 되려고 22세 때 13가지 덕목 리스트를 완성하고 실천하는 삶을 살았다. 구구절절이 좋은 덕목이다.

절제/침묵/정돈/결심/검소/근면/진실/정의/중용/청결/평온/금욕/겸손

우리가 도덕교과서에서 어릴 때부터 배워온 동양의 가치관도 이와 크게 다르진 않다. 프랭클린은 이 13가지 덕목을 정하고 매일 아침에 "오늘은 어떤 좋은 일을 할 것인가?"를 스스로에게 묻고, 매일 저녁에는 "오늘은 어떤 좋은 일을 했는가?"를 성찰했다고 한다. 한마디로 계획과 반성의 삶을 실천해왔다고 할 수 있다.

그에게 부와 명예를 안겨준 것은, 일찍 자고 일찍 일어나면 건강하고 부유하고 현명한 사람이 된다는 소신과, 뛰어난 글재주였다.

만년에는 주프랑스 미국 전권공사로 있으면서 최소 3명의 백작부인 등 수많은 여성과 염문을 뿌리기도 했는데, 당시에 이미 명사가 된 프랭클린에게 손을 내미는 여인의 손길 앞에서 절제의 미덕을 발휘하기가 쉽지만은 않았을 듯하다. 그는 1790년 당시로서는 장수했다고 할 수 있는 84세의 나이로 사망했는데, 그에게는 '미국 대통령이 되지 못한 유일한 미국 대통령'이라는 농담이 따라다닐 정도로 미국을 상징하는 영원한 마음의 대통령으로 남아있다. 프랭클린이 발명가(피뢰침 등), 외교관, 저술가, 인쇄업자라는 직업군을 거치며 모범적인 시민의 전형으로 자리 잡은 것은 시간을 철저히 지배하면서 자신의 삶을 반성하고 계획했기에 가능했을 것이다. 평생을 자신이 계획한 대로 성실히 살려고 노력한 프랭클린의 삶은 오늘날까지 원조 자기계발 전문가로 세계인의 사랑을 받는 밑거름이 아닐까.

♧ 가끔은 '느림의 미학'도 생각하자

도시생활을 하는 사람이라면 항상 시간에 쫓기는 일상이 다반사다. 차분히 자신을 돌아볼 반성과 계획의 시간이 부족하다고 하소연한다. 그래서 가끔은 느림의 미학을 즐기는 여유도 알찬 시간이 된다. 조금 일찍 일어난다면 허둥대는 출근시간을 없애고 책장을 넘기면서 버스에 앉아있을 수도 있고, 아침 산책을 시도해볼 수도 있다. 일요일에도 온종일을 TV와 잠에 지배당하지 않는다면 자투리시간을 찾을 수 있을 것이다. 경쟁사회에서 '느림'은 곧 게으름과 나태를 상징하는데, 이런 시대를 바삐 살아왔지만, 이제 한국의 사회적 분위기도 문화와 복지를 생각하면서 즐길 것은 즐기면서 내일을 설계하라는 정책이 많이 쏟아져 나온다. 어떤 정치인의 주장처럼 '저녁이 있는 삶'을 생각해볼 일이다. 사색과 느림은 인문정신과 통할 수 있기에 생계에 쫓기면서도 자신의 삶의 본질에 대해 끊임없이 고민하는 자세일 것이다. 부지런히 달려가지만 정작 방향이 잘못되었다면 무슨 소용인가.

♣ 시간이라는 한정된 재료를 요리하는 것이 인생

시간이란 한정된 재료를 얼마나 효율적으로 활용하는가에 따라 한 사람의 삶은 180도 달라질 것이다. 내가 지금 시간을 얼마나 잘 활용하고 있는지 결산하는 단위로 우리는 하루, 한 달, 분기, 반기, 1년과 같이 일정한 단위를 나누어서 생각하고 있다. 어떤 단위가 되었든 간에 겸허히 자신이 사용한 시간에 대해 반성하고 좀 더 나은 시간활용 방안을 설계한다면 인생은 더욱 단단해질 것이다. 대문호 톨스토이는 "삶의 목표를 가져라. 일생의 목표, 한 달 동안의 목표, 한 주 동안의 목표, 하루의 목표, 한 시간 동안의 목표, 일 분 동안의 목표를 가져라"라고 하면서 시간에 대한 중요성을 시기별로 목표의식을 가지라는 말로 강조한 바 있다. 명확한 삶의 목표가 있는 사람은 시간을 한시도 허비할 수 없을 것이다.

이제 시간에 대한 이야기를 맺기로 하자. 나뭇잎이 한 잎만 있어도 아직 가을이라는 생각으로 현실의 시간을 살아나가자는 의지를 공유하고 싶다. 시간이 항상 모자라는 현대인의 삶 속에서도 시간은 아직 남았기 때문이다. 순간을 충실히 보내는 사람에게는 나뭇잎이 한 잎만 남아도 아직 겨울이 아니다. 가을인 것이다. 오 헨리는 단편 『마지막 잎새』에서 인간은 같은 현상을 보면서도 절망과 희망을 교차시키고 있음을 절묘하게 묘사하고 있다. 불치병에 걸린 젊은이는 창밖의 낙엽을 보면서 자신의 죽음에 한 걸음씩 가까이 가고 있음을 느낀다. 그러나 아래층에 사는 노화가(老畵家)는 추위에 대비해 자신의 몸을 지키기 위해 낙엽을 한 잎씩 떨구는 나무에서 강렬한 생명의 의지를 느낀다. 그리고 혼신의 힘을 다해 그린 마지막 잎새를 묘사한 그림은 진짜와 구별할 수 없을 정도로 담벼락에 붙어있었다. 마지막 잎새와 함께 자신의 생명이 꺼져갈 것이라고 생각한 젊은이는 그 그림을 보면서 생명을 이어간다. 노화가가 죽은 후 그림의 비밀이 밝혀지고 젊은이는 그 노화가도 폐병으로 죽음을 향해 가고 있었다는 사실에 놀란다. 같은 시계를 보면서도 희망과 절망의 시간이 교차한다. 우리 인생의 시계에서 절망을 볼 것인지 희망을 볼 것인지는 우리의 몫이다.

시간은 인생을 불안하고 혼란스럽게 만드는 갖가지 행위들을 일삼는 술 취한 영혼들에게만 빠르게 흘러간다는 말은 거짓이 아닐까? 비로토 사제는 시간을 활기차게 보내며 생각을 짓누르는 마음의 짐에서도 멀어졌다. 그의 생각은 한동안 야망, 탐욕, 연애 등을 수시로 넘나들며 기대와 절망에 얽매여 있었다. 오직 시만이 인간과 세속적인 것, 그리고 우리 자신 안에 숨은 욕구를 떨쳐내는 것이 얼마나 힘든 일인지 그 공로를 알아봐주시리라. 우리가 자신의 목적지에 대해서 항상 꿰뚫고 있는 것은 아닐지라도, 여행을 하며 느끼는 피로에 대해서 신물이 날 만큼 잘 아는 것처럼 말이다.

- 발자크의 『투르의 신부』 중에서

<스토리액팅을 준비하는 리더의 시간관>

헤라클레이토스는 "만물은 유전(流轉)한다"고 했다. 인간은 같은 강물에 두 번 발을 담글 수는 없다는 것이다. 화살처럼 흐르는 시간에 기대서 오늘을 사는 것이 인간이다. 시간의 소중함을 아는 것이 행복의 첫걸음이다. 오늘을 붙잡고 살자.

스토리액팅을 위한 생각습관 Ⅲ

젊음의 가치를 아는 것은 곧 시간의 소중함을 아는 것.
· 순간을 흘려보내면 영원을 잃는다. 흘러간 물로 물레방아를 돌린 순 없다.

전자 기기에 점령당한 우리의 시간을 돌아보자.
· TV와 스마트폰을 끄고 인생을 켜라.
· 시간도둑들에게서 우리의 시간을 지키자.

자신의 미래를 위한 R&D 투자(시간할애)에 인색하지 말자.
하나의 오늘은 두 개의 내일보다 가치가 있다(카르페 디엠).
· 오늘 할 수 있는 일을 절대 내일로 미루지 말자.

고장난 시계는 매일 같은 시간을 가르키며 멈춰있다. 고장난 사람도 매일 같은 생각을 하며 발전이 없다. 오늘을 붙잡고 살되 부단한 혁신으로 생각이 멈추지 않도록 하자.

우리에게 삶을 허용하는 시간은 매 순간 줄어들고 있다.

– 세네카

인생은 짧다. 그러나 우리는 부주의하게 시간을 낭비하여
짧은 인생을 더욱 짧게 만든다.

– 빅토르 위고

스토리액팅을 위한
나침반 둘, 도전

실패는 좀 더 현명하게 다시 시작할 수 있는 기회일 **뿐**이다.

- 헨리 포드

　프랑스 시인이자 극작가인 폴 포르는 인간은 자살과 노력 사이에서만 선택할 수 있다고 했다. 자살과 노력 사이에 어떤 지점을 선택할지는 순전히 개인의 의지의 문제이다. 그리고 그 결과도 엄청난 차이를 보이게 된다. 도전하지 않고 포기하는 삶보다 비참한 삶은 없을 것이다. 불가능하다고 보이는 목표를 성취한 사람도 있지만 많은 사람들이 자신의 처지에 안주하거나 도전을 포기하고 있다. 이제 크고 작은 목표에 도달하기 위해 '꿈'과 '희망'이라는 친구를 동행으로 도전하는 삶으로 여행을 떠나보면 어떨까. 정확한 행로로 갔다면 여행지에서 우리는 장석주 시인이 말한 탐스러운 대추 한 알을 건질 수 있을 것이다. 꿈이 있는 도전을 통해 스토리가 '액팅(acting)'이 된다면 이미 성공으로 가고 있는 것이다. 설사 원하는 결과를 얻지 못했다고 해도 그것은 실패가 아니라 성공으로 가기 위한 하나의 여정이다.

1. 하는 것이 힘

어제 한 일이 대단한 것처럼 보이면, 오늘 당신은 아무것도 못 한 것이다.

- 루 홀츠

1955년 12월 1일, 30대 초반의 한 흑인 여성이 버스에 올랐다. 당시는 흑백차별이 공공연하게 행해져 백인전용 식당이 어색하지 않았던 시절이라 버스에도 백인과 흑인의 좌석이 분리돼 있었다. 먼저 자리를 잡고 앉았던 이 여성은 백인들이 많이 타자 버스 운전사로부터 내리라는 말을 듣는다. 이때 이 여성은 순순히 일어나지 않았다. "내가 왜 일어나야 하죠?"라고 거부의 뜻을 분명히 했다. 그리고 경찰에 체포됐다. 이를 계기로 흑인인권운동은 요원의 불길로 일어났고, 공공시설에서 인종분리법은 폐지되는 계기가 되었다. 현대 시민운동의 어머니라고 불리는 로자 파크스의 이야기다. 로자는 차별이 부당하다는 것을 알았기에 "왜 내가 일어나야 하느냐"고 물었다. 아는 것을 행동에 옮기는 것은 때로는 부당하지만 처벌을 각오하는 용기가 필요하다. 그런데 우리는 처벌을 각오할 필요도 없는 지극히 평범한 사실, 예를 들면 "부지런하고 성실하라"는 것과 같은 평범한 사실을 실행하지 않는다. 나태와 핑계 속에 일상을 매몰시키고 있다면 로자 파크스의 목소리를 들어보자 "왜 알면서 실천하지 않죠?"라는 목소리가 들릴 것이다. 성공의 과실은 남을 주는 것이 아니라 본인이 누리는데도 "내가 왜 실천해야 하죠?" 하면서 버틸 셈인가. 그래도 당신이 일어나지 않는다면 다시 묻는다. 로자 파크스처럼 처벌의 위험도 없고 칭찬이나 자기성취의 기쁨, 성공의 가능성을 높이는데 왜 안 일어나는가?

♧ 강한 실행력 없이 시나리오만 쓰지 마라

영국의 철학자 베이컨은 아는 것이 힘이라고 했지만, 아는 것만으로는 아무것도 이룰 수 없다. 아는 것을 실행해야 하는 것이다. 『성공하는 사람들의 7가지 습관』의 저자 스티븐 코비는 세계적인 성공학의 대가라 할 만하다. 그런 그가 많은 독자들이 귀를 의심할 정도로 믿어지지 않겠지만 파산했다. 기자들이 그 이유를 묻자 "내가 파산한 이유는 내가 쓴 대로 살지 않았기 때문입니다"라고 했다. 『부자 아빠 가난한 아빠』의 저자 기요사키도 파산했는데 아마 비슷한 이유일 거라 짐작할 수 있다. 아는 것만으로는 돌 하나도 옮길 수 없다. 하는 것이 힘이다. 스토리텔링에서 나아가 스토리액팅이 되어야 한다.

영국의 극작가 버나드 쇼는 할 수 있는 자는 실행을 하고 할 수 없는 자가 가르친다고 했다. 현대그룹 정주영 회장은 부정적인 보고가 올라오면 '그거 해봤어?'라고 물었다고 한다. 실행할 수 있는 도전의 추진력은 배짱이다. 치밀하게 준비하는 것은 기본이고 거기에 더해 실천할 수 있는 배짱이 있어야 할 것이다. "인생의 가장 큰 리스크는 배짱이 없는 것이다." 피터 슈라이어 현대기아차 디자인 총괄사장이 2013년 3월 27일 제4회 아시안리더십컨퍼런스에서 강연 중에 한 말이다. 슈라이어 사장은 "배짱이 없으면 영광도 없다!(No Guts, No glories!)"는 말로 대담한 도전을 강조했다. 그는 기아차의 디자인 혁신을 통해 세계 3대 디자인상을 수상하는 등 기아차를 한 단계 도약시킨 일등공신으로 꼽힌다.

천호식품 김영식 회장은 "남자한테 좋은데…"라는 광고로 유명하다. 그는 많은 실패에도 오뚝이처럼 일어서서 건강음료시장에 바람을 일으킨 바 있다. 그는 결심한 것은 바로 실행하고 그 날 바로 만나자고 제안하는 실행력이 뛰어난 사람이다. 언젠가 김 회장의 사업과 관련해 만날 기회가 있었는데 약속 전화를 하기가 무섭게 바로 시간을 잡고 달려온 것을 보고 그가 실행력이 남다른 사람이라는 걸 알았다. 마케팅도 대담하게 해 부시 대통령 내외에게 자신의 상품과 편지를 보냈는데 의외로 고맙다는 답장이 와서 그걸 신문광고에 활용해 재미를 보다가 나중에는 미국 정부의 항의로 중단한 사례도 있었다고 한다. 김 회장에게 아르바이트생이 정직원이 되고 싶다는 희망을 휴대폰 이미지로 저장해서 보여주자 그 직원의 간절함을 높이 사 김 회장이 다음 날 바로 정규직원으로 발령했다는 일화도 전하는 걸 보면, 과감성과 대담성, 실행력이 오늘의 그를 만든 것으로 보인다. 내면의 간절함이 있다면 성공은 이미 가까이 있는지도 모른다. 미국 대통령에게 자신의 제품을 보낼 생각을 한 것은 계획한 일은 무조건 하고 보자는 무모함이라고 폄하를 하기보다 할 수 있는 일은 즉각 실행하는 실행력에 점수를 줄 수 있다.

무언가를 꿈꾸고 있다면 당장 시작해보자. 내가 아는 50대 남성 한 분은 색소폰이 배우고 싶다고 하면서 어떻게 할지 고민을 하기에 시간을 한번 내어서 낙원동 악기상가에 들러보던가, 레슨 할 수 있는 사람을 소개받든지 일단 첫 단추를 끼우자고 제안한 적이 있었다. 그리고 그분의 손을 잡고 바로 낙원동으로 갔다. 낙원동 악기상가에서 색소폰을 본 순간 이미 색소폰 선율이 가슴에서 방망이질 칠 것이라 생각한 나는 그 설레는 순간에 바로 악기를 구매하게 하고 레슨을 알아봐 주었다. 그로부터 몇 년이 지난 후 자신이 출판기념회를 한다기에 가봤더니 색소폰으로 한 곡 멋지게 연주한 바 있다. 그 곡이 대단한 명연주는 아니었지만, 마음속에 담아둔 자신의 로망을 실현하고 있는 그분의 얼굴에는 충족감이 가득해 보였다.

미국의 작가 마크 트웨인은 "지금으로부터 20년 후 당신은 자신이 한 일보다 하지 않은 일 때문에 훨씬 많이 실망하게 될 것이다. 그러니 닻을 풀고 안전한 항구에서 떠나 항해를 시작하라. 돛에 불어오는 바람을 맞으라. 탐험하라. 꿈꾸라. 발견하라"고 했다. 그때 그걸 한번 해볼걸 그랬다고 나중에 후회하기보다 할 수 있는 것은 지금 당장 실행해보자. 말로 "언젠가 한번…" 하면서 아무리 결심해도 한 번의 액션으로 한 걸음 앞서가는 사람을 당할 수 없는 것이다. 자신의 인생 시나리오가 없어서 스토리액팅할 준비가 안 되어서 그렇다고 한다면 지금 당장 정교한 인생의 시나리오를 통해 스토리텔링 할 준비를 하자. 경험의 가치를 모르면서 일상을 흘려보내고 있다면 수돗물을 잠그지 않고 내버려둔 것처럼 그대의 인생은 시간이 줄줄 새면서 낭비되고 있는 것이다.

직관은 경험을 먹고 자란다. 경험이야말로 직관에 더없이 중요한 자료가 된다. 어떤 것이 좋은지 나쁜지를 경험으로 알게 된다. 이런 경험이 쌓이면, 생각의 과정을 거치지 않고 바로 판단할 수 있다.

- 고도원『꿈이 그대를 춤추게 하라』중에서

♣ 배짱은 곧 실패를 두려워하지 않는 도전정신

세계적인 산악인 고(故) 박영석은 "세상의 주인은 따로 없다. 도전하는 자가 세상의 주인"이라고 했다. 그는 이어 "1%의 가능성만 있어도 절대 포기하지 않는다"고 했다. 그가 2003년 북극 원정에 실패한 후에 한 말이다. 그때까지의 성취로도 사회적인 저명인사로 편하게 살 수 있었을지 모르지만 그는 도전하는 삶을 결코 포기하지 않았고 끝내 산악인으로 히말라야의 품속에서 안타까운 나이에 영원히 잠들었다. '도전'이라는 단어와 도전하는 삶의 의미를 온몸으로 가르치고 간 산악인이자 탐험가인 박영석의 정신은 박영석문화재단에서 전파하고 있다. 축구에서는 슛을 쏘지 않으면 노골의 확률이 100%다. 언제든 기회가 오면 슛을 쏘아야 골을 넣을 수 있다. 오늘날의 경영이 그렇다. 통제와 간섭보다 슛을 쏠 수 있도록 분위기를 만들어라. 그래야 직원들이 골을 넣을 수 있다. 비록 노골이 되더라도 실패를 하더라도 경험이란 노하우는 자산으로 건진다.

다니엘 엔리크 디아즈 라미레스는 "기업가 정신은 불확실성과 함께 살고, 그게 무엇이든 '어떤 것(something)'을 가능하게 만드는 것이다. 위험하기도 하지만 흥분되는 것이기도 하다"라고 말했다. 즉, 기업가에게 요구되는 것은 실패를 두려워하지 않는 대담함과 배짱일 것이다. 여기에 걸맞은 인물이 영국의 리처드 브랜슨 버진 그룹 회장이다. 영국의 스티브 잡스라고 불릴 정도로 성공한 기업인데, 잡스에 비견되는 것은 자신의 사업홍보를 위해 누드 퍼포먼스를 펼치기도 하는 괴짜 기질을 가진 측면 때문이기도 하다. 브랜슨은 도버해협을 수륙양용차로 최단시간에 주파해서 화제가 되는가 하면, 우주여행 프로젝트를 파격적인 방법으로 시도하면서 20만 달러에 VVIP 고객을 모집해 유명인들이 줄을 서게 만들었다. 이렇게 그만의 방식으로 개발된 우주여행 1호 고객은 자신과 자신의 가족이라고 못을 박는다. 브랜슨은 "평생 얼마를 벌었는가로 기억되는 사람은 없다. 은행 계좌에 10억 달러를 넣어둔 채 죽든, 베게 밑에 20달러를 남기고 죽든, 그런 것은 별로 중요하지 않다. 인생에서 성취는 그런 게 아니다. 중요한 것은 무언가 특별한 것을 창조했는지, 다른 사람의 인생에 진정한 변화를 일으켰는지 여부다"라고 말한다. 이 배짱과 도전의 기업인이 어디까지 무한 상상력으로 사업영역을 펼쳐나갈지 지켜보자.

♣ 발사하고 조준하라

의사결정은 타이밍이 중요하다. 때론 거칠지만 빠른 의사결정으로 대처하는 것이 신중하고 치밀한 계산보다 빛이 날 때가 있다. 경영학자 톰 피터스는 조준하고 발사하는 것이 아니라 '발사하고 조준하라'고 함으로써 기업이 환경변화에 대처해 빠른 의사결정을 내릴 것을 주문하고 있다. 시장조사는 항상 자동차 한 대의 길이만큼 뒤에서 쫓아온다. 그것은 항상 '어제' 내린 의사결정의 결과이기 때문이다. 그럼에도 불구하고 사람들은 어제의 해결책이 내일의 문제라도 해결할 수 있다고 주장한다. 사실은 그렇지 않다. 시장조사에만 의지한다는 것은 마치 자동차를 백미러만 보면서 운전하는 것과 같다.[38] 주차를 할 때가 아니라 기어를 5단에 놓고 고속도로를 달리면서 말이다.

청취율 조사도 마찬가지다. 시장조사를 바탕으로 라디오는 청취자에게 익숙한 것을 방송하지만, 청취자는 너무 익숙한 것에 싫증을 느낀다. 그러기에 과감한 도전은 과거의 통계나 관례를 어느 정도는 무시하는 데서 출발한다. 라이트 형제가 날 수 있었던 것은 당시에 무게가 일정수준 이상이면 결코 날 수 없다는 과학자의 의견에만 귀를 기울이지 않았기 때문에 가능했던 것이다.

회사에서 신규사업팀이 꾸려지면 늘 하는 일이 벤치마킹 대상을 정하고 이런저런 경우의 수를 살펴보는 것이 첫 번째 과제다. 그런데 특정한 사업성과를 내기 위해서는 꼼꼼히 경우의 수를 살피는 것도 좋지만, 현장에 찾아가고 전문가를 통해서 이런저런 루트로 부딪히며 좌충우돌하다가 의외의 성과를 내는 경우를 보게 된다.

　목표를 조준하는 데 있어 필요한 벤치마킹은 사실 동종업종의 복사에 지나지 않는다. 이러한 모방은 업계에서 중간이라도 가려고 할 때 유용할지 모른다. 탁월한 기업이 되기 위해서는 다른 업종을 새로운 차원에서 벤치마킹하는 것은 모르되 '벤치마킹'이라는 단어를 지워야 한다. 피카소는 마티스를 베낀 적이 없다. "하늘 아래 새로운 것은 없다"는 말처럼 '무(無)'에서 '유(有)'를 창조하는 것은 인간의 영역이 아닐지 모르지만, 불가능을 꿈꾸는 도전은 가끔 불가사의한 스토리액팅을 통해 실현되기도 한다.

♧ 카루소의 '작은 나'와 '큰 나'

　성악계의 전설로 남아있는 엔리코 카루소는 뛰어난 가창력을 가지고 있었지만 무대공포증이라는 치명적 약점도 가지고 있었다. 무대에 오르면 가슴이 뛰고 혈압이 올라갈 정도여서 가수로서는 아킬레스건을 가진 것이다. 그래서 카루소는 이런 약점을 고치려고 마인드컨트롤을 했다고 한다. 그래서 "비켜라, 썩 물러가라!" 외치면서 무대공포증에 맞섰다고 한다. 후에 카루소는 "할 수 있다고 말하는 '큰 나'는 때때로 할 수 없다고 말하는 '작은 나'로 인해 형편없이 오그라들곤 했다. 그래서 '작은 나'에게 나한테서 떨어져 나가라고 주문을 거는 것"

이라고 회고했다. 우리 앞에 선 '큰 나'와 '작은 나'를 한번 비교해보자. 그리고 '작은 나'의 속삭임에 카루소처럼 외쳐보자. "비켜라, 썩 물러가라!" 이렇게 말이다. 그러면 아마 인생의 시나리오도 스토리를 액팅해내기가 훨씬 수월해질 것이다.

♨ 스마트한 꿈을 세우고 날개를 퍼덕거리자

빈민가 출신으로 미국 월가를 호령하는 금융인으로 자기계발 전도사로 명성을 날린 미국의 크리스 가드너는 "꿈은 그것을 이룰 수 있다는 자신이 있는 사람을 격려하고 자극할 수는 있지만, 그 꿈을 이루기 위한 필수 단계를 밟지 않는다면 머릿속을 혼란스럽게 하는 신기루와 같은 것"이라고 했다. 그는 꿈을 이루기 위해 그에 합당한 계획을 세우는 데에는 C로 시작하는 단어 5개가 필요하다고 했다. 즉, 계획은 명확하고(clear), 간결하고(concise), 절실해야(compelling) 하며, 충실하고(committed), 일관성(consistent) 있는 자세로 실천해야 한다고 했다. 꿈을 구체적으로 실현하기 위해서는 목표도 구체적이어야 한다. 폴 슬론은 스마트(SMART)한 목표, 즉 구체적이고(Specific), 측정 가능하며(Measurable), 현실적이며(Realistic), 시의적절한(Timely) 목표설정을 주문하고 있다.[39] 막연한 목표보다 당신이 이루고 싶은 목표들을 날짜와 숫자를 포함해 정확하고 자세히 적어보자. 근거 없이 막연한 목표가 위험하듯, 자신의 능력을 과소평가해 너무 낮은 목표를 설정하는 것 또한 위험하다.

목표나 꿈이 없으면 안주하는 삶을 살게 되고 현재가 안주의 시간으로 전락할 수가 있다. 여기 야생오리 이야기는 꿈까지는 아니더라도 최소한의 목표가 없거나, 목적의식이 없는 삶이 어떤 결말을 맞이할지를 보여주는 것이다.

> 야생오리 한 무리가 파티를 벌인다. 늦가을에 혹한을 피해서 따뜻한 남쪽으로 가기 전에 영양보충을 위한 잔치였다. 파티를 벌인 농장에서 마음껏 음식을 먹고 있다가 대장오리가 이제 출발할 때가 되었음을 알린다. 그런데 무리 중에서 한 오리는 아직도 맛있는 음식에 미련이 남아서 그 농장에 혼자만 남아서 포식을 하면서 하루, 이틀 더 버텼다. 그러다 날씨는 점점 추워져 오고 떠날 때가 되었는데도 떠날 생각을 하지 않았다. 마지막 남은 오리 한 마리도 더 이상 추위를 견디기도 힘들고 해서 이 맛있는 곡식을 포기하고 남쪽으로 가야겠다고 결심한다. 그런데 막상 힘차게 날갯짓을 해서 날려고 하자 날 수가 없었다. 살이 너무 찐 오리는 날 수가 없었던 것이다. 이제 야생오리는 더 이상 날 수 있는 야생오리가 아니었다. 평생을 집오리로 뒤뚱거리면서 살 수밖에 없었다.

덴마크의 실존철학자 키르케고르가 들려준 이야기다. 뚜렷한 목적이 없이 안주하거나 목적이 있어도 절실하지 않은 사람은 결코 날 수 없을 것이다. 우리의 날개를 퍼덕거려 보자. 이미 몸이 무거워져 날지 못한다면 당신은 이미 집오리가 아닌지 스스로 물어보자. 내가 연기할 시나리오의 대본을 잃어버리고 날개 없는 집오리로 살지 않기 위해서라도 내가 만들어가는 인생의 스토리를 다시 한번 생각하고 날갯짓을 해보자.

♻ 열정이 끓고 있다면 발화점이 필요하다

가끔 자신의 삶이 반복되는 쳇바퀴 이상의 의미가 있는지 돌아보게 된다. 다달이 날아오는 공과금에 자녀 학비에… 쓸 일은 많고 월급날에 처리할 일들은 한두 가지가 아닌데 막상 자신을 위해서는 따뜻한 보상을 한 게 무엇인지 돌아보면 봉급생활자의 삶이 서글퍼지는 경우도 있을 것이다. 또 큰 꿈을 안고 시작한 사업이 다달이 직원들 봉급 처리하기에도 허덕여야 하고 호전의 기미는 좀체 보이지 않는 현실에 어깨를 움츠리는 경우가 있을 것이다. 이때 한번 쳇바퀴를 벗어나라고 속삭이는 내면의 목소리는 '무모함'이라는 딱지를 붙인 주변의 만류에 부딪히고, 자신이 쓴 화려한 시나리오는 허무하게 무너져 내리는 경우가 많다. 여기 한 여인의 이야기를 들어보자.

신문사에서 4년간 일하다 뜻밖의 사고로 직장에 나갈 수 없어서 온종일 집에만 있어야 했던 한 여성이 있었다. 책 읽기를 좋아하는 여성에게 남편이 사다 주어야 하는 책은 몇 트럭은 될 법했다. 순간 남편이 아내에게 얘기했다. "매일같이 다른 사람이 쓴 책만 읽지 말고 직접 한번 써보지 왜?" 이때부터 여성은 남북전쟁을 배경으로 뭔가를 끄적거리기 시작했지만 자신의 작품이 형편없다는 생각에 수줍게 뭔가를 쓴다고만 할 뿐 남편 이외의 사람에게는 알리지도 않았다. 여인이 뭔가를 쓴다는 그 글이 완성되고 드디어 한 편집자에게 소설이 넘겨졌다. 원고료로 5백 달러 수표가 돌아왔다. 기절할 것 같은 마음에 비명을 지르는 그녀를 위로하고 남편이 수표를 자세히 들여다보니 5천 달러였다. 그 소설은 6개월 만에 무려 백만 부가 팔렸다. 소설은 영화로 만들어지기도 했다.

『바람과 함께 사라지다(Gone With The Wind)』의 마가렛 미첼 여사의 이야기다. 제자리걸음을 하면서 남들의 성취에 박수를 보내는 삶

속에서 무기력감에 빠져있는 사람들이라면 이제 쳇바퀴를 벗어나 또 다른 인생의 스토리액팅을 찾아보면 어떨까. 우선 스토리를 두근거리는 가슴으로 구체적으로 텔링 해보고 그 이야기가 숙성되기를 기다려 보면 어떨까. 내면의 열정이 뜨거우면 언젠가는 발화할 시기가 임박한 것이다. 스스로 내면에서 발화점을 찾거나 마가렛 미첼처럼 외부에서 내면의 발화점에 불을 붙이는 경우도 있을 것이다.

스티브 잡스가 성공할 수 있었던 가장 큰 요인은 무모할 정도의 큰 꿈을 가지고 내면의 열정을 꾸준히 불태운 것이다. "세상을 바꾸겠다"는 어쩌면 무모하다고 보일 정도의 꿈을 위해 그는 포기를 모르고 편집증적일 정도의 집중력을 보였다. 다른 사람들에게는 괴팍하게 보일 정도의 거친 매너를 보이기도 했지만, 잡스는 자신의 꿈이 있었기에 열정의 불길을 계속 불타게 할 수 있었던 것이다. 그는 스스로가 남들의 시선을 의식하지 않고 내면에서 계속 열정의 불을 활활 타게 했던 것이다. 그 힘으로 그는 인생의 스토리를 열정적으로 액팅해낸 것이다.

다시 시도하라. 다시 실패하라. 더 나은 실패를 하라.

- 사무엘 베케트

2. 실패, '도전'의 다른 이름

> 당신의 야망이 실현되지 못하도록 막을 사람은 아무도 없다.
> 한 사람을 제외하고는 그것을 막을 사람이 없다.
> 그것이 바로 당신이다.
>
> — 찰스 로스(Charles Ross)

철의 여인 대처는 "실패는 단지 더 현명하게 시작할 기회일 뿐"이라고 했다. 계속되는 실패에 좌절하지 않고 실패를 성공의 과정으로 승화시킨 사례는 어렵지 않게 찾을 수 있다. 청소기 제조업자 다이슨이 그런 경우라 하겠다. 내가 다이슨을 책으로 만나기 전에 만난 것도 청소기 때문이다. '다이슨'이라는 상표가 붙은 청소기는 확실히 제품의 성능이 좋긴 좋았다(물론 새것이니까 좋을 수도 있지만). 이후 서점에서 『계속해서 실패하라』는 책을 접하고 제목이 맘에 들어 집은 책이 제임스 다이슨이 쓴 책이다. 다이슨은 진공청소기를 내놓기까지 5,126개의 모형을 만들고 수없이 자책하고 수없이 환호하면서 제품개발에 몰두한 결과 드디어 5,127개째 제품을 시판하기로 한 것이다. 5,126번의 시제품은 모두 실패작이 아니라 성공으로 가는 과정에 있었던 것으로 그 자체로 의미가 있었던 것이다.

사실 한국 현대사에 남은 위인들은 인생에서 거대한 실패의 늪에서 허우적거리기도 하다가 시련을 딛고 일어선 경우가 많다. 김구와 이승만은 사형선고를 받았으나 고종의 특사로 석방된 바 있다. 박정희 전(前) 대통령은 남로당 사건에 연루되어 사형선고를 받은 바 있고, 김대

중 전(前) 대통령은 내란음모 사건으로 현해탄에 수장될 뻔한 위기가 있었다.

IBM의 설립자 톰 왓슨은 "성공하는 최고의 방법은 실패의 경험을 이전보다 두 배로 늘리는 것"이라고 했다. 오랜 실패로 지칠 때 모든 걸 포기한다면 그 실패는 영원한 실패가 될 것이다. 그러나 실패에서 배우는 지혜가 있다면 실패는 얼마든지 성공을 위한 자산이 될 수 있다. 세계문학사에 남은 한 작가의 삶을 들여다보자.

이 남성은 53세였다. 당시로서는 인생을 정리할 나이였다. 그는 청년기의 대부분을 빚에 시달렸으며 행복의 발자취는 어디에서도 찾기가 힘든 삶이었다. 군대에 복무할 때는 전투 중에 왼쪽 팔을 잃었고, 5년간 포로로 잡혀서 생활했다. 제대 후 두 번의 직장생활도 성공과는 거리가 있었다. 53세에 감옥에 수감되었을 때도 그렇게 인생이 저무는가 싶었다. 그러나 그는 거기서 책을 쓰기로 결심했다. 지루한 감옥의 일상에서 벗어나 다시 삶의 희망을 찾기 위해서였다. 그는 몇 년간 집필에 몰두했고, 마침내 출간된 책은 역사상 가장 위대한 작품의 하나로 평가받았다. 이 책은 바로 350여 년 동안 전 세계인을 감동시킨 『돈키호테』이며, 이 책을 쓴 죄수의 이름은 세르반테스다.

돈키호테의 정신은 무모할 수 있어도 그 도전정신은 위대하지 않은가. 실패를 성공의 과정으로 여기고 꾸준히 자신의 길을 간 사람은 한둘이 아니다.

♧ 노벨상 수상자의 실패

2012년 노벨화학상 수상자인 듀크대 로버트 레프코위츠 교수는 한 인터뷰에서 연구과정의 경험담을 들려주고 있다. 그는 "내 실험의 99%가 실패였고 성공한 것은 1%밖에 안 된다. 아주 많이 실패하지 않았다면 성공할 수 없었을 것이다. 모든 실패는 교훈이다. 큰 목표를 갖고 있다면 실패할 준비를 해야 한다. 실패하면 다시 시작하면 된다. 만약 과학자들이 실험실에서 너무 자주 성공한다면 좋아할 일이 아니다. 그것은 목표가 위대하지 않다는 것을 의미하기 때문이다"라고 했다. 쉽고 편한 '햄버거 성공'에 안주하지 않고 위대한 도전을 계속하는 것은 실패를 두려워하지 않는 도전 정신이 있어야만 가능할 것이다.

> 실패하지 않고 사는 것은 불가능한 일이다. 지나치게 신중하게 산 나머지 살았다고 볼 수도 없는 경우를 제외한다면. 하지만 그런 삶은 이미 그 자체로 실패한 삶이다.
>
> - 조앤 K. 롤링

조심하기만 하다가 살았다고 볼 수도 없는 삶, 이 얼마나 허망한가. 작거나 큰 차이는 있을지 몰라도 인생은 도전으로 이뤄져야 펄펄 뛰는 진짜 삶이 아닐까. 오늘 나는 어떤 도전을 준비하는지 자문해본다. 우선 지지부진한 원고 한 편을 멋지게 마무리하고 못다 읽은 책도 다 읽고, 윗몸일으키기도 50회씩 매일 실시하고 벤치프레스 무게도 늘려서 체력부터 키우자고 다짐해본다. 크고 작은 도전의 대상은 무한하다.

♣ 마이클 조던도 실패한 슛이 더 많았다

"나는 9천 번 넘게 슛에 실패했고, 300번 정도 패했다. 내 삶은 실패의 연속이었다. 이것이 내가 성공한 이유다." 농구 황제 마이클 조던의 말이다. 이젠 경영학 분야에서 '실패의 경영학'이라는 용어가 제법 익숙해진 말이 되었다. IBM의 창업주 톰 왓슨도 실패를 통한 가르침을 신뢰했다. 그는 전도유망한 젊은 경영자의 사업계획안이 실패하여 천만 달러의 손실을 입은 적이 있었다. 그때 낙담하여 사표를 내미는 젊은 경영자에게 왓슨은 "당신, 지금 농담하는 건가? 우리 회사는 당신의 교육비로 무려 천만 달러를 투자했어!" 실패를 그냥 실패인 채로 굴복하는 것과 실패를 통해 그 실패를 자산으로 승화하는 것은 종이한 장 차이일 수도 있을 것이다. 많은 위대한 업적은 실패를 자산으로 승화한 가운데 나온 경우가 대부분이다.

♣ '실패'는 용서해도 '안주(安住)'는 용서할 수 없다

일본에서 가장 존경받는 기업의 하나로 세계적인 오토바이 제조회사인 혼다의 창업주 혼다 소이치로 회장은 초등학교 학력으로 22세에 자동차 수리공으로 일하며 모은 돈 100만 엔으로 회사를 설립했다. 혼다 회장은 '세계 제일의 오토바이 회사'라는 모토를 자신의 책상 앞에 적어놓고 끊임없이 도전했다고 한다. 연구개발에서 실패하는 사람은 용서하고 격려하지만 도전하지 않는 사람은 용서하지 않았다고 한다. 그는 실패하지 않는 사람은 윗사람이 시키는 대로 일하는 사람이지만 실패하는 사람은 실패를 통해 똑같이 실패의 가능성을 줄임으로써 성공의 가능성을 그만큼 높이기 때문이라는 것이다.

스필버그도 미래의 할리우드 감독을 꿈꾸며 실제로 감독이 되는 상상 속에서 어릴 적부터 다양한 이야기로 친구들을 즐겁게 하기도 하고 영화감독이 되는 길을 꾸준히 모색해왔다고 한다. 많은 사람들에게 인생은 작은 도전과 실패의 연속이다.

불가항력적인 실패가 있는가 하면, 도전의 열정이나 노력의 크기가 작아서 실패한 경우도 많다. 안주하거나 포기로 인해 성취하지 못한 자리는 후회가 대신할 것이다. 혼다나 스필버그처럼 자신의 인생 시나리오를 가지고 스토리를 적극적으로 액팅한다면 후회가 있을 자리에 작은 성공 또는 큰 성공이 있을 것이다. 최선을 다하다가 우회로를 가더라도 후회가 아니라 최소한 아름다운 도전의 기억은 남을 것이다. 가장 크고 존경받는 자리에 있지 못한 사람들 모두가 실패자는 아니다. 최선을 다한 도전이 있었다면 그 자체가 작은 성공이다.

♧ '실패'라는 자산을 가졌는가

미항공우주국, 나사에서는 달 착륙을 위해 아폴로 11호에 탑승할 우주인들을 선발했는데, 이때 테스트 중의 하나가 엄청난 고생과 실패의 경험을 가지고 있는 사람들을 선발하는 것이다. 한 번도 큰 실패를 해보지 않은 사람은 지능이 우수하고 운동신경이 뛰어나도 우주비행 중에 발생할 수 있는 긴급한 위기상황에 침착하게 대처할 수 있는 능력이 떨어진다고 판단하기 때문이다. 실패의 경험이 있는 사람은 작은 성공에 우쭐해하지 않고, 작은 위기에도 면역이 되어 있기 때문에 이를 극복할 수 있는 내공이 있는 것이다.

내가 알고 있는 기업인 중의 한 사람도 신혼을 지하 단칸방에서 시작해 견실한 중소기업을 일구었는데, 크고 작은 실패를 통해 빚더미에서 고생하기도 하면서 지금의 위치에 왔다고 한다. 아버지의 유산이라곤 20억 원의 빚이 전부였는데, 이를 악물고 갚아냈고 자신을 '한다면 한다맨'이라고 이름 붙이고 불가능에 도전했다고 한다. 그 기업인은 지금도 어려운 시절을 잊지 못하는데 그것이 사업을 끌고 갈 수 있는 무한 에너지가 된다고 한다.

실패가 좌절의 그림자를 드리우는 것에 그친다면 그것은 실패로만 그칠 것이다. 그러나 실패를 경험으로 만드는 것은 성공의 씨앗을 발견하고자 하는 개인의 의지 문제일 것이다.

우리는 많은 실패 속에서 살아간다. 젊은 시절 연애실패의 경험도 여자를 알아가는 데 있어서 소중한 경험이 될 수 있을 것이다. 사춘기의 홍역은 어른이 되어서 방황하지 않기 위한 더없이 좋은 치료제가 될 수 있기에 인생의 소소한 실패를 면역주사를 맞은 것처럼 넘겨버리는 대범함이 필요하다.

> 인생이란 치과의사 앞에 있는 것과 같다. 그 앞에 앉아있을 때마다 최악의 통증이 곧 찾아올 것이라고 생각하지만 그러다 보면 어느새 통증이 끝나있다.
>
> — 비스마르크

♣ 포기하지 말자

똑같은 메시지도 전달하는 사람에 따라 그 감동의 크기가 달라지는 것은 커뮤니케이션의 기본 중의 기본이다.

옥스퍼드대학에서 처칠이 한 졸업식 축사는 명연설의 하나로 남아있다.
Never, never, never give up!(절대로 절대로 절대로 포기하지 마세요!)
그리고 잠시 짬을 두고 또다시
Never, never, never give up!
이라고 외치고 처칠은 유유히 연단을 내려왔다.

그리고 잠시 정적이 흐른 후 졸업식장은 곧 환호성으로 가득했다고 한다. 정의로운 일을 하고 싶어 육군사관학교를 졸업하고 군인이 되고 정치가가 되었다는 처칠은 참전해 포로가 되기도 하고 수상의 위치에 오른다. 제2차 세계대전 중에는 감동적인 라디오 연설로 국민의 마음을 사로잡은 처칠의 아우라가 있었기에 이 짧은 연설은 무한한 감동을 주었다.

이제 한 사람의 실패로 점철되었던 연대기를 살펴보자.

1809년 출생
9세에 모친 사망
22세에 사업이 파산
23세에 주의원 선거에서 낙선
24세에 다시 한번 파산했고 이후 16년에 걸쳐 빚을 상환해야 하는 처지가 되었다.
25세에 일리노이 주의원 선거에서 당선
26세에 결혼식을 앞두고 약혼녀가 사망
28세에 독학으로 변호사시험 합격
29세에 주의회 선거 의장직 선거에서 낙선
37세에 연방하원의원 당선
39세에 연방하원의원 연임 도전선거에서 낙선
45세에 하원의원에 다시 당선
47세 부통령 선거에서 낙선
49세 상원의원 선거에서 낙선

1860년 51세에 미국 16대 대통령으로 당선

미국 역사상 가장 존경받는 사람 중의 하나인 에이브러햄 링컨의 실패로 점철된 이력이다. 그러나 아무도 링컨의 삶을 실패한 인생이라고 하지 않는다. 포기하지 않는 실패는 성공으로 가는 길목에서 만나는 또 다른 자산이다.

보리스 파스테르나크가 쓴 20세기 초 러시아 혁명기라는 격변기에 희생된 지식인의 삶을 다룬 장엄하고 비극적인 서사시 『닥터 지바고』에서 주인공 지바고가 라라에게 한 말은 인간의 실패나 상처는 반드시 부끄러운 것이 아니라 더욱 성숙한 인간이 되기 위한 하나의 조건일 수 있음을 말해주고 있다.

당신이 슬픔이나 회한 같은 걸 지니지 않은 여자였다면 난 당신을 이토록 사랑하지 않았을 겁니다. 난 한 번도 발을 헛디디지 않은 사람을 좋아하지 않습니다.

♧ 샌더스 대령의 좌절과 영광

KFC 매장 앞에 선 하얀 양복의 할아버지로 유명한 창업주 할랜드 샌더스도 실패로 점철된 인생이었다. 대장장이, 직업군인, 보험 외판원, 유람선 종업원을 전전하다 스물아홉에 주유소를 차렸지만 대공황의 여파로 망했다. 고속도로변에 식당까지 열어서 성공하는가 싶었지만, 고속도로가 옮겨가자 이마저도 망했다. 이제 연금으로 연명하는 신세가 되었다. 육십 대 중반의 나이에 샌더스는 새로운 도전에 나선다. 식당을 운영할 때 익힌 닭튀김 기술을 이용해 프랜차이즈 사업을 하고자 했던 것이다. 투자자를 찾아서 일흔을 바라보는 노인이 전국을 돌아다닌다. 정확히 1,008번의 거절을 당했다. 그러나 이에 굴하지 않았다. 1,009번 제안에서 드디어 투자자를 만났다. 오늘 거리에서 샌더스 할아버지의 인자한 모습 뒤에 숨은 강한 의지와 도전의 드라마를 읽었다.

동안(童顔)선발대회가 명절 때면 방송사 특집에 가끔 등장하고 있다. 세월 앞에 장사는 없다지만, 자신을 젊게 가꾸면서 사는 노력이 나쁘다고 할 수는 없을 것이다. 지구에 사는 사람이라면 예외 없이 중력의 법칙과 시간의 지배를 받지 않고 살 수 없다. 물론 시간을 이기는 것처럼 보이는 동안에 때로 감탄하기도 한다. 그러나 어색한 웃음으로 보톡스의 흔적을 감추거나, 화려한 복장으로 젊은이의 춤을 흉내 내서 춘다고 모두 다 젊어지는 것은 아닐 것이다. 우리가 외모에 공을 들여

젊어지려는 노력에 걸맞게 자신의 내면이 용기와 도전으로 충만해있는가도 젊음의 요소일 것이다. 문득 아침에 거울 앞에서 새치가 늘고, 잔주름이 늘어난 모습에 놀라다가도 "아직은 육체적 한계에 부딪혀서 못하는 일이 드물지 않은가. 나의 정신이 나태하거나 의지가 약해서 스스로 늙어버린 것은 아닌가" 하고 자문해본다. 스스로 자문하지 않는다면, 도전이 빠진 인생은 죽은 인생이라고 샌더스 할아버지가 어느 매장 앞에서 준엄하게 꾸짖을 것이다.

몇 년 전 부이치치의 강연을 들을 기회가 있었다. 선천적으로 팔다리가 없는 몸으로 태어나 전 세계를 돌며 희망전도사 역할을 하고 있는 그의 강연회장에는 "NO Arms, No Legs, No Limits!"라는 커다란 현수막이 붙어있었다.

부이치치는 에디슨이 전구를 발명하기 위해 수천 번의 실패를 했다면 그건 성공한 마지막 한 번의 방법만 가치 있고 헛수고의 과정이 아니라고 했다. 전구에 불이 들어오지 않는 수천 번의 방법을 알아낸 것이라고 하며 자신의 일상사가 도전의 연속이라고 말문을 열었다.

결코 포기하지 말고 도전하라는 메시지는 사지가 멀쩡한 사람의 다른 미사여구보다도 큰 울림을 주었다. 같이 듣던 사람들도 아마 자신감으로 주먹을 불끈 쥐었을 것으로 기대하고 발걸음을 돌렸을 것이다. 부이치치는 지구상에 똑같이 생긴 나무가 없듯이 어떤 사람도 완벽히 일치하지는 않는다고 하면서 남들과 다른 자신이 결국은 결혼도 하고 아기도 낳아 행복하게 살고 있다면서 유쾌한 웃음을 지어 보였다.

두 팔과 두 다리가 없는 참혹한 현실을 딛고 자신의 인생 스토리를 처절하게 액팅해가는 작은 거인의 한마디가 주는 울림은 어떤 웅변가의 명연설보다 컸다.

✿ 포기하지 않는 한 실패는 경험이다

포기와 성공은 종이 한 장 차이일지도 모른다. 포기는 배추를 세는 단위에 불과하다고 잊어버리자. 쌍둥이 어린 딸과 아내를 두고 군에 재입대하는 싸이는 아마 눈앞에 '포기'라는 단어를 떠올렸을지도 모른다. 그가 주저앉았다면, 한국 대중문화사상 가장 폭발력 있는 아이콘으로 태어날 수 있었을 것인가. 2012년 런던 올림픽 축구 브라질 전에서 박주영이 2대 0으로 끌려갈 때도 '포기하지 마'라고 외치는 입 모양이 중계 카메라에 잡혔다. 비록 그 게임은 졌지만, 3·4위전인 일본전에서 통쾌한 2대 0 승리의 밑거름이 그런 포기를 모르는 정신에서 나왔을 것임은 분명한 사실이다.

대학에서 강의를 한 후 학생들 성적을 부여할 때 평소의 강의 태도나 리포트 내용을 충실히 반영하고자 하지만 억울함을 뒤늦게 호소하는 경우를 보게 된다. 학기 중에 거의 포기에 가까운 행태를 보이다가 읍소를 하는 경우가 있지만, 구제하기보다 원칙을 지키려고 했다. 좋은 게 좋은 거라는 식으로 일정한 학점을 부여하지 않아서 융통성이 없다고 하기보다 포기에 대한 대가를 교훈으로 안고 가게 하는 것이 그 학생의 장래에 도움이 될 것으로 믿기 때문이다. '포기'와 실수는 다르다. 최소한의 의지도 없이 무너진다면 다시 일어설 수 없을 것이다. 지금 어디선가 '포기'라는 단어를 떠올리면서 인생의 언덕에서 가쁜 숨을 몰아쉬는 사람이 있을 것이다. 많은 돈을 잃고 막막한 삶을 마주하고 있거나 흐트러진 인간관계가 회복할 수 없을 정도로 꼬인 지경에 이른 사람도 있을 것이다. "뭐, 별거 아니야. 고작 돈일 뿐이야. 다시 벌면 돼"라거나 "뭐, 세상에 사람은 많아. 돈도 많고. 내게는 아직 '나'라는 자산이 있어"라고 외치며 털고 다시 일어나자.

20세기의 에드거 앨런 포로 불리는 미국의 여류 추리작가 패트리샤 하이스미스(1921~1995)는 "지속적인 좌절이야말로 작가라는 직업에 활력과 열정을 전해준다"며 좌절을 딛고 일서서는 것이 또 다른 삶의 모습임을 강조한다. 많은 사람들이 성공하려면 빨리 실패하라고 가르친다. 『합리적 행복』의 저자이자 『가디언』지의 기자인 올리버 버크먼은 "불확실한 상황을 대면하고 도전하는 과정에서 오히려 창의적인 문제해결법이 나온다"고 하고 "젊은이에게 실패가 재앙이 아님을 교육하지 않는다면 안전한 길로만 가려고 해 역량을 제대로 발휘하지 못하게 된다"고 했다. 그런데 세상에 실패를 목적으로 해 작정하고 실패하고자 하는 사람은 없다. 그러나 크고 작은 실패가 성공으로 가는 여정에 동행한다고 생각하고 도전한다면 두려움은 줄어들 것이다.

♋ 도전이 없는 젊음은 '걱정기계'에 머무는 '죽은 젊음'

한국이나 미국의 창업환경이 판이하게 다른 점도 있지만, 한국의 대학생이나 젊은 층의 창업도전이 미국에 비해 낮게 나타나고 있다. 2012년 서울대 경영학과 졸업생 159명 중 창업한 사람은 4명으로 2.5%에 머물고 있었다. 미국의 스탠퍼드대는 13%, 하버드대는 7% 수준이라고 한다. 한국의 청년 엘리트들은 안정이 보장된 직장으로 대부분 간 것이다. 1998년 IMF 외환위기 이후에 공무원이나 공기업, 의사 등의 직종이 안정성을 이유로 더욱 각광받고 있는 것이 현실이다. 그런데 누구나 먹고사는 문제 앞에서 모험을 즐기기 힘든 것이 사실이기에 이런 현상을 단번에 바꾸기는 쉽지 않아 보인다.

조지프 캠벨은 인생에서 걱정하지 말아야 할 두 가지는 "밥을 굶는 것"과 "다른 사람이 나를 어떻게 생각하느냐"의 문제라고 한다. 그런데 처자식을 굶길까 봐 걱정하고, 다른 사람이 나를 어떻게 생각할까 걱정하면서 체면이나 위신의 문제를 생각하는 것이 우리를 심리적으로 위축시키는 게 사실이다. 나 역시 인간승리의 스토리텔링을 쓴 사람을 보고 스토리액팅의 용기를 얻지만, 무모한 도전이 아닌 현실에 발을 디디고 야금야금 도전하는 쪽이다. 아마 처자식을 굶길까에 대한 걱정, 체면치레에 대한 무의식이 나의 발목을 잡고 있지는 않은지 생각해본다.

분명한 것은 현재에 안주하고 미래를 불안하게 맞는 것은 하루하루를 도전 속에서 살지 않았기 때문이다. 그러기에 오늘 인생을 건 도전에서부터 다이어트와 같은 작은 도전까지 스스로의 삶을 도전 속에 끊임없이 노출시키는 사람에게만이 미래가 있을 것이다. 도전의 시나리오 없이 쪽대본으로 그날그날을 살아가는 인생에게는 현재에 안주하다가 도달하는 절망의 시나리오가 쓰일 것이다. '걱정기계'로 우리의 마음을 불안하게 만들지 말고 도전에너지로 충전시키는 것은 어디까지나 우리 스스로의 선택에 달렸다.

한 가지 뜻을 세우고, 그 길로 걸어가라
잘못도 있으리라
실패도 있으리라
그러나 다시 일어나서 앞으로 나아가라
반드시 빛이 그대를 맞이할 것이다.

- 엠마뉴엘 칸트

3. 임계점을 높여라

불가능한 일이 존재하는 것이 아니라
불가능하다는 생각이 존재할 뿐이다.

- 로버트 슐러(Robert Schuller)

기업의 성장은 반드시 완만한 곡선으로 이루어지지는 않는다. 계단식으로 이루어지는데, 이는 일정한 임계점에 다다르기 전에는 성장세가 보이지 않다가 극한의 어려움을 딛고 다음 단계로 도약하는 경우가 많다고 한다. 동트기 선이 가장 어두운 것처럼 극한의 고통 속에 포기할 수 있는 고비를 넘기는 기업이나 개인에게만 한 단계 도약할 수 있는 기회가 주어진다고 하겠다.

♤ 벼랑에서 밀어도 안 떨어지네

영국의 시인 크리스토퍼 로그(Christopher Logue)는 벼랑 끝으로 오라는 시로 우리에게 담대한 도전의 자신감을 불어넣어 주고 있다.

그는 벼랑 끝으로 나를 부르셨습니다.
벼랑 끝에 더 가까이 오라고 하셔서
더 다가갔습니다.
나는 두려웠습니다.
나는 떨어질 것만 같았습니다.
그런데 벼랑 끝에 겨우 발을 붙이고 서 있던 나를

벼랑 아래로 밀어버리는 것이었습니다.
순간 나는 벼랑 아래로 떨어졌습니다.
그때서야 나는 알았습니다.
내가 날 수 있다는 것을….

프랑스의 시인 아폴리네르도 그와 비슷하게 노래했다.

그가 말했다
벼랑 끝으로 오라
그들이 답했다
우린 두렵습니다
그가 다시 말했다
벼랑 끝으로 오라
그들이 왔다
그는 그들을 밀어버렸다
그리하여 그들은 날았다.

'갈매기의 꿈'에 나오는 조나단 리빙스턴은 매우 특별한 갈매기로 다른 갈매기들이 선창가를 기웃거리며 먹이를 탐내는 시간에도 홀로 더 멀리, 더 높이 나는 법을 연습한다. 조나단에게 비행(飛行)은 존재의 의미, 자유의지, 해방의 또 다른 이름인 것이다. 자신이 단순히 뼈와 깃털로 만들어진 존재가 아니라 원하는 어디로든 갈 수 있고 원하는 어떤 존재도 될 수 있다고 믿고 있었던 것이다. 작가인 리처드 바크 또한 조나단을 닮았다. 실제 작가 데뷔 전에는 파일럿으로 활동한 바 있으며, 최근까지도 자신이 제작한 비행기의 조종을 즐기며 그 때 떠오른 영감을 글로 써온 바크는 2012년에는 비행기 조종 중에 중상을 입기도 했다.

우리도 지상에만 머물지 말고 언젠가는 스스로의 날개를 퍼덕이며 날 준비를 해야 한다.

> 너는 네 자신이 될 수 있는 자유,
> 너의 진정한 자아가 될 수 있는 자유를 가지고 있는 거야.
> 바로, 지금, 여기에서, 아무것도 너의 길을 방해할 수는 없어.
> 그것은 위대한 갈매기의 법칙이야.
> 바로 존재하는 법칙이지.
>
> — 리처드 바크의 '갈매기의 꿈' 중에서

버나드 쇼의 어록 중에는 "A life spent making mistakes is not only more honorable, but more useful than a life spent doing nothing"이라는 말이 있다. 실수하며 보낸 인생은 아무것도 하지 않고 보낸 인생보다 훨씬 존경스러울 뿐 아니라 훨씬 더 유용하다는 것이다. 실수를 한다는 건 도전을 했다는 증거가 될 수 있으며, 도전은 그 자체로 의미가 깊은 것이다. 아무것도 하지 않는다면 실수조차 할 수 있는 기회가 없다는 것이 되고 만다.

우리 인생은 뭐가 그리 급한지 하루하루가 바쁘기만 하다. 그러면서도 많은 사람들은 머뭇거리는 생각만을 하다가 시간을 날려 보내고 마는 걸 보게 된다. 자신의 한계에 도전하거나 상상하기 힘든 높은 목표에 과감히 도전하는 정신에 우리는 박수를 보내게 된다. 르네상스 시대의 천재 화가 미켈란젤로는 "낮은 목표를 잡아 성공하는 것보다 높은 목표를 잡아 실패하는 것이 더 값지다"고 했다.

새로움을 시도하는 용기를 가진 사람이라면 벼랑으로 가는 도전에 과감한 스토리액팅을 할 수 있을 것이다. 배면뛰기는 높이뛰기의 보편적인 방법으로 자리 잡았다. 그러나 1960년대에는 전통적인 정면도약이나 복면도약이 보편화된 방법이었다. 딕 포스베리(Dick Fosbury)라는 열여섯의 젊은이는 배면뛰기를 구사해 2.24m라는 올림픽 기록으로 1968년 멕시코 올림픽에서 우승했다. 지금은 배면뛰기가 보편화된 방법이 되었다. 당시 국가대표팀 감독도 거꾸로 뛰면 목숨을 잃을지 모른다고 그를 말렸다고 한다. 위험에 맞서서 원하는 것을 쟁취한 것이 현실에 안주하는 것에 따른 보상보다는 훨씬 큰 것임은 두말할 나위가 없다. '하이 리스크 하이 리턴(high risk high return)'의 원리는 작은 보상에 만족하면서 사는 사람에게는 배면뛰기로 감히 엄두를 못 낼 스토리액팅의 영역이 될 것이다.

어렵기 때문에 못 하는 것이 아니다. 감히 시도하지 못하기 때문에 어려운 것이다.

- 세네카

♨ 금메달이 되는 '열심히'의 기준

"죽기 살기로 했어요. 졌어요. 그때는(2008년 베이징 올림픽). 지금은 죽기로 했어요. 이겼어요. 그게 답입니다."

2012년 런던 올림픽 유도 81kg급에서 금메달을 목에 건 김재범은 소감도 '챔피언급'이었다. 지난 2008년 베이징 올림픽 경기서 올레 비쇼프(독일)에게 일격을 당해 은메달에 만족해야 했던 김재범은 2012년 런던 올림픽에서 4년 전 베이징 올림픽에서 자신에게 뼈아픈 패배를 안긴 비쇼프를 상대로 완벽한 경기력을 뽐내며 2개의 유효를 획득, 결국 금메달을 목에 걸었다. 레슬링 금메달리스트 김현우 선수의 소감도 인상 깊다. "누가 나보다 땀을 더 많이 흘린 선수가 있다면 그 선수가 금메달 가져가도 된다고 생각했다"고 했다. 많은 훈련량을 짐작게 하는 마음에서 우러나오는 당당하고 감동적인 소감이다. 자신의 스토리를 고무튜브를 끌고 더 큰 상대를 업어치기 하면서 귀가 뭉개질 정도로 절실히 액팅한 레슬러의 말에서 진정한 스토리액터의 땀방울을 본다.

♧ 과학자들의 '금메달감' 노력

무엇이 과연 '열심히'의 의미인가? 혈액형을 발견한 오스트리아의 카를 란트슈타이너는 1901년 모든 사람들의 혈액형이 동일한 것은 아니라는 사실을 알아내고 타인의 피를 수혈할 때 심각한 부작용이 나타나는 이유는 사람의 혈액형이 각기 다르기 때문이라는 것을 밝혔다. 란트슈타이너가 연구에 바친 시간은 깨어있는 시간의 90%인 50년이 넘는다. 75세에 죽은 그늘 보고 부끄럼 없는 노력을 하자. 스타틴 제제 개발자 엔도 아키라의 노력도 의학발전에 빼놓을 수 없다. 스타틴은 혈액 속 저밀도 리포프로테인 콜레스테롤의 수치를 낮추고 죽상동맥경화증을 예방한다. 중상동맥경화증은 심장마비와 뇌졸중을 일으키는 원인이다. 이 공로로 엔도는 500만 명이 넘는 인명을 구했다. "이 세상에 태어났으니 뭔가 흔적을 남기고 죽고 싶었습니다. 이 세상에 무언가 하나 정도는 의미 있는 일을 하고 떠나고 싶었습니다." 엔도 아키라는 과학자의 집요함과 그 배경에 대해 "진리를 찾아가는 길에서 저지를 수 있는 잘못은 단 두 가지밖에 없다. 길을 나서지 않는 것,

그리고 그 길을 끝까지 가지 않는 것이다." 이런 정신으로 임한 과학자들이 이룬 성과를 우리가 지금 누리고 있는 것이다. 나는 인류에 무엇을 기여할 것인가. 인간은 사실 지구에 전세 들어서 살다가 100년이 채 못 되어서 저세상으로 가기 전에 인생에서 던지지 않으면 안 될 묵직한 질문이다.

♋ 임계점에 도달하지 않았던 '몸짱'은 없다

도시생활에서 운동부족을 느껴 헬스장을 찾은 적이 있다. 트레이너의 지도에 따라 운동을 해보았다. '몸짱'까지는 아니더라도 근육이 커지는 모습을 눈으로 볼 수 있는 즐거움을 누리고 싶은 마음에 몇 달이 지난 후 트레이너에게 왜 근육이 안 생기느냐고 물어보았다. 그의 대답은 "매일 설렁설렁 운동하면 몸이 안 만들어진다. 근육이 커지는 것은 근섬유가 찢어져야 가능하다. 그러려면 일정한 임계점이 필요한데 그 수준까지 운동을 안 하고 접기 때문에 근육이 성장할 수 없다고 했다." 순간 부끄러운 마음도 들고, 운동을 설렁설렁해 온 나 자신에 대해 반성하게 되었다. 어떤 절실한 도전을 하고 있는 사람이라면 근육이 찢어지는 임계점에 도달조차 하지 않고서 포기하려고 하지는 않는지 자문해볼 일이다.

국가대표급 선수들을 비롯해 많은 운동선수들은 훈련을 통해 '젖산 내성 능력'을 키운다고 한다. 근육의 피로물질인 젖산은 운동을 할수록 계속해서 몸에 쌓이는데 이게 많이 쌓일 경우 근육통인 '알'로 나타난다. 젖산 내성이 생기면 피로감을 이기고 경기를 지속할 수 있는 능력이 향상되는 것이다. 우리 삶은 젖산 내성 능력을 시험하는 무수한 과정이 도사리고 있다. 미리미리 훈련을 통해 견딜 수 있는 힘을 길러야 할 것이다. 멋진 근육을 보기 전에 근섬유가 찢어지는 고통을 감내한 보디빌더의 노력을 보라. 남모르는 스토리액팅 없이 값진 성취는 없다.

> 인생은 자전거를 타는 것과 같다. 균형을 잡으려면 움직여야 한다.
>
> ― 알베르트 아인슈타인

♻ 편도체에 기억된 두려움을 해체하자

'코이'라는 비단잉어는 작은 어항에서는 8cm 정도까지밖에 자라지 않지만, 큰 어항으로 옮기면 25cm 정도까지 자란다고 한다. 이 비단잉어를 어항에 가두지 않고 강에 놓아주면 1m가 넘게 자란다고 한다. 자신을 가두고 있는 어항은 어떤 것일까. 외부의 어항이 아니라 자신의 생각은 아닐지. 생각해볼 일이다. 혹시 임계점을 미리 설정하고 주저앉을 궁리부터 하고 있지는 않은가.

'코이'에게만 두려움이 있는 것이 아니다. 우리 인간에게도 두려움이 있다. 인간의 두뇌에서 편도체는 불쾌한 기억을 저장하고 나면 잘 잊어버리지 않는다고 한다. 두려움의 경우도 잘 잊어버리지 않는다고 한다. 불확실성과 실패에 대한 두려움과 같이 편도체를 자극하는 것에서 어떻게 해방될 수 있을까. 나도 물에 대한 두려움이 있다. 수영을 잘하지 못한다. 그것은 어릴 때와 군복무 시절에 익사할 뻔한 경험이 물에 대한 두려움으로 남아있기 때문이다. 실패에 대한 두려움이나 공포는 편도체에 저장되는데, 미국의 자동차왕 헨리 포드는 이를 상식

파괴적인 방법으로 극복했다. 그는 "미래를 두려워하고 실패를 두려워하는 사람은 행동에 제한을 받게 된다. 실패는 더욱 현명하게 다시 시작할 기회일 뿐이다. 솔직한 실패에는 수치라는 것이 없다. 실패를 두려워하는 것이 수치스러운 것이다"고 했다. 포드는 두려움을 해체하다 보면 가장 안쪽에 돈을 잃을까 봐 걱정하는 마음이 자리 잡고 있다는 것을 깨달았다고 한다. 그래서 돈 때문에 기피한 것들을 새로 시작하는 용기를 찾을 수 있었다고 한다. 우리의 모든 도전은 두려움에 대한 정면대결을 통해 시작된다.

2002년 월드컵에서 4강 신화를 이룬 선수들의 한결같은 소감이 한 번도 가지 않았던 길에 대한 두려움이 차차 할 수 있다는 자신감으로 바뀌었다는 것이다. 이탈리아를 물리치고 16강에 올랐을 때 우리는 기적의 드라마가 어디까지 갈지 우리의 키가 어디까지 자랄지 아직 모르는 '코이'였다. 그러나 스페인을 8강에서 잡고 4강에 올랐을 때 상암동 월드컵 구장에 카드섹션으로 새겨진 "꿈은 이루어진다"는 말에서 그 꿈은 이미 더 이상 오를 데가 없는 '우승'이라는 두 글자로 바꾸어도 어색하지 않은 말이 되었다. 그리고 패기 있게 독일 전차와 부딪친 대표팀은 잘 싸웠으나 1:0으로 패했다. 그러나 졸전이라고 탓하는 사람은 없었다.

1912년 당시로서는 최첨단 기술이 동원된 영국 선박 타이타닉호가 화려한 위용을 뽐내고 뉴욕으로 향하고 있었다. 항해 도중에 수차례의 경고가 있었지만 선장은 끝내 묵살해 항로를 변경하지 않았고 설마 하는 사고가 일어났다. 영화를 통해 익히 알고 있듯이 이 호화유람선은 빙산에 부딪혀 좌초한 것이다. 1,516명의 목숨을 앗아간 참변 속에서

구명정을 통해 일부는 살아남았다. 사고를 분석한 전문가들은 만약 타이타닉호에서 뒤늦게나마 방송으로 구명정으로 옮겨 타라는 신호가 떨어졌을 때, 승객들이 머뭇거리지 않고 옮겨서 탔다면 500명 정도의 목숨을 더 구할 수 있었다고 한다. 그들은 왜 선장의 방송에 계속 머뭇거리고 있었을까. 아마 그래도 가라앉고는 있지만 거대한 타이타닉호가 더 안전하다고 생각해서 작은 구명정으로 옮겨가기가 너무나 두려웠기 때문일 것이다.

거대한 타이타닉에 조금만 기다리면 곧 교신이 된 구조함이 올 것이라는 기대로 두려움을 이겼으리라. 그러나 두려움을 극복하고 새로운 도전을 통해 살아남은 사람의 판단이 결과적으로 옳았다. 자신의 두려움을 현실과의 타협을 통해 억누른 사람보다는 적극적으로 작은 구명정에 뛰어든 사람의 판단이 더 현명하다는 것을 타이타닉 참사가 보여준 것이다. 서서히 침몰하는 거대한 안전을 택할지 위험해 보이지만 미래가 있는 두려움을 걷어찬 도전을 택할지 인생은 선택의 기로에 우리를 세우는 경우가 많다. 우리 마음속에 도사리고 있는 '코이'를 걷어낼 때 우리의 인생 시나리오는 힘차게 액팅될 수 있다.

우리가 두려워해야 할 유일한 것은 두려움 그 자체다.

- 프랭클린 D. 루스벨트

♤ 하버드대학의 공부벌레들이 가르쳐준 것

흑백 TV 시대에 시리즈물로 보았던 기억이 까마득한 드라마를 얼마 전 영화로 한 TV 채널에서 만났다. 이 영화는 지금 보아도 우리 교육 현실에 많은 시사점을 주고 있다. 살인적인 학습량에 친구들의 우정도 금이 가고 저마다 가슴앓이를 하는 청춘들은 미래에 법률가로서의 이상을 펴기 위한 진통을 다양한 방식으로 이겨내고 있다. 영화의 마지막 장면은 기말시험을 마친 주인공 하트가 여자 친구가 전해준 성적표를 개봉도 하지 않고 종이비행기로 접어서 바다 위로 날려 보내는 장면이다. 진정한 노력은 배반하지 않을 것이란 말처럼 성공을 확신하는 자의 여유와 배짱이 묻어있는 행동이다.

킹스필드 교수가 하트의 법률가적인 자질을 의심하면서, 공중전화기에 사용할 동전을 주며 강의실에서 나가서 부모님께 전화로 법률가가 되기 힘들 거라고 전하라고 말한다. 격분한 하트가 상기된 표정으로 면전에서 한바탕 욕설을 퍼붓는다. 그러자 청년의 기백에 반했는지 오히려 하트의 말을 가장 멋진 말이라고 추켜세우며 강의실에 앉힌다. 학생들을 혹독하게 조련하기로 악명이 높은 냉철한 킹스필드 교수이지만, 이런 대범하고 인간적인 면이 명교수로 남게 한 것은 아닐까. 극단의 기로에서 벼랑으로 몰지 않고 한 번 더 기회를 주는 아량이 교육자에게 필요한 자질은 아닐까.

임산부인 아내를 두고 자살을 시도하는 학생도 있고, 사랑의 열병 속에서도 우정과 사랑 사이에서 갈등하는 학생도 있다. 모두가 법률가가 되려는 길목에서 다양한 이유로 갈등하고 번뇌한다. 하버드 법대의 수재들도 살인적인 학습량과 경쟁, 젊음의 통과의례에서 자유롭지 못한 것이다.

교수의 한마디에 자살바위에 오를 수도 있었던 청년은 A학점을 확신하며 개봉도 하지 않은 채 성적통지서를 종이비행기로 바다 저 멀리로 날려 보낼 수 있는 여유를 가지게 된다. 고통의 임계점에서 좌절하면 미래는 없다. 살인적인 학습량에 굴복하지 않고 임계점을 높여가면서 적응하는 자가 결국엔 최후에 살아남는다.

♧ 20세기형 공부의 한계… 질문으로 창조하자

농경사회적인 성실성만이 문제를 해결해주는 것은 아니다. 공부의 방향도 시대의 변화에 맞게 진화해야 할 것이다. 기록된 것을 암기하고 반복 학습하는 공부가 인터넷 시대의 도래와 함께 변화의 조짐을 보이고 있다. 우리 뇌의 기억회로는 스마트폰이나 컴퓨터가 일정부분 대신해줄 수 있다. 인터넷 검색사이트에 물으면 대부분의 팩트는 해결이 된다. 내가 아는 교수 한 분은 역사적 사실에 대해 자신이 말한 연도가 틀리자 한 학생이 스마트폰으로 금세 검색을 해서 정정하는 것을 보고 자신의 교수법에 대해 반성하는 계기가 되었다고 한다.

그래서 그는 지식을 짜내지 않고 창출하는 교수법을 고민하기로 했다면서, 학생들에게 더 많은 질문과 창의성을 유도할 수 있는 방법을 찾는 중이라고 했다. 이제 자신의 20세기형 교수법은 종말을 고하고 이제 21세기형은 교수법을 고민해야 한다고 덧붙인다.

인터넷 동영상 사이트 '유튜브'에는 전 세계에서 매일 1억여 개 이상의 동영상이 등재된다고 한다. 이 중에서 볼만한 것이 0.1%만 된다고 가정해도 그 숫자가 10만 개에 달한다. 또한 인터넷에는 집단지성이 작동해 허접한 지식은 저절로 걸러지기에 지식이나 정보의 양으로 지식의 수준을 평가하는 시대는 지났다. 본질을 꿰뚫는 혜안을 찾는 공부방법론, 원인의 원인을 파고드는 공부방법론, 스티브 잡스와 같이 다르게 생각할 수 있는(Think different) 창의력을 어떻게 길러줄 것인가를 끊임없이 고민하는 교수법을 찾지 않는다면 대학의 미래도 없을 것이다.

한양대 유영만 교수는 창의력은 질문에서 나온다고 했다. 그는 "창조적 상상력은 어린아이와 같은 순진무구한 질문에서 나온다. 질문하지 않으면 호기심이 죽고 호기심이 죽으면 창의력이 실종된다"고 보고 스탠포드대학에서 한 사람이 5세 아이와 45세 중년의 때를 비교한 결과를 소개한다.

우선 5세 때는 하루에 창조적인 과제를 98번 시도하고, 113번 웃고, 65번 질문했다. 반면에 45세 때에는 하루에 창조적인 과제를 2번 시도하고, 11번 웃고, 6번 질문했다.

상상과 창조는 질문을 자양분으로 해서 자란다. 묻는 사람은 그 순간에 바보가 될지도 모르지만, 묻지 않는 사람은 영원히 바보가 될 수도 있다.

♣ 4할 타자의 비결… 중독자가 돼라

1982년 한국 프로야구 원년에 40세의 감독 겸 선수가 세운 4할1푼2리의 타율은 아직 불멸의 기록으로 남아있다. 일본에서 활약하다 고국으로 온 백인천의 기록이다. 당시 백인천의 대머리와 함께 특정 브랜드의 남성용 강장제의 기억이 아직도 뇌리에 남아있다. 백인천의 여성 스캔들이 뉴스를 타고 있어서 지금은 없어진 백인천이 홈런을 치는 모습을 모델로 한 특정 브랜드의 약품은 더욱 강렬하게 각인돼 있다.

백인천의 기록을 우리보다 앞선 일본 야구에서 실력을 인정받은 선수가 한 수 낮은 무대에서 기록한 것으로 폄하할 수도 있겠지만, 4할이라는 타율은 수준 차 이상의 혼이 없으면 불가능하다. 대기록의 비결에 대해 백인천은 자신을 '야구중독자'로 표현한다. 방망이를 하루라도 휘두르지 않으면 미치는 수준으로 마약중독자가 마약을 하고 싶은 것과 같은 이치라고 한다. 백인천은 자신보다 야구재능이 많은 장효조(3할8푼7리, 1987년)나 이종범(3할9푼2리, 1994년)이 4할을 못 친 것은 중독까지 가지 못했기 때문이라고 보았다.

이런 중독의 유형으로 백인천은 미국과 일본에서 뛰면서 통산 4천 안타를 넘어선 이치로를 든다. 이치로와 대화하면 싸늘한 기운이 느껴진다면서 자신처럼 재능은 없지만, 연습을 통해 중독자가 된 케이스로 봐야 한다고 했다. 이 고령의 야구인은 "중독은 결국 야구로 돌아오게 만든 힘이었다"고 인생을 돌아봤다. "나도 술, 도박, 여자에 다 빠져봤다. 일본에 있을 땐 좋아하는 여자를 만나려고 서울에서 부산쯤 되는 거리를 차를 몰고 달려간 일도 있다. 싫다는 여자에게 죽자 살자 매달린 적도 있다. 하지만 어느 순간 여자가 붙잡아도 칼같이 뿌리치고 야구로 돌아왔다."[40]

중독자가 된다는 것은 어떤 것에 반쯤 미친다는 것이 아닐까. 과연 우리는 우리가 맡은 분야에서 중독자가 되어있는지 4할은커녕, 3할은

치고 있는지 자문해본다. 인류 최초로 비행에 성공한 라이트 형제는 평생을 독신으로 살았다. 그 이유로 형제가 답한 말은 "나에게는 아내와 비행기, 둘 다를 위해 쓸 시간이 없다"는 것이다. 이 정도면 비행기 중독자가 아닌가. 난 지금 무엇에 중독되어 있는지 돌아본다. 내가 평생을 바쳐도 아깝지 않은 어떤 것에 중독된 사람이라면 잘 살고 있는 것이다.

프로페셔널의 경지는 어떤 분야에 중독되어 열심히 하는 것만으로 도달하기 어려운 것이다. '열심히'가 아니라 '잘' 해야, 그것도 '아주 잘' 해야 하는 것이다. 코트의 악동 존 매켄로는 윔블던을 제패한 후 언론 인터뷰에서 우승 당시 전날 잠을 못 자서 컨디션이 최악이었다고 말해 주위를 놀라게 했는데, 그다음 말이 더 화제다. "프로는 원래 그런 거다. 다른 선수들도 그랬을 것"이라고 했다. 핑곗거리를 찾아 숨기보다 어떤 악조건도 극복하고 경지에 도달하려면 중독이 되어야 하고 프로가 되어야 한다.

중독이 되었을 때 어느새 '노동'은 '놀이'가 되고 스토리는 쉽게 액팅이 될 것이다. 박사과정에서 어린 학생들과 영어원서를 두고 씨름하는 것도 고교 시절 대학입시 때의 공부의 힘든 느낌과는 달랐다. 고교 시절에는 막연한 미래에 대한 불안감을 공부로 해소하면서도 미래의 그림이 그려지지가 않았다. 목표의식이 뚜렷할 때는 공부가 '놀이'까지는 아니더라도 '노동'이라는 생각은 들지 않았다. 우리 주위에는 많은 중독거리가 있다. 물론 알코올이나 유해한 종류의 중독은 인생을 낭비하고 망칠 수도 있다.

♣ 인간의 능력

인간의 능력은 아직도 한계가 명확하게 알려져 있지 않았다.
사람에게는 무엇이 가능한지조차 알 수 없다. 인간이 도전한 일은
너무 적기 때문이다.

- 헨리 데이비드 소로

남자 육상 100m에서 인간한계 기록에 대한 논란은 지속적으로 있었지만 시간이 지나면서 한계기록은 계속 틀렸다는 것이 증명되고 있다. 우사인 볼트가 9초 58까지 기록을 단축해 한계로 여겨졌던 9초 6선이 무너지고 어떤 기록까지 도달할지 관심거리다. 현재 남자 마라톤 세계 기록은 케냐의 패트릭 마카우가 2011년 9월 25일 베를린 마라톤에서 세운 2시간 03분 38초다. 마라톤의 경우도 2시간 10분이 인간의 한계라는 설에서 이제 2시간 돌파도 목전에 온 것처럼 보인다.

재미 기업인 김태연은 '햄버거 성공'이라고 부르면서 인스턴트적인 작은 성공에 안주하는 것에 대해 경종을 울리고 있다. 콜린스는 수많은 기업들이 위대한 기업이 되지 못하고 그저 좋은 기업으로 남는 가장 큰 이유가 좋은 이윤과 좋은 매출에 안주하기 때문이라고 분명하게 말한다. 햄버거 성공에 안주하면서 임계점을 낮추고 그럭저럭 살아가는 것이 아닌지 반성해본다.

♣ 천재는 없다

아인슈타인, 에디슨은 물론 모차르트도 천재가 아니라고 하는 미국의 작가가 있다. 『권력의 법칙』(1998), 『전쟁의 기술』(2007)로 유명한

베스트셀러 작가 로버트 그린은 신(神)이 내린 천재 따위는 없다고 잘라 말한다. 열정을 끊임없이 파고든 거장만이 있다고 한다. 그에 따르면 모차르트는 다섯 살부터 곡을 쓴 신동이 아니고, 작곡을 시작해 10년이 넘는 수련을 통해 독창적인 작품을 만들 수 있었다. 아인슈타인도 1905년 상대성이론을 발표하기 전까지 1만여 시간을 연구에 몰입했다고 한다. 그린은 이들 모두 본능적 열정 외에 뼈를 깎는 수련을 통해 위대한 천재로 태어났다고 했다.

아르놀트 하우저는 『문학과 예술의 사회사』라는 명저를 1951년 그가 47세에 시작해 중간에 어떤 매체로도 성과를 발표하지 않고 57세까지 작업을 거쳐 완성한 노작이다. 20대 후반 조국 헝가리에서 교수직으로 있다가 1938년 영국에 정착한 뒤에 책을 쓰는 동안 그는 생계를 위해 온갖 허드렛일을 마다하지 않고 10년간 휴가도 없이 일했다고 한다. 사환 업무에 가까운 중노동을 견디면서 그는 도대체 언제 공부를 하고 글을 썼을까. 오후 6시가 지난 저녁시간과 주말을 연구에 바쳤으며 공부는 자정을 넘기기 일쑤였다고 한다. 토요일 대영도서관에 가장 먼저 입장해서 가장 늦게까지 자리를 지킨 사람도 하우저였다고 한다. 이런 노력 덕분에 우리는 시대를 초월한 명작의 향기를 맡을 수 있다.

로버트 그린은 천재로 태어나기 위해서는 우선 인생의 과업을 찾아야 한다고 보았다. 이는 강박에 가까울 정도로 흥미를 느끼는 분야여야 한다고 한다. 만약 과업을 거스른다면 평생 후회 속에 살 것이고, 일이 지겨워 퇴근만 기다리는 경우는 그 분야가 당신 분야가 아니라고 했다. 진정한 마스터로 태어나는 과정을 모차르트의 예를 들어 설명했다. 첫째는 탐색기(피아노의 재능을 발견하고 몰두), 둘째 수련기(부친과 함께 유럽을 돌면서 궁중 악사로 활동), 셋째 시기는 창의적 실행기(24세에 독립해 오페라 작곡을 시작), 마지막으로 마스터리(mastery)의 시기로 '피가로의 결혼' 등 명곡을 작곡한 시기로 구별할 수 있다고 보았다.

혹독한 훈련과 수련의 바탕이 없는 범재들이 자신을 합리화하기 위해 천재를 양산해내는지 곰곰이 살펴볼 일이다.

☙ 썰물 때 실력이 드러난다. 책을 읽고 실력을 길러라

중국 전국시대의 책사인 소진(蘇秦)은 "차라리 닭의 주둥이가 될지언정 소의 똥구멍은 되지 말라(寧爲鷄口, 勿爲牛後)"라고 했다. 비굴하게 강자에 빌붙느니 자신의 길을 가라는 말일 수 있다. 그러나 자신의 힘을 기르지 않고 무조건 독자노선으로 간다면 위험할 수도 있다. 어떤 면에서 실력이 없는 자가 닭의 주둥이가 된다면, 아무도 봐주지 않을 것이다. 영웅 심리로 닭의 주둥이라도 되었다고 우쭐거리기보다는 자신의 부족함을 알고 소의 엉덩이를 자처하면서 후일을 도모하는 것도 지혜일 수 있다. 자신이 나설 것이냐 한 박자 쉬어서 후일을 도모할 것인가는 물론 주어진 객관적 상황을 냉정히 파악한 뒤에야 가능할 것이다. 그래서 자신의 실력을 기르면서 치기 어린 마음으로 나서지 않고 때를 기다릴 줄 아는 것도 진정한 실력자의 모습일 수 있다.

도전한다고 해서 무모하게 덤비는 것만이 최선은 아닐 것이다. 이런 면에서 도광양회(韜光養晦), 즉 자신의 빛을 감추면서 보이지 않게 실력을 기르며 때를 기다리는 자세도 필요한 것이다. 자기 PR 시대라고 자신을 포장하기에 바쁜 시대이다. 그럴수록 '낭중지추'의 실력은 드러나기 마련이라는 생각으로 스스로를 단련하는 도광양회의 자세는 미덕으로 남을 것이다. 자기가 좋아해서 어떤 일에 몰두하다 보면 자연스럽게 기회가 온다. 인맥을 쌓기 위해 억지로 유명인 곁에 이름을 알리려고 발버둥 치며 들이는 시간과 노력을 스스로의 내공을 쌓는 데 쓰는 것이 현명하다.

콜럼버스가 1492년에 신대륙 탐험에 성공한 배경에는 남모르는 준비가 필요했다. 마르코 폴로가 200년 앞서 쓴『동방견문록』을 읽고 미지의 세계에 대한 동경을 길러온 콜럼버스는 스페인 왕실의 지원을 얻어 탐험에 나선 것이다.『동방견문록』을 읽은 것이 신대륙 발견의 동기부여가 되었는데, 한 권의 책이 결국 역사를 바꾸었다고 할 수 있다. 어느 대형서점 앞에는 "사람은 책을 만들고 책은 사람을 만든다"는 말이 돌비석에 적혀있다. 세상에는 책을 만든 사람이 사람이 만든 책보다 훨씬 많고, 그 책이 만든 사람은 역사를 만드는 것이다. 내일을 위해 당신은 지금 어떤 책을 읽고 있는가. 리더(leader)가 되기를 원한다면 우선 리더(reader)가 되어야 한다.

소크라테스도 "이 세상에 고생하지 않고 얻을 수 있는 것은 없다. 그러나 남이 고생해서 이룬 것을 쉽게 얻을 수 있는 것이 있는데, 그것이 바로 독서다"라고 한 바 있다. 책으로 읽어서 자신의 피와 살이 되었던 지식은 언젠가 위기에 빛을 발할 수 있을 것이다. 투자의 귀재라는 워런 버핏도 "물이 빠져나간 썰물 때 누가 벌거벗고 있었는지 알수 있다"고 함으로써 위기에서 진정한 실력이 드러난다고 보았다.

책을 즐겨 읽는 사람은 많다. 그러나 수많은 리더(reader)가 작가 (writer)가 되고자 하지만, 포기하는 사람이 많다. 자신의 실력을 '도광 양회'의 마음으로 기른다면 언젠가는 '양질전환의 법칙'이 실현될 것이 다. 즉, 수많은 독서로 다진 내공이 거침없는 글쓰기 실력으로 발휘될 수도 있을 것이다. 몇 권의 책을 쓴 경험은 양질전환의 체험이 되었다. 지금의 글쓰기도 나의 수많은 '스승들'인 책이 없었다면 불가능했다.

♣ 때론 상식을 파괴하는 도전이 크게 성공할 수 있다

미키마우스를 보면 그의 이름이 떠오르고, 꿈의 왕국 디즈니랜드를 개척한 월트 디즈니는 그 누구도 가능성을 의심할 때 만화영화라는 새 장르에 도전해 영화산업의 지평을 넓혔다. 그가 만화영화에 손대기 전 만화는 주로 영화 작품이 상영되기 전에 광고로만 이용되는 수준이었 다. 스크린에 정지된 만화 이미지에만 디즈니의 생각이 정지되어 있었 고 대다수의 상식을 충실히 따랐다면, 오늘날 우리는 하수구를 헤집고 다니는 징그러운 생쥐는 볼 수 있을지 몰라도 미키마우스를 만나지는 못했을뿐더러 만화영화의 황금시대를 보지 못했을지도 모른다.

미국의 아서 존스는 지금은 웬만한 헬스장마다 설치된 노틸러스 기 계를 발명한 사람이다. 1970년대까지는 대부분의 보디빌더들이 덤벨 이나 바벨, 줄넘기 같은 기구로 몸을 단련했다. 그는 노틸러스 기계를 통해 인간의 근육을 불완전한 도구인 바벨에 맞추는 대신 기계가 근육 의 요구를 완전히 맞추도록 했다. 상식에 과감히 도전해 새로운 상식 을 만들어낸 경우는 많다.

한국 경제계의 거인이었던 정주영은 배짱과 집념의 경영인으로 현대그룹을 일궈냈다. 아산만 간척지를 만들 때에는 흙을 아무리 부어도 센 물살을 견디지 못하자 폐선을 활용해 물살을 막아 정주영 공법을 탄생시켰다. 그런가 하면, 당시 조선산업의 불모지인 한국에서 영국의 선주를 대상으로 발주를 위해 차관 도입을 요청하는 자리에서 난색을 표하는 영국 바클레이 은행 롬바톤 회장에게 당시 500원짜리 지폐에 그려진 거북선을 보여주었다. 그리고 "우리는 이미 1500년대에 이런 철갑선을 만들었소. 당신네 영국은 1800년대에나 조선사업을 시작한 것으로 안다. 그러니 우리가 300년은 앞선 것이다"라고 하자 롬바톤 회장이 호의적인 반응을 보여 협상이 진척되었다고 한다. 허허벌판 울산 앞바다에 마련한 공장부지와 정 회장의 배짱이 당시에 누구나 힘들 것이라는 상식을 파괴함으로써, 한국 조선산업의 신화를 창조하는 싹을 틔웠다.

1927년에는 찰스 린드버그가 파리에서 뉴욕까지 단번에 비행을 성공시켜 2만 5천 달러의 거금을 차지했다. 이는 당시의 부동산 재벌 레이몬드 오티그가 모험에 도전하는 젊은이에게 내건 상금이 있었기에 가능했다. 이에 영감을 얻은 하버드 출신 의사 다이아먼디스는 1994년 민간 우주여행의 활성화를 위해 엑스프라이스 재단을 만들었다. 이어 리처드 브랜슨을 비롯한 많은 사람들이 민간우주여행이라는 가슴 설레는 그러나 무수한 상식을 파괴해야만 하는 프로젝트에 도전하고 있다. 자금의 조달에서부터 기술적인 문제, 안전문제 등 엄청난 리스크를 가진 사업이지만 우주에 도전하는 꿈의 프로젝트이기에 벌써부터 많은 명사들이 수억 원의 보증금을 걸고 우주여행객이 되고자 줄을 서고 있다고 한다.

잘 알려지지는 않았지만 돈으로 이 엄청난 경험을 산 사람이 있다. 민간 우주여행은 아니지만, 2001년에 미국인 사업가 데니스 디토가 2,000만 달러라는 거금을 지불하고 러시아의 소유스 우주선을 타고 국제우주정거장에서 6일을 보내고 총 8일을 우주에서 보낸 적이 있다. 2006년에는 이란의 아누세 안사리라는 여인이 비슷한 금액으로 최초의 우주여행객의 지위를 차지했다. 지금도 지구촌 곳곳에서는 꿈의 프로젝트를 준비하면서 곳곳에서 상식을 파괴하는 도전을 진행하는 사람들이 있을 것이다. 상식을 파괴하는 대담한 도전이 없다면 그 인생 시나리오는 이미 드라마의 역동성을 잃을 것이다.

> 마음이 약한 사람들은 변화를 두려워한다.
> 그들은 현상이 유지될 때 안도감을 느끼고,
> 새로운 현상에는 거의 병적인 두려움을 느낀다.
> 그런 사람은 새로운 아이디어 앞에서
> 가장 큰 고통을 느낀다.
>
> - 마틴 루터 킹 주니어

♧ 정상에 선 사람은 또 다른 정상을 찾는다

자신이 목표로 하는 일정한 지점에 도달했다면 목표의식을 상실하고 방황할 수도 있을 것이다. 그러나 더 고차원의 목표를 가지고 자신을 담금질하는 사람에게는 방황할 틈이 없을 것이다. 이승엽 선수가 단일 시즌 50여 개의 홈런을 때리며 적수가 없는 홈런왕으로 승승장구할 때 스윙 폼을 교정하겠다고 하자 양준혁 선수가 놀랐다고 한다. 놀란 데 그친 게 아니라 그 좋은 스윙 폼을 고치는 게 이해가 안 될뿐

더러 슬럼프에 빠질까 봐 걱정을 하면서 말렸다고 한다. 그런데 스윙 폼을 교정하고 더 높은 목표를 겨냥하고 있는 이승엽을 말릴 수가 없었다고 한다. 이후 이승엽은 한 시즌 56개의 홈런으로 아시아 신기록을 달성하고 일본 무대에도 성공적으로 진출한 바 있다.

한국과 일본 프로야구에서 성공한 임창용의 미국 메이저리그 도전도 예사롭지 않았다. 미국 프로야구에서 메이저리그와 마이너리그는 연봉수준에서 생활환경이 엄청난 차이가 난다. 당시로서는 미국의 더블A 월급은 140만 원 정도인데 메이저리그는 최저연봉이 40만 달러(약 4억 4천만 원)이다. 일본 프로야구의 평균연봉 3,650억 엔(약 4억 3천만 원)을 웃돌았다. 원정경기의 장거리 이동에 메이저리그에서는 안락한 전세기가 제공되지만, 마이너리그엔 전세버스에서 덩치 큰 동료가 타면 불편을 감수할 각오를 해야 한다. 음식도 물론 햄버거와 스테이크의 차이만큼이나 크다. 임창용은 도전의 야구를 즐겼던 것이다. 그가 한국에서 성공 후 자유계약선수 자격을 얻고 일본으로 갔을 때 많은 사람이 만류했지만, 일본에 가서 2012년에는 일본 프로야구 양대 리그를 통틀어 연봉 6위에 해당하는 5억 엔을 받았다. 그러나 그는 마이너리그 연봉을 감수하면서 37세의 나이에 새로운 도전에 나섰다. 그 나이에 햄버거를 먹을 필요가 있느냐면서 죄다 말렸다. 그때 임창용이 한 말은 "도전하면 실패도 있고, 성공도 있다. 그러나 도전하지 않으면 후회가 남을 수 있다"고 하고, "자신이 햄버거를 먹을지, 스테이크를 썰게 될지 지켜보라"고 했다.[41] 그런 임창용이 2013년 9월 37세의 신인으로 시카고 컵스의 유니폼을 입고 꿈에 그리던 메이저리그 무대에 서게 되었다.

삶에서 작은 언덕을 넘어도 주저앉아 쉬고 싶은 안주의 유혹은 무수히 많다. 그러나 더 높은 봉우리를 정복하고자 한다면 쉽게 주저앉아 쉴 수 없는 것이 인생이다.

정상에 있을 때도 업그레이드를 위한 노력을 게을리하지 않았던 대표적인 운동선수가 타이거 우즈다. 1997년 4대 메이저골프대회인 마스터스 대회에서 우승한 타이거 우즈는 경기 후 자신의 스윙을 비디오로 분석한 후 자신의 스윙이 형편없다고 그의 스윙 코치 부치 하면에게 전화를 건다. 부치 하면은 좋은 결심이지만 그에 따른 리스크가 크다는 점을 일러주었다. 코치의 걱정대로 1999년까지 19개월간 단 한 개의 대회에서만 우승한 저조한 성적표를 받아들였지만 스윙 교정 중인 우즈는 자신이 그토록 꿈꾸던 스윙이 완성되어 간다는 느낌을 즐기고 있었다. 그리고 1999년 5월 우즈는 외관상으로 보이는 슬럼프에서 보란 듯 탈출해 그해 참가한 14개 대회에서 10개의 우승 트로피를 휩쓸었다. 1999년 말부터 2000년 초까지는 6개 대회를 연속으로 우승하는 기염을 토했다. 17세부터 우즈를 지도한 부치 하면은 "우즈는 일단 자신의 약점을 파악하기만 하면 훈련을 통해 반드시 그것을 강점으로 바꿔놓는다"고 말했다.

때로 특정한 분야에서 큰 성공을 거두거나 정상에 오른 뒤에 우울증이나 무기력증에 빠지는 경우도 있다. 미국의 우주비행선 아폴로 11호를 타고 닐 암스트롱에 이어 두 번째로 달을 밟은 버즈 올드린은 달 탐험 이후에 영웅대접을 받았는데, 하루 종일 책상 위에서 창밖을 바라본다거나 긴 밤을 위스키에 의지한 채 불면에 시달린 적도 있다고 한다. 이른바 성취한 뒤의 우울증에 빠진 것이다. 『설국』으로 유명한 일본의 노벨상 수상작가 가와바타 야스나리도 작가로서 대단한 영예인 노벨상 수상이라는 큰 성공을 이룬 후에 자살로 생을 마무리했다. 이들에 비하면 작은 성취일 수 있지만, 많은 사람들이 어느 정도 원하는 목표지점에 도달한 후 스스로를 다시 채찍질하기보다는 성취의 후유증에 시달리기도 한다. 이전의 성취의 달콤함에서 벗어나 작아도 새로운 목표를 설정하고 도전하는 자세는 정서적인 안정은 물론 자신의 삶 자체를 풍요롭게 만든다.

초등학교 시절 여름독서학교에서 읽었던 책이 기억날 때가 있다. 그 때 읽었던 책 헤르만 헤세의 『데미안』 중에 지금까지 "새는 알을 깨고 나와야 한다"는 문구가 떠오른다. 주인공 데미안의 방황과 고민이 어렴풋이 기억나지만 그 정확한 의미는 몰랐던 것 같아서 아주 빛바랜 문고판을 다시 꺼내 보았다.

> 내 꿈속 세계에 존재하는 새는 내 친구를 찾는 방법을 알아냈고, 신기하게도 답장이 왔다. 어느 날, 나는 쉬는 시간이 끝난 후 교실의 내 자리에 앉자마자 교과서 사이에 우리가 수업시간 중간에 친구들끼리 몰래 쪽지를 돌리는 방식처럼 적힌 종이 하나가 끼워져 있는 것을 발견했다. …
> 바짝 긴장한 채 그것을 읽는 동안, 내 심장은 갑작스럽게 냉기가 덮친 듯 운명 앞에서 오그라들었다. "새는 알을 깨뜨린다. 알은 세계다. 태어나려는 자는 한 세계를 파괴해야만 한다. 새는 신에게로 날아간다. 그 신의 이름은 아브락시스다."
>
> - 『데미안』 중에서

지금 나는 또 다른 도전의 스토리를 액팅하기 위해 자신의 알을 깰 준비가 되어있는가. 스스로에게 물어보자. 스스로 알을 깨는 과정이 없다면 새가 될 수 없다. 계란도 스스로를 깨면 병아리가 되지만 외부에서 깨면 프라이가 된다.

위험을 무릅쓰고
멀리 나아가는 사람들만이
얼마나 멀리까지 갈 수 있는지
알아낼 수 있다.

- T. S. 엘리엇

4. 러프에서 핀 꽃

같은 일을 반복하면서 다른 결과가 나오길 바라는 것보다 어리석
은 일은 없다.

- 아인슈타인

✿ 역경을 경력으로 바꾼 한국 골퍼의 힘

골프는 흔히 '멘탈 스포츠'라고 한다. 역경을 거꾸로 읽으면 경력이
다. 역경을 오히려 강한 멘탈의 원천으로 세계 무대에 한국 골프의 매
운맛을 보여주는 사람들의 얘기를 들어보자. 이들은 페어웨이에 안착
한 상태가 아니라 러프에 빠진 상황에서 아름다운 꽃을 피우고 있었다.

박세리 선수가 1998년에 LPGA 메이저대회인 US오픈에서 우승하
면서 IMF로 실의에 빠진 국민을 위로한 이래 이른바 '세리 키즈'라고
하는 한국 여자 골프선수들이 세계 골프계를 지배하고 있다. 최경주를
비롯한 남자 골프선수들도 높기만 해 보이던 세계 골프계의 문을 두드
려 상당한 성과를 올리고 있다. 골프도 일부의 사치 스포츠가 아닌 대
중적인 스포츠로 자리 잡았고, 유명 선수의 성공 스토리 이면에는 유
난히 인간승리의 기록이 많이 있다. 골프에서도 티샷 한 볼이 페어웨
이에 안착하지 못하고 러프에 빠지면 다음 샷을 하기에 난감하기 마련
이다. 그런데 한국의 골프스타들은 이런 러프에서 탈출해 성공 스토리
를 쓰고 있었다.

작은 체구에 항상 미소를 머금은 신지애 선수는 한때 세계랭킹 1위

를 넘나들 만큼 출중한 실력을 지닌 선수지만 그의 가족사는 연민을 느끼게 한다.

목사인 신지애 선수 아버지는 초등학교 6학년 때부터 5년 가까이 20층 아파트 계단을 한 시간 만에 일곱 차례씩 오르내리게 했다. 가난한 목사 아버지가 생각해낸 체력단련법이다. 관사 마당에 10m 간격으로 120m 사이에 금을 그어 아이언샷 연습도 시켰다. 신지애 선수는 중학교 때 교통사고로 어머니를 잃었다. 어머니를 잃은 후 받은 사망보험금으로 빚을 갚은 뒤 남은 1,700만 원이 그의 운동 밑천이었다고 한다. 어려운 환경에서 운동했던 신 선수는 한때 세계랭킹 1위를 기록할 정도로 국내 지존을 넘어선 실력으로 우뚝 선 것은 시련이 성장시킨 강한 '멘탈'에 있는지도 모른다.

청야니와 세계 정상을 다퉜던 최나연도 결코 넉넉한 환경에서 운동을 한 건 아니라고 한다. 집에서 주유소를 운영했지만, 오지여서 생활이 여유롭지 못했다고 한다. 주니어 시절 지방대회를 나갈 때는 경비가 부족해서 여관방을 두 개 빌릴 형편이 안 되어 아버지가 다 큰 딸과 함께 자기도 뭣하고 해서 컨디션 조절을 위해 최나연이 방에서 자고 차에서 자야 할 아버지에게 창밖으로 베개를 던져 주었다고 한다.

최경주, 양용은, 배상문, 김경태 선수도 다들 어려운 환경에서 한국을 대표하는 선수로 성장했다. 한국은 물론 아시아를 대표하는 골퍼로 자리매김한 최경주는 전남 완도에서 태어나 골프가 뭔지도 모르고 고교 골프부에 입문하게 되었고, 어려운 환경을 딛고 일군 인간승리로 유명한 선수다. 최경주가 처음 골프를 접하게 되었을 때는 그물망이

쳐진 골프연습장을 보고 그것이 닭장인지 꿩 사육장인지, 골프공의 올록볼록한 생김새마저 신기하게 생각했던 고교생이었다. 그런 그가 우연히 성공의 동아줄을 잡게 된 것은 연습장에서 만난 소중한 인연 때문이라고 한다.

최경주는 한서고 이사장을 만나고 그의 도움으로 서울에 유학하게 되어 골퍼로서의 길에 본격적으로 나서게 된 것이다. 우연이 운명이 되었다. 이런 운명을 행운으로 이끈 것은 물론 최경주 본인의 피눈물 나는 노력이 있었기에 가능한 것이었다. 2011년 PGA 신인왕으로 화려하게 등극한 존 허 선수는 서울 강북구 미아동에 살 때 지하철을 세 번씩 환승하면서 연습장을 찾은 적이 있을 정도로 어려운 여건을 딛고 일어선 선수다.

한·일 투어 상금왕, PGA 우승 경험이 있는 배상문의 경우도 예외는 아니다. 배상문 선수의 홀어머니 시옥희 씨는 대회 경비 마련이 어렵게 되자 자신의 금반지까지 팔고 직접 캐디백을 매고 뒷바라지하며 아들의 내일을 억척스럽게 다져나갔다고 한다.

낚시꾼 스윙으로 알려진 늦깎이 골퍼 최호성의 잡초와도 같은 이력도 이채롭다. 스무 살 때 참치 가공 공장에서 일하다가 전기톱에 오른손 엄지손가락을 한 마디 잃었던 최호성은 골프장에서 아르바이트를 하다가 25세 때부터 독학으로 골프를 익혔다. 오전 4시 30분부터 오후 11시까지 일하는 틈틈이 레슨도 받지 않고 혼자 훈련해 2년 만에 세미프로 테스트에 합격했다.

엄지손가락 한 마디가 없다고, 가난하다고 불평하고 골프를 못 오를 나무라고 쳐다보고만 있었다면 프로골퍼 최호성은 없었을 것이다.

2019년 LPGA 세계랭킹 1위를 질주하던 고진영은 그해 최고의 선수를 상징하는 올해의 선수상 수상이 확정되고 나서 북받친 감정을 억누른 채 소감을 밝혔다. 고진영 선수는 "어릴 때 집안 사정이 좋지 않아 골프를 포기할까도 고민했다. 5~6승을 할 때까지도 빚은 없어지지 않았지만 그런 상황이 나를 더 강하게 만들었다"라고 했다.

박지은 선수처럼 비교적 유복한 환경에서 운동한 경우도 있지만, 세계 무대에서 성공한 많은 한국의 골퍼는 성장기가 안락한 생활과는 거리가 먼 사람들이다. 이들의 성공스토리를 들으면 골프가 또 다른 측면에서 멘탈 스포츠라는 것도 쉽게 알 수 있을 것이다. 정상에 선 많은 골퍼들은 감동을 주는 스토리를 액팅하기 위한 피나는 노력을 했기에 인생의 깊고 험한 러프에서 탈출할 수 있었다.

♣ 빛을 보지 못할 뻔했던 해리포터

성경 이후 가장 많이 팔린 책으로 꼽히는 『해리포터』 시리즈로 유명한 J. K. 롤링이 이혼녀 시절, 혼자 어린애를 양육하면서 자신이 쓴 원고를 여러 출판사에 보내 퇴짜를 맞은 것만 1년여, 그녀에게 서광을 비춘 것은 영국의 블룸스버리 출판사였다. 그것도 편집자가 미심쩍어서 자신의 여덟 살 먹은 딸에게 원고의 일부를 읽어보라고 했더니 딸이 그 이야기에 푹 빠져서 안달이어서 원고를 구제했다고 한다. 아마편집자에게 어린 딸이 없었다면 해리포터 시리즈는 전 세계 어린이들을 마법에 빠지게 하기는커녕 영원히 햇빛을 보지 못했을지도 모른다. 그것이 1996년 8월의 일이다. 이제 해리포터 시리즈는 더 이상 설명이 필요 없을 정도로 영국의 대표적인 문화콘텐츠가 되었다.

잭 캔필드가 쓴 『영혼을 위한 닭고기 스프』의 원고는 출판되기 전까지 서른세 곳의 출판사에서 출간을 거절당했다고 한다. 아무도 읽지 않을 것이라며 매몰차게 거절당했던 이 책은 한국어를 비롯한 전 세계 언어로 번역되어 일천만 부 이상 팔렸다.

『꿈꾸는 다락방』의 저자 이지성도 교사라는 직업 대신 글쓰기를 직업으로 삼고자 1년 4개월 동안 하루에 4시간씩 자면서 쓴 원고가 출판사 60여 곳에서 거절당한 쓰라린 경험을 가지고 있다.

록키 시리즈로 유명한 실베스터 스탤론은 공부를 못해 여러 학교를 전전하면서 배우가 되려고 했지만 실패의 연속이었다. 그래서 배우보다 글쓰기에 흥미를 느껴 영화 <록키>의 대본을 써 자신에게 주연을 맡기는 조건으로 영화제작을 의뢰했으나 수없이 거절당했다. 마침내 제작된 그 영화는 1억 달러 이상의 수입을 올렸으며, 스탤론을 스타덤에 올려놓았다.

한 번의 실패나 거절에 주저앉았다면 빛을 보지 못했을 무수한 보석이 있다. 지금도 어딘가에서 거절의 순간을 맞고 있는 보석이 있을 것이다. 그것이 보석으로 빛나기 위해서는 스토리를 액팅해내는 강력한 도전정신이 필요한 것이다. 극적인 반전을 위한 인생 시나리오는 누가 대신 써주는 것이 아니다.

♣ 신화가 끝나도 도전은 남는다. 챔피언 홍수환의 도전

김기수가 벤베누티를 누이고 한국 최초의 프로복싱 챔피언이 된 후 서울 시내 카퍼레이드를 펼치는 순간 고교생 홍수환은 미래의 자신의 모습을 상상하고 있었다. 그리고 그 꿈은 1974년에 남아공에서 아놀드 테일러에게 승리해서 이루어진다. 국민영웅이 된 그는 이내 타이틀을 빼앗겼다. 홍수환은 챔피언이 된 자신을 돌아보며 부와 명예가 따르는 승리에 도취해 연습을 게을리함으로써 도전정신을 잃어버렸었다고 회고한다. 다시 타이틀 탈환에 나서 파나마의 카라스키야를 상대로 4전5기의 신화를 쓴 홍수환의 인생은 굴곡이 많았다. 그는 "연습이 스승이다"라는 양용은 선수의 좌우명을 소개하면서 챔피언이 된 후에 연습을 게을리하고 새로운 도전에 나서지 않는다면 기업이든 개인이든 단명(短命)하고 말 것임을 자신의 경험을 통해 얘기하고 있다. 국내에서의 스캔들을 뒤로하고 미국에서 바닥에 가까운 생활을 경험한 챔피언은 다시 국내에 들어와 복싱해설가로의 도전에 나섰다.

그러다 자신의 인생경험을 바탕으로 전문 강사라는 자리에 새롭게 나섰다. 처음 강연에 나섰을 때 1시간짜리 강연이 5분이 지나자 막혀서 진땀을 흘리면서 다시는 강연장에 서지 않겠노라 다짐하다 지금은 달변의 강사가 되었다고 소개한다. 홍수환은 생활체육으로 복싱을 자리 잡게 하고 한국 복싱의 제2의 중흥기를 열겠다는 의지를 다지고 있기에 예순이 넘은 챔피언의 도전은 아직도 계속되고 있다. 단명한 챔피언보다는 인생에서 계속해서 도전하는 삶을 살겠다는 챔피언 홍수환은 영원한 도전자이기도 하다.

♨ 복싱엔 한 방이 있어도 인생엔 한 방이 없다

한국 복싱사에서 중량급의 강자로 뚜렷한 족적을 남긴 박종팔의 경우도 그 파란만장한 인생사가 도전의 가치와 정상에서의 자기관리의 중요성을 알려주는 좋은 사례가 되고 있다. IBF와 WBA 슈퍼미들급 타이틀을 획득한 바 있는 박종팔은 1980년대 아시아와 세계무대를 호령한 강자로 부와 명예를 한손에 거머쥔 선수였다. 미국 원정 타이틀매치에서 얻은 수입은 당시로서는 거금인 1억 5천만 원으로 당시 강남의 아파트를 몇 채 구입할 정도의 돈이었다고 한다. 그때 100억 원에 육박하던 자산가는 남부러울 것 없는 삶을 설계하며 링을 떠난다.

1989년 은퇴 후 1년가량 쉰 후 복싱 프로모터로 새 인생을 시작하려다 권투계의 알력에 의해 시합을 제대로 성사시키지도 못하고 금전적인 피해만 보고 그만두었다. 업종을 강남의 유흥업으로 전환하지만, 그마저도 경험이 없었던 그에게는 처절한 실패로 끝났다. 또다시 한 방을 노리면서 부동산재개발 사업에 뛰어들었지만, 신뢰감 없는 주위 사람에게 그의 재산만 날리는 꼴이 되고 만다. 그 과정에서 금전적·정신적인 손해는 물론 몸이 아픈 아내도 제대로 돌보지 못하다 사망했다. 박종팔의 가정사도 그늘이 드리워졌고, 인생 자체가 피폐해지게 되었다.

그는 이런 과정을 통해 인생은 결코 한 방이 없다는 교훈을 얻었다. 덕분에 요즘 송충이는 솔잎을 갉아 먹어야 한다는 심정으로 새로운 인생의 반려자와 함께 복싱체육관을 차려서 자신의 주특기를 살려 새로운 삶을 설계하고 있다.

화려한 스토리만 있을 줄 알았던 챔피언 이후의 삶에 도취되어 새로운 스토리를 액팅할 준비가 되어있지 않았던 박종팔은 뒤늦게 비싼 대가를 치르고 자신의 인생 스토리를 새롭게 액팅해나가고 있다.

♧ 인생은 불공평한 것이 또 하나의 속성

> 어떤 사람은 3루타를 치기라도 한 것처럼 3루에서 인생을 시작하기도 한다.
> Some people are born on third base and go through life thinking they hit a triple.
>
> — 배리 스위처(Barry Switzer)

인생에서 목적한 홈으로 파고들기 위해서 이미 3루까지 진출해 있는 친구들을 볼 때면 부러움을 느끼는 경우도 있을 것이다. 그러나 야구에서도 흔히 보듯이 끝까지 풀카운트의 승부를 통해 희망을 잃지 않고 홈런을 때려내는 선수가 있는가 하면, 안타를 치고도 주루 플레이를 잘못해 견제구에 걸리는 사람도 있다. 그래서 점수를 낼 때까지 항상 긴장의 끈을 놓쳐서는 안 된다.

은수저, 금수저를 물고 난 사람보다 잡초와 같은 인생을 살면서 스스로 힘으로 성공한 사람이 적지 않은 것은 자신의 처지를 비관하지 않고 끝까지 자신의 위치에서 최선의 승부를 건 사람이기에 우리는 박수를 치는 것이다. 인생은 불공평한 것이 그 속성의 하나라고 생각하며 자신의 출발선을 탓하지 말자. 미국의 자동차회사 클라이슬러사의 사장으로 놀라운 경영실적을 낸 바 있는 리 아이아코카 사장은 초등학교 시절 반장선거에 출마했다가 낙선한 아픈 경험이 자신의 성공을 가져다준 밑거름이 되었다고 회고한다.

그는 선거에서 2표 차이로 낙선했는데, 그 원인을 생각하다가 뜻밖에 부정선거가 있었다는 것을 알게 된다. 상대방에서 몇 표의 부정표를 개표함에 집어넣음으로써 결과적으로 학생들 정원보다 몇 표가 더 많은 총 투표수가 나온 것이다. 그래서 항의를 했지만, 담임선생은 문제를 야기하기 싫었던지 그냥 투표결과를 인정하라고 한 것이다. 어린 마음에 커다란 상처를 받은 아이아코카는 인생은 원래 불공평하다는 것을 피부로 느끼면서 그걸 극복하는 것은 탁월한 실력밖에 없다는 것을 알고 자신을 더욱 엄격하게 담금질해왔다고 한다. 자신이 불공평한 현실에 상처받았다고 해서 억울해하고 주저앉아만 있을 것인가. 리 아이아코카처럼 반전의 스토리액팅을 준비하자.

♣ 역(逆)베르테르 효과를 위해

베르테르 효과는 동조자살(copycat suicide) 또는 모방자살이라고도 한다. 독일의 문호 괴테가 1774년 출간한 서한체 소설 『젊은 베르테르의 슬픔(Die Leiden des jungen Werthers)』에서 유래되었다. 이 작품에서 남자 주인공 베르테르는 여자 주인공 로테를 열렬히 사랑하지만, 그녀에게 약혼자가 있다는 것을 알고 실의와 고독감에 빠져 끝내 권총 자살로 삶을 마감한다. 이 소설은 당시 문학계에 새로운 바람을 일으키면서 유럽 전역에서 베스트셀러로 자리 잡았다. 그러나 작품이 유명해지면서 베르테르의 모습에 공감한 젊은 세대의 자살이 급증하는 사태가 벌어졌다. 이 때문에 유럽 일부 지역에서는 발간이 중단되는 일까지 생겼다.

베르테르 효과는 이처럼 자신이 모델로 삼거나 존경하던 인물, 또는 사회적으로 영향력 있는 유명인이 자살할 경우, 그 사람과 자신을 동일시해서 자살을 시도하는 현상을 일컫는다. 1974년 미국의 사회학자 필립스(David Phillips)가 이름 붙였다.

한국은 자살공화국이라는 오명(汚名)을 안고 있는데, 연예인이나 유명인들의 자살로 '베르테르 효과'의 우려를 자아낸 적도 있다. 내가 아는 분 중에 탤런트 최진실 씨의 자살을 보고 자신의 처지를 다시 되돌아보게 된 사업가가 있다. 그분은 수십억 원의 빚더미 속에서 자살까지도 생각하다가 자신의 우상이기도 했던 연예인, 그것도 세상에 부러울 것 없어 보이던 사람이 죽자 이건 아니라는 오기가 생겨서 죽을힘을 다해 재기의 의지를 불태웠다고 한다. 그리고 지금은 채무를 거의 다 상환하고 새로운 인생을 준비하고 있다고 한다. 어떤 상황은 받아들이는 사람에 따라 자신이 동조화되지 않고 역(逆) 동조화되는 계기가 될 수도 있다. 이를 '역베르테르의 슬픔'이라고 부르자. 우리는 예로부터 '반면교사'라는 말을 써오지 않았던가.

♣ 한 송이 국화꽃의 아름다움 속에 숨겨진 천둥과 먹구름

한국인이라면 서정주의 '국화 옆에서'라는 시는 누구나 알 것이다. 먹구름 속에서 울어야 했던 천둥, 봄부터 울어야 했던 소쩍새가 있어서 한 송이 국화꽃이 무서리를 뚫고 피어난 것이다. 장석주 시인의 '대추 한 알'이라는 시(詩)도 대추 안에 들어 있는 천둥과 벼락을 응시하고 있다. 바이올린의 세계적 명기(名器)로 알려진 스트라디바리우스역시 지난한 과정을 거쳐서 피어난 국화꽃이다. 이탈리아의 최고의 악기 제작자로 알려진 안토니오 스트라디바리(1644~1737)는 1600년대 중·후반에 생산된 특별한 나무로만 스트라디바리우스를 제작한 것이라고 한다. 이 시기에 생산된 나무들은 극심한 한파 속에서 자란 나무들이라 밀도가 낮으면서 탄성이 좋아 소리의 울림이 좋은 나무들이라고 한다. 더욱 아름다운 국화꽃을 피우기 위해 우리는 얼마나 천둥과 먹구름 속에서 자신을 담금질하고 있는지 돌아보자.

지금 천둥과 먹구름 속에서 공포에 질려있다면, 그 현실을 자신을 스트라디바리우스로 만드는 과정으로 삼을 것인지 아니면 공포에 굴복하는 길을 가고 있는지 스스로에게 물어보자.

항상 맑을 것으로 생각한 자신의 인생 시나리오에 예정에 없던 천둥과 먹구름이 와도 이를 스토리텔링의 재료로 삼아서 끝까지 액팅할 때 비로소 인생은 명품으로 거듭날 것이다.

5. 때늦은 도전은 없다

세상에 변하지 않는 것은 없다. "변하지 않는 것이 있다면 이 세상에 변하지 않는 것은 없다"는 사실뿐이다.

- 다니엘 벨

나이를 아무리 먹었다 해도 배울 수 있을 만큼은 충분히 젊다.

- 아이스큐로스

몇 년 전 칠순을 넘기신 어머니가 컴퓨터 공부를 하는데 눈이 침침해서 잘 안 된다고 하셨다. 지나쳐 듣고 있다가 어느 날 이메일 주소를 물으시기에 알려드렸더니 한 편의 메일이 도착해 있었다. 도시생활에 지친 아들을 위로하는 내용의 편지는 내용도 너무 따뜻해서 뭉클했지만, 그것보다 서툰 독수리타법으로 배우고 익혀서 컴퓨터로 보낸 노력에 감동한 바가 컸다. 딸은 할머니가 휴대폰 문자메시지가 서툴다기에 냉장고에 휴대폰 자판그림을 크게 붙여놓고 이걸 보시고 하라고 일러준다. 전자 기기에 익숙하지 않은 할머니와 손녀 간의 대화 풍경은 요즘 쉽게 볼 수 있는 풍경이 아닌가 한다. 평균연령 100세 시대를 앞두고 많은 노인들이 배우고 익히는 데 몰두하는 모습은 인간에게 배우고 익히는 것이 특정한 시기에만 국한된 문제가 아니라는 걸 새삼 일깨워주고 있다. 한 신문에 소개된 노인의 이야기를 들어보자. 배움에 나이가 있을 수 없다는 것을 느끼게 한다.

나는 젊었을 때 정말 열심히 일했습니다
실력을 인정받고 존경받았습니다
그 결과 63세 때 당당한 은퇴를 할 수 있었죠
그런데 지금 95번째 생일에
얼마나 후회의 눈물을 흘렸는지 모릅니다
…
퇴직 이후 30년을 덧없고 희망 없이 살았습니다
나는 지금 95세이지만 정신이 또렷합니다
앞으로 10년, 20년을 더 살지 모릅니다
…
이제 나는 어학공부를 시작하려 합니다
이유는 단 한 가지
10년 후 맞게 될 105번째 생일날
후회하지 않기 위해서입니다.

- 어느 95세 어른의 수기
(동아일보, 2008년 8월 14일)

✿ 좀 더 오래 죽어있고 싶은가

서양철학사의 거인 버트런드 러셀은 1967년부터 1969년에 걸쳐서 발표한 자신의 세 권짜리 자서전에서 "단순하지만 누를 길 없는 내 안의 강렬한 세 가지 열정이 내 인생을 지배해왔으니, 사랑에 대한 갈망, 지식에 대한 갈증, 고통 받는 모든 이들에 대한 참기 힘든 연민이 바로 그것이다. 이 세 가지 열정이 강풍처럼 나를 고뇌의 대양 위로 이리저리 몰고 다녔고, 그 대양을 통해 나는 절망의 벼랑 끝을 경험했다"고 서문에 밝히고 있다. 이때가 그의 나이 아흔다섯이었으나 열정만큼은 젊은 사람도 주눅 들게 할 정도다.

2013년 타계한 남아공의 영웅 넬슨 만델라는 무려 27년간의 수감생활을 보낸 후 1990년에 석방되었을 때 72세의 노인이었다. 이후 95세에 타계할 때까지 남아공의 인종차별을 종식시키고, 남아공 민주화의 상징적인 인물이 되어 세계사의 인물이 된 것이다. 그가 남긴 평화에 대한 굳은 의지, 불굴의 도전정신은 영원히 기억될 것이다. 그가 남긴 말을 새기면서 늦었다고 생각하는 사람들이 다시 도전의 스토리를 액팅했으면 한다.

가장 위대한 무기는 평화다. 인생의 가장 큰 영광은 결코 넘어지지 않는 데 있는 것이 아니라 넘어질 때마다 일어서는 데 있다. 나는 대단한 인간이 아니다. 단지 노력하는 노인일 뿐이다. 용기 있는 사람은 두려움을 느끼지 않는 사람이 아니라 두려움을 정복하고 압도하며 뛰어넘는 사람이다.

일본의 작가 소노 아야코는 "너무 빨리 완성되면 죽을 때까지 따분하고 무료해지고 만다. 나는 중년 이후가 되어서야 비로소 이러한 운명의 깊은 배려를 깨달을 수 있었다"고 했다. 중년을 노후에 대한 불안에 떠는 시기로 그럭저럭 살아가는 삶으로 만들 수도, 서서히 완성되어 가는 자신을 한 번 더 자전거 페달을 밟게 만드는 시기로 만들 수도 있다.

자전거 페달을 힘차게 밟으며 인생 후반을 설계하고자 한다면 그 삶은 도전과 성취의 남다른 역사로 차츰 현실이 되어갈 것이다. 데이비드 코베트는 "아무런 의식의 변화 없이 단순히 연장된 삶을 누린다면 당신은 좀 더 오래 사는 게 아니라 좀 더 오랜 기간에 걸쳐 죽은 것이다"라고 한 바 있다.[42]

이 세상은 두 가지 방법으로 살 수 있다. 기적 같은 건 없다고 믿으며 사는 방법, 그리고 모든 것이 기적이라고 믿으며 사는 방법이 있다. 이 두 가지 방식 가운데 어떤 것을 선택하느냐는 각자의 마음가짐에 달려있다.

- 알베르트 아인슈타인

♧ 계속 발달하는 뇌… 사용하라, 그러지 않으면 잃는다

앨빈 토플러는 배움에 대해 "21세기 문맹은 글을 읽고 쓰지 못하는 사람이 아니라 배우지 못하고, 배운 것을 잊지 못하고 다시 배우지 못하는 사람이다"라고 했다. 과학자들은 신체적으로 인간의 뇌는 우리가 알고 있는 노년이라는 나이에 도달해도 급격히 퇴화하기보다 사용형태에 따라 더욱 완숙한 상태로 그 장점을 발휘하는 경우가 있다고 한다.

뇌과학의 발달로 뇌에 대한 기존의 상식이 차츰 바뀌고 있다. 대표적인 것의 하나가 뇌가 인생 후반기에도 지속적으로 성장한다는 것이다. 『마음의 과학(Mature Mind: The Positive Power of the Aging Brain)』의 저자인 조지워싱턴대의 코헨 박사는 인생 후반기에 발현되는 창조성과 뇌의 역량에 대해 획기적인 연구결과를 발표했는데, 그에 따르면 성인기에도 인간의 창조력과 뇌기능이 발달한다고 한다. 뇌는 50대 이후에도 계속 발달하는데, 이 시기의 나이 든 뇌는 젊었을 때에 잘 쓰지 않던 영역을 사용해 다년간 축적된 경험이 특정한 유전자를 활성화함으로써 뇌가 새롭게 된다고 한다. 건강한 사람이라면 뇌의 정보처리중추의 밀도는 60~80대에 가장 높다는 것이다. 개별적인 암기력이나 특정능력은 젊은이에게 뒤질 수 있겠지만 정보의 종합적인 처리를 통한 사고력이 절정에 이르는 시기는 노년이라는 것이다.

이런 결과를 바탕으로 코헨 박사는 인생 후반기 발전 4단계를 제시한다. 그것은 첫째가 우리의 삶을 재평가하고 돌아보는 단계이다. 둘째는 인생이 막바지로 가는 단계에서 지금 아니면 언제 하겠느냐는 마음으로 새로운 것에 도전하려는 희망과 자유의 자세다. 셋째는 오랜 경험에서 나온 지식을 타인과 나누는 것이다. 마지막으로는 인생의 진리와 대전제를 스스로 다시 찾아내 긍정하는 단계이다. 물론 그냥 죽음을 기다리는 노년에게 뇌는 퇴화의 가능성도 열어놓는다. 몸과 마음 모두 "사용하라, 그러지 않으면 잃게 되리라"는 자세로 심신을 단련할 때만 노년의 축복이 찾아온다. 뇌에서 도전의 에너지가 빠져나가지 않았다면, 그는 아직 노년이 아니다. 그러기에 인생의 시나리오는 아직 진행 중이며, 스토리는 액팅될 수 있을 것이다.

♣ 늙은 골퍼란 없다

나이가 들어도 계속 그 연륜을 활용해 젊은이에게 승리할 가능성이 높은 운동이 골프다. 대부분 20~30대에 절정을 이루다 하향곡선을 긋는 것이 스포츠의 세계. 아마추어는 물론, 프로 골프계에서도 60이 넘어서도 가끔 놀라운 실력으로 젊은이를 각성시키는 선수가 있다. 톰 왓슨은 2009년 당시 60세의 나이로 유서 깊은 브리티시 오픈대회에서 준우승을 차지해 전 세계 골프 팬들에게 감동의 드라마를 선사한 바 있다.

톰 왓슨은 "내가 나이 든 골퍼(old golfer)는 맞습니다. 그러나 골프대회에는 젊은 골퍼나 나이 든 골퍼가 있는 게 아니라 좋은 골퍼와 그렇지 못한 골퍼가 있을 뿐입니다. 내일 더 잘 칠 수 있다는 자신감이 없어지는 날이 제가 은퇴하는 날이 될 겁니다"라고 한 바 있다. 그는 또 "나이가 들면 지혜롭게 경기를 풀어가는 능력이 생긴다. 스윙의 크기가 급격하게 줄어들지 않도록 꾸준히 몸을 만드는 게 가장 중요하다"고 한다. 근육의 양이나 스윙의 파워는 떨어져도 경기를 운영하는 지혜가 더 늘어나기에 훌륭한 경기력을 선보일 수 있는 것이다. 마찬가지로 우리 인생에서도 패기와 힘으로만 밀어붙여서 안 되는 것이 많기에 나이 든 사람의 지혜가 필요한 것이 아닐까.

아프리카 속담에 "노인의 죽음은 도서관 하나가 사라지는 것과 같다"는 말이 있다. 노년의 경험과 지식은 소중한 자원이 될 수 있는 것이다. 이근후 박사는 "지식이 하루가 다르게 넘쳐나고 용도 폐기되는 시대에 노인의 지식을 너무 과대평가하지 말자고 하고 자신도 노인이지만, 젊은 사람의 지혜를 배우려고 한다"고 했다. 이런 유연성까지 더해진 노년의 지혜라면 분명 우리 사회에 큰 자산이 될 것이다. 경험을 통한 풍성한 스토리텔링 능력이 있는 노년에도 자신의 인생 스토리를 액팅할 수 있는 지혜와 도전정신이 남아있다면, 젊은이가 부러워할 성취도 못 하란 법이 있을까.

♣ 중년의 재발견

노년에 대한 다양한 조명이 있지만, 중년 역시 또 다른 황금의 시기라는 진단도 있다. '꽃중년'이라는 말이 낯설지 않을 정도로 20~30대에 뒤지지 않을 정도로 외모나 체력적인 면에서도 자기관리에 성공한 중년들이 늘어나고 있다. 세상에서 가장 매력적인 남자의 하나로 꼽히는 조지 클루니는 중년의 나이에 흰머리와 약간의 주름살을 가진 중년으로 세계 여성들을 사로잡았다. 청년이 가지지 못한 인생의 경험과 사회적인 성공, 그리고 상대를 품어줄 수 있는 연륜은 성적으로도 매력을 발산하기에 충분한 모양이다. 올림픽에서 신기록을 내는 나이는 20대일 수 있지만, 속도보다는 경험이 주는 현명함도 갖춘 중년은 또 다른 인생의 단락으로 구분 지을 수 있을 것이다.

케임브리지대의 데이비드 베인브리지는 중년에 대해 "중년이 된다는 것은 단순히 늙는다는 것이 아니며, 인생의 어떤 단락들과도 뚜렷이 구분되는 특별한 단락"이라고 했다.

또한, 중년은 "서서히 죽이가고 있는 것이 아니라 사회적·정서적·육체적·성적·정신적 세계가 또 한 번 변화하는 새롭고 특별한 삶의 국면에 들어서고 있는 것"이라고 말한다. 젊은 외모를 오래도록 유지하고자 자신의 외모를 특별하게 가꾸고, 젊었을 때 이런저런 이유로 미뤄두었던 것들을 한번 저질러 보는 것이 중년이기도 하다.

중년은 나이에 저항하면서 노년을 늦추려고 하기보다 중년을 또 다른 삶의 단락으로 자신의 황금기를 만들기 위해 노력한다면 누구나 조지 클루니만큼이나 찬란한 중년을 누릴 수 있을 것이다. 한 방송사의 프로그램에서 노인 한 분이 한 대사인 "너희는 늙어봤느냐. 우리는 젊어봤다"는 말이 떠오른다. 늙어보지 못했지만 지나가고 있는 젊음은 지금도 느낄 수 있는 중년에게는 경험이란 자산에 인생의 의미를 새롭게 알아갈 수 있는 시간이 주어져있다. 중년은 잘 늙기 위한 준비기간이기도 하다. 인생의 반전을 준비하는 특별한 시기로 자신의 중년을 인생의 또 다른 황금기로 만들면 어떨까.

♧ 배움에 정년은 없다

동교동계의 맏형으로 잘 알려진 정치인 권노갑은 팔순을 넘긴 나이에 한국외대 영문학과 대학원에서 문학석사 학위를 취득했다. 그는 대학원에 공자의 "배우고 때로 익히면 즐겁지 아니한가(學而時習之不亦說乎)"라는 말을 빌려 그저 공부가 재미있어서 입학했다고 한다. 군 통역관 시절부터의 영어 사랑을 대학원 진학을 통해 본격화하기 위한 것이라고 하며, 낭만주의 영시(英詩)를 공부하고자 하던 숙원을 이룬 데서 나아가 곧바로 박사과정에도 진학해 박사 학위에도 도전할 계획이다.

권노갑 저리 가라 하는 만학도가 또 있다. 2012년 아흔 살의 나이로 한국방송통신대 영문학과 12학번 새내기로 입학한 정한택 전(前) 서울대 교수다. 세상에서 남부럽지 않게 배웠다고 하는 사람도 아흔이 넘어 새로운 도전에 나서기도 한다. 심리학과 교수 출신의 정한택 교수는 영어 원서를 자유롭게 읽을 수 있도록 해서 공부를 깊게 하고자 영문과를 선택했다고 한다. 100살이 되어서도 끊임없이 배우겠다는 정 교수는 가장 좋아하는 문장이 'I can do it'이라고 한다. "이 나이에 무슨…" 하면서 지레 도전을 포기하는 순간, 이미 당신은 인생의 황혼기에 저녁놀만 바라보는 노인이 되었음을 스스로 고백하는 것이다.

인생 시나리오의 실현을 위한 스토리액팅 **283**

♣ 도전하기에 늦은 나이는 없다

세계 각지에서 아직 할 일이 너무 많아서 늙을 시간이 없다는 노인들이 자신의 끝나지 않은 인생 스토리를 활발하게 액팅하고 있다.

장수대국인 일본에서는 100세의 현역 샐러리맨이 있어 화제다. 1912년생인 후쿠이 후쿠타로(福井 福太郎) 씨는 96세에 체력 저하로 은퇴를 결심했지만 경영진의 만류로 현재까지 도쿄 시내 한복판에서 복권판매 위탁회사 직원으로 일한다고 한다. 노노야구단에서 활약하고 있는 국내 최고령 투수인 장기원 씨는 83세의 나이에 100km 가까운 구속의 공을 던질 수 있다고 한다.

부산국제영화제의 산파역을 했고, 많은 영화인의 존경을 받고 있으며 현재도 부산국제광고제 명예위원장으로 활발히 활동하고 있는 김동호 위원장은 2013년 75세의 나이로 영화감독의 꿈을 이뤘다. 단국대 영상콘텐츠 전문대학원에서 후학을 양성 중인 김동호 원장은 로베르토 베니니가 아우슈비츠의 공포 속에서도 따뜻한 가족애로 많은 사람의 심금을 울린 영화 <인생은 아름다워>를 1998년 칸 영화제에서 보고 나서 영화제작에 대한 욕심이 생겼다고 한다.

2011년 100세에 마라톤 완주자로 기네스북에 이름을 올린 인도계 캐나다인 파우자 싱(Fauja Singh)은 부정적인 사람들을 피하고 무엇이든 할 수 있다고 믿는 긍정적인 사고가 젊음의 원동력이라고 완주소감을 밝혔다. 89세에 처음 마라톤을 완주한 싱은 80세 되던 해에 아내와 아들을 잃고 달리기를 시작했다.

일본에서 75세의 신인상 격인 아쿠타가와상 수상자가 나오는가 하면, 한국에서도 2006년 예순의 나이에 신춘문예에 당선해 등단한 박찬순 씨도 있다. 신춘문예는 어떤 면에서 전 국민을 대상으로 한 문학이란 장르의 오디션이다. 경제적인 여건이 어려울수록 응모작이 늘어난다고 한다. 현재의 어려움을 문학을 통해 자신의 아픔을 치유하기도 하기에 세상이 각박할수록 문학의 효용은 늘어날 것이다. 또한 문학이야말로 정년이 없는 분야가 아닐까. 2013년 초 75세에 15번째 시집을 출간한 황동규 시인은 기억력은 줄고 몸의 기능도 하나씩 허약해지지만 상상력은 줄지 않았다고 스스로를 평가한다.

발명왕 에디슨은 이미 천여 건의 발명으로 세상에 기여한 뒤에도 여든 번째 생일을 맞아 앞으로의 소망에 대해 "꾸준히 발명해서 세상에 보탬이 되고 싶다"는 말로 지치지 않는 열정을 과시했다고 한다. 장수시대를 맞아 이제 6070세대를 노인이라 부르기도 어색할 정도다. 60에서 75세까지 6075세대에 '신(新)중년'이라는 용어를 붙이고 그들의 건강이나 구매력을 감안해 노년이 아닌 중년에 포함시킬 정도라는 분석도 있다. 이제 중년의 나이 대 영역은 점차 넓어져 가고, 노년이 늦춰져 가고 있다. 물론 소득수준이나 사회적 지위에 따라 중년을 누리기보다 길어진 노년을 걱정하는 계층도 배제할 수 없지만, 노인들의 도전이 그들의 노화마저도 늦추고 있는 것은 사실이다.

정희성 시인이 쓴 '태백산행'이라는 시는 나이는 먹어도 늙지는 않겠다는 반어적 의미를 익살스럽게 표현한 시다.

...

산등성이 숨차게 올라가는데

칠십 고개 넘어선 노인들이

여보 젊은이 함께 가지

앞지를 나를 불러 세워

올해 몇이냐고

쉰일곱이라고

그중 한 사람이 말하기를

조호을 때다

...

이 시는 수백 년 된 태백산 주목들이 100년도 못 산 그들을 향해 일제히 "좋을 때다, 좋을 때다~"라고 메아리로 받더라는 말로 맺는다. 멋지게 나이 드는 법은 다른 데 있는 것이 아니다. 계속 일을 찾아서 도전하면 된다. 상식이 틀린 것이라고 그들의 삶을 통해 온몸으로 우리에게 가르치고 있는 이들은 너무 늦은 때란 없다고 말한다.

♣ 육체의 노화도 둔화시키는 의지

머리로 배우는 지식과 함께 육체에도 한계가 있을 수 없다며 대담한 도전을 결행한 사람도 있다.

서울대병원 흉부외과 김원곤 교수는 인생에서 60세는 내리막이 아니라는 걸 증명하려고 도전에 나선 경우다. 50대 중반에 도전에 나선 김 교수는 60세는 지혜와 지식이 빛나는 시기로 몸과 머리 모두가 젊은이 못지않다는 걸 증명하려고 했다고 한다. 그는 5년 전 우연한 기회에 버킷리스트를 만들고 60세가 되기 전에 몸짱 누드사진을 찍고, 4개 외국어 시험에 합격하겠다는 결심을 했다. 그리고 5년여 동안 4개 외국어학원을 하루도 거르지 않고 다니고 주 3회 운동도 꾸준히 하며 치열하게 실천한 결과 어학시험은 고급등급에 4개 모두 합격했고, 몸도 누구나 부러워할 근육질의 몸매로 탈바꿈시켰다.

2003년 당시 47세의 철의 여인이었던 테니스 여제 나브라틸로바가 윔블던테니스 복식에서 우승해 58번째 그랜드슬램 대회 제패라는 위업을 달성했다. 우승 후 나브라틸로바는 "우승이라는 세속적 목표만을 위해 뛴 게 아니다. 테니스를 즐기는 코트의 자신을 지키고 그 모습을 보고 힘을 얻을 나이 든 사람을 위해 코트에 나섰다"고 했다. 나이를 잊고 인생의 의미를 찾아가는 늙은 젊은이들이 오히려 젊은 늙은이에게 많은 교훈을 던져주고 있다.

"60세는 이제 두 번째 맞는 서른 살"이라는 말을 실천하고 젊은이 못지않게 왕성하게 활동하는 노인들이 늘어나고 있다. 초라한 노년을 보낼 것인가, 젊게 죽을 것인가, 그 선택의 시간은 점점 다가오고 있다. 로맹 롤랑은 "내가 신(神)이라면 인생의 말년을 초라한 노년으로 남겨두지 않고 젊은 날로 만들겠다"고 했다.

"學如逆水行舟(학여역수행주) 不進則退(부진즉퇴)"라는 말이 있다. 배움은 물을 거슬러 오르는 배와 같아서 앞으로 나아가지 않으면 퇴보한다는 의미다. 나이가 들었더라도 배움을 멈추지 않는다면, 그 사람은 이미 충분히 젊다.

마흔에 박사과정을 시작하면서 어린 친구들과 수업도 듣고 호프도 한잔하면서 새삼 느낀 것이 있었다. 그것은 버나드 쇼의 "젊음은 젊은 이에게 주기엔 너무 아까운 것"이라는 것이다. 그러면서도 내가 좀 더 일찍 시작했으면 하는 마음이 들다가도 나보다 더 늦은 예순이 가까운 만학도를 보고는 스스로를 다잡은 적이 있다. 나이가 들면서 순발력이나 기억력과 같은 기능은 퇴화할 수 있겠지만, 종합적인 사고능력은 경험을 통해 성숙해지는 측면이 있다. 늦었다는 것은 어떤 면에서 극적인 스토리액팅의 좋은 재료가 된다. 20대에 고시에 합격한 사람도 있지만, 아흔이 가까운 나이에 운전면허시험에 합격한 것을 두고 난이도를 떠나 어떤 것이 더 인상 깊은 스토리액팅이 되는지 생각해보자. 인생의 후반부에도 시나리오를 갖고 도전하면 스토리액팅의 기회는 온다.

♣ 75세의 신인상 수상자

2013년 1월에 발표한 일본 최고권위의 아쿠타가와상 수상자로 '75세의 문학소녀' 구로다 나쓰코(黑田 夏子) 씨가 선정됐다.

70년간 글 쓰는 삶을 동경한 나쓰코는 자신만의 스타일을 고집해 따옴표, 고유명사, 성별표시도 없는 실험적인 문장을 구사한다. 나쓰코의 삶은 괴짜로 보일 정도로 글을 쓰는 직업에 대한 동경으로 가득하다. 명문사학인 와세다 출신이지만 중·고교 교사를 잠깐 한 뒤 시간을 빼앗기는 정규직 대신 아르바이트로 생계를 이어왔다. 출산의 부담이 있는 결혼도 포기하고, 아이를 낳지 않는다는 조건으로 몇 명의 남자와 사귄 게 전부라는 외형적으로는 단순한 인생이다. 글쓰기에 최적화된 인생을 설계하려고 많은 걸 포기한 결과, 늦었지만 작가로서의 길을 걷게 된 것이다. 나쓰코는 죽을 때까지 신인의 마음으로 세상에 의미 있는 족적을 남기고자 하는 삶을 살고자 노력해 자신만의 스타일로 좋아하는 일에 매진하면 끝이 좋다는 걸 알려주었다.

글쓰기 도전을 온갖 악평을 견디면서 꾸준함으로 이뤄낸 사람들도 있다. 야유에 가까운 악평에 퇴짜를 맞은 작품이 나중에 빛을 본 경우도 허다하다. 스콧 피츠제럴드의 『위대한 개츠비』에는 "작가가 정신 차릴 필요가 있다"는 평이 있었고, 에밀리 브론테의 『폭풍의 언덕』에는 "지리멸렬하다"는 평이 있었다. 빌 헨더슨과 앙드레 버나드가 쓴 『악평』에 나온 얘기다. 이 책에서는 볼테르도 셰익스피어의 『햄릿』에 대해 술 취한 야만이 쓴 줄 알았다고 했다. 문학작품의 가치는 주관적인 요소가 많이 작용할 것이다. 그래도 주위의 섣부른 평가에 우왕좌왕하지 않고 끝까지 매진하는 것이 얼마나 중요한지를 느낄 수 있다.

♧ 끝나지 않는 세군도의 노래

매일 럼주와 함께 시가를 한 개비씩 피웠다. 낙천적이고 누구를 비난하지 않았다. 그래서 이렇게 말한다. "무엇이든 험담하거나 비난하지 말게나. 그 무엇에 대해서도. 연애에 대해서도 말일세." 쿠바 출신의 세계적인 뮤지션 콤파이 세군도가 뮤지션으로 유명세를 탄 것은 90세 때다. 영화 <부에나 비스타 소셜 클럽>에 출연한 것도 그 무렵이다. 같은 이름의 앨범은 1997년 그래미상을 받았다. 수상 이후 이 90대 노인은 런던, 파리, 뉴욕, 도쿄 등 전 세계를 순회하며 자신의 무대를 즐겼다. 그 앨범의 해설문에 실린 콤파이 세군도의 말을 들어보자.

정말 중요한 일은 거의 언제나 생각지도 못할 때 일어나는 법이지. 꿈에 그리던 기회, 성공, 사랑… 이런 것들이 언제 찾아올지는 아무도 모른다네. 그러니까 항상 준비하고 주의를 기울여야 한다네. 그런 건 두 번 다시 안 찾아오니까.

90세 무렵에 신인처럼 등장해 세상에 알려진 세군도는 2003년 95세의 나이로 생을 마감했다. 90세에 신인으로 화려하게 등장할 기회가 올 것이라고 누군가가 당신에게 말해준다고 해도 묵묵히 자신의 길을 갈 수 있을 것인가. 세군도에게 물어보자. 인생에서 꽃이 피는 시기는 사람마다 다르다. 어떤 사람은 너무 일찍 피었다가 금방 사그라지고, 어떤 사람은 화려하지는 않지만 항상 피어나 있고, 어떤 사람은 기약 없는 미래에 지쳐서 아예 포기해버리는 경우도 있다. 사람마다 피어날 시기가 운명처럼 정해져 있다고 운명론에 맡기고 체념하는 사람에게 영원히 꽃은 피지 않을 것이다. 75세나 90세에 신인으로 피어날 수 있을지 아무도 모른다. 그러나 세군도의 말처럼 항상 준비하는 자에게 기회가 올 것임은 분명하다. 자신이 현재 그 피어날 순간을 위해 얼마나 열심히 준비하고 있는지는 분명 스스로는 알 수 있을 것이다.

인생 100세 시대라는 말이 낯설지 않은 시대다. 이제 기존의 나이 패러다임이 많이 변하고 있고 세대구분 또한 달라지고 있다. 미국 시카고대의 심리학과 교수 버니스 뉴가튼은 55세 정년을 기점으로 75세까지를 영 올드(Young Old, YO), 85세까지를 올드 올드(Old Old), 그 이후를 올디스트(Oldist)로 구분하고 있다. 이 구분에 따르면 75세까지의 YO세대는 더 이상 노인이 아니다. 이 시기를 잘 보내야 인생이 멋지게 마무리될 수 있는 시기이기도 하다.

신경정신과 전문의로 많은 자기계발서를 쓴 이시형 박사는 『에이징 파워』에서 YO세대의 잠재력에 대해 언급하고 있다. 에이징 파워 (Aging Power)는 글자 그대로 나이 들수록 강해지는 능력을 의미하는데, 경험에서 나오는 원숙미는 나이가 듦으로써 더 발전하는 경우가 있기 때문에 이를 자산으로 국가 차원에서도 활용하는 지혜가 필요한 것이다. 신체적인 노화도 늦출 수 있으며, 무엇보다 정신적인 건강을 좌우하는 뇌는 결코 쉽게 늙지 않는다고 한다. YO세대의 정신능력은 병이 없는 한 75세까지 건재한데 현업에서 뇌를 계속 활용하는 사람의 뇌력이 더 높아진다는 연구결과가 있다. 학력과 건강의 상관관계 조사에서도 대부분의 결과가 사망률 심장병 발병률이 고학력일수록 낮은 것으로 나타난다. 인생의 후반전을 지혜롭게 설계하기 위해서는 나이 앞에 지레 겁먹지 말고 담대하게 도전하는 젊은 정신이 필요하다는 것을 '슈퍼 실버(Super Silver)'들은 말해준다.

지적인 도전이 정신을 좋은 상태로 유지시켜 주고, 시간이 지나도 뇌를 퇴화시키지 않고 오히려 그 기능을 더욱 활발하게 활용케 함으로써 나타나는 장점에 대해서는 많은 사람들이 공감하고 그 근거를 제시하고 있다. "마인드맵 시리즈"의 저자이자 인간의 두뇌에 대한 전문가인 토니 부잔은 두뇌에 새로운 것을 배울 기회를 줌으로써 기억력이나 두뇌가 더욱 발달한다고 하면서 60~70대 나이가 되어도 새로운 언어를 습득하거나 이탈리아 해군의 역사를 익히지 못할 이유가 없다고 보았다. 신체와 마찬가지로 두뇌에도 일정한 자극과 운동이 필요하고 사용하지 않는 뇌일수록 퇴화의 가능성이 높다는 것이다. 우리의 뇌에 새로운 것을 배울 기회를 제공해주자. 악기를 배우고 다소 어려워 보이는 과학책을 읽어보는 것이 아마도 TV를 하루 종일 껴안고 사는 것보다는 뇌에 좋지 않을까. 글쓰기도 물론 더없이 훌륭한 뇌 활동이 될 것이다.

　돌아보니 내가 글을 쓰는 것에 재미를 붙인 계기는 초등학생 때 선생님이 해주신 칭찬이다. 그리고 백일장에서 몇 차례 수상하면서 더욱 글쓰기에 대해 관심을 가지게 되었다. 중학교 시절 문예반에서 활동하기도 하며, 문필가의 꿈을 키우기도 했다. 대학 시절에는 소설가나 시인이 되고자 신춘문예에 응모한 적도 있지만, 당선되지 못해 좌절도 했다. 이후 문학적 열정도 시들해지고 문학보다는 현실에서의 발걸음을 총총하게 옮기는 삶 속에서 시나 소설은 어느새 저 먼 곳에 있는 어떤 영역이 되어버렸다. 그사이 박사 학위 논문을 비롯해 다른 분야의 글쓰기는 계속해 몇 권의 책도 쓴 바 있다. 그러나 문학부분에서의 글쓰기에 대한 도전은 아직 미완성의 작품 속에서 계속되고 있다. 아마 언제까지나 문학청년으로서의 도전이 계속될지 장담할 수 없는 일이다. 그러나 마침표가 있을 수 없는 도전을 계속 즐길 것임은 분명하다. 문학만이 아니라 글쓰기는 어느새 가고 싶었던 길에 대한 미련만으로 내가 기댈 곳이 아닌, 삶의 치유제가 되었다.

♧ 도전을 가치 없는 고통으로만 남게 하지는 말자

　도스토옙스키는 "내가 세상에서 한 가지 두려워하는 것이 있다면, 그것은 내 고통이 가치 없는 것이 되는 것"이라고 했다. 의미 있는 도전에는 그 과정에 고통이 따를 수 있다. 빅터 프랭클도 수용소에서 극한의 고통 속에서도 남을 위해 희생한 사람들이 있었는데, 이때 도스토옙스키의 이 말을 떠올렸다고 한다. 수용소에서 그들이 했던 행동과 그들이 겪었던 시련과 죽음은 하나의 사실, 즉 마지막 내면의 자유는 결코 **빼앗**을 수 없다는 사실을 증언해주고 있는 것이기도 하다.

　우리의 도전이 가치 있는 고통을 넘어 하나의 의미를 만들기 위한 의지를 가다듬어보자. 정치판에 뛰어들었지만 몇 번 선거에서 낙선하고 은거에 가까운 시간을 보냈던 선배를 위로하는 술자리가 있었다. 그 선배는 "나는 실패자야. 이게 벌써 세 번째 낙선이니까. 이제 주위 사람 얼굴 보기도 그렇고, 어떻게 살지 막막하기도 하고…" 하며 고개를 떨구었다. 그때 나는 "형은 세 번 실패한 것이 아니라 세 번 도전한 것"이라고 말하고, 성공을 위한 과정에 있으니 끝까지 포기하지 말라고 말하면서도 남의 속도 모르는 녀석이라는 원망이 걱정되기는 했다. 다행히 합석한 선후배들이 위로의 말을 건네면서 그 선배에게 용기를 불어넣은 결과인지 나중에 다른 좋은 자리에 취직되었다. 동트기 전이 가장 어둡다고 하지만 그 어둠을 견디고 있는 사람은 마냥 동트지 않을 것만 같다고 한다. 만약 조금만 있으면 동트는데 어둠 속에서 좌절하고 포기한다면 억울하지 않을까. 자신의 인생 스토리가 극적인 반전의 찰나에 다가가는데 스스로 액팅을 포기한다면 얼마나 어리석은가.

세상은 고통 받는 이들로 넘쳐나지만,
고통을 극복하는 이들 또한 세상에 가득하다.

- 헬렌 켈러

나는 부자가 되기 위해 일하거나 의무감으로 족쇄를 채운 적이 없다. 어릴 적 크리스마스트리를 달고, 잡지 『스튜던트』를 만들고, 열기구를 타고 세계 일주를 하는 등, 그 모든 일들을 원해서 했으며 그런 만큼 마음껏 즐겼다. 재미를 느끼는 일에 즐겁게 미치다 보니 성공과 돈은 절로 따라왔다. 일과 인생에 온 힘을 쏟고, 삶의 모든 순간을 즐겨라. 그러면 그 인생은 온전히 내 것이 된다.

- 리처드 브랜슨

6. 도전의 에너지, 꿈과 열정을 품은 긍정 마인드

"지금 잠을 자면 꿈을 꾸지만, 지금 공부하면 꿈을 이룰 수 있다." '4당5락'처럼 고교 시절에 들었던 말이다. '공부' 대신에 '도전'을 대입해보자. 도전의 출발은 새로운 기회를 잡은 것이다. 새로운 기회엔 항상 '예스'라고 답하라. 에릭 슈미트 구글 회장이 2012년 한국을 방문했을 때 긍정은 매우 강한 힘을 가지고 있다고 대학생들에게 강연하면서 한 말이다.

10여 년 전으로 기억하는데 내가 속한 오케스트라에서 단장이 공석이 되어 내게 단장을 해보라는 제안이 오고 일정한 형식의 선거를 통해 단장으로 일하게 된 경험이 있다. 주말 시간을 활용한 헌신과 봉사의 개념으로 등 떠밀려서 시작한 것이지만, 상대적으로 어린 나이에 조직을 운영하여 리더십 훈련 측면에서 큰 도움을 받았다. 이렇게 내가 얻은 것은 값진 경험이 되었다. 새로운 제안이 왔을 때 현실적 계산의 벽에 막혀 머뭇거리는 자신을 발견한다면 에릭 슈미트의 마음으로 주저 없이 '예스'를 외치고 성실히 도전한다면 아마 수많은 긍정의 에너지가 자신을 잘 안내해줄 것이다.

인지과학자들에 따르면 인간은 하루에 약 6만 가지의 생각을 한다고 한다. 무려 1초마다 한 가지의 생각을 한다고 할 수 있다. 또 놀랄만한 사실은 95%의 생각들은 어제의 생각과 같다는 사실이다. 우리가 습관처럼 반복하는 일상을 극복하기가 그만큼 어렵다는 얘기다. 나아가 6만 가지 생각 중에서 80%, 즉 4만 5천 가지의 생각은 긍정적이지 못하다는 것이다. 이 4만 5천 가지 생각을 어떤 식으로 긍정적인 것으로 바꿀까가 한 사람의 인생의 지도를 결정하는 열쇠가 될 것이다.

『명상록』에서 로마황제 마르쿠스 아우렐리우스는 '인생은 그 사람의 생각의 결과'라고 했다. 동양의 일체유심조의 철학과도 맞닿아 있는 얘기다. 긍정적인 생각이 긍정적인 결과를 낳을 것이고, 위대한 생각이 위대한 결과를 낳을 것이다. 다른 사람들이 어떻다고 비판하고 쑥덕거리는 것을 즐기는 사람을 가끔 보게 된다. 그런데 쏟을 에너지를 아껴서 수많은 긍정 에너지로 넘치는 사람들을 보라. 남들을 평가할 시간에 긍정 바이러스에 감염되어 또 다른 도전을 준비하자.

많은 사람들이 꿈을 크게 가지고 도전하라고 말하지만 현실은 빡빡하다. 그렇지만 꿈은 크게 그리는 것이 현실을 그대로 반영해 그리는 것보다 마래를 위해 바람직하다. 화가 조지아 오키프가 꽃을 크게 그린 이유를 들어보면 꿈을 크게 그리라는 이유가 이해된다.

꽃을 내가 본 그대로만 그렸다면 아무도 내가 본 것을 보지 못했을 것입니다. 꽃이 작은 만큼 그림도 작게 그렸을 것이기 때문입니다.

♣ 벤 호건의 긍정 마인드

전설의 골프스타 벤 호건도 긍정 마인드의 선구자다. 벤 호건은 주요대회에서 우승하고 승승장구하다가 1949년 불의의 교통사고로 쇄골, 골반뼈, 갈비뼈, 발목뼈 등에 골퍼로서는 재기가 불가능할 정도의 중상을 입었다. 그러나 꾸준한 재활치료와 강인한 의지로 불과 1년 뒤에 US 오픈에서 우승한다. 그는 이렇게 말하며 긍정의 힘을 강조했다. "사람들은 늘 내가 뭘 할 수 없는지에 대해서만 얘기해왔죠."43)

사이클 선수 랜스 암스트롱(Lance Armstrong)은 암과의 싸움에서 이긴 전설의 사이클 선수에서 약물투약이 사실로 드러나 모든 기록이 박탈당하는 치욕의 선수로 전락했다. 희망과 긍정 마인드의 전도사가 추락하는 모습에 많은 사람들이 안타까워했다. 정직한 도전만이 끝까지 존경받을 수 있다는 교훈도 얻게 된다.

♧ 최후의 버디는 남아있다

2013년 마스터스 골프대회에서 호주인 최초로 애덤 스콧이 우승했다. 애덤 스콧은 그의 호주인 영웅이었던 그렉 노먼도 우승하지 못한 대회에서 마지막 홀 버디로 1타 차의 극적인 우승을 이룬 후 "낙담하고 좌절할 수 있는 위기가 많았지만, '모든 것이 실패해도 최후의 버디가 남아있다'는 마음으로 (승부의 고비가 된) 18번 홀에서도 연장 2차전, 10번 홀에서도 흔들리지 않고 버디를 낚을 수 있었다"고 했다. 끝까지 포기하지 않는 긍정과 낙관의 정신이 집중력을 유지할 수 있게 한 것으로 보인다. 그의 고교 졸업앨범도 새삼 화제가 되었는데, 거기에는 "모든 것이 실패한다고 해도 최후의 버디가 남아있다(If all else fails, birdie the last)"라고 적혀있었다.

아마추어 골퍼들이 즐겨 하는 내기 게임 방식 중에 '조폭 스킨스'라는 게 있다. 그 홀에서 이긴 사람이 전에 잃은 돈까지 다 쓸어가는 방식의 게임이라 마지막 홀에서 버디를 한다면 최후의 승자가 될 수 있는 게임 방식이다. 게임 명칭이 거칠지만 끝까지 포기하지 않고 한 방을 노리며 집중할 수 있는 경기 방식의 하나다. 인생에서도 '조폭 스킨스'처럼 끝까지 집중하면서 자신의 실력발휘의 장을 기다리는 것도 필요하다. 마지막까지 긍정의 시나리오를 포기하지 않고 스토리액팅한다면 최후의 버디는 가능할 것이다.

♧ 준비하는 '꾸준함'이 '천재성'을 이긴다

테니스 코치인 로버트 렌스도르프는 세계랭킹 1위를 지낸 세 명의 제자를 두고 있다. 피트 샘프러스, 트레이시 오스틴, 린지 데븐포트가 그들이다. 그는 재능 있는 선수를 발굴하는 안목이 있느냐는 질문에 자신은 결코 재능 있는 선수를 스카우트한 적이 없다고 하고 가장 우선적으로 기본만 본다고 했다. 그러면 누가 곧 물건이 될 선수인지 알게 된다고 했다.

화가이자 미술교사인 프랑수아 질로는 피카소의 동거녀로 알려졌는데, 그녀는 어떤 사람이 독창적인 화가인지 알 수 있느냐는 질문에 "그거 아주 간단해. 누군가 하루, 일주일, 한 달 그리고 일생 동안 얼마나 많은 시간을 혼자 지낼 수 있다면 화가가 될 수 있다"고 했다. 피아니스트 블라디미르 호로비츠 역시 "내가 만일 연습을 하루 거르면 내 자신이 알고, 이틀 거르면 아내가 알고, 사흘 거르면 온 세상이 안다"고 했다.[44]

♣ 여정 자체를 즐겨라

이런 꾸준함으로 이끄는 동력은 목적지보다 그 여정 자체를 즐기는 마음이 있어야 가능할 것이다. 세르반테스의『돈키호테』중에도 이런 말이 있다. "여정 자체가 도착지보다 낫다. 희망을 품고 길을 가는 여정이 목적지에 도달하는 것보다 낫다(The journey better than the inn)." 과정을 즐기는 마음이 있다면 어느새 목적지에 도달할 것이다. 이 세상에서 가장 좋은 여행지는 '공항 라운지'라는 말이 있다. 미지의 세계에 대한 설렘으로 가득한 곳이다. 그런데 여행의 목적지에 막상 도달하면 기대에 못 미쳐 실망스러울 때도 있다. 기대만큼 좋은 여행지도 또다시 일상으로 돌아가야 할 생각에 마냥 즐길 수만은 없는 것이다. 성공이라는 여정을 위해 막 짐을 꾸리는 시기에 있다면 그 과정이 좀 고되더라도 즐기는 것이 현명할 것이다.

지휘자도 '꾸준한 노력'이라는 여정을 즐기지 않는다면 마에스트로로 태어나지 못할 것이다. 막상 일정한 경지에 올라도 또다시 새로운 곡에 대한 해석의 지평을 열거나 미지의 곡에 도전해야 자신의 가치를 인정받을 것이다. 라트비아 출신의 세계적인 지휘자 마리스 얀손스의 이야기가 이를 말해주고 있다. 몇 차례 내한공연을 한 바 있는 얀손스는 지휘자 아르미드 얀손스의 아들로 음악적인 분위기에서 자랐다. 1971년 카라얀 지휘 콩쿠르에서 2위에 입상해 아버지의 그늘에서 벗어난 그는 "오늘 최고의 콘서트를 연 뒤에 퇴보하는 것보다는 아쉬움이 남더라도 조금씩 전진하는 편이 낫다"는 아버지의 말을 평생 간직하고 살았다고 한다. 카라얀을 스승으로 모신 뒤에는 아침 9시부터 밤 11시까지 리허설과 무대 연출, 음반 녹음을 하면서 한순간도 쉬지 않고 음표 하나도 놓치지 않고 완벽에 도달할 때까지 끝까지 집착하는 것을 배웠다고 한다. 꾸준한 노력이 수반되지 않았다면 마에스트로 얀손스는 없을 것이다.

집념의 기업인들도 꾸준한 노력과 성실성이라는 기본기가 있었기에 전설로 남을 수 있는 것이다. 일본 정치 엘리트의 산실인 마쓰시타 정경숙의 창립자이자 일본의 전설적인 기업인으로 많은 일본인들의 사랑을 받고 있는 마쓰시타 고노스케는 포기할 줄 모르는 집념의 기업인으로도 잘 알려져 있다. 어느 날 마쓰시타 전기의 사업부장이 목표달성에 실패하자 마감일 저녁 10시에 "죄송하지만 목표달성에 실패했다"고 보고하자 마쓰시타는 "아직 2시간이나 남아있지 않은가?"라며 나무랐다고 한다. 마쓰시타에게는 끝까지 최선을 다하는 도전정신과 긍정정신이 있었기에 세계적 전자기업 마쓰시타 전기를 키울 수 있었을 것이다. 타고난 약골, 가난, 내세울 것 없는 학벌 이 세 가지가 오히려 성공의 일등공신이라는 역설로 일본의 대표기업을 일궈낸 마쓰시타는 약점을 긍정 에너지로 바꾸는 힘은 꾸준한 노력이라는 것을 가르치고 있다.

자신의 처지를 한탄할 만큼 인생은 한가하지 않다. 빨리 여행의 목적지를 정하라. 목적지를 위해 여정을 꾸리면서 준비하는 시기야말로 가장 설레는 여행지이기에 여정을 즐길 수 있는 준비를 철저히 하자. 창의적인 스토리가 만들어지는 여정을 즐기자. 그러면 스토리액팅할 수 있는 에너지도 축적될 것이다.

☼ 이어령의 여러 우물 파기, 주철환의 잡념, 잡스의 융합

꾸준한 노력으로 한 우물을 파는 가운데서도 이어령처럼 지적 호기심을 바탕으로 자신의 궤도를 꾸준히 점검해나가는 자세가 필요하다.

이어령은 55세이던 1988년 홀로 미국행 비행기를 탔다. 그는 그런 게 바로 내 나름의 저항이요, 혁신이고 모험이라고 했다. "10년에 한 번씩은 물 밖으로 나가지 않으면 견딜 수가 없어. 정체된 삶은 지옥이거든. 나는 늘 우물을 파지만 물이 보이기 시작하면 그 구덩이를 포기해버려요. 내게 필요한 건 목마름이지 물이 아니니까. 그래서 한 분야를 진득하게 붙들지 못하는 거요. 이건 내가 안정을 누리면서 보수화되지 않았느냐는 비판과 연결되는데 사실 나이 들어 먹고살 만해지면 얼마간 독기가 빠지는 거, 그걸 누가 부인하겠어. 하지만 나는 안주할 수 있는 사람이 아니에요. 왜 자꾸 안정된 모든 것을 버리고 외국으로 가 그 고생을 하겠어요. 더군다나 미국 갔을 때는 몸도 너무너무 안 좋았는데." 그런 에너지의 원천은 무엇일까? "돈 후안이 1,003명의 여자와 사랑을 나눴다는데, 그런 의미에서 나는 지적 돈 후안이오. 생명이 허락하는 한 지적 모험을 계속하고 싶으니까. 난 여행을 별로 좋아하지 않지만 낯선 곳에 가면 괜한 슬픔이 밀려와요. 고개 한 번만 돌리면 언덕 하나만 넘으면 내 평생 보지 못했던 어떤 거리, 어떤 사람들이 있을 텐데 그걸 다 못 보고 지나쳐가는구나 그런 아쉬움이 나를 끊임없이 방황하고 지치게 해요. 집이 책으로 넘치는데 지금도 인터넷 서점에 가서 자꾸 책을 사요. 그걸 다 읽을 수 있는 것도 아니련만 책장 하나를 넘기면 만나게 될 새로운 세상, 그걸 놓쳐버리는 게 너무 아쉬워서."[45]

한 우물을 깊게 파되 퇴로를 항상 돌아볼 여유도 가져야 한다. 때로는 여러 개의 우물을 살펴볼 필요도 있다. 물론 이어령처럼 어떤 우물이라도 성실하게 파야만 샘물을 만나게 될 것이다.

방송인 주철환은 "집념 대신 잡념을 가지라"고 한다. 그래서인지 그의 이력도 다채롭다. PD, 대학교수, 방송사 사장 등 남들이 부러워할 만한 직업 몇 개를 거쳤다. 한 우물만을 파는 대신 자신의 끼를 발휘할 수 있는 여러 우물을 파 본 그가 하는 잡념의 의미는 무엇일까. 마냥 공상 속의 잡념이 아닌 여러 마리 토끼를 성실하게 쫓을 때 그에 따른 보상도 여러 개가 될 수 있음을 가리키는 듯하다. "현재의 나는 객관적으로 보되, 미래의 나는 낙관적으로 보라"는 주철환의 또 다른 주문에 자신을 비춰보자. 객관적으로 자신을 평가한다면, 결코 자신을 과대평가하지 않으므로 노력을 게을리하지 않을 것이다. 미래를 낙관하기 위해서는 아직 부족한 자신의 오늘을 결코 허투루 낭비하지 않아야 한다.

레오나르도 다빈치는 인류사에 남을 천재로 여러 우물을 파서 최고 수준의 성취를 이룬 사람이다. 미켈란젤로 역시 조각가였지만, 화가로서도 '천지창조'로 알려진 시스티나 예배당의 천장화로 인류역사에 남을 명작을 그렸다. 정약용은 어떤가. 정조의 부름에 문과적인 지식인 정약용이 토목공학적 소양을 발휘해 수원화성을 축조하는 데 일등공신이 되지 않았는가. 과거에는 직업적인 세분화나 전문화가 덜해서 그 나름대로 얕게 파기만 해도 기름이 콸콸 쏟아지는 시대라서 지금과는 다르다고 할 수도 있다. 그런데 대가들에게는 융합적인 지식에 대한 안목을 가지고 자신의 전공 분야에 대한 지식을 깊이 파되 다른 연관 분야의 언어로 대중에게 친숙하게 다가갈 수 있는 안목이 있다.

스티브 잡스의 경우도 기술과 인문학의 접점에서 아이폰을 만들었다. 잡스는 기술전문가는 아니다. 어느 정도 안목은 있어도 워즈니아키라는 전문가의 식견을 빌렸고, 자신은 미국의 리드대 철학과 2학년 중퇴라는 학력으로 인문학의 풍월도 읊을 줄 알았다고 볼 수 있다. 또한, 중퇴하고 한동안의 공백기에는 산업디자인 계통의 과목이나 캘리그라피(서체디자인) 관련 과목도 수강했다고 한다. 이런 잡학적인 취향에 컴퓨터로 세상을 바꾸겠다는 편집증적인 야망이 그를 통섭형 또는 융합형 지식인으로 만들었다. 한 우물은 깊게 파되 인간에 대한 관심, 세상의 변화를 헤아리는 통찰력은 여러 우물에 대한 관심에서도 나올 수 있다. 한 우물을 열심히 파는 가운데 다른 분야에는 문외한이 되기보다는 한두 가지 분야에는 꾸준히 관심을 가지고 지식을 확장한다면 자신의 인생 스토리를 어떻게 액팅해나갈지에 대한 생각도 '유레카'를 외치는 순간이 올지 모른다.

표준화된 도전의 매뉴얼은 없다. 자신만의 방식으로 한 우물이든 여러 우물이든 성실히 판다면 언젠가 물이 콸콸 나오지 않을까?

♧ 피그말리온 효과를 믿는 이성적 낙관주의자가 되자

지중해 동부의 키프로스 섬에 피그말리온이라는 조각가가 있었는데, 그는 세상의 어떤 여자들하고도 사랑에 빠지지 않았다. 그것은 그가 어떤 여자에게도 사랑에 빠질 만큼 아름다움을 느끼지 못했기 때문이다. 그는 어느 날 자신이 만든 여인 조각상을 보고 사랑에 빠졌다. 그는 조각상에 병적으로 집착해 조각상을 여인으로 변하게 해달라고 아프로디테 여신에게 간절히 요청했고, 그의 지극정성이 통했는지 조각상이 살아있는 여자로 변했다고 한다. 우리가 어떤 것을 간절히 원할 때 반드시 이루어진다는 것을 '피그말리온 효과'라고 한다. 우리는 정말 어떤 것을 얼마나 간절히 원하고 철저히 준비했는지 스스로에게 물어볼 일이다. 피그말리온은 어쩌면 지나치게 비이성적인 낙관주의자이지만, 현실에서는 이성적인 낙관주의로 간절한 마음으로 노력을 쏟아부어야 할 것이다.

『생각에 관한 생각』의 저자로 노벨경제학상을 수상한 대니얼 카너먼은 "인생에서 보는 많은 일들이 무작위로 일어난다는 믿음을 거부하려는 우리의 의지는 지나칠 만큼 강하다"고 했다. 카너먼의 말처럼 우연적인 요소를 너무 필연적인 요소로 가정하는 것이 인간의 고질적인 습관이라고 치더라도 우리는 현실을 개선하는 데 비이성적이라고 할 정도의 낙관주의도 가끔은 필요하다.

♣ '그래도'라는 섬은 남아있다

김승희 시인은 한국인에게는 '그래도'라는 섬이 있다고 한다. 우리가 도전하다가 좌절할 때 이 섬은 희망의 등댓불을 켜고 우리를 안내한다. 그래도 내 나라, 그래도 내 고향, 그래도 내 식구가 있음을 알고 다시 한번 힘을 내는 건 어떨까. 무수한 '그래도'를 떠올리면서 현실의 고달픔을 달래고 미래의 동력으로 삼아보자. '그래도'가 가진 힘은 인간에게 날개를 달아줄 수도 있다. 1901년 사이먼 뉴컴(Simon Newcomb) 교수는 인간은 절대로 무거운 엔진을 달고 하늘을 날 수 없다는 것을 수학적으로 증명했다. 그러나 '그래도' 길은 있을 것이라며 도전한 사람이 있다. 1903년에 라이트 형제는 키티호크의 한 풀밭에서 1마력의 무거운 엔진을 탑재한 채 12초 동안 36m를 비행하는 데 성공했다. 신은 인간에게 날개를 주지는 않았지만, 날 수 있는 꿈을 주었기 때문에 가능한 일이다.

♧ 자신의 처지를 약진의 발판으로… 하버마스와 구순구개열

현재 생존한 학자 중 사회과학 분야의 세계 최고의 석학의 하나로 꼽히는 독일의 위르겐 하버마스는 선천적으로 입술 입천장이 갈라지는 구순구개열, 일명 언청이로 태어났다. 1929년에 태어난 하버마스는 당시의 의술로는 완벽한 치료가 불가능해 수차례의 치료 끝에 지금도 약간의 언어장애를 가지고 있지만, 그는 이를 약자도 배려하는 의사소통이론으로 발전시켰다. 하버마스는 강자의 언어를 왜곡된 소통으로 비판하고, 누구도 무시당하거나 차별받지 않는 포용적 소통을 강조한다. 전후 독일에서는 하버마스가 걸어온 길을 '좌파 자유주의'로 규정하기도 한다. 서울대 한상진 교수는 그의 이론에 대해 약자에 대한 배려를 약자의 특수한 관점이 아니라 보편적 이론에 접목하고자 필사적으로 노력한 것에 그의 학문적 고뇌와 매력이 있다고 보았다.[46]

하버마스는 자신에게 선천적으로 취약한 환경을 오히려 발전의 계기로 활용하고 있다. 지금은 없어진 지 오래지만, 초등학교 시절 국민교육헌장을 달달 외우던 시절이 있었다. "우리는 민족중흥의 역사적 사명을 띠고 이 땅에 태어났다"로 시작하는데 그 가운데에 "자신의 처지를 약진의 발판으로 삼아"라는 구절이 나온다. 사실 그 시절엔 무슨 의미인지도 모르고 달달 외우던 것이 지금 보니 멋진 말이다. 환경의 지배를 받지 말고 자신의 의지로 미래를 개척하는 도전정신이 들어있는 말이다. 하버마스의 삶과 수많은 위인들의 삶에서 읽히는 대목이다. 악조건을 딛고 일어서는 절실한 스토리액팅의 지혜를 배우자.

♧ 피카소의 도전

피카소는 '아비뇽의 여인들'이라는 작품으로 큐비즘이라는 미술사의 새로운 사조를 열었다. 그러나 피카소의 만여 개가 넘는 작품 중에는 범작도 있고 수작도 있었다. 나중에는 피카소라는 브랜드가 붙으면 고가에 거래되는 미술사의 역사가 되었다. 피카소의 다작은 그의 성실성과 투철한 직업정신이라고 할 수도 있다. 수많은 여인들과 스캔들 속에서도 계속해서 그림을 그렸던 피카소는 생존 시에도 이미 부자의 반열에 오른 화가이다.

피카소를 타고난 성실성, 도전정신을 천재성과 결합해 역사를 만들어낸 경우라 하겠다. 한탕주의식으로 계속 구상만 하다가 하나의 작품으로 승부를 보겠다는 화가보다는 아무래도 확률적으로 승산이 크다고 할 수 있다. 매일매일 꾸준한 도전 속에 자신을 노출하다 보면 어느새 피카소의 경지에 이른 자신을 발견할지도 모를 일이다. 오늘 하루 당신은 어떤 도전을 준비하고 있는가?

♧ 엄친아의 좌절과 재기

영국 케임브리지대 법대 졸업, 스페인 프로축구 레알 마드리드 선수로 활약한 후 가수로 변신해 14개 언어로 3억 장의 앨범을 판매한 사람이 있다. 그는 스무 살 때 자동차 사고로 인생이 좌초될 위기의 순간이 있었다. 스페인이 나은 세계적인 가수 훌리오 이글레시아스 이야기다. 레알 마드리드에서 골키퍼로 활약하던 훌리오는 교통사고를 당한 후 병실에서 우울한 나날을 보내다 간호사가 권한 손가락 근육 재활 목적의 기타가 그에게 구세주가 되었다. 병실에서 작곡까지 하게 된 그는 이후 스페인의 각종 오디션에 나갈 정도로 건강도 회복하고 그랑프리 트로피를 수집하는 재능을 보이더니 세계적인 가수로 성장했다. 그의 감미로운 목소리는 수많은 한국 여성 팬들을 사로잡기도 했다. '웬 아이 니드 유(When I need you)', '헤이(Hey)' 등 많은 히트곡들로 팬들의 심금을 울린 바 있다.

훌리오 이글레시아스에게 절망의 순간에 희망의 불꽃을 되살린 것은 단순한 기타가 아니었다. 누구나 절망의 순간에 자신의 기타를 만날 수 있다면 희망의 불씨는 다시 타오를 수 있다. 이는 자신의 인생 스토리를 액팅할 수 있는 새로운 도전의 불씨이기도 하다.

♧ 현재에 충실하되 불가능한 꿈을 꿔라

올림픽 금메달을 꿈꾸는 촉망받는 체조선수에서 사지가 마비된 장애인으로 그리고 누구나 다 불가능에 가깝다고 얘기한 의사의 꿈을 실현한 사람이 있다. 미국 이민 1.5세대인 이승복은 체조로 올림픽 시상대에서지는 못했지만, 세계 최고의 병원 중의 하나인 존스홉킨스 병원의 수석 전공의가 되어 오늘도 휠체어 위에서 청진기를 환자의 가슴에 대고 있다. 좌절과 눈물, 회환에 빠져 살 수밖에 없다고 생각하는 대신 자신이 할 수 있는 또 하나의 원대한 꿈을 한 걸음씩 옮기면서 삶의 의미를 찾아간 한 젊은이의 여정은 재미 의사 이승복에게서 읽을 수 있다.

척수손상으로 중증 장애를 가지고 존스홉킨스에 입원하는 환자들은 대부분 삶에 대한 절망으로 실의에 빠져 그 어떤 의사의 위로의 말에도 좀체 마음을 열고 받아들이지 않는다고 한다. 이때 이승복은 자신의 길을 먼저 간 살아있는 완벽한 증거이기 때문에 그의 인생사를 듣고 환자들은 재활의지를 불태우면서 "땡큐, 닥터 리"를 외친다고 한다. 현실에 대한 투덜거림이나 불평이 결국에는 자신의 환경이나 자질에 화살을 겨누게 되는 결말에 도달하는 우리의 일상을 돌아볼 때마다 내 안의 '이승복'을 찾아보자. 도전을 방해하는 '두려움'이라는 나쁜 습관을 걷어낸다면 꿈의 크기는 우리의 상상보다 더 커질 것이다.

♠ 때론 상상이 사실보다 진실에 가까울 수도 있다

입체파의 거장 피카소는 상상이 사실보다 진실하다고 믿었다. 피카소가 한 번은 기차를 타고 가다가 승객과 대화를 나누게 되었는데, 그 승객은 현대미술이 실망스럽다면서 진짜 실재와는 다른 그림에 대해 불평을 하면서 지갑에서 자신의 아내 사진을 꺼내서 이것이 진짜 실재와 가까운 것이라고 말하자 피카소가 그 사진을 위아래로 방향을 바꿔 가면서 보더니, "당신 부인은 끔찍하게 작군요. 게다가 납작하고요"라고 말했다. 『생각의 탄생』의 저자 로버트 루트번스타인도 "인간은 자신만의 세계를 창조하지 못한다면 다른 사람이 묘사하고 있는 세계에 머무를 수밖에 없다"고 했다.

자신이 그리는 자신의 미래 모습이 진실한 자신의 모습이고, 현재의 초라한 현실을 보고 이것이 나의 진짜 모습이 아니라고 주문을 외우듯이 믿고 싶을 때면 피카소의 말을 떠올려보면 어떨까. 자신의 진짜 모습은 미래에 구현될 수 있지만, 스스로 스토리액팅을 통해 '진실'로 만들어가는 과정에 있다.

♧ "길이 없다"는 것은 "어디든 길이 될 수 있다"는 것의 다른 말

요즘 주위에 마라톤에 빠져있는 친구가 몇몇 있다. 하프마라톤을 두 차례 뛴 적이 있고, 단축마라톤을 몇 차례 뛰어본 나로서는 마라톤이 힘든 운동이라는 것 외에 마라토너 특유의 '러너스 하이'라든지 마라톤이 주는 쾌감을 경험하지 못해서 그런지 몰라도 무척 힘든 운동이라는 느낌을 가지고 있다. 아마추어 동호인들에게는 마라톤 풀코스를 3시간 이내에 주파하는 '서브3'은 꿈의 기록 중의 하나라고 한다. 이 기록에 도달하기 위해서는 많은 훈련과 경험이 필요함은 물론이다. 친구 중의 한 명도 '서브3'이라는 목표를 이루고 나서 보스턴마라톤 마스터스 부문에 도전하려는 꿈이 있다고 한다.

직장생활을 하면서 자기관리를 철저히 하지 않는다면 '서브3'은 불가능에 가까운 것이기에 친구의 도전을 마음으로 응원하고 있다. 그냥 마라톤도 힘든데 울트라마라톤이나 오지마라톤으로 도전의 강도를 높여서 자신과의 싸움에 나선 사람들도 적지 않다.

서울 강북구청의 공무원인 김경수 씨는 2001년 마흔을 코앞에 둔 나이에 TV 화면에서 사막마라톤을 보고 가슴이 뛰었다고 한다. 평범한 구청 공무원에서 '오지탐험가'라는 새로운 인생이 자신에게 손짓하고 있었기 때문이다. 그리고 현실의 벽을 깨고 도전에 나선다. 김경수 씨가 경험한 오지마라톤은 모로코 사하라, 중국 고비, 칠레 아타카마, 인도 뮤나 밀림 등으로 그가 달린 사막과 오지의 거리는 2,567km에 이른다고 한다. 생사의 고비를 여러 번 넘긴 그에게 남은 것은 현실적으로 마이너스 통장의 잔고가 늘었다는 것이다. 그러나 절대고독과 싸우면서 느낀 소중한 도전정신은 돈으로 환산하기 힘든 것이라고 한다. 김경수 씨는 사막을 달리면서 사막은 길이 없다고 하지만 역설적으로 사막에는 길이 무수히 많다는 것을 느꼈다고 한다. 방향만 정확하다면 길이 달라도 결국은 목표지점에 도착할 수 있을 것이다. 그러기에 김경수 씨는 길을 잃어버려도 방향은 잃어버리지 말라고 한다.

사막에서는 모래바람이 결코 길을 만들게 놔두지 않지만 나침반으로 방향만 정확히 알고 있다면 어디든 길인 것이 사막이다. "길이 없다"는 것은 어디든 개척하면 길이 될 가능성이 있다는 것의 다른 말이기도 하다.

♣ 콜럼버스의 계란

크리스토퍼 콜럼버스가 험난한 항해를 극복하고 아메리카 대륙을 발견하고 난 후에 후원자였던 에스파냐의 이사벨 여왕에게 돌아가자 그의 인기는 하늘을 찌를 듯했다. 그러던 어느 날 행사에서 어떤 사람이 냉소적으로 그의 성과를 깔아뭉개려는 듯 "신대륙 발견이 뭐 그리

대단한 일인가? 배를 타고 서쪽으로 가다가 우연히 육지에 닿은 것뿐 아닌가. 그게 그리 어려운 것인가?"라고 비웃으며 질문했다. 그러자 콜럼버스는 "당신 말이 맞소. 나도 신대륙의 발견을 자랑할 생각은 없소. 그저 서쪽으로 배를 타고 가면 신대륙에 도착할 것이라는 것을 누구보다 먼저 생각했다는 것을 인정받고 싶을 뿐이오." 그러면서 그는 테이블 위에 계란을 한 개 집어서 이걸 세울 사람이 있는지 제안했고, 어쩌면 당연하게도 아무도 계란을 테이블에 세울 수 없었다. 그러자 콜럼버스가 계란의 끝 쪽 한 면을 테이블에 두드려서 움푹 들어가게 한 다음 세우고는 이렇게 말했다. "계란을 이렇게 세우는 것은 아무것도 아니지만 이런 발상을 한 사람은 아무도 없었습니다. 다른 사람이 한 후에 그것을 단순하다고 비판하는 것은 아이들도 할 수 있습니다." 창조적 발상은 어쩌면 가까이에 있고 알고 나면 누구나 할 수 있다고 생각할지 모르지만 그만큼 도전하는 용기가 필요하다.

한 기업체 입사에서 지원자의 지혜를 테스트하기 위해 상자에 줄로 복잡한 매듭을 엮어놓고 그것을 풀고 가라는 테스트가 있었다고 한다. 대부분이 너무 복잡하게 얽혀있어서 풀 생각을 못 하고 포기하고 갔는데, 두 사람만이 예외였다고 한다. 한 사람은 가위로 줄을 싹둑 잘라버렸고, 한 사람은 박스를 발로 박살을 냈다고 한다. 이들은 매듭을 풀지는 못하지만 포기하는 심정으로 전전긍긍하지 않고 항의하는 마음으로 이렇게 했다고 한다. 나머지는 제한시간을 다 사용해도 매듭을 풀 수가 없어서 그냥 고민만 하다가 얌전히 일어나서 시험장을 나왔다고 한다. 결과는 어떻게 됐을까. 박스를 발로 부수고 매듭을 가위로 싹둑 자른 두 사람만 합격이었다. 고르기아스의 매듭이 생각나는 대목이다. 항상 문제에 상식선에서만 접근하면 풀리지 않는다. 때로는 깨부수는 변칙이 필요하다. 인생의 시나리오를 단순하게 정리해보면 행복의 길이나 스토리액팅의 방향이 보일 것이다.

♣ 결국 나 자신의 책임이다

삶은 좋거나 나쁜 게 아니라 당신이 생각하는 대로 눈앞에서 발전하는 것이다. 오늘 겪은 삶의 현실은 당신의 의식이 만들어낸 결과다. 사람들 대부분의 삶이 무의식 상태이기 때문에 매일같이 자신의 생활을 창조한다는 사실을 인식하지 못한다. 자신이 무엇을 하는지 모른다. 그렇다고 무의식에서 나온 생각과 말과 행동에 자신에게 전적으로 책임이 없지 않다. 결국 삶은 정당하다. 삶이 날마다 당신이 어제와 그제 씨를 부려놓은 당신과 대면시키기 때문이다. 독일의 심리학자 로베르트 베츠의 얘기를 들어보자.

> "삶은 아름다워! 사는 건 즐거워! 삶은 멋진 거야!" 아무리 읊어봐야 얻는 건 없다. 그런 긍정을 수천 번 되풀이해본들 아무 의미가 없다. 마음속에서 계속 "난 그 말을 믿지 않아. 내 생각은 다른걸"이라고 말하는 존재가 있기 때문이다. 비유하면 곰팡이가 핀 눅눅한 벽에 페인트칠을 하는 것과 같다. 이틀만 지나면 다시 곰팡이가 피어오른다.
> …
> 세간에 창궐하는 '희망목록'을 비롯해 소위 '긍정적 사고하기'는 숱한 실망으로 되돌아온다. 삶의 불편한 상황과 감정을 자신의 작품이라 인식하지 못해서 책임지지 못하기 때문이다.[47]

나 자신의 책임으로 결국 돌아오게 되는 삶을 스스로가 주체로 살지 못한다면 인생은 도전하지도 못하고 사그라지는 그래서 내가 책임지지 않는 비참한 남의 것이 될지도 모른다.

그것은 인간은 최소한 스스로의 인식을 선택할 수 있기 때문이다. 빅터 프랭클이 죽음의 수용소에서 살아남을 수 있었던 것은 분노와 절망, 증오와 공포를 넘어 모든 상황의 이면에 자리한 삶의 긍정적 감정에 집중할 수 있었던 힘이 있었기 때문이다. 인식을 선택할 수 있는 힘은 이렇게 막강하다. 철학자 프리드리히 니체는 고통에 대해 "나를 죽이지 않는 고통은 나를 더 강하게 만든다"고 했다. 고통이 자신에게 도전해올 때 응전할 용기만 있다면, 쉽게 거꾸러지지 않을 것이다.

아무것도 변화지 않을지라도, 내가 변하면 모든 것이 변한다.

- 발자크

♋ 날마다 당신이 사랑하는 어떤 것을 하라

자기만의 목적의식으로 장수한 연예계의 전설 조지 번스(George Burns)는 어느 철학자 못지않게 현명한 충고를 남겼다. "날마다 당신이 사랑하는 무언가를 하라"고 나아가 스스로 내가 사랑하는 삶을 살고 있는지를 자문해보자. 그러면 아마 나의 묘비명에 어떤 글자가 쓰이기를 원하는지 생각이 나고 그럭저럭 살면서 인생을 허비하지는 않을 것이다. 날마다 사랑하는 어떤 일을 한다는 것은 꿈과 희망을 품고 있다고 할 수 있다. 그래야만 꾸준함이 가능하다. 그것이 곧 성공이라는 그림을 그리는 길이며, 그 그림을 그리는 데는 꿈이라는 물감도 필요하다.

끈기 있게 하는 일이 쉬워지는 것은 일이 쉬워지기 때문이 아니라
일을 할 수 있는 능력이 향상되기 때문이다.

- 랠프 월도 에머슨

♻ 인생을 완벽히 통제할 수는 없다

권력이나 재산, 사회적 지위와 명예 이 모든 것을 갖춘 사람이 있을
수 있지만 인생을 완벽하게 통제할 수는 없다. 자신과 다른 사람과의
관계를 이어주는 데 유리한 고지를 점하게 만드는 요소가 될 수는 있
을지 모르지만 행복의 절대조건은 될 수 없다. 오히려 이런 완벽하게
보이는 조건도 불만족해서 더욱 상승시키려다 더 큰 권력이나 재산,
더 높은 지위와 명예를 위해 달려가다가 궤도를 이탈하는 경우를 가끔
목격하게 된다. 행복한 사람은 자신이 가진 불안정성을 받아들이는 용
기가 있는 사람일 것이다. 그러면서 자신의 조건을 점차 개선시키는
가운데 기쁨과 감사를 느끼면서 살아가는 사람일 것이다. 어쩌면 인간
의 불안정성은 평생 우리를 따라다니지만 안정과 완성은 결코 도달할
수 없는 종착역이기 때문이다. 그래서 우리는 완벽히 통제할 수 없는
영역을 신이나 다른 믿음의 영역에 귀속시키는지도 모른다.

"막연하고 실체가 불분명한 과거와 미래에 대한 아쉬움과 갈망
이 현재를 갉아먹는다. 그럴 시간에 현재를 충실히 살자"는 파스칼
의 얘기는 매일매일 도전을 준비하는 사람에게 훌륭한 경구가 될
것이다.

우리는 결코 현재시간에 살고 있지 않다. 우리는 너무 더디게 온다며, 마치 그 속도를 서둘러 앞당기려는 듯, 미래를 갈망한다. 또한 너무 빠르게 지나갔다면서 과거를 되새기기도 한다. 얼마나 진중하지 못하면 이미 우리 손아귀에서 벗어난 시간들 속을 아직도 헤매 다니고, 얼마나 허황하면 있지도 않은 걸 골똘히 생각하고 존재하는 유일한 것을 아무 생각 없이 회피해버리는지 모른다. 각자 자신의 생각을 정밀하게 들여다보라. 틈만 나면 과거나 미래의 일로 골몰하는 자신을 발견할 것이다. 우린 현재에 대해 거의 아무 생각도 하지 않는다. 과거와 현재를 우리는 대개 수단으로 생각한다. 오로지 미래만이 우리의 목표가 되는 셈이다. 따라서 우리는 결코 살아있다고 할 수 없으며, 오직 살기를 희망한다고 볼 수밖에 없다. 우리는 항상 행복할 준비만 갖추고 있는 셈이니, 실제로 한 번도 행복하지 못한 것은 어쩜 당연한 일이다.

- 파스칼

☙ 똑똑한 실수는 '경험'이란 자산으로 남는다

실패는 성공의 어머니라고 하면서도 대개 사람들은 실패 후 깊은 좌절 속에서 다음에 다시 도전할 엄두를 내기가 힘든 경우가 많다. 그러나 경험이라는 눈에 보이지 않는 자산을 축적했다는 것을 명심할 필요가 있다. 『마지막 강의』의 저자 랜디 포시(Randy Pausch)는 "Experience is what you get when you don't get what you want"라고 했다. 즉, 경험은 당신이 원하는 것을 얻지 못했을 때 얻는 것이라는 뜻이다. 이제 실패한 이후 다시 도전할 용기를 얻기에 더없이 힘이 되는 말이다. 해리포터 시리즈의 작가 조앤 K. 롤링은 2008년 하버드대학 졸업식 축사에서 실패의 의미에 대해서 말한 바 있다.

실패는 내가 불필요한 것에서 벗어날 수 있게 해주었습니다. …
(실패로 인해) 내가 가장 두려워하던 것이 현실로 나타났지만, 나는
여전히 살아있었고 내 옆에는 사랑하는 딸이 있었으며 오래된 타자
기 하나와 멋진 아이디어가 있었습니다. 그래서 내가 실패해 추락한
지점은 내 삶을 다시 일으켜 세우는 단단한 터전이 되었습니다.
…
나는 나에게 강한 의지와 자제력, 보석보다 훨씬 값진 친구들이 있
다는 것을 알았습니다. 좌절을 겪으면서 더욱 현명해지고 더욱 강
해진다는 사실을 아는 것은 우리가 앞으로 확실하게 생존할 수 있
다는 것을 의미합니다. 우리 자신이나 관계의 힘은 모두 역경에 의
해 시험을 당할 때까지는 잘 알 수 없는 것입니다.

베이브 루스는 30년 동안 선수 생활 중 통산 714번의 홈런을 쳤다.
하지만 그는 다섯 시즌이나 최다 삼진 아웃을 당하는 등 삼진 아웃 최
다 기록도 가지고 있다. 그렇지만 우리는 삼진왕 베이브 루스를 기억
하지 않고 홈런왕 베이브 루스를 기억하고 있다. 실패를 감내하는 도
전이 없다면 결코 홈런을 만들 수 없을 것이다. 미국 프로야구 메이저
리그에는 "이기면 조금 배우고, 지면 많이 배우는 게 야구다"라는 오
래된 격언이 있다. 실패를 통해 배우는 자세를 가진다면 이미 당신은
성공을 향해 가고 있는 것이다.

> 도전하는 것은 잠시 발판을 잃어버리는 것이다. 도전하지 않는 것
> 은 우리 자신을 잃어버리는 것이다.
>
> - 키르케고르

세네카는 "사람은 누구나 실수하기 마련이다. 하지만 실수를 반복하
는 것은 악한 짓이다"라고 했다. 실수가 잦아서 도저히 딛고 일어설

수 없을 때는 치명적인 실패가 될 것이다. 특히, 생명을 다루는 의료사고의 경우는 치명적이다. 미국에서는 연간 4만 4천~9만 8천 명이 의료사고로 사망하는 것으로 추정되고 이는 교통사고나 유방암, 에이즈 사망자보다도 많다. 이것도 포착된 사례만 그러니 통계에 잡히지 않은 많은 사고가 있을 것이다.

기업에서도 똑똑한 실수를 성공으로 가는 과정으로 인정하는 아량이 필요하다. IBM의 창업자 토머스 왓슨은 "더 빨리 성공하려면 더 많은 실수를 하라"고 말했다. 의사결정 분야의 세계적인 석학인 폴 J. H. 슈메이커도 혁신의 원천으로 똑똑한 실수를 들었다. 그는 아인슈타인의 상대성이론에 대해서도 수많은 실수로 가득하다고 보았다. 상대성이론에서 아인슈타인은 적어도 23가지의 중요한 실수를 했다고 보았다. 또한, 라이트 형제도 비행기 개발에 뛰어들겠다는 의사결정 자체가 당시로서는 실수였다고 본다. 당시의 모든 사람들은 인간이 하늘을 날 수 없다고 보았다.

라이트 형제가 첫 비행에 성공하기 8년 전인 1985년, 영국의 저명한 수학자 켈빈 경은 "공기보다 무거운 물체는 하늘을 나는 게 불가능하다"고 말하기도 했다. 아인슈타인도 라이트 형제처럼 시간, 공간, 에너지 등에 대해 과학자치고는 상대적으로 무지했다. 그 때문에 그는 실수라고 할 수 있는 바보 같은 질문을 마음속에 품어서 성공했다는 것이다. 리드대학교 철학과를 중퇴한 스티브 잡스도 대학을 중퇴한 것이 실수일 수도 있다. 그때 그는 서체를 배웠기 때문에 애플 제품의 디자인을 보는 안목을 키울 수 있었을 것이다. 혼다자동차의 창업주 혼다 소이치로도 "성공은 99%가 실패다"라고 한 바 있다.

한 번의 실패가 실수로 인정되거나 실패가 아닌 경험으로 남을 수 있는가는 스스로가 최선을 다했는지 물어볼 때 답이 나올 것이다.

♫ 리바이벌 가수로만 살 수는 없어

영화 <홀랜드 오퍼스>의 주인공 홀랜드는 평생의 소원인 교향곡 작곡을 하면서 안정적인 생활을 유지하기에 음악교사만큼 좋은 직업은 없다고 생각하면서 30년 넘게 교직에 몸담았다. 나중에 그는 진정한 작품은 자신의 제자들이라는 사실을 깨닫게 된다. 이렇게 30년 넘게 걸려서 자신의 작품, 즉 꿈을 발견하게 된 경우도 있지만, 대부분의 사람들은 자신의 꿈이 무엇인지 생각해보지 않거나 생각은 하더라도 현실의 호구책에 밀려서 그냥저냥 하루를 보낸다. 그러면서 꿈은 어느새 사치스러운 얘기로 되고, 자신만의 노래는 없고 남들이 부른 노래를 '리바이벌'해서 부르는 가수처럼 인생이 지나가는 것을 느낀다. 나의 노래는 어떤 음색이고 무대는 어디일까를 항상 생각하면서 자신을 주인공으로 만들려고 생각하는 것이 도전의 출발선이 아닐까. 모든 사람이 이미자나 조용필이 될 수는 없지만 자신만의 개성을 가진 음색으로 부를 순 있다. 평생을 자신의 히트곡없이 리바이벌 가수로 살기로 작정한 사람이 없듯이.

♫ 깨어나 네 삶을 펼쳐라

레게 음악의 아버지로 불리는 밥 말리(1945~1981)는 1979년에 발표한 앨범 '서바이벌(Survival)' 내에 'Wake up and live'라는 곡을 발표해 히트했다. 가사를 한번 음미해보자.

> 인생이란 수많은 표지판이 있는 하나의 큰길이란다.
> 그러나 다른 바퀴 자국들을 따라가면서 심란해하지 마라.
> 미움과 시기심일랑 빠르게 지나쳐 버려라.
> 너의 생각일랑 묵혀두지 말고, 너의 이상을 실현해라.
> 깨어나 네 삶을 펼쳐라!

스스로의 꿈을 한번 생각해보자. 지친 일상에서도 그 꿈만 생각하면 가슴이 두근거리는 꿈을 한번 그려보자. 그런 것이 없다면 한번 상상 속에만 묵혀두지 말고 만들어보자. 꿈을 꾸는 것은 좋지만, 멘토의 조언이나 자신을 객관화하는 냉정함은 필요하다. 누구나 어릴 적의 꿈을 실현한다면 이 지구상에는 너무나 많은 대통령으로 넘쳐나 아무리 많은 신생국가를 만들어도 그 수요를 감당하지 못할 것이다. 아마 어릴 적의 꿈을 좇아 생활하면서 끝내 그 꿈대로 직업을 가진 사람은 많지 않을 것이다. 지구상에는 국가보다도 훨씬 많은 대통령이나 최고 지도자가 나올 수도 없는 것이 현실이다. 기업체의 CEO는 한 명 뿐인데 누구나 그 자리를 원하지 않는가.

피카소는 "당신이 하는 일은 언제나 당신을 따라다닌다. 이는 곧 넓은 의미의 당신이다"라고 말했다. 지금 하고 있는 일이 별로 마음에 들지 않더라도 결코 마지못해서 수동적으로 일해서는 안 된다. 당신의 자존심이나 만족감은 어떤 일이든 최선을 다했을 때 따라오게 될 것이다. 스스로 최선을 다하다 보면 보상은 자연스럽게 따라오게 되어있다. 항상 다른 것에 대한 짝사랑으로 인생을 허비한다면 차선에 충실할 기회마저 잃어버릴 수도 있다.

남들이 보기에 좋은 거대한 꿈이 자신의 몸에 맞지 않을 때도 있고, 자신을 담기에는 그 그릇이 너무 작은 직업에 종사하는 경우도 있을 수 있다. 그러나 당신이 언제나 깨어나서 내면에서 우러나는 기쁨으로 하루하루를 살고 있다면, 이런 삶을 행복하지 않다고 할 수 있을까. 무조건 성공한 사람의 방정식을 그대로 따라가려고만 하지 말고, 자신만의 독특한 루트를 개척해 깨어있는 삶을 살아나가자. 그러면 아마 누구나 인생의 주인공이 될 수 있을 것이다.

♣ 베리에이션 루트를 찾아서

산악인들은 남들이 간 길을 따라 정상을 정복하는 것보다 남들이 가지 않은 길을 따라 정상을 정복하는 베리에이션 루트 공략을 더욱 가치 있는 도전으로 인정한다. 베리에이션 루트라는 말은 'more difficult variation route'의 약칭인데, 이 말은 영국 등반가 머메리가 주창한 등로주의라는 등반 형식을 집약적으로 표현한 말이다. 머메리는 그가 남긴 명저 『알프스에서 카프카스로』에서 "진정한 등산가란 어려운 루트를 통하여 새로운 등정을 지속적으로 추구해야 한다"고 하며 어려운 루트로 등정을 시도했다. 에베레스트의 경우는 1953년의 에드먼드 힐러리의 루트가 고전적인 루트라고 한다면 1975년 보닝턴에 의해 이룩된 남서벽 루트는 베리에이션 루트라 할 수 있는데, 베리에이션 루트는 등반의 가치를 평가하는 기준척도가 되고 있다. 오늘날에는 '무산소 등정' 등 다양한 방식의 도전이 산악인들에 의해 또 다른 베리에이션 루트가 되고 있다.

자신의 캐리어 속에 자신이 걸어온 베리에이션 루트를 녹여내면 자신이 소속된 곳에 생산적으로 얼마든지 기여할 수 있는 방법이 있을 것이다. 물론 이는 어떤 시나리오를 통해 스토리텔링할지를 구상하고 이를 조직원들과 파트너에 대한 설득과 소통을 바탕으로 스토리액팅할 때 가능한 일이다.

♧ 가지 않았던 길도 쳐다보자. 삶에도 크로스오버가 불가능하지 않다

누구나 그렇듯이 프루스트의 '가지 않은 길'에 대한 미련은 있을 것이다. 그렇다면 가지 않은 길을 포기할 필요는 없다. 지금은 외골수의 한 우물보다 여러 우물을 조금씩 판 것을 융합하는 능력이 필요한 시대다.

재일교포 의사 출신으로 크로스오버 뮤지션인 양방언의 이력도 이채롭다. 의사 집안에서 자라나 일본의 의사 국가시험을 거쳐 마취과 의사가 되었지만 음악인이라는 가지 않은 길에 대한 미련이 남아 고민을 하다 의사가 된 지 2년 후 도쿄대병원에 사직서를 내고 울면서 만류한 모친을 뒤로하고 자신의 고달플 수도 있는 음악 인생을 개척해왔다. 그 결과 그는 아버지의 국적을 따라 한국 국적을 취득하고 영화와 TV 각종 행사에 자신이 작곡한 음악을 테마음악으로 넣어서 호평을 받고 있다. <아리랑 판타지>, 영화 <천년학>의 배경음악도 그의 손길을 거친 작품이다. 그의 국악과 양악을 넘나드는 음악에 경계가 없듯이 그의 삶도 경계가 없다. 양방언은 일본과 아시아권에서 음악을 하고, 유럽에서 레코딩을 하며, 성당에서 음악을 듣고, 지금은 일본의 고원에 거주하고 있다.

프랑스의 작곡가 샤를 구노의 삶도 그렇다. 파리에서 출생한 구노는 아버지가 석판 화가였는데, 5세 때 아버지를 잃었다. 피아노 교수인 어머니에게서 초보의 문학·미술·음악을 배우고, 뒤에 파리 음악원에서 배웠다. 성직자인 신부로의 삶을 계획하다가 뒤늦게 오페라의 전통이 늦은 프랑스를 대표하는 오페라 작곡가로 <로미와 줄리엣>, <파우스트> 같은 명작을 남겼다.

앙리 루소는 세관원으로 근무하면서 주말화가 생활을 했지만, 자신 스스로 위대한 화가라고 칭할 만큼 그림에 대한 애착과 화가로서 자부심이 대단했다. 1890년에 완성한 "앙리 루소, 나 자신, 초상: 풍경"이라는 제목이 붙은 그림은 센강의 유람선을 배경으로 팔레트와 붓을 들고 있는 자신의 모습을 담고 있다. 그의 자화상처럼 어떠한 환경에서도 화가로서의 꿈을 버리지 않았음을 두 손에 들고 있는 팔레트와 붓이 증명하고 있다. 배관공의 아들로 전문적인 미술교육은 못 받았지만 회화사에 의미 있는 족적을 남긴 앙리 루소는 가지 않는 길에 대한 미련을 남기기보다는 두 가지 길을 병행하기 위해 치열한 주말을 보냈음이 분명해 보인다.

다른 영역에 대한 크로스오버적인 관심은 통섭이나 융합과도 맞닿아있다. 어정쩡한 기웃거림은 자신을 소모시키거나 방황을 의미할 수도 있지만, 때론 색다른 방향의 아이디어와 영감을 주거나 삶의 활력소가 될 수 있다. 인류사에 길이 빛날 통섭과 융합의 제왕 레오나르도 다빈치에 비길 수는 없지만 사실 인간은 누구나 직업적으로 한 가지 이상에 대한 관심영역이 분명히 있다.

우리 인생에서 가지 않았던 길은 언젠가 다른 우회로를 가다가 만나게 되는 경우가 있다. 그리고 길을 돌아보면 시인 조병화의 "결국, 나의 천적(天敵)은 나였던 거다"라는 구절이 생각날 수도 있을 것이다. 우리가 겪는 상당수의 전쟁은 외부의 적보다 나와의 싸움인 경우가 많다. 내가 제대로 나의 길을 가는지 중간에 가끔 점검해보자. 그리고 스토리를 수정할 필요가 있으면 가지 않았던 길을 떠올려보면서 또 다른 스토리액팅을 준비해보자. 가지 않았던 길을 갈 수 있는 방법도 남들보다 더 치열한 주말을 보내면서 자신의 스토리를 액팅하는 사람에게는 보일 수 있을 것이다.

다빈치 같은 천재가 아니고 통섭이나 융합의 달인은 아니더라도 한두 가지 분야에 대한 크로스오버적인 식견을 지닌 지식인 정도는 가시권에 있을 수 있다. 우리 인생에 스토리액팅을 위한 풍성한 재료가 있어야 행복의 가능성도 커지지 않을까.

♧ '커버'라는 이름의 배우… 준비된 자에게 기회는 온다

뮤지컬에서는 배우가 다치거나 이상이 있을 시에 대비해 '커버'라는 역할을 부여받은 배우가 있다. 주역은 아니지만 언제나 그 역할을 맡도록 투입되었을 때 소화할 수 있는 기량을 훈련하고 있어야 하는 역할이다. 물론 기회가 오지 않을 수도 있다.

우리 인생도 마찬가지 아닐까. 주역은 항상 그 자리에 있을 수 없다. '커버'할 수 있는 자질이 있는 사람만이 그 역할을 대신할 수 있다. 물론 연습이 되어있지 않고 기량이 미흡하면 곧 무대에서 하차할 것이다. 그러나 훌륭한 기량을 갖추고 있다면 기회가 주어질 때 롱런할 수 있다. 그래서 준비와 연습이 필요하다. 주역 배우의 내공은 단번에 이루어지지 않는다. 지금부터 자신의 무대를 충실히 준비하면 기회는 반드시 온다. 야구에서도 전문 대타 요원이 있지 않은가. 대타라고 홈런을 치지 말라는 법은 없다.

기업에서도 마찬가지다. 갑자기 일신상의 이유로 퇴사하는 자리에 누구를 앉혀야 할지 고민스럽지만 후임자가 오히려 대타 홈런을 치는 경우도 보게 된다. 기업에서는 전임자의 이직이나 불가피한 연수 같은 경우가 발생해 자신이 일할 기회는 찾아보면 의외로 많다. 어떤 사람은 감독(사장)에게 등판기회(특정업무)를 달라고 직접 요청하기도 한다. 적극성이 지나쳐 자신의 능력을 앞지르는 경우는 문제가 될 수도 있지만, 기량이 준비된 선수는 기회가 주어지면 언젠가 인정받을 것이다. 자신의 인생 시나리오를 제대로 액팅할 수 없을 때 우리의 몫으로 남아있는 배역은 언제든지 다른 사람이 스토리액팅할 수 있음도 기억하자.

♣ 주인으로 살자

담대하게 맞서라(Daring Greatly)는 말은 미국 26대 대통령 루스벨트가 1910년 파리 소르본대학에서 했던 'The Man in the Arena(경기장의 사나이)'라는 제목으로 알려진 연설에서 나온 말로 알려져 있다. 루스벨트의 연설 일부를 들어보자.

관중석에 앉아 비평이나 늘어놓는 사람은 중요하지 않다. 강한 상대방을 어떻게 쓰러뜨릴 수 있는지, 어떻게 하는 게 좋았을 거라고 이러쿵저러쿵하는 사람이 바로 그런 사람입니다. 정말 중요한 인물은 경기장에 선 사람입니다. 그는 온통 피투성이가 되도록 싸우다가 실수를 저지르기도 하고 약점도 노출합니다. 당연합니다. 싸우다가 실수도 나오기 마련이고 약점도 드러낼 수 있는 것이지요. 그는 끊임없는 열정으로 사력을 다해 싸웁니다. 그 결과 성공하면 다디단 승리의 결실을 맛볼 것이요, 설령 실패한다고 하더라도 담대하게 맞서다가 패하는 것입니다.

어떤 조직에서나 유리창을 깰 각오로 열심히 뛰는 사람이 있는가 하면, 윗사람의 눈치만 보면서 필요한 액션을 하는 데에는 인색한 사람이 있다. 의무와 책임을 논할 때는 눈길을 피하다가도 성공의 과실을 논할 때는 눈이 빛나는 사람이 있다. 그런 사람은 짧은 안락의 길을 걸을 수 있겠지만, 결코 롱런할 수 있는 내공은 기를 수 없다.

부단한 혁신과 창의적 아이디어를 통해 자기 몫 이상의 역할을 하고자 발버둥치는 사람이 있는가 하면 무사안일을 지나 복지안동(伏地眼動) 수준에 이르는 사람도 보인다. 자신이 속한 조직에서 자신의 위치에 걸맞은 활약을 하기보다 보상에만 관심이 있는 사람은 수명이 짧다. 자영업자가 자신의 가게를 운영하면서 임하는 정신으로 자신의 조직에 헌신할 각오가 된 사람은 반드시 조직에서 인정받을 것이고 성공할 것이다. 수처작주 입처개진(隨處作主 立處皆眞)이라는 말이 있다. 이 말은 가는 곳마다 내가 주인이라는 뜻으로 명나라 말기 학자인 육상객이 인생의 주인공으로 살아가는 6가지 덕목을 말한다.

자신에게 붙잡히지 않고 초연하게
남에게 언제나 온화하게

일이 있을 때는 활기 넘치게
일이 없으면 마음을 맑게
성공하여 만족할 때는 담담하게
실패할 경우에는 침착하게

오늘날의 기업에서 조직원의 자세로 권하거나 개인의 수양 자세로 권유해도 나무랄 데 없는 말이다. 외부의 여건에 일희일비(一喜一悲)하지 않는 자신만의 내공을 다듬을 때 우리 인생의 스토리는 더욱 단단하게 액팅될 수 있을 것이다.

♣ 물살을 거스르지는 말자

긍정 마인드로 도전하는 것도 좋지만 일정하게 자신의 분수를 지키면서 순리를 거스르지 않고 기회를 보는 동양의 지혜도 배울 필요가 있다. 물과 같이 순리를 거스르지 않는 것이 최선임을 뜻하는 상선약수(上善若水)는 노자의 『도덕경』에 나오는 말이다. 우생마사(牛生馬死)라는 말도 있다. 홍수 때, 소는 살아남지만, 말은 죽는다는 말이다. 왜 그런고 하니 말은 자신의 힘과 속도를 믿고 물살을 거슬러 가려고 한다. 말이 아무리 힘이 좋아도 물을 이길 수는 없다. 결국 탈진해서 죽게 된다. 반면에 동작이 느린 소는 물이 불어나면 그냥 둥둥 떠다닌다. 그냥 흘려가 버린다. 그러면서도 조금씩 헤엄쳐서 강가 쪽으로 가까이 가면서 마침내 얕은 곳을 발견하면 거기서 물이 빠질 때까지 머무른다.

소는 물을 이기려고 하지 않고, 물살의 순리에 적응한다. 그래서 살아남는 것이다. 살다 보면 아무리 발버둥 쳐도 안 되는 경우가 있는데,

물살을 거슬러 가려는 마음은 없는지 돌아보게 하는 문구다. 물살을 거스르는 것이 때론 미련한 도전일 수도 있다. 그렇지만, 세찬 물살을 거슬러서라도 살아남으려는 의지만큼은 굽히지 말아야 하겠다. 강렬한 인생의 스토리를 액팅하면서 살아가는 '도전의 거인들'을 만나면서 스스로의 현주소를 가늠해보자.

7. 긍정의 역습

긍정에너지로 무장하고 무한도전을 시도하는 삶이 바람직하고 추구할 만한 가치가 있는 것임에는 분명하다. 그렇지만 모든 절망의 원인을 자신에게 돌리며 개인에게 무조건적인 도전과 희생만을 강요하는 것도 일정한 한계에 봉착할 때 차선을 찾는 유연함을 상실하게 만든다면 자기학대에 가까운 행위의 요인이 될 수도 있을 것이다. 또한 사회운동가들에게는 마냥 긍정 에너지를 가진 자기계발이 구호처럼 난무하는 현상은 달갑지 않을 수도 있을 것이다.

가난한 막노동꾼에서 서울대 수석합격이라는 영광을 안고서 나중에 변호사가 된 장승수 변호사가 국회의원 공천 유력후보로 거론됐을 때 한 대학교수는 "장 변호사의 성공이 어려운 처지의 많은 사람을 노력이 부족한 패배자로 만들고 약자와 빈자를 위한 구조개혁을 회피하는 소재로 사용될 까 우려된다"고 한 바 있다.

여객기 기내에서 승무원에게 도가 지나친 요구를 해서 해임된 대기업 임원의 사례처럼 서비스업에 종사하는 많은 '감정노동자'에게 무한 긍정의 서비스정신은 때로 횡포에 가까운 고객에게 한없이 휘둘리게 만드는 경우도 있다. 이런 경우도 일종의 '긍정의 역습'은 아닐까.

♣ 무한의 끌어당김

조지 베일런트에 따르면, 긍정적 감정이 자율신경계에 미치는 효과는 하버드 의대 교수 허버트 벤슨(Herbert Benson)에 의해 널리 알려진 명상의 이완 효과와 많은 공통점이 있다. 부정적 감정의 결과로 나타나는 싸움이나 도피 반응의 결과는 우리의 교감자율신경계에 대사와 심장활동이 각성 상태를 발생시킨다. 이와 대조적으로, 부교감신경계에 의한 긍정적 감정은 기초대사, 혈압, 심박수, 호흡수, 근육의 긴장도를 낮춘다.[48]

긍정 마인드로 바라고 도전하면 성공한다는 것은 자기계발 분야의 주류로 스티븐 코비의 『성공하는 사람들의 7가지 습관』부터 나폴레온 힐의 『당신 안의 기적을 깨워라』, 론다 번의 『시크릿』에 이르기까지 확실한 계보를 형성하고 있다. 자기계발을 통해 성공에 가까이 가기 위한 첫 번째 자세가 마음가짐이고 그 마음이 긍정적으로 무장되어 있지 않으면 싹수가 노랄 수밖에 없다는 전제에 스스로를 돌아보게 만든다. 또한 그 이면에는 행동을 긍정적으로 하지 않으면 경쟁에서 도태될 수 있다는 위협이 도사리고 있다고 할 수도 있다.

극단적으로 해석하면 거대한 체제모순이나 사회구조적인 문제에서 원인을 찾기보다 자신의 내면을 돌아보게 함으로써 기존의 질서에 순응하지 않는다면 불이익이 커질 수 있고, 많은 성공에 대한 기회를 상실해 실패한 인간으로 남는다는 것이다. 그래서 정글에서 살아남기 위해서는 가혹한 자기훈련이 수반되어야만 한다는 다소 협박적인 요소들도 숨어있다고 해석할 수도 있다.

자기계발 분야의 권위자인 나폴레온 힐은 긍정적인 정신자세는 뚜렷한 목표의식하에 행동하게 해주는 원동력이며, 그 목표가 건전한 것이기 때문에 반드시 성취할 수 있다는 자신감을 준다고 했다. 그는 다른 사람의 장점을 바라보려는 자세이면서, 냉철한 판단력과 굳은 의지력으로 감정을 다스리는 습관이라고도 했다.[49] 현대 성공학의 대가라고도 불리는 힐은 앤드류 카네기가 성공에 대한 철학을 정립하라는 말에 따라 그의 후원으로 일정한 자기계발 체계를 정립했다.

카네기가 죽음에 임박해서 자신은 비록 10억 달러가 넘는 거금을 남겼지만, 힐은 성공할 수 있는 가능성을 가르치기에 더 큰일을 했다면서 추켜올려줬다고 한다. 마치 물고기를 잡아서 많이 주기보다는 물고기 잡는 법을 가르치는 일의 가치를 인정한 것으로 보인다.

베스트셀러인 『백만장자 시크릿(secrets of the millionaire mind)』의 저자로 잠재력 개발 극대화 훈련의 권위자로 알려진 하브 에커(T. Harv Eker)는 부정적인 마인드를 가진 사람을 멀리해야 하고, "당신을 끌어내리는 상황이나 사람을 분별해야 하고, 그런 상황이나 관계에서 빠져나와야 한다. 만약 가족이 그렇다면 가급적 가족과 어울리지 마라"고 주장한다. 그러나 이런 긍정이 지나치면 건강한 의미의 비판의식마저 마비시키고 모든 책임을 자신의 불성실이나 못난 탓으로 돌리는 자기학대의 수준으로 내모는 것은 아닌지 생각해볼 일이다.

인간이기에 완전함과는 거리가 있을 수 있고 그런 약점을 가진 사람의 심리를 파고들어 혹독하게 채찍질을 하라고 하는 것은 일종의 사교(邪敎) 집단의 논리처럼 비약될 소지가 없지 않다. 이런 측면에서 마틴 셀리그만을 중심으로 한 긍정심리학이 대세를 이루는 가운데에서도 긍정심리학이 갖는 보수성이 현실의 불평등 구조를 개인의 문제로 치부할 위험성이 있다는 점에 문제를 제기하는 바버라 에런라이크 같은 부류의 학자도 있다. 결국 한 개인이 슈퍼맨과 같은 능력의 개발로 이룰 수 있는 것에는 사회구조적인 한계가 있다는 점에 방점을 찍는 관점이다. 이를 부정심리학이라고 칭한다면 둘 사이는 화합 불가능한 간격이 있을 수도 있다.

♻ 낙관론자의 비행기와 비관론자의 낙하산

긍정 에너지를 갖고 매사를 도전적으로 개척해나가는 것은 때로 사회에 대한 비판적 시각을 마비시킨다는 식으로 확대해석돼 인식의 혼동을 가져올 소지가 있다. 이를테면 환경문제를 생각하면서 지구의 미래가 암울하다고 하는 비관적인 시각에서 출발해 이를 타개하기 위해 환경단체 운동에 적극적으로 참여하는 삶이라면, 이는 궁극적으로 '긍정 마인드'의 인생이 될 것이다.

어떤 측면에서 비판적 시각을 가지고 적극적으로 사회비판에 뛰어드는 사람들도 자신의 확신과 자신의 활동의 유효성과 영향력을 긍정적으로 생각하는 사람이라고 할 수 있다. 그러기에 생각의 방향을 달리하면 긍정심리학적인 측면과 부정심리학적인 면이 완전히 화해 불가능한 것은 아닐 것이다. 버나드 쇼도 "우리 사회는 낙관론자와 비관론자들 모두를 필요로 한다. 낙관론자가 비행기를 발명하면 비관론자는 낙하산을 발명한다"고 한 바 있다.

개인의 심리 상태나 의지의 문제로 모든 것을 환원시켜서 긍정적으로 돌파하라고 하면서 사회구조적인 측면에 눈을 감는다면 이는 자칫 사이비종교 집단 지도자의 논리와 비슷해 보일 수도 있다. 그렇기에 개개인이 내면의 에너지를 결집하는 차원에서 논의하는 긍정과 사회 현상을 분석하는 데 있어서의 긍정은 분명히 구별되어야 한다.

모든 것이 잘될 것이라는 긍정이 사회의 문제를 정확히 직시하지 못하고 모든 것을 개인의 비뚤어진 시각이라는 식으로 돌려서 본질을 은폐하는 데 이용된다면 이는 독재자나 왕정시대의 중우정치를 조장할 우려가 있는 것이다. 사교집단에서도 특정 종교지도자가 자신의 내면을 성찰할 것을 요구하면서 신도들을 착취의 수준까지 내모는 사례가 있어왔다. 그러기에 '긍정'의 탈을 쓴 사이비현자를 가려내기 위해서는 냉철한 이성과 비판적 시각이 필요하다.

혹자는 자기계발서들이 주장하는 맥락의 허구성을 얘기하면서 '거대한 사기극'이라는 딱지를 붙이고 개인이 할 수 있는 노력의 한계를 지적한다. 대신, 그 반대급부로 사회의 공적인 부조(扶助)를 강조한다.[50] 매사를 긍정하라는 것이 질서에 순응하고 모든 문제를 개인의 문제로 환원하라는 음모가 숨은 경쟁만능의 신자유주의적인 질서의 산물이라고 보는 시각이다.

부정적 관점에서 인생을 본다면 그 개선을 위해 현실의 부조리한 점의 원인을 자신이 아니라 사회구조에서 찾는다면 어느 지점에서부터 찾아야 할지도 정도의 문제이다. 자연과학과 달리 사회과학의 많은 문제가 그렇듯이 절대긍정이나 절대부정의 화법으로 단정할 수는 없다. 인생을 바라보는 시각도 마찬가지다. 자기수련이나 자기계발의 발상이 성실한 자기관리의 문제로 사회구조적인 문제를 오도하거나 모든 문제를 자기책임으로 돌린다는 식으로 분개할 일만은 아니다.

또한, 개인이 어쩔 수 없는 사회구조적인 문제 때문에 한계상황에서 자기계발은 유사종교적인 선동에 불과하다고 단언할 일도 아니다. 그런데 자기계발을 위한 주장들이 적어도 스스로에게 더 나은 미래를 위해 현재를 개선할 에너지를 준 것은 사실이 아닌가. 또한 이런 자기계발의 논리가 마냥 신자유주의나 한국이나 미국의 특수한 현상이라고 국한해서 비판하는 것도 무리가 따른다.

공자가 논어 '학이(學而)' 편에서 "배우고 때로 익히면 즐겁지 아니한가(學而時習之不亦悅乎)"라고 하면서 배움 자체를 즐기는 측면도 없지 않았지만, 배우고 익히고 인격을 도야하는 우리 전통의 선비문화나 자기수양의 방법론도 자기계발적인 맥락이 없다고 할 수 없다. 그래서 양자택일(all or nothing)식의 문제제기로 관심을 끌기보다는 건강한 자기계발의 방법론을 참신한 시각으로 제시하는 노력은 인간이 환경에 지배만 당하지 않는다는 면에서도 부단히 이어져야 할 것이다.

"하늘은 스스로 돕는 자를 돕는다"는 격언을 100% 신뢰하지 않더라도 스스로 돕지 않는 자에게 하늘이 크나큰 보상을 내린다는 것을 신뢰하라고 강변할 수는 없을 것이다. 자조(自助)의 반대편에서 공적부조(公的扶助)의 보살핌을 주장할 수는 있지만 그것이 반대편에 서 있는 주장이라고 하더라도 적대적인 것만은 아니다.

신자유주의와 무한경쟁이라는 저울추가 너무 무거워지면 공적 부조와 복지를 외치는 저울추가 균형을 잡아주는 흐름이 형성되고 있는 것이 아닐까. 물론 저절로 저울추가 왔다 갔다 하지 않고 수많은 시생착오와 사회적 기회비용이 필요할 수도 있지만, 어느 정도 작용과 반작용의 원리가 작동되고 있다.

극단의 자조론이 일종의 기만적인 사이비 종교로 진화할 위험성도 물론 경계해야겠지만, 공적부조에 기대며 무거운 짐을 내려놓으라고 하는 것도 문제가 있다. 공짜 점심에 기대는 심리로 살 수는 없지 않겠는가. 괴테도 "누구나 훌륭한 인물이 되길 원한다. 그렇지만 성장의 수고는 하려 들지 않는다"고 했다. 문제는 수고의 정도일 것이다.

탈진해서 임계점이라고 생각하는 지점까지 수고를 감내하면서 사회적으로 요구하는 스펙을 쌓아도 대한민국에서는 청년에게 내어줄 일자리가 많지 않다. 아빠들이 고성장사회에서 쉽게 사회에 진입하던 시대와는 다르다. 그러면서도 아빠는 너희들은 밥을 굶을 정도의 가난은 모르지 않느냐면서 아들 세대와 논쟁도 하고 아들이 들어가야 할지도 모를 한 사람의 일자리에서 잘리지 않을까 전전긍긍한다. '자조론'과 '공적부조론'처럼, 아들과 아빠의 대화는 순환론에 맴돌 수 있다. 한국사회에서 쉽게 볼 수 있는 현실이다.

♧ 피로사회의 그림자

재독(在獨) 학자 한병철은 『피로사회』라는 저서를 통해 피로사회는 자기 착취의 사회로 피로사회에서의 현대인은 피해자인 동시에 가해자라고 보았다. 한병철은 20세기를 규율사회로 21세기를 성과사회로 부르며, 성과사회에서의 긍정성의 과잉에 주목하고 있다. 한 교수는 긍정성에 대한 과잉과 그에 대한 반발은 면역 저항이 아니라 소화 신경적 해소 내지 거부반응으로 나타난다며 과다에 따른 소진, 피로, 질식이 모두 신경성 폭력현상이라고 경고한다.

능력에 대한 무한 긍정이 생산성을 높이는 데 일정한 기여를 할 수도 있을 것이다. 각종의 인센티브 장치는 개인의 능력에 따른 무한한 성취가 가능하다는 신화를 은근히 강요하고 있는 문화가 21세기적 특징의 하나로 볼 수 있기 때문이다. 무한한 잠재력의 개발이 자칫 자신에 대한 무한착취를 통해 시스템에 점점 더 개인을 예속화시키지는 않는지 돌아볼 일이다. 모든 것이 게으른 자신의 탓으로 돌리게 만드는 분위기 속에서 모두가 허리띠를 졸라매지만, 신자유주의적 질서는 점점 더 개천의 용들이 탄생할 기회를 적게 만들고 있는 측면도 분명히 있다. 다들 임계점에 달할 때까지 자신의 능력을 쏟아붓는데 소수 이외에는 대다수가 행복감을 느낄 수 없는 구조가 우리를 점점 더 피로하게 하는지 생각해본다.

♧ 완벽주의가자 아닌 최적주의자로

긍정심리학의 계보에 속한다고 볼 수 있는 탈 벤 샤하르 하버드대 교수는 완벽주의자보다는 최적주의자가 되라고 한다. 명문대생이나 학업성적이 우수한 중·고교생과 같이 '엄친아'로 불릴 만한 학생의 자살이나 사회적으로 잘나가던 사람의 자살을 언론에서 가끔 목격하게 된다. 보통 사람의 시선에는 "뭐 그만한 일로. 툴툴 털고 다시 일어나면 될 텐데" 하는 마음이 들기도 하지만 완벽주의자들은 회복탄력이 부족해서인지 스스로 극단의 선택을 한 것으로 보인다.

완벽주의자에게는 조금의 틀어짐도 스트레스가 될 수 있지만 최적주의자는 상황에 유연하게 대처할뿐더러 회복탄력성이 뛰어나다. 피로사회를 돌파하는 힘도 회복탄력성에 있음은 분명하다. 영화에서 시나리오를 예산에 맞게 조정하듯이 인생의 시나리오도 흐름에 맞게 조정하자. 예산이 많이 투입된 블록버스터만 대박이 나는 것은 아니다. 저예산 소형 영화도 얼마든지 큰 울림을 줄 수 있다.

신화학자 조지프 캠벨도 우리에게 피로사회를 극복하는 팁을 제시하고 있다. 그것은 스스로 자신답게 살 수 있는 길을 찾는 것이다.

> 우리가 숨을 거두고 천당에 가서 조물주를 만났을 때, 조물주는 우리에게 왜 구세주가 되지 못했느냐고 묻지 않을 것이다. 왜 이런저런 병의 치료약을 발명하지 못했느냐고도 묻지 않을 것이다. 그 소중한 순간에 우리에게 던져질 질문은 단 한 가지,
> "너는 왜 너 자신으로 살지 못했는가?" 하는 물음일 것이다.

회복탄력이 떨어질 때 극단적인 선택으로 나오는 것이 자살이다. 진급 스트레스에 시달리던 엘리트 경찰관이 자살했다. 자신의 동기들보다 다소 늦어도 아직 정년이 상당기간 남았고, 일반 하위직으로 출발한 경찰들에 비하면 과장급 간부로 높은 직위인데도 자살을 택한 것이다. 국내 굴지의 기업 임원으로, 사장으로 낙점을 앞둔 엘리트가 경쟁자에 밀려 자살한 사례도 있다. 살다 보면, 늦는 것이 오히려 전화위복이 되는 경우도 있다. 정권교체기에 소위 코드인사를 통해 일찍 승진한 사람이 나중에는 일찍 옷을 벗고 나오는 경우도 있어서, 다소 늦지만 길게 가는 동료들을 부러워하는 사례를 가끔 볼 수 있었다. 출세에도 사람마다 고유의 리듬이 있다는 것을 생각하고, 완벽주의적인 사고

보다는 회복탄력이 좋은 최적주의적인 사고로 매사를 바라볼 필요도 있다. 그런 사고방식은 자살공화국의 오명을 해결하는 데에도 도움이 될 것이다.

누구에게 보여주기 위해 사는 게 아니다. 다른 사람에게 보이려는 체면치레가 전부는 아니다. 바닥을 찍을 때의 비참함에서 더욱 눈부신 스토리액팅의 싹이 움트고 있는지 모른다. 동트기 전의 어둠을 참아내지 못하면 찬란한 일출은 영원히 못 볼 수 있다.

♧ 긍정심리학과 부정심리학의 화해를 위해

상처받은 개인의 영혼을 치유하고 위로하는 '힐링'의 바람이 거세게 불고 있다. 청춘은 원래 아픈 것이라고 위로하기도 하고, 마음공부를 통해 자신의 현재를 사랑하라는 메시지를 전하기도 한다.

삶의 어떤 측면에 돋보기를 대는 것은 사회과학자나 자기계발 전문가의 개성일 수도 있다. 어떤 측면을 부각할 것인지는 사람마다 다를 수 있다. 그러나 적어도 개개인의 '긍정'이 가지는 힘이 도전과 성공을 위한 중요한 에너지가 되는 것은 분명해 보인다. 각자가 처한 환경이 다르고, '긍정'이란 말이 사치가 될 정도로 최소한의 자립의지를 꺾을 정도의 삶 속에서 허덕이는 사람도 있을 것이다. 이런 사람들에게는 사회의 공적부조의 손길과 봉사의 손길이 필요하지만 그 내면의 에너지를 끌어내는 '줄탁동시'의 노력도 병행이 되어야 한다.

하루살이는 자신이 세상에 활개치고 다닐 그 하루에 하필이면 비가

온다고 불평하지 않을 것이다. 대신 주어진 하루를 받아들일 것이다. 언젠가 TV에서 동물의 세계를 다룬 다큐멘터리를 본 적이 있다. 아프리카 사막 한가운데서 말똥구리 한 마리가 자기 몸보다 두 배는 커 보이는 낙타의 똥을 굴리기 위해 안간힘을 다하는 모습을 보았다. 가다가 모래언덕에서 굴러서 떨어지기를 몇 차례 반복하더니 아쉬움을 삼킨 채 포기하고 마는 모습이 안타까웠다. 먹잇감을 물어서 살아가야 하는 것은 모든 생명체의 본능과도 같을 것이다. 이 말똥구리가 보여준 삶에의 의지가 거룩하지 않다면 세상에 의미 있는 것은 무엇이 있겠는가.

허먼 멜빌은 소설 『모비딕』에서 인간의 삶은 그 본질이 쉬지 못하고 노력하는 크고 작은 노고의 연속이라는 의미로 이렇게 표현하고 있다.

세상에서 가장 위험하고 긴 항해를 한 번 끝냈다 해도 두 번째 항해가 기다리고 있을 뿐이며, 두 번째 항해를 끝냈다 해도 세 번째 항해가, 그 뒤에도 또 다른 항해가 영원히 기다리고 있을 뿐이다. 그렇다. 세상에서 우리의 노고란 그처럼 모두 끝이 없고 견뎌내기 힘든 것들이다.

♣ 도전하다가 지쳐도 약해지진 말자

있잖아.
불행하다고 한숨짓지 마.

햇살과 바람은
한쪽 편만 들지 않아.

꿈은 평등하게 꿀 수 있는 거야

나도 괴로운 일이 많았지만
살아 있어 좋았어

너도 약해지지 마.

이 시를 쓴 여인이 98세의 할머니라면 믿을까? 이 시는 일본의 시바타 도요 할머니가 98세 때 『약해지지 마』라는 이름으로 세상에 내놓은 시집의 일부다. 90세가 넘어서 시를 쓴 할머니가 꿈을 잃지 않고 아름다운 시어(詩語)로 세상에 말할 수 있다는 것 자체가 시가 아니면 뭘까. 늦었다고 움츠러들 필요가 없다. 약해지지 말자. 어머니가 컴퓨터를 배우는데 자판부터 익히기 힘들어하는 모습을 보거나 휴대폰 사용에도 어려워하는 모습에 자상하게 도와주지는 못한 점이 반성이 된다. 나도 늙을 것이고 언젠가는 새로운 것에 적응하는 데 어려움을 느낄 것이다. 약해진 노년을 남의 모습이라고 외면하지 말자. 나이를 불문하고 항상 도전은 가치 있고, 아름다운 일이다.

♣ '성공'이라는 또 다른 종교

사람들은 거의 모든 분야에서 목표를 정하는 데 너무 익숙해져 있다. 사랑, 가정, 건강과 같은 분야에서 목표를 정한다. 그리고 그 목표 달성을 위해 막대한 지출을 감내한다. 심지어는 교수나 멘토로 지칭될 만한 많은 사람들에게 성공으로 가는 길을 묻기도 하고 끊임없이 스스로를 감시체계 속에 맡긴다. 이제 성공이 21세기 최고의 종교가 되었지만, 성공 또한 궁극의 행복을 위한 도구가 아닌가. 프랑스의 철학자

뱅상 세스페데스는 "인생의 모든 단계에서의 성공은 죽음을 잊기 위한 것"이라고 했다.

정말 인간은 죽음의 공포를 잊기 위해 광적으로 성공에 집착하고 있는지도 모른다. 유한한 삶을 영원히 사는 길은 그만큼 압축된 삶 속에서 많은 성취와 기쁨을 누리는 길밖에 없다고 생각하는 게 아닌가. 그 유한성에 초연하면서 자연의 이법(理法)에 따르고자 하는 종교인이나 수도승들도 아마 죽음의 공포 앞에서 완전히 자유로울 수는 없을 것이다. 하지만 현재에 집중하는 순간 죽음의 공포는 오히려 점차 사라지게 된다.

중국인 사형수의 이야기가 언론에서 소개된 것이 있다. 사형수 여성들은 사형 당일에 입을 죄수복을 가지런히 개어놓는가 하면, 매니큐어로 자신을 가꾸기도 하고, 현재에 할 수 있는 일에 집중하면서 살고 있다는 것이다. 무한경쟁에 시달리는 현대 도시의 삶. 어딘가에 소속되어서 만원버스에 지하철에 몸을 실으면서 하루를 시작하고 도서관의 불이 꺼질 때까지 수험서와 씨름한다. 이런 생존경쟁에 자신의 존재를 잃어버리는 듯한 나날 속에서 자유라는 말은 어느새 사치처럼 다가오고 내가 꿈꾼 인생이 이런 모습일까를 회의하면서 하루하루가 지나가는 삶 속에 있어도 '희망'의 불씨가 있다면 적어도 중국인 사형수처럼 의연해질 수 있지 않을까.

비록 '성공'이라는 종교의 신자가 되었으나 성공과는 거리가 먼 자신의 현재가 있어 보인다면, '희망'이라는 종교로 개종하면 어떨까. 아마 비슷한 교리를 가지고 있어서 쉽게 개종할 수 있을 것이다.

♣ 그래도 긍정의 휘파람을 불면서

방을 쓸 때
빗자루가 당신의 연인이라고 상상해 보라
그럼 어느새 그 곡조에 맞춰 춤을 추게 될 것이다
가슴이 설레면 시간도 잘 갈 것이다
그러니 일할 때면 휘파람을 불어라.

And as you sweep the room
Imagine that broom is someone that you love
And soon you'll find you're dancing to the tune
When heart are high the time will fly
So whistle while you work.

월트 디즈니의 영화 <백설공주와 일곱 난쟁이> 중에 나온 대사다.

만화가, 영화감독, 사업가로 일생을 일 속에서 살았지만 자신만의 독특한 시각으로 엔터테인먼트산업의 새로운 지평을 열어낸 월트 디즈니의 삶이 아마 이러지 않았을까 짐작이 된다. 우리도 일이 잘 풀리면 절로 휘파람이 입에서 나오는 경험이 있을 것이다.

인생에서 가장 중요한 것은 경험이다. 인생은 경험으로 이루려져 있다. 실패도 성공도 모두 경험의 하나다. 실패도 성공도 모두 인생인 셈이다. 인생을 모두 경험하겠다고 생각하고 살아가면 실패와 성공을 구분할 필요가 없다. 기쁨도 인생이듯 슬픔도 인생이기 때문이다.

사하라사막을 달려가고 철인경기에 별다른 훈장을 바라지 않고 도전하는 많은 사람들은 경험이라는 절절한 삶을 인생의 목록에 하나 더

넣으면서 자신의 인생을 진하게 살고자 하는 사람들일 것이다. 그런 사람들에게는 실패라는 언덕이나 웅덩이도 긍정의 휘파람이 몰고 온 바람에 의해 어느새 평평해질 것이다. 흔히 실패라고 부르는 언덕과 웅덩이는 나중에 목적지에 도달했을 때 돌아보면 자신의 스토리를 텔링하고 액팅하는 데 소중한 재료로 남아있을지도 모른다.

☊ 한 번의 삶, 배짱과 대담함으로

한 번의 죽음만이 허락된 인생에서 자유를 빼앗기는 것은 거의 전부를 잃을 것이다. 배짱과 대담함으로 긍정의 역습을 이겨내 보자. 니코스 카잔차키스는 『그리스인 조르바』에서 조르바를 통해 낙천성과 배짱으로 무장한 삶을 얘기함으로써 실수할까 두려워 조바심 내는 우리에게 대자유인의 면모를 보여준다. 카잔차키스 자신도 묘비명으로 이런 글을 남겼다.

> 나는 아무것도 바라지 않는다.
> 나는 아무것도 두려워하지 않는다.
> 나는 자유이므로.

그러나 몽테뉴는 마냥 자유를 누리지만 방향을 잃었을 때의 위험성을 이런 말로 경고하고 있다. "어디로 저어야 할지 모르는 사람에게는 어떤 바람도 순풍이 아니다." 어디로 가는지 목표지점을 매일, 일주일, 한 달 단위로 점검하는 것은 우리가 어떤 방향으로 가는지 그것이 순풍인지 역풍인지를 가늠하기 위해서라도 꼭 필요한 일이다. 프랭클린 다이어리에 꼼꼼하게 분 단위로 일정을 체크할 필요는 없더라도 그렇게 시간을 관리하고 목표를 관리하다 보면 어느새 긍정의 마법이 필요 없는 자신의 굳은 의지로 꽉 차있는 삶을 발견할지도 모른다. "열정을 가지고 신나게 일하다 보니 어느새 성공해있더라"는 식의 익숙해 보이는 성공 시나리오는 말이 쉽지 누구에게나 쉽게 적용될 수 있는 것은 아닐 것이다. 열심히 했지만 좌절할 수도 있고 긍정적으로 생각했지만 현실은 그림자를 드리우고 있을 수가 있다. 그렇다고 부정의 대열에 선다면 마냥 부정의 그림자 속에 살지도 모른다. 구름 너머에 있을 무지개를 믿고 먹구름을 하나씩 걷어내 보자. '배짱'이라는 강력한 스토리액팅의 엔진이 있다면 '두려움'이라는 훼방꾼은 쉽게 퇴치될 것이다.

♫ 나이는 먹어도 내 음악은 늙지 않는다

어떤 달걀이 날것이고 어떤 것이 삶은 것인지 알아보려면 그것을 돌려보면 알 수 있다. 달걀을 빙그르르 한 번 돌린 다음 손가락을 대었다 놓으면, 삶은 것(죽은 것)은 더 이상 움직이지 않고, 날달걀은 계속 움직인다. 껍질 안의 액체가 계속 회전운동을 하므로 달걀이 정지하지 않고 일정시간 움직인다. 우리 인간도 같은 모습을 하고 있는데 어떻게 사는 것이 날달걀과 같은 삶인지 생각해본다. 분명 날달걀과 같이 살아있는 사람은 계속 움직이려는 사람이다. 아무런 도전의지도 없이 하루하루 삶을 연명하고 있는지 날마다 뭔가에 도전하고자 자신의 펄떡이는 의지를 가지고 살아가는지 생각해보자.

시련이 크다면 당장은 힘들더라도 스토리텔링을 할 수 있는 재료, 즉 가치 있는 성공의 재료가 된다고 생각해보자. 같은 위치라도 스토리텔링이 있는 자의 인생이 더 가치가 있다. 초등학교를 졸업하지 못한 90세 노인이 운전면허 시험에 합격한 것은 사법시험 수석 합격처럼 빛나는 스토리텔링이 된다. 올챙이 시절이 초라할수록 스토리텔링의 감동은 크다. 강력한 액팅으로 열악한 환경을 극복했을 때 그 스토리텔링은 더욱 빛날 것이다.

나이는 먹어도 내 음악은 늙지 않는다며 음악인생의 도전을 멈추지 않는 가수가 있다. 2013년엔 당시 63세의 조용필이 19집 앨범 '헬로'로 '바운스 백' 하게 돼 영원한 오빠의 관록을 보여주었다. 그때 조용필은 젊은 감각으로 다시 무대에 화려하게 설 수 있었던 데 대해 이렇게 말했다.

> 끝없는 도전이죠. 그것이 아니었다면 아마 이 자리에 있을 수 없을 겁니다. 전 늘 새로운 음악을 추구해왔습니다. 나이 먹은 것은 인정해도 내 음악은 늙지 않는다고 생각합니다. 죽을 때까지 버둥거리면서 도전할 겁니다.[51]

♣ '아들의 성공'을 만든 끝까지 해내는 힘

미국 프로야구 류현진 선수의 활약을 지켜보면서 같은 팀 코디 벨린저 선수의 홈런에도 환호하게 되었다. 스포츠계에서도 최근 선수로 성공한 아버지와 아들들이 대거 등장하고 있다. 하지만 벨린저에게는 그런 아버지가 없다. 그가 아버지에게서 배운 것은 실패를 이겨내는 것과 맡은 일을 묵묵히 해내는 것이었다.

양키스에서 방출되고 3년의 마이너리그 생활을 더 견뎌낸 클레이

벨린저는 마이너리그 16시즌(4,848타수)과 메이저리그에서의 짧은 시간(311타수)을 보내고 은퇴했다. 선수로서 성공했다고 할 수 없는 커리어다. 그리고 두 번째 직업을 택했다. 소방관이었다. 클레이 벨린저는 아들 뒷바라지를 위해 소방관으로 무려 10년을 묵묵히 보냈다. 코디 벨린저는 그런 아버지의 모습을 보고 자랐다.

아버지의 실패가 아들의 성공으로 이어진 또 다른 사례는 칼 립켄 주니어다. 립켄의 아버지 칼 립켄 시니어는 명예의 전당 선수인 아들과 달리 메이저리그에 데뷔조차 하지 못했다. 어느 날 립켄 부자는 눈을 치우기 위해 함께 나갔다가 아버지가 제설 차량에 부딪혀 머리를 심하게 다치는 일이 일어났다. 아버지는 집으로 들어가더니 붕대를 감고 다시 나왔다. 그리고 눈을 다 치우고 나서야 병원으로 갔다.

이것이 2,632경기 연속 출장이라는 미국 메이저리그 역사에 남은 대기록을 쓴 원동력을 묻는 말에 대한 칼 립켄 주니어의 답이었다. 어느 분야나 마찬가지겠지만 끝까지 해내는 힘이 중요하다.

♧ 두려움 없는 도전은 언젠가 극적으로 보상받거나 큰 의미를 남긴다

『뻐꾸기 둥지 위로 날아간 새』의 한 구절을 보자. 가끔 도발적이고 창의적인 도전은 정신병자 취급을 받을 수도 있다.

솔직히 말하자면 난 작업농장에서 몇 차례 싸움질을 했소. 그 덕에 법정에서 정신병자란 판결을 받았다오. 그런데 당신들은 내가 법정에서 난 멀쩡하다고 반박이라도 했을 것 같소? 천만에, 난 그러지 않았소. 숨겨둔 쌈짓돈을 걸고 내기를 해도 좋소. 이 빌어먹을 콩밭에서 나올 수 있는데, 정신병자 취급을 받든 미친개나 늑대인간 취급을 받든 그게 뭐 대수겠소? 소심해 터진 놈들이 원하는 대로 다해주는 게 낫지. 평생 괭이를 들고 잡초나 뽑다가 죽는 것보다는 말이야….

노동량이 많은 일반 교도소보다는 차라리 정신병원으로 옮기는 게낫다고 생각한 맥머피가 정신병원으로 옮겨와서 한 말이다. 맥머피는 갖가지 기행으로 강요된 질서 속에서 순종하는 정신병자들에게 새로운 세계를 보여주기도 하지만 수간호사와 환자들의 재활이나 인권보다 병원의 질서에만 관심 있는 사람들에 의해 제압당하곤 한다. 맥머피의 대사를 통해 우리는 강요된 질서 속에서 그 거대한 구조의 본질을 외면한 채 삽질을 계속하고 있는지 한번 거대한 물음표를 우리의 인생에 스스로 던져야 하지 않을까. 정신병동의 환자들은 맥머피의 영향을 받아 차츰 변해가지만, 맥머피는 결국 수차례의 전기충격 요법과 전두엽 절개수술을 받게 되는 운명에 이른다.

잭 니콜슨의 명연기가 돋보이는 동명의 영화로도 익히 알려진 소설은 미국의 현대화 과정에 잃어버린 가치를 돌아보게 하는 소설, 선과 악의 기준이 무엇인지에 대한 진지한 반성의 메시지가 담겨있는 걸작이다. 나는 이 이야기를 도전과 그에 따른 보상의 측면에서 읽을 수있다고 보았다. 결국 자신은 보상을 받지 못했지만, 맥머피가 남긴 긍정의 영향은 많은 정신병동에 큰 울림을 던져준 것이다. 이제 마피아보스의 또 다른 도전의 이야기 하나를 들어보자.

미국에서 가장 영향력 있는 알 카포네 다음으로 돈을 많이 버는 암흑가의 '보스'로 알려진 마이클 프란지스는 우리가 알고 있는 영화 <대부>의 분위기와 흡사한 삶을 살아온 사람이다. 그런 그가 마피아로서의 삶을 청산하고 새로운 삶을 살기로 한 대가로 10년의 징역형을 살았다. 탈퇴가 곧 죽음인 마피아 세계의 냉정한 현실을 10년의 징역형과 맞바꾼 것이다. 프란지스는 탈퇴 후 생존한 거의 유일한 보스가 될 수 있었다. 그는 그의 경험을 담아 『거절할 수 없는 제안을 하라』는 책으로 일약 베스트셀러 작가로 인생을 다시 시작할 수 있었다.

　우리의 인생에는 수많은 극적인 반전의 카드가 기다리고 있는데 애써 우리가 걷어차고 있거나 외면하고 있지는 않은지 되묻게 된다. 아무도 무너뜨릴 수 없을 것 같은 내 삶의 안온한 보금자리와 영원할 것 같은 오늘이 내일도 이어지리란 법은 없다. 하루하루가 새로운 도전이다. 좀 재미없고 폼 나지 않은 일상을 견디면서도 그것이 굼벵이가 매미의 울음소리를 내기 위한 준비의 시간이라고 생각하는 사람이 있고, 어떤 사람은 마냥 굼벵이로서 영원히 땅속에서 살기로 작정한 사람이 있다. 암담한 현실을 견뎌내고 치열한 도전으로 미래를 준비한 사람에게 눈부신 태양 아래 매미의 울음소리를 낼 시간은 반드시 올 것이다. 오늘 그대의 도전은 어떤 것인가? 그 도전의 스토리가 더 치열할수록 그 스토리를 더 힘들게 현실에서 액팅해낼수록 반전은 더욱 극적이고 찬란할 것이다.

♧ 삶과 죽음 사이에서

인생은 B와 D 사이에서 C를 추구하는 것이다. 여기서 B는 출생(Birth)이고, D는 죽음(Death), C는 변화(Change)다. 변화를 이끌어내는 에너지는 도전(Challenge)이다. 변화를 추구하지 않고 현실에만 안주한다면 우리의 삶은 C라는 어떤 모멘텀도 없이 곧장 D로 달려갈 것이다. 설사 실패가 있더라도 실패는 좌절로 가는 길이 아니라 성공을 위한 스토리텔링의 과정이다. 실패했다면 한 번의 도전으로 기록해두자. 그리고 자신의 인생 시나리오를 스토리액팅해 해피엔딩으로 만들자.

역경을 경력으로 만드는 것은 스토리액팅의 힘이다. 마지막에 웃는 사람이 승자다.

♧ 도전의 거인들을 생각하며… 성장하지 않는 삶은 죽은 삶

영화 <레옹>에서 삶의 희망을 잃어버린 듯이 살인청부업자에게 기술을 배우려는 어린 소녀 마틸다의 말이 생각난다.

> "난 성장을 멈추었어요. 그저 나이만 들어갈 뿐이죠."
> (I finished growing up. I just get older.)

앳된 소녀가 하는 말이기에 너무나 안쓰러웠다.

아무리 화려하고 높은 위치에 있더라도 내면의 성장을 멈춘 삶은 위험할 것이고, 비록 낮고 초라해 보이는 위치라도 계속 성장하는 사람은 미래가 있다.

여기 소개되었던 도전의 거인들을 보고 새롭게 느끼고 스스로를 돌아본다. 하루, 한 달 또는 1년 단위로 거창한 계획을 세우기만 하고 성장을 위한 노력을 게을리하지는 않았는지를.

묘비명으로 한국 사람이 많이 인용하는 조지 버나드 쇼의 묘비에는 이런 내용이 적혀있다.

'I knew if I stayed around long enough,
something like this would happen.'

한국에서는 이 글을 "우물쭈물하다가 내 이럴 줄 알았지"라고 해석해 회자되고 있다. 그래서 제대로 도전하지 않고 인생이 끝난다는 후회가 담긴 의미로 많이 쓰고 있다. 그런데 버나드 쇼의 인생은 결코 망설이기만 하다가 끝난 인생이 아니었다. 아일랜드 태생의 이 영국인은 셰익스피어 이후에 최고의 극작가로 칭송받았고 1926년에 노벨문학상까지 받았다.

그는 극작가, 수필가, 화가, 비평가로 필명을 날리며 95세까지 장수하며 많은 성취를 한 것이다. 정규 교육은 비록 초등학교만 나왔지만 사환으로 일하기도 하면서 이 모든 분야를 스스로 터득했다니 놀랍기도 하다.

직역하면,

"if I stayed around long enough 내가 너무 오래 살다 보니
something like this would happen 이런 일(죽음)도 생기는구나."

정도가 될 것이다.

장수한 버나드 쇼가 평소대로 위트를 가미한 묘비명을 유언으로 남 겼다고 상상할 수밖에 없다. 어쨌든 버나드 쇼는 인생을 어설프게 우 물쭈물 낭비한 것은 아님이 분명하다.

그의 묘비명은 직접 유언으로 남겼는지 아니면 지인이 그의 삶을 풍자하기 위해 기록했는지 정확하지 않다. 그러나 그의 위트가 담긴 묘비명은 오역 여부를 떠나 우리에게 도전하는 삶을 살라는 경종을 울 리기에 충분하다.

세상에 위대한 사람은 없다. 단지 평범한 사람들의 위대한 도전이 있을 뿐이다.

- 윌리엄 프레데릭 홀시

<스토리액팅을 준비하는 리더의 '도전'>

역사(History)는 '그의 이야기(his story)'이다. '그의 이야기'를 '나의 이야기'로 만들어가는 무수한 도전자들을 만났다. 당신은 어떤 스토리 (my story)를 준비하면서 그 스토리를 액팅(acting)하기 위해 노력하고 있는가.

스토리액팅을 위한 생각습관 IV

행동 없는 계획은 도전이 아니다.
- 아는 것에 머문다면 진정한 힘이 될 수 없다. 하는 것이 힘이다.

실패를 자산으로 만드는 것은 포기를 모르는 꾸준함이다.
- 똑똑한 실수를 하자. 실패는 도전의 다른 이름이다.

목표를 높이 잡자(임계점을 높여라).
- 마음속의 두려움을 걷어내자.

러프에 빠졌다고 게임을 포기할 순 없다.
- 골프처럼 인생에서도 러프를 탈출하면 굿 샷의 기회는 온다.

늦은 도전은 없다.
- 누구나 자신만의 고유한 성취리듬이 있다.

정상에도 새로운 도전은 남아있다.
도전의 에너지, 꿈과 열정
- 자신만의 베리에이션 루트를 개척하라.

긍정의 역습에 맞서라.

※ 계란은 스스로 깨면 병아리가 되고, 외부에서 깨면 프라이가 된다.

3

스토리액팅을 위한
나침반 셋, 관계

자신보다 현명한 사람의 도움을 받을 줄 알았던 사람, 여기 잠들다.

- 앤드류 카네기

인간의 행복은 90%가 인간관계에 달려있다.

- 쇠렌 키르케고르

'줄탁동시(啐啄同時)'라는 말이 있다. 닭이 알을 깔 때에 알 속의 병아리가 껍질을 깨뜨리고 나오기 위하여 껍질 안에서 쪼는 것을 '줄'이라 하고 어미 닭이 밖에서 쪼아 깨뜨리는 것을 '탁'이라 한다. 이 두 가지가 동시에 행하여지므로 사제지간(師弟之間)이 될 관계가 서로 무르익음의 비유로 쓰이는 말이다. 이는 꼭 사제지간만이 아니라 인간관계에서 상호 간의 호응이 얼마나 중요한지를 생각하게 하는 말이기도 하다.

닭이 알을 깨듯이 생명의 완성을 위해 나의 껍질을 깨어줄 사람을 만나서 관계를 완성하자. 한 사람과 관계를 맺는다는 것은 우주보다 넓을 수 있는 그 사람의 정신세계와 마주하는 것이다. 인간이 사회적 동물인 점을 인정한다면 당신의 스토리를 액팅하기 위해 관계 맺기에 최선을 다해야 할 것이다. 인간의 삶은 관계의 연속이다.

로빈슨 크루소가 가장 두려워했다는 것은 무인도에 난 사람의 발자국이었다고 한다. 자신만이 사는 것으로 믿었던 해변에 발자국이 있는 것을 보고 섬뜩한 두려움에 떤 것이다. 이 발자국이 사자나 호랑이 같은 맹수보다 더 두려웠던 것이다. 혹시 야만인이면 사람을 잡아먹을 것이고, 문명인이면 사람을 노예로 만들지도 모르기 때문이다. 천만 명이 넘게 사는 도시에서도 사람이 그리울 수 있다. 자신이 몸담은 조직에 온통 사자와 같은 맹수가 있다고 느낄 때가 있을 것이다. 기쁨은 나누면 두 배고 슬픔은 나누면 절반이 된다는 평범한 사실을 관계 속에서 찾아보자.

1. 혼자서 교향악 소리를 낼 수는 없다

오케스트라에서 활동한 적이 있다. 운영의 책임을 진 단장 역할을 맡아서 고달픈 면도 있었지만, 리더의 역할을 많이 배울 수 있었다. 특히, 오케스트라의 완벽한 화음을 위해서는 단원들 상호 간에 인간관계가 중요하다는 것을 느낄 수 있는 소중한 경험이었다. 특히 뜻하지 않게 오케스트라 단장으로 일하면서 많은 어려움을 겪었는데, 단원들 간의 화합이나 연주 실력의 향상 이외에도 운영에 필요한 작은 일들이 매끄럽지 못하면 연주회를 성공적으로 끝내기가 어려웠다. 단원들 간의 불협화음조차도 지혜롭게 극복이 된다면 멋진 화음으로 승화할 수 있는 밑거름이 된다는 사실도 알게 되었다.

연주자가 많은 바이올린의 경우 자리 배치에 대한 연주자들 간의 눈에 보이지 않는 경쟁도 있다. 악장은 대개 제1바이올린의 수석주자가 맡는데 이 또한 자존심을 건 경쟁이 벌어진다. 어느 자리에서나 자신의 소리를 내려고 노력하는 사람이 있는가 하면, 자신이 실력보다 못한 자리에 배치되었다고 불만인 경우도 있다. 공연 당일에 사용될 팸플릿을 담당한 사람도 책임감이 없는 경우에는 끝까지 속을 썩이면서 일을 마무리 짓지 않아 난감한 상황을 연출하는 경우도 있었다. 협연자 문제, 운영 경비 문제, 팀플레이를 통해 해결해야 할 것이 한둘이 아니었다. 물론 정말 중요한 건 연습이 제대로 되어 당일 공연을 성공적으로 치를 수 있는가의 문제이다.

정말 이러다가 연주가 될 수 있을지 걱정스러운 상황에서도 문제를 하나씩 해결해나가 마침내 무대에 우리가 준비한 곡을 올리고 소정의 성과를 거두었던 경우에는 모든 문제가 카타르시스 효과를 내 서로 간에 화합으로 승화된다. 오케스트라는 관계의 예술이라는 것을 새삼 깨닫게 되었다. 서로가 조금씩 양보하고 궂은일을 도맡아 하는 단원들이 나서지 않았다면, 우리의 '베토벤 바이러스'는 꽃을 피우지 못했을 것이다. 또한 멋진 무대에서 아름다운 선율을 들려주기 위해서는 백조가 호수 밑에서 보이지 않는 발길질을 충실히 했을 때 가능하다는 것을 온몸으로 느끼는 계기도 되었다.

한여름 모기에 뜯기면서 음악캠프에서 잠을 줄여가면서 연습하던 노력은 우리의 실력을 무대에서 100% 발휘함으로써 카타르시스 효과를 낼 수 있었다. 오히려 평탄한 연습과정보다 우여곡절이 많고 고비도 많은 과정이 우리의 스토리텔링을 풍성하게 하는 추억이 되었다.

영화 <마지막 4중주>는 현악 4중주단의 하모니와 그에 얽힌 뒷얘기로 심금을 울리는 영화다. 결성 25주년 기념 공연을 앞둔 세계적인 현악 4중주단 '푸가', 그들 내에서 음악적·정신적 멘토 역할을 하던 첼리스트 피터가 파킨슨병 초기라는 진단을 받으면서 네 명의 단원들은 충격과 혼란에 빠진다. 스승과 제자, 부부, 옛 연인, 친구 등 개인적으로도 가장 가까운 관계인 네 사람은 이를 계기로 25년간 숨기고 억눌러온 감정들을 드러내기 시작하고, 삶과 음악에 있어서 최대의 기로에 서게 된다. 결국 피터가 이들의 인생을 응시하면서 극적인 화합의 무대를 이끌어내고 연주는 감동적으로 마무리된다.

영화는 인생의 신산(辛酸)을 겪어본 첼로주자이자 리더 격인 피터를 통해 불협화음마저도 좀 더 성숙한 음악의 멋진 하모니를 위한 밑거름으로 승화시키기 위한 에너지는 지혜로운 노인의 완숙미와 단원들 상호 간의 신뢰에서 나온다는 것을 느끼게 한다.

지금 각자의 인생행로에서 만나는 많은 사람들이 언젠가는 멋진 교향악을 같이 하게 될 각기 다른 파트의 연주가 될 수 있음을 기억하자. 같은 악기만 잔뜩 모이는 음악을 한다면 하모니가 아닌 소음으로 연주가 끝날 수 있기에 다양한 색깔의 사람 모두의 개성을 존중하면서 만나자. 인생의 어떤 길목에서 마주친 사람이 나중에 자신의 인생 시나리오를 스토리액팅하는 데 꼭 필요한 화음을 연출하거나 없어서는 안 될 조연이 될 수도 있을 것이다.

♣ 관계의 힘 속에서 잉태된 노벨상

일본 노벨상 수상자의 산실로 알려진 교토대학교가 일본 최초의 노벨상 수상자인 유카와 히데키를 배출한 이래 70여 년간 꾸준히 노벨상 수상자를 배출한 바탕에는 관계의 힘이 있다. 전 세계 유수 연구소의 교토대 출신 연구자들이 정보교류를 한다든지 공동연구를 통한 끈끈한 연결망이 교토대 출신의 든든한 밑천이라고 한다. 협업이 중시되는 연구나 정보교류가 필요한 연구일수록 자신과 맺어진 인간관계가 더욱 중요한 것이다.

미국의 미래학자 앨빈 토플러는 정보화시대의 도래와 함께 사람들이 회사에 출근하지 않고 자유롭게 자신의 집에서 일하는 재택근무가 활성화될 것이라고 보았다. 벌써 20~30년 전의 예측이지만, 몇몇 특수직종을 제외하고 재택근무는 쉽사리 늘어나지 않고 있다. 미국의 전자회사의 한 간부는 매일 자동차로 출퇴근하다가 컴퓨터와 팩스 등 업무시설을 갖춘 집에서 재택근무를 하고 있다. 그런데 지금까지 관행화된 의식, 즉 양복을 입고 커피를 한잔하는 등의 일상적인 것들에서 쉽사리 벗어나지 못했다고 한다. 동료들과의 잡담이나 커피 한 잔도 생산성 향상에 필수 요소일 수도 있을 텐데 이를 집에서는 다 해낼 수 없었던 것이다.

미래학자 존 나이스비츠는 전자화된 집에서 일하는 것은 지극히 제한적으로 활용되고, 사람들은 특정한 장소에 출근하고 싶어 할 것이라고 보았다. 그는 인간은 근본적으로 다른 사람과 접촉하는 것을 갈구한다고 보았기 때문이다. 사람과의 관계는 일을 위해서도 필요하지만, 그 자체가 인생의 중요한 부분이기 때문에 나이스비츠의 말에 점수를 주고 싶다. 인생의 시나리오는 골방에서 만들 수 있을지 몰라도 그 스토리를 액팅하기 위해서는 살아있는 표정과 눈빛을 교환하는 상대 배역과 주고받는 어떤 것, 즉 '관계'가 필요하기 때문이다.

♣ 지금 만나는 사람이 VIP

러시아 문호 톨스토이는 단편집 『세 가지 질문』에서 "일생에서 가장 중요한 시간은 바로 지금이고 일생에서 가장 중요한 사람은 지금 내 옆에 있는 사람이다. 그리고 일생에서 가장 중요한 일은 옆에 있는 사람에게 선을 베푸는 것이다"라고 말했다. 이런 마음이라면 인맥은 저절로 따라오는 부산물이 아닐까. 인권운동가이자 현직 교수인 어떤 분은 SNS에서 한 지인 여성에게 성희롱적인 발언을 해 추락하는 신세가 되었다. 이런 사례들은 무수히 많다. 누구라도 지금 대하는 한 사람 한 사람의 인권을 무시하거나 소홀하게 대한다면 언제든지 추락하는 신세가 될지 모른다. 인류에게 소중한 세 가지 '금'은 소금, 황금과 더불어 '지금'이라는 금을 명심할 필요가 있다. 어떤 사람은 대화를 하다가 지금 만나는 시시한 당신보다 나는 이런 대단한 VIP를 알고 있다는 식으로 자신과 대화하는 상대방에게 집중하지 않고, 때로는 무시에 가까운 무관심을 보이는 경우를 보게 된다. '지금'의 가치를 제대로 이해하지 못하는 사람은 인간관계도 흐트러질 수밖에 없다.

♣ 오프라 윈프리에게 배우는 공감능력

나는 당신의 고통을 알고 있어요("I know your pain"). 젊은 시절 지독하게 홍역을 앓았던 자신의 경험이 녹아든 한마디가 출연패널을 무장해제시키고 거기서 많은 사람들이 공감할 수 있는 얘기들이 쏟아져 나오게 만드는 힘은 오프라 윈프리의 공감능력에 있는 것이다.

만약 그래서 어쩌자는 건가("So what?")라고 하면 어떨까. 출연자도 의기소침해서 한발 물러설 것이고 적당한 방송용 몇 마디의 싱거운 대화가 될 것이다. 어릴 때 당한 성폭행의 경험이나 상처로 얼룩진 개인사를 가진 오프라 윈프리가 아니라면 "I know your pain"이라는 추임새를 쉽게 할 수 없을 것이다. 공감의 감정도 자신의 경험에서 우러나올 때 진정성을 얻을 수 있다.

자녀가 청소년기에 들어선 어떤 분이 하소연을 한다. 냉랭한 가정의 분위기를 전하면서 술잔을 권하기도 한다. 나는 그 분의 절절한 고통이나 아픔은 모르지만, 그래도 위로받고 싶은 기분을 호소할 때 적절한 공감의 언어를 생각해내고 대화를 이어가면 의외로 행복해 보이는 가정에 많은 그림자가 있다는 것을 알게 된다. 자녀와의 소통은 예나 지금이나 어렵기는 마찬가지이고 청소년들은 수많은 방황과 반항의 시기를 보내기 때문일 것이다.

조선시대의 엄친아인 율곡도 집을 나와 1년간 승려 생활도 하고 반항아적인 삶을 살았다고 하지 않는가. 문제는 청소년의 언어에 공감하고 대응하기에 어른의 언어는 항상 벽에 부딪힌다는 것이다. 법학교수이자 다수의 에세이 저자로 알려진 경북대 김두식 교수는 청소년 딸과의 대화가 벽에 부딪히자 인간은 누구나 죽을 때까지 일정한 '지랄'의 총량을 가지고 있기에 청소년기에 나타난 지랄을 언젠가 소멸하는 '지랄총량의 법칙'이 있다고 자신을 위로했다고 한다. 그리스 로마시대에도 벽에는 요즘 애들은 너무 버릇이 없다는 식의 낙서가 있었다고 한다. 아마 청소년 자살의 문제도 어른들의 공감능력과 자신의 생각이 극도의 괴리감 속에서 아파트 옥상으로 올라가는 학생이 없는지에 대한 어른들의 진지한 고민이 부족한 것은 아닐까 하는 반성 속에서 공감을 위한 다양한 장치들이 필요한 것이라고 본다.

자신의 스토리를 무리하게 액팅하기 전에 공감해줄 수 있는 상대방의 심리를 생각해볼 일이다.

☘ 멘토에게서 배우자

멘토르는 그리스 신화에 나오는 영웅 오디세우스의 친구다. 오디세우스는 트로이 전쟁에 참가해 무려 20년 동안이나 귀향을 못 한다. 이를 예상했음인지 오디세우스는 친구 멘토르에게 아들 텔레마코스와 아내 페넬로페를 부탁한다. 왕의 부재를 틈타 귀족들은 페넬로페에게 구혼해 왕위를 넘보기도 하지만 이때 아들 텔레마코스가 아버지의 역할을 잘 물려받게 역할을 한 사람이 멘토르다. 이때 멘토르의 역할이 오늘날 '멘토링'이라고 하는 교육법의 효시가 된 것이다.

때로는 조언자이자 자상한 가르침을 주는 사람으로 그 사람이 좀 더 큰 그릇이 되게 도와주는 역할을 멘토링이라고 하겠다. 풍부한 지혜와 경험을 일대일로 전수할 수 있다는 것은 애정이 바탕이 된다면 더욱 큰 결실을 볼 수 있다.

멘토를 하나의 역할모델로 도약할 수 있는 의지와 기량을 다지는 것이 멘티의 일이다. 주변을 둘러보자. 자신의 목표나 비전이 막연하다면 멘토에게 길을 물어보자. 청출어람의 기량을 발휘하기 위해서는 변화하는 시대상에 맞게 멘토의 가르침을 응용할 수 있는 능력도 있어야 할 것이다.

누구나 그렇듯이 나도 지금의 내가 있기까지는 많은 멘토분들의 덕분이다. 학교와 사회에서 많은 분들을 만나면서 그분들의 인품의 향기를 맡으면서 한 뼘씩 자란 것이다. 고인이 되신 분도, 살아계신 분도 계시지만 연락을 제대로 드리지 못해 내가 항상 마음의 빚을 지고 있는 분들이 대부분이다.

♧ 관계의 힘

좋은 관계가 성공을 부르고, 호감 하나가 난관을 돌파하는 결정적인 매개체가 되는 사례는 쉽게 찾을 수 있다. 할리우드의 영화 제작자인 제인 웨인트립은 1998년에 프랭크 시나트라의 원작 영화 <오션스 일레븐>을 리메이크하기로 결정했다. 그런데 가장 큰 과제는 당시 최고의 배우 열두 명을 섭외하는 것이었다. 하지만 웨인트립은 자신과 친구인 조지 클루니와 스티븐 소더버그를 믿었다. 그러나 나머지 스타들은 어떻게 하면 될까 하는 문제는 여전히 고민거리였다.

당시 줄리아 로버츠는 한 편당 개런티가 2천만 달러에 달하는 특급 배우였으니 제작비는 짐작이 가고도 남았다. 이런 비용을 감당할 제작사가 있을지 숙제를 해결하기 만만치 않은 프로젝트였다. 그러나 조지 클루니와 스티븐 소더버그를 중심으로 친분관계를 가진 영화계 톱스타들이 하나둘 모여들었다.

앤디 가르시아, 맷 데이먼, 돈 치들, 브래드 피트가 그들이다. 나중에 이 배우들에게 출연료에 상관없이 참여하게 된 배경을 물었을 때 각각의 배우들 사이의 유대관계가 중요한 변수임이 밝혀졌다. 이 스타들은 그저 서로를 좋아해서 출연료에 상관없이 기꺼이 독특한 프로젝트의 일원이 되었고, 영화는 만들어진 것이다.

줄리아 로버츠에게 보낸 제작자의 편지는 이렇다. "우리는 귀하가 영화 한 편에 2천만 달러를 받는 것을 알고 있다. 그러나 이번 영화는 그보다 훨씬 적다"는 것이다. 이 내용과 함께 영화 대본, 단돈 20달러가 동봉되어 있었다고 한다. 물론 러닝 개런티 개념이 활성화되어 있는 할리우드이지만 톱스타의 시간은 곧 돈인데 불확실성에 기꺼이 예스를 한다는 것은 많은 기회비용을 포기하는 것이지만, 동료 배우와의 관계가 출연을 결정하게 한 힘이 되었던 것이다.

75세에 영화감독으로 데뷔해 화제가 된 김동호 부산국제영화제 명예집행위원장은 영화계의 살아있는 전설이라 해도 과언이 아니다. 감독이나 배우가 아니면서 이런 아우라를 가진 건 매우 드문 예일 것이다. 김 위원장의 작품 <쥬리>의 출연진을 보면 더 놀라게 되는데 안성기, 강수연과 같은 스타들이 이런 저예산 영화에 어떻게 출연했을지를 생각하면 김 위원장의 인품이나 관계의 힘을 짐작하게 된다.

관계가 부당한 이해관계를 통해 표출되는 검은 커넥션이 되어서는 안 되겠지만, 업무나 인간관계를 매끄럽게 하는 윤활유 역할을 할 수 있도록 만드는 것은 평소 노력의 산물이다. 그러기에 지속적으로 '관계의 자산'을 축적하는 것은 바람직하다 하겠다. 이런 관계의 자산은 자신의 스토리액팅을 위해서도 필요하다.

인맥은 갑자기 관리되는 것이 아니라 평소의 정성이 어떤 계기를 통해 '관계의 힘'으로 발휘될 수 있다. 자신의 진솔한 스토리가 액팅될 때 공감한다면 그것은 어떤 강한 부탁의 한마디보다 상대방의 마음을 움직일 수 있을 것이고, 이것이 뜻하지 않은 큰 원군이 될 수도 있을 것이다.

친구에게 잘해라. 경쟁자에게 더 잘해라.

- 만델라

♧ '편 가르기'는 관계의 적(敵)… 실력파면 되고

선거철만 되면 한국사회의 정치담론은 풍성해지고 저마다 정치평론가가 된다. 정치인이 아닌 이상 자신과 정치성향이 달라도 친구가 될 수 있다. 그런데 불행히도 이런저런 이유로 정치적 입장을 표명해야 될 정치인이 아닌 경우에도 줄서기를 강요당하는 때가 있다. 내가 아는 한 기업의 CEO는 어떤 기업의 인재를 발탁할 때 참모들이 대상자가 특정한 정치적 성향이 있다고 하자 "좌파면 어떻고 우파면 어떤가? 실력파면 되지"라고 하면서 포용했다고 한다.

정말 중요한 실력을 기르기보다 편 가르기에 열 올리는 풍조는 바람직하지 않다. 세상의 어떤 조직이건 일정한 파벌의 존재는 불가피한 측면이 있다. 경영자라면 대범하고 공평하게 인재를 등용하고, 고용자라면 조직 내의 정치구도에 휩쓸리지 않고 실력으로 승부를 보려고 한다면 어떤 관계에서도 승자가 될 것이다. 한국도 이제 단일민족의 신화가 무너지고 다문화 가정이 늘어나고 있다. 혈연에 의한 순수성을 주장하는 시대착오적인 발언은 더 이상 나오지 않지만, 단군의 자손이고 한 핏줄이라는 식의 교육을 초등학교 시절에 받은 세대라면 언행에 조심할 필요가 있다.

'편 가르기'보다는 되도록 많은 사람을 자신의 팬(fan)으로 만들기 위해 노력하는 자세가 더 바람직하다. 기계적인 기브 앤 테이크(give & take)에서 벗어나 성심껏 사람들을 대한다면 기대하지 않은 보상은 언젠가 찾아온다.

지인들의 결점에 익숙하라. 그래야 할 의무가 따를 때는 어쩔 수 없다. 주위에는 우리가 더불어 살 수 없을 만큼 끔직한 성격을 가진 사람들이 있다. 그러나 그들이 없어도 살지 못한다. 그렇다면 마치 추한 얼굴에 익숙해지듯 그들의 결점에도 점차 익숙해지는 것이 현명하다. 그러면 아무리 끔직한 상황에서도 결코 분별을 잃지 않으리라. 처음엔 그 결점들이 경악을 불러일으키지만 우리 눈엔 점차 그 추함도 익숙해질 것이다.

- 발타자르 그라시안

2. 좋은 관계 맺기의 출발, 정성과 배려

한 개인의 진가는 그가 자기에게 도움이 될 수 없는 사람을
어떻게 대하느냐에 달려있다는 것을 명심하라.

- 앤 랜더스(Ann Landers)

♣ 배려의 힘

길거리에서 파는 붕어빵을 사 먹은 적이 있는가. 어떤 붕어빵 장수
는 "하나에 300원, 셋에 천 원"이라는 푯말을 붙이고 있었다. 왜 세 개
에 천 원인지는 묻지 않았다. 아마 하나를 사는 사람은 가난하기에 싸
게 팔고, 세 개를 사는 사람은 상대적으로 여유가 있을 것이니 배려의
마음을 담은 것이라고 본다. 이 얼마나 인간적인 셈법인가.

인간관계도 마찬가지라고 본다. 관계의 기본은 정성과 배려이다. 정
성을 들인 노력과 상대방에 대한 배려는 마음을 움직일 수 있다. 지성
이면 감천이라는 오래된 말처럼 지극정성을 다했을 때 상대는 감동하
게 되어있는 것이다. 현명한 장님은 밤에 전등을 손에 들고 거리에 나
간다고 한다. 자신을 보호하는 의도도 있겠지만, 남에 대한 배려의 마
음도 있는 것이다.

듀크대학의 심리학자인 에릭 파이퍼는 지혜롭게 나이 먹는 사람들
의 공통된 특징으로 좋은 인간관계를 들었다. 성공해도 불행한 사람이
있는 반면, 크게 성공하지 못해도 행복한 사람이 있을 수 있다. 행복한

사람은 좋은 인간관계를 가지고 있으며, 좋은 인간관계의 바탕은 타인에 대한 배려일 것이다.

상대방에게 뭔가 도움이 될 수 있는 것이 없을까를 고민하는 사람과 상대방에게서 뭔가를 얻을까를 고민하는 사람의 인간관계의 폭과 넓이는 짐작하고도 남는다. 나아가 진정한 존경과 사랑을 받는 사람은 기부에서 자신의 삶의 보람을 찾는다. 석유왕 록펠러도 워런 버핏과 빌 게이츠도 엄청난 부를 축적하는 데 그치지 않고 많은 재산을 사회에 환원한 사람으로 존경받는 것이다. 기부는 사회적 약자에 대한 배려의 다른 표현이라고 할 수 있다. 타인에 대한 배려가 몸에 밴 사람은 그만큼 성공에 가까이 가있는지도 모른다.

사회적 성공은 행사장의 헤드테이블에 앉는 것을 의미하기도 한다. 기업체에서 의전이나 비서 업무를 맡고 있는 직원의 경우 그 업체 대표의 위상이 곧 그 조직의 권위와 위엄일 수가 있기 때문에 각별히 신경을 쓸 수밖에 없다. 자리 때문에 수많은 사람이 상처받고 위로받는다. 자리가 가지는 상징성 때문이다. 내가 아는 어떤 분도 어떤 포럼에서 자리 배치를 자신이 생각하는 것보다 낮은 자리에 배치받자 불쾌한 기분을 참지 못하고 그 자리에서 나왔다고 한다.

공사석에서 많은 사람과 만나는데, 자신의 위치보다 항상 낮은 곳에 앉으려고 몸을 낮추는 사람이 있는가 하면 선배도 상사도 못 알아보고 그냥 앉은 자리에서 돌부처처럼 그대로 있는 사람도 있다. 내가 아는 중견기업의 대표는 고급자동차에 기사가 있지만 절대로 회식 장소에 자동차가 보이지 않게 한참 떨어진 곳에서 내리고 탄다. 반면에 어떤 사람은 모임 동료들에게 자신의 출세를 과시하기 위함인지는 모르지만 차가 와서 타는 모습을 노출시킨다. 어떤 사람이 배려심이 깊을까 생각하게 된다. 짧은 시간이라도 다른 사람을 위한 작은 배려 하나가 그 사람의 인상을 좌우한다는 사실을 명심할 필요가 있다.

♣ '배려'의 청진기

의사를 상징하는 물건은 청진기일 것이다. 이 청진기는 의사가 환자와 소통하는 하나의 창구이기도 하다. 청진기가 환자의 몸에 닿을 때 차가움을 느낄까 봐 자신의 품에 품고 다니는 여의사가 있었다. 이 젊은 여의사는 환자가 느낄 섬뜩한 차가움을 달래기 위해 이런 생각을 했다고 한다. 그리고 이 여의사는 나중에 50년 가까운 시간이 흐른 후에 국내 굴지의 병원, 대학, 연구소와 함께 봉사단체까지 이끄는 거인이 되었다. 이길여 가천대 총장 이야기다. 정성이 담긴 배려는 사람을 감동시킨다.

이런 배려는 팀 플레이를 하는 단체경기에서도 좋은 성과를 낳는데 필요한 요소다. 박지성이 큰 선수가 되는 데에는 동료들을 배려하면서 한 발 더 뛰는 모습에 점수를 주었던 측면도 있다. 메이저리그에서 활약하고 있는 류현진에게도 동료들의 눈에 보이지 않는 작은 배려가 있었다.

2013년 7월 28일 신시내티와의 경기에서 다저스의 3루수 후안 유리베가 마운드로 와서 두 번이나 얘기를 나눴는데 무슨 내용이었냐는 질문에 류현진은 "두 번 다 1루 땅볼로 잡아냈는데 베이스 커버까지

들어가지는 않지만 1루까지 뛰었다 돌아오니 유리베가 괜찮은지 물어보며 호흡을 가다듬을 시간을 벌게 해줬다. 유리베가 자기를 가리키며 '내 이름이 무엇이냐'고 물어보더라"고 한 바 있다.

사회구성원들은 서로 경쟁하는 사이일 수도 있지만, 배려가 없는 경쟁만 있다면 그 사회는 인간미가 없는 야만의 사회가 될 것이다. 따뜻한 배려가 담긴 많은 미담사례는 우리를 감동하게 한다. 특히, 약자나 소수자에 대한 배려는 한 사회의 성숙도를 살필 수 있는 시금석이 될 수 있다. 몇 년 전 미국 테네시주의 한 초등학교에서 있었던 일인데, 5학년 모리스는 항암치료를 받느라 머리카락이 다 빠졌다.

친구들이 모리스를 위해 고사리손으로 모금을 하겠다고 했을 때, 백발의 교장 선생은 단상에 올라 머리를 삭발했다. 그러자 여선생들까지 삭발대열에 동참했다고 한다. 선생들의 삭발은 어떤 말보다 모리스에게 용기를 넣어주는 일이 된 것이다. 2013년에도 캘리포니아의 한 초등학교의 4학년생 셀린카 군이 뇌종양으로 7주간 방사선 치료를 받고 머리카락이 모두 다 빠졌다. 다행히 치료경과가 좋아 등교할 수 있었지만 친구들이 이상하게 볼까 봐 걱정이었다. 그런데 셀린카가 학교 교실 문을 연 순간 깜짝 놀랐다고 한다. 급우들 15명이 전부 동반 삭발을 하고 셀린카를 기다리고 있었던 것이다.

한국사회도 이제 다문화사회가 되고 사회적 소수자들이 많이 생겨나면서 단일민족의 신화가 무너지고 있다. 소수자에 대한 배려를 생각할 때다. 학교에서는 아직 '왕따 문화'가 있다고 하는데, 셀린카의 친구들에게 배울 만하지 않은가.

콜라병의 모양이 왜 그런 곡선에 주름이 생긴 것일까? 어떤 사람은 여성의 아름다운 몸의 곡선을 따라 만든 것이라고 하고, 어떤 사람은 그냥 만들다 보니 별 의미 없이 그냥 개성 있는 예쁜 모습으로 만들었을 것이라고 한다. 청량음료이기에 시원하게 마시기 위해 주로 냉장보관을 하므로 병에 물방울이 생겨 미끄러지는 경우가 많아서 병이 미끄러지지 않게 손에 받을 때 편하게 하기 위한 것이라고 한다. 디자인도 아름다움 이전에 배려가 우선이다. 콜라병의 배려를 배워서 사회적 약자에 대해서는 더 큰 배려를 안겨주자.

♣ '헬퍼스 하이'를 위해

배려가 구체적이고 확대된 형태로 나타난 것이 사회적 약자에 대한 기부나 나눔일 것이다. 다른 사람을 도움으로써 발현되는 행복물질이 '헬퍼스 하이(Helper's high)'라고 한다. 이는 마라토너들이 달리면서 느끼는 일종의 쾌감을 '러너스 하이(Runner's high)'라고 부른 데서 유래한 것으로 도움을 통해 느끼는 기부자의 행복감을 표현한 말이다. 영화배우 안젤리나 졸리는 "나의 수입의 1/3은 지금의 나를 위해서 쓰고, 1/3은 지금의 어려운 사람을 위해 쓰고, 1/3은 미래를 위해 저축한다"고 말한 바 있다. 졸리처럼 1/3까지는 아니더라도 헬퍼스 하이를 느끼기 위해서라도 의미 있는 있이 없는가를 살펴볼 일이다.

요즘 웬만한 기업에서는 사회봉사단을 만들고 회사의 특성에 맞는 봉사활동을 하고 있다. 이런 봉사활동도 직원들이 마음에서 우러나오고 다른 회사와 차별화될 수 있는 스토리텔링과 함께 이를 적극적으로 실행할 스토리액팅이 필요하다. 예를 들면, 한국방송광고진흥공사에서는 방송사, 광고회사와 함께 어린이재단에 기부활동을 할 때 업종의 특성을 살려서 진행하고 있다. 방송사에 일정한 시간대의 공익광고성 시간을 배려 받고, 광고회사의 재능기부를 통해 광고 소재를 무료로 제작된 소재를 방송하는 것과 같은 것이다. 한때 활동했던 오케스트라에서는 병원의 환자들이나 소외지역 어린이들에게 찾아가는 공연을 통해 잠시나마 현실의 시름을 잊게 하는 것도 자신만의 고유한 기부의 시나리오를 스토리액팅한 사례다.

♫ 관계의 폭을 넓혀주는 '다름'을 존중하는 아량

사소한 견해 차이에서 출발해서 싸움이 되는 경우를 종종 보게 된다. 우리 주위에는 정치적인 견해상의 차이로 친구가 갈라지기도 하지만, 사소한 일상의 문제로 다투다가 큰 싸움이 되는 경우를 종종 보게 된다.

치약 때문에 이혼하는 부부가 있었다고 한다. 옛날 치약은 지금처럼 용기가 플라스틱이 아니라 철로 되어 있어서 중간부분이 터지는 경우가 많았다. 남편이 치약을 중간부분부터 짜니까 터지고 못 쓰게 되어 물자절약에 어긋난다고 일침을 가하자 자기 나름대로 알뜰하게 살림을 꾸리던 아내가 발끈하게 되고 그 부부싸움은 결국 이혼까지 가게 되었다고 한다. 물론 '치약 사건' 이전에 많은 불신의 골이 패어있어서 그랬겠지만, 마음의 상처는 사소한 것에서 출발하는 경우가 많다.

나와 견해가 다르다는 사실을 우리는 틀리다는 말과 혼용해서 쓴다. 나와 의견이 다르면 무조건 틀리다는 잠재의식이 있어서일까. 다른 의

견도 수용할 수 있는 아량이 인간관계를 부드럽게 하는 출발점이 아닐까. 프랑스의 철학자 볼테르는 "나는 당신의 의견에 반대한다. 하지만 당신이 말할 권리를 위해 죽을 때까지 싸울 것이다"라고 한 바 있다. 다름을 인정할 때 친구는 늘어나고 적은 줄어든다. 그렇게 된다면 관계는 더욱 풍성해질 것이다.

♣ 브랜드가 관계의 파워를 창출한다

기업체의 브랜드는 소비자와의 관계를 이미지로 나타낸 것이라고 볼 수 있다. 개인의 브랜드는 타인과의 관계 속에 나타난 그 사람의 이미지라고 할 수 있다. 애플의 전성기를 이끈 스티브 잡스는 "기업체의 브랜드를 구축하는 데는 수십 년이 걸린다. 그리고 우리는 세계에서 가장 강력한 브랜드를 가지고 있다"고 했다. 기업이나 개인 모두 우수한 브랜드를 구축하기 위해서는 오랜 시간의 정성과 노력이 필요하다.

우리는 소비를 할 때 비슷한 성능을 가진 제품이라면 브랜드를 보고 구매하는 성향이 강하다. 소비자는 이성적이고 합리적인 것이 아니라 어떤 면에서 감성적인 면이 강하다고 할 수 있다. 기업체에서도 특정 업무를 맡길 때 어떤 사람에게 맡길지 고민하게 되는데, 그 사람의 능력이나 자질을 과거의 실적에 비춰 검증할 때가 있다. 그러나 어떤 경우는 그 사람의 이미지나 막연한 기대감으로 맡기는 경우도 있다.

어떤 경우에는 그 사람이 그 일을 강력히 희망해도 맡지 못하고 어떤 경우는 피하려고 해도 맡게 되는 경우가 있다. 그러나 맡겨진 이상 최선을 다한다고 가정할 경우 어떤 경우가 성과가 날지는 우리의 합리적 이성과는 반드시 일치하지 않는다. 때로는 기대치 않았던 사람이 물고기가 물을 만난 듯이 일을 척척 해내는 경우가 있고, 어떤 경우는 기대에 부응하지 못하는 경우가 있다.

특정한 기업의 브랜드나 특정인의 브랜드를 도용해 잠시 속일 수는 있을지 몰라도 영원히 속일 수는 없다. 지금 세계일류 브랜드가 된 삼성은 1993년 이건희 회장이 프랑크푸르트선언을 통해 과감히 초일류 브랜드로 거듭나겠다고 선언했고, 그 결과가 성공으로 이어졌다. 불량 휴대폰을 수거해 태우면서 2, 3류 정신을 모두 태웠다는 삼성맨이 있었다면, 마음속에 있는 안일과 나태를 완전 연소해 어떤 상황에서도 자신의 브랜드로 정직하게 돌파해 승부를 걸어야 한다.

치열하게 자신의 브랜드를 축적하여 구축하는 과정이 동반될 때, 관계 속에서의 스토리액팅은 힘을 받을 것이다.

♣ 시련을 견딘 나무엔 언젠가 무성한 잎사귀가 달린다

한국인으로 국제사회에서 출세한 공직자로 치자면 전 유엔사무총장인 반기문을 첫손에 꼽을 수 있다. 물론 반기문의 출세에는 한국이라는 국제사회 중견국의 지위, 적절한 시류가 받침이 되어 운칠기삼(運七技三)의 바탕이 있었기에 가능한 것도 사실이다. 그러나 그가 공직사회에서 어쩌면 외골수적으로 보일 정도의 청렴성과 원칙, 그리고 외교관에게 요구되는 외국어 능력을 비롯한 기량에 있어서 함량이 부족했다면 결코 이루기 힘든 업적인 것도 사실이다.

차관급의 고위 공직자로서 민원성 편지에 친절히 답한다든지, 딸의 결혼식을 아무에게도 알리지 않고 비밀리에 치르고 업무에 대한 치밀함으로 인정받은 점 모두가 그렇다. 그런 중에서 문책성 인사로 인해 차관에서 불명예 퇴진하게 되는 위기가 왔지만, 그 시기에도 그는 필생의 멘토인 노신영 전 장관을 비롯해 다양한 인사들과 장래를 의논하던 중 뜻밖에 과거 그를 높이 평가하고 있던 한승수 유엔총회의장의 제안으로 의장 비서실장으로 발탁되게 된다. 물론 차관급이 가기엔 국장급 보직이라 꺼려지는 마음도 없지 않았다고 하지만, 이것이 국제사회에서 반기문 총장의 인적 자산을 형성하는 중요한 지렛대가 된 것은 분명하다. 반 총장은 야인 시절에 수목원을 운영하는 지인의 말을 잊을 수가 없었다고 한다.

> 자, 저기 겨울나무를 보세요. 이파리가 하나도 없으니 앙상해 보이지 않습니까?
> 그러나 내년 봄에 다시 와 보세요. 눈부신 이파리들을 엄청나게 달고 있을 것입니다.
> 이게 자연과 인생의 이치입니다. 사람들은 모두 겨울나무처럼 앙상해 보이는 것을 두려워합니다. 그러나 이렇게 앙상해 보이지 않고는 내년 봄 눈부신 이파리들이 달린 나무가 될 수 없다는 것을 알아야 합니다. 나무를 오래 가꾸면서 깨달은 이치입니다.[52]

건국 이래 국제무대에서 가장 출세한 공직자 반기문이 있기까지는 나뭇가지에 이파리 하나 없는 시련의 시기에도 좌절하지 않고 관계 속에서 눈부신 이파리들을 피우기 위해 스토리를 액팅하는 지혜를 키웠기 때문일 것이다.

♣ 표정도 경쟁력이다

내가 아는 장교 출신 인사는 사관생도 시절 자신의 표정이 너무 굳어있고 친화력이 없어 보인다는 지적을 듣고 표정 연습을 위해 법당에서 부처님의 미소를 흉내 내려고 거울을 들고 미소연습을 수천 번 했다고 한다. 그랬더니 자신도 모르게 표정이 부드러워졌고 지금 사회에서 제2의 인생을 열고 있는데 많은 사람들이 자신의 미소나 인상이 좋다는 얘기를 많이 들었다고 한다.

실제 그의 얼굴은 부처와 닮아있었다. 부처의 미소가 그의 군 생활이나 사회생활에 윤활유가 되었을 것이다. 자신의 외모를 경쟁력으로 만들기 위해 성형수술 대신 부처의 미소를 흉내 내려고 노력하는 편이 어떤가. 우리는 이목구비의 위치보다 마음이 향하는 위치로 그 사람의 마음을 읽는 것이다.

나는 어릴 적 부모님이나 어르신들이 여자는 외모가 너무 예뻐도 탈이고 그저 적당히 생기고 마음씨가 곱고 인상이 좋아야 된다고 하는 말에 무슨 이상한 궤변이냐고 생각하던 적이 있었다. 이제 사회생활을 통해 많은 사람을 만나다 보니 차츰 '심안(心眼)', 즉 '마음의 얼굴'을 관리하는 것이 관계에서 얼마나 중요한지를 느끼는 나이가 되었다. 비즈니스를 위한 관계에서 첫인상에 영화배우를 만났다고 흥분하는 사람은 없다. 인상이 주는 신뢰감을 바탕으로 관계의 스토리액팅을 차분히 전개할 때 훨씬 안정감을 느낄 것이다.

♣ 냉장고에 보관하는 자존심

좋은 기운은 다른 사람에게 전염시키되, 나쁜 기운은 스스로 해소하지 못하면 나무에나 걸어둬라.

중국의 수필가 무무(木木)가 쓴 『오늘 뺄셈』이라는 책에 이런 대목이 나온다.

> 자동차가 고장이 나는 바람에 하루 일과를 망친 배관공이 집에 들어가기 전 문 앞의 나무에 손을 문지르며 나지막하게 중얼거린다. 태워다준 사람이 이유를 묻자 배관공이 말한다. "이 나무는 스트레스를 걸어두는 나무입니다. 일을 마치고 집에 돌아올 때 마음속에 짜증이 쌓이는 경우가 많지만, 그런 짜증을 집 안에 가지고 들어갈 수는 없는 노릇이지요. 집 안에는 사랑하는 가족이 있으니까요. 그래서 늘 이 나무에 걸어두고 갑니다"라고 답했다. 또한 배관공은 "정말 신기한 것은 걸어두었던 짜증이 다음 날 아침이면 그사이에 이미 사라지고 없다는 사실이죠."

가정은 서로 상처를 어루만지는 소중한 보금자리다. 일 때문에 많은 스트레스를 달고 사는 아빠, 학업에 지친 자녀, 가사일에 힘든 엄마가 서로 위로받기를 원하는 곳인지도 모른다. 자신의 상처가 크면 남들을 보듬을 수 있는 여유가 없어진다. 그러나 조금만 신경 쓰면 가정에 웃음을 되찾을 수 있지 않을까.

반대로 직장은 스스로의 자존심을 어느 정도 버려야 활발하게 활동할 수 있을 것이다. 내가 아는 기업인은 매일 아침 출근 전에 냉장고 문을 한 번씩 여닫고 간다고 한다. 이 모습을 이상하게 여긴 아내가 묻자 "자신의 자존심을 냉장고에 잠시 보관시키고 출근한다"고 대답했다고 한다. 이 말은 아내에게는 남편의 사회생활이 얼마나 고단한지를 알 수 있고 더욱 내조를 잘할 수 있는 마음가짐을 주게 되고, 스스로에게는 마음을 다잡고 자존심 따위는 버리고 영업활동에 임할 수 있는 계기가 된다고 한다.

자신을 낮추고 스트레스를 타인에게 드러내지 않기가 쉽지 않지만, 이런 노력은 관계 속에서 자신의 인생 스토리를 활발하게 액팅하는 데 바탕이 된다.

♨ 감동은 '받는' 게 아니라 '하는' 것이다

정성스러운 유머에는 억지로라도 웃어라. 감동은 '받는' 게 아니라 '하는' 것이다. 그렇게 잘하면 당신이 웃겨봐라. 쉽지 않은 일이다. 냉소하기 전에 박장대소로 웃어라. 설사 한 번쯤 들어본 것이라도 처음 듣는 것처럼 감탄하자. 공감하는 능력을 지녀야 친구가 된다. 호모 엠파티쿠스(Homo empathicus), 즉 공감하는 자질이 중요하다. 동감이 아니라도 좋으니까 그 사람의 의견에 공감을 표시하고 차분히 자신의 의견을 개진하자.

모임에 가보면 다른 사람을 즐겁게 해주기 위한 유머나 이야깃거리를 준비해가는 사람이 있는가 하면, 다른 사람이 하는 말에 냉소를 보내기만 하고 막상 자신은 특별히 나눌 수 있는 콘텐츠를 가지고 있지 못한 사람도 보게 된다. 남의 얘기에 품평만 할 게 아니라 공들인 남의 얘기나 견해에 공감을 표시하거나 자신의 견해를 겸허히 개진하는 태도가 상대방은 물론 그 자리를 더욱 즐겁고 따뜻하게 할 것이다. 요즘 유행하는 말로 '예능(예능 프로그램)'으로 한 말을 정색으로 '다큐(다큐멘터리 프로그램)'로 받아들이면 장르 파악이 안 되었거나 공감의 준비가 부족한 사람이다.

안도현 시인은 "연탄재 함부로 차지 마라. 너는 누구에게 한 번이라도 따뜻한 사람이었느냐"고 묻는다. 남에게 따뜻함을 줄 수 있는 연탄불을 피우는 것은 공감의 한마디가 아닐까.

♧ 배려의 또 다른 이름, 봉사

사회복지가 완전치 못하고 급격한 도시화에 따라 도시 빈민들이 많이 발생하던 시기가 1970년대와 1980년대였다. 정치적 민주화가 상당 부분 진전된 1990년대에도 이런 추세는 상당기간 지속되었다. 대학생들은 강제철거 반대라든지 야학활동을 통해 약자의 편에서 정의를 부르짖기도 하고 자신의 지식을 나누기도 했다. 1980년대 중반에 선배의 권유로 짧은 기간 야학 활동을 경험할 수 있었다. 그때 내가 본 도시빈민의 삶은 어린 내게는 상당한 충격이었고 야학에서의 활동은 작은 봉사지만 나에게 도적적인 만족감이나 성취감을 주는 계기가 되었던 것 같다. 지금도 이름을 기억하는데 경희네 집은 다리가 불편한 아빠와 둘이서 살고 있었다. 한동안 경희가 야학에 보이지 않기에 경희네 집을 찾아가 보았는데 벌집처럼 작은 단칸방에서 몸이 불편한 아빠를 대신해 병수발도 들고 밥도 짓는 초등학교 4학년 정도 나이의 어린 경희가 안쓰러웠다. 내가 왔다는 말에 경희 아버지는 몸을 일으켜 경희에게 소주 한 병과 계란 프라이를 가져오라고 시켰다.

나는 그 어린 경희가 고사리손으로 계란 프라이를 하고, 그것을 안주 삼아 아빠가 소주를 권할 때 한동안 말을 할 수가 없었다. 자신의 인생유전과 가족사를 말하는 경희 아빠는 놀랍게도 시시포스 신화의 얘기를 하면서 자신의 슬픈 인생을 늘어놓았지만, 절제된 목소리로 어린 딸을 가르치는 나에 대한 대접에 최선을 다하려는 모습이 지금도 눈에 선하다. 그리고 소주를 한 병 이상 마신 뒤 집으로 돌아오면서 용돈을 경희의 손에 쥐어주고 온 기억이 난다. 어쩌면 야학에서 짧은 지식을 기계적으로 전달한 점에서 가르쳤다는 것이 부끄러울 정도로 나는 많은 것들을 봉사의 이름으로 배웠다. 알량한 지식과 바꿀 수 없는 세상을 이해하는 다른 눈을 얻은 것이다. 자신보다 약자를 위해 내가 할 수 있는 작은 배려는 봉사의 다른 이름이고, 봉사는 나를 더욱 성숙시킨다는 것도 배웠다.

♣ 운명을 바꾼 배려

도요토미 히데요시는 임진왜란을 일으킨 장본인으로 우리에게는 귀에 익었지만, 별로 반가운 사람은 아니다. 도요토미 히데요시는 미천한 집안 출신으로 일본 천하를 지배하고 통치권을 행사할 군주가 될 신분이 아니었다. 오다 노부나가의 후계자로 화려하게 등극할 수 있었던 것은 그의 헌신적인 배려를 통한 발탁이 계기가 되었다.

오다 노부나가의 하인과 다름없었던 그는 추운 겨울에도 항상 오다 노부나가의 신발을 따뜻하게 해서 이를 이상하게 여긴 오다 노부나가가 왜 그런지 주위에 물어서 그 이유를 알게 되고, 이것이 그의 발탁 배경이었다. 도요토미 히데요시는 날씨가 추우면 오다 노부나가의 신발을 자신의 품안에 품어서 따뜻하게 하고 있다가 나갈 때에 그 자리에 갖다 놓았다고 한다. 진정한 충성심과 함께 배려의 마음이 묻어나는 행동이다. 때로 배려는 뜻하지 않게 자신의 운명을 바꿀 수도 있다.

사람들에게 진실을 말하고 싶다면, 익살꾼이 돼라. 안 그러면 그들이 널 죽이려고 달려들 거야.

- 빌리 와일더(미국의 연출가이자 시나리오 작가)

3. 호감이 전략을 이길 수 있다

♣ 고유한 아우라가 자산이다

매력자본이라는 말이 있다. 외모지상주의로 자신의 외모를 지나치게 의식하는 것은 문제이지만, 적당히 자신을 가꾸어 매력적으로 보이려고 노력하는 것을 나쁘다고 할 수는 없다. 형식이 전적으로 내용을 지배하는 것은 문제가 되지만, 내용이 잘 전달되도록 형식을 잘 다듬는 것도 실력이다. 우리가 가진 많은 자산 가운데 매력은 내면과 외면이 조화로울 때 더욱 빛이 난다.

배우 출신의 대통령으로 미국 대통령 가운데 성공적으로 임기를 마친 한 사람으로 거론되는 레이건은 취임 초 머리가 비어있을 것이라는 야당의 우려와 달리 비교적 높은 지지율로 대통령이라는 역할을 성공적으로 마쳤다. 훤칠한 키에 만면에 머금은 미소, 유머를 섞어서 상대방의 예봉을 피하는 솜씨는 레이건이 지닌 매력자본이 아니었을까. 미국의 방송인 래리 킹은 역대 대통령들과 개인적인 교분을 쌓은 사람인데, 그도 레이건을 높게 평가하고 있다. "배우로 활동했던 것은 레이건의 대통령직 수행에 도움이 되었다. 그는 의사소통의 달인이었다. 사람들은 그를 좋아했다. 이것은 돈으로는 아무리 해도 살 수 없는 것이다. 일각에서는 레이건에 대해 너무 배우 같다는 이유를 들어 비난하기도 했지만 나는 그런 이유로 그를 비난할 마음이 없다"고 했다.[53] 이런 래리 킹이기에 아마 그도 사교계의 많은 명사들에게 매력적으로 보였을 것이다. 그가 환갑이 넘은 나이에 치른 본인 결혼식에는 많은 명사들이 전세비행기를 타고 식장으로 도착했는데, 테드 터너가 신랑 들러리를 섰고 제인 폰다가 신부들러리를 서주었다. 여기에 알 파치노 가 축시를 낭송했다고 한다. 래리 킹을 TV에서의 익살스러운 인터뷰 로 기억하고 있지만, 아마도 대단한 매력자본가라 짐작이 된다.

멜빵에 검은 뿔테 안경, 한 박자 늦어 보이지만 출연자의 정곡을 찌 르는 질문에는 노(老)방송인의 내공이 읽힌다. 래리 킹의 아우라는 쉽 게 대체될 수 있는 것이 아니다. 한 사람의 기능은 대체 가능한 경우 가 많지만, 한 사람의 고유한 '아우라'는 복제하거나 대체가기 힘들다. '아우라'는 독일의 철학자인 발터 벤야민이 제시한 개념인데, 개인이 지니는 독특한 개성이나 그 사람만의 특별한 분위기라고 할 수 있다. 한 사람의 삶의 궤적도 독특한 아우라가 없으면 몰개성의 복제품으로 그치는 수가 있다. 결코 자신을 복제할 수 없는 아우라를 만드는 것, 그것이 매력 자본의 또 다른 이름은 아닐까.

미국 조지타운대의 로히트 바르가바 교수는 '호감경제학(Likeconomics)' 이라는 개념을 들고 나왔는데, 호감이 웬만한 경쟁력보다도 낫다는 주 장이다. 어떤 측면에서 마케팅에서의 브랜드에 대한 충성도 개념과 통 한다. 바르가바 교수는 호감을 얻을 수 있는 방법으로 각 단어의 첫 글자를 조합해 'TRUST'를 제시하고 있다. 첫 번째 T는 Truth(진실)이 고, 두 번째 R은 Reliability(연관성), U는 Unselfishness(이타성), S는 Simplicity(단순성)이고, 마지막 T는 Timing(타이밍)이다. 호감을 쌓기 를 원한다면 자신의 브랜드를 한번 재점검해보고 어떤 면을 채워야 할 지 생각해볼 일이다. 호감을 바탕으로 한다면, 자신의 인생의 시나리 오를 관계 속에서 '스토리액팅'하기가 한결 수월해질 것이 분명하기 때문이다.

♋ 감성은 이성보다 강하다. 중동 평화협상을 이끈 카터의 힘

카터 전 미국 대통령은 역사적 중동 평화협상의 주역으로 캠프 데이비드 협정을 위해 상대방의 감정에 호소해 협상을 성공적으로 이끈 바 있다. 예상대로 평화 협상은 베긴 이스라엘 총리와 사다트 이집트 대통령 간에 상호 불신의 벽이 높았기에 협상이 13일이 지나도록 아무 소득이 없었다고 한다.

카터는 세 명의 정상이 찍은 사진을 그들의 손자손녀의 이름을 알아서 전해주는 노력까지 해가면서 그들의 감정을 긍정적으로 전환시키는 데 성공했다. 베긴은 손녀의 이름이 적힌 사진을 보자 감격에 겨워 손녀의 이름을 큰 소리로 외쳤다고 한다. 그리고 카터와 베긴은 인생과 전쟁에 대한 이야기로 서로의 마음을 조금씩 열었다고 한다. 상대방의 마음을 열기 전에 '호감'이라는 잔고를 먼저 채워 넣었던 카터의 지혜가 빛나는 협상이었다.

미국의 시인이자 전기 작가인 마야 안젤루는 이렇게 말했다. "나는 깨달았다. 사람들은 우리가 한 말이나 행동은 잊어도 우리가 그들의 기분을 어떻게 만들었는지는 절대로 잊지 않는다는 것을." 사실 우리는 어떤 사람이 말한 내용의 디테일보다 태도나 자세, 호감도에 의해 형성된 그 사람에 대한 인상으로 그 사람을 평가하는 경향이 있다. 자신이 평가당할 때는 억울함이 없도록 처신해야겠지만, 반대로 남을 평가할 때는 자칫 마녀사냥식으로 그 사람을 매도하는 것은 아닌지 조심할 필요도 있다. 호감에 호소하는 지혜는 가지되 스스로는 지나친 감정에 의한 지배를 경계하자.

☘ '스토리액팅'을 완성하는 강렬한 호감의 한마디

2002년 민주당 대선후보 경선과정은 한 편의 드라마였다. 이인제 후보가 앞서가고 노무현 후보가 무서운 기세로 치고 올라와서 누구도 결과를 예단하기 힘든 상황이 되었다. 그때 노무현 후보의 장인 부역 문제로 인해 사상논쟁이 붙었다. 노무현 후보로서는 위기였다. 그때 노무현 후보의 발언은 위기를 기회로 바꾸었다. "내 아내도 가슴앓이 해 온 문제다. 대통령을 안 하면 안 했지, 그렇다고 아내를 버리란 말입니까?"라고 함으로써 그 누구도 다른 말을 덧붙이기 힘들게 만들어 버린 것이다. 아마 위기를 기회로 바꾼 한국 선거사의 명언으로 남을 말이다. 선거는 가슴으로 한다는 말을 실감케 한 말이다.

미 상원의원 선거에서 링컨과 더글러스 후보 간의 설전도 유명하다. 더글러스 후보가 미국의 금주령 시절에 술을 팔았던 링컨의 과거를 공개하자 "그 술을 제일 많이 사 간 사람이 더글러스입니다"라고 했다. 더글러스가 공격의 고삐를 죄면서 두 얼굴을 가진 링컨이야말로 이중 인격자라며 다그치자 링컨은 태연하게도 "내가 두 얼굴을 가졌다면, 왜 이런 중요한 날에 이런 못생긴 얼굴로 나왔겠습니까?"라고 함으로써 더글러스의 예봉을 피하고 그가 유머와 여유가 넘치는 정치인임을 국민들에게 알렸다.

짧지만 강렬한 한마디가 지루한 토론의 전세를 역전시키는 경우도 있고, 당황스러운 순간을 재치 있는 한마디로 넘기는 경우도 있다. 그것은 스토리텔링의 도식적인 방법론이 아니라 그 스토리를 완전히 자신의 것으로 소화한 후 액팅의 경지에 이르러서야 가능할 것이다. 영화감독 스필버그는 뉴욕대의 야외 졸업식에서 축사를 하려는데 엄청난 폭풍우가 몰아쳐 미리 가져온 연설문을 펼치기 힘든 상황이 되었다. 참석한 졸업생과 학부모는 악천후 속에서도 이 거장의 입을 주시했는데, 거장은 당황하지 않고 연설문을 주머니에 집어넣은 뒤 숨을 돌리고 말했다. "Take the Storm!" 번역하자면, "폭풍처럼 살아라!"라는 의미가 될 것이다. 졸업하고 사회에 첫발을 내딛는 젊은이에게 이보다 더 멋진 말이 있을까. 한마디를 남기고 스필버그는 유유히 연단을 내려서려고 했다. 그때 폭풍 같은 박수는 그칠 줄 몰랐다.

영화인 스필버그의 도전의 삶이 이 한마디의 가치를 높였음이 분명하다. 구구절절한 대본보다 상황에 맞는 스토리를 액팅하는 힘은 결국 진정성 있는 텔링이 가능한 삶을 산 사람에게 주어지는 보너스다.

♣ LP판과 같은 매력

대학 시절 황학동 중고 악기상가에서 샀던 턴테이블과 LP판이 천덕꾸러기 취급을 받은 적이 있다. 어머니 댁으로 피난을 시켰지만, 어머니마저도 듣지도 않는 것이고 집 안만 어지러우니 버리라고 하셨다. LP판과 턴테이블은 부피만 크고 실용성에서는 별 인기가 없는 것이다. 이런 LP판이 최근 새롭게 조명되고 있다고 한다. 소리공학적으로 CD는 고주파 대역도 깨끗이 잡아내서 잡음이 없다고 한다. 반면, LP판은 고주파 대역에서는 잡음이 많이 섞이게 되어있다. 그런데 소리공학자들은 이렇게 잡음이 섞이는 것이 귀에는 편하고 익숙하게 들린다고 한다. 이것이 LP의 매력이다. 인간관계도 LP판 같은 것이 필요하다. 당장은 계산이 안 맞아도 인간적인 허술함, 여백의 미를 가진 인간이 더욱 끌리는 경우도 있다. 때론 대책 없는 기분파가 되기도 하고, 때론 한 수 접어주는 아량을 발휘하기도 하다면 사람을 무장해제시키는 편안함을 줄 수도 있다.

LP판과 같은 편안함이 있는 관계는 서로가 서로의 허물을 끄집어내기보다는 서로 덮어주고 공감대를 형성한다. 내게도 집안의 대소사에서부터 온갖 얘기를 편하게 하는 친구가 있다. 그 친구는 최근 공무원을 정년퇴직한 아버지가 늦바람이 나서 어머니 보기도 그렇고 여러 가지로 고민이 많다고 한다. 쓸쓸한 노년에 지나가는 바람이 아닌지 우리는 자신의 일인 양 소설을 쓰다가도 같이 걱정하면서 위로를 건네기도 했다. 공감하고 같이 고민해줄 말벗이 된다는 것은 LP판 같은 잡음이 나더라도 인간미가 있기에 가능한 일이다. 한 치의 실수도 없이 깨끗하고 티 없는 소리만 낼 수 없는 것이 인간사가 아닐까.

로히트 바르가바는 『호감이 전략을 이긴다』는 저서에서 호감을 불러일으키는 5가지 요인으로 진정성, 관련성, 이타성, 단순성, 타이밍을 꼽고 있다. 바르가바가 첫손가락에 꼽았듯이 사람 냄새나는 진정성이 있다면 어떤 관계에서건 궁극적으로 승리할 수 있을 것이다. 그 사람에게 내가 어떤 도움을 줄지를 생각하면서 접근하다 보면 어느새 그 사람과 상호 도움을 주고받는 사이가 될지도 모른다.

결코 자신에 대해서 말하지 마라. 자기를 칭찬하는 것은 허영심이고 자기를 책망하는 것은 소심함이다. 말하는 자에게서 어리석음이 드러나면 듣는 자에게는 괴롭다. 이는 평범한 교제에서도 피해야 할진데 높은 지위에서나 화합에서는 더더욱 그렇다. 말하는 사람은 조금만 어리석음이 드러나도 사람들은 그를 어리석은 자로 여긴다. 현명한 자라도 남들 앞에서 말할 때 그들의 아첨이나 질책 둘 중 하나의 위험에 빠질 수 있다.

- 발타자르 그라시안

♧ 당신만의 특별한 '곰'을 위해

테디 베어란 이름은 미국 제26대 대통령 테어도어 루스벨트의 애칭인 테디에서 유래한다. 사냥을 갔다가 곰을 한 마리도 잡지 못한 루스벨트 대통령을 위해 보좌관들이 새끼 곰을 산 채로 잡아 주고 사냥한 것처럼 총을 쏘라고 하였지만 대통령이 거절하였다는 일화가 테디 베어 인형을 만들게 한 유래가 되었다고 한다. 최초로 상품화한 사람은 미국의 모리스 미첨과 독일의 리카르드 슈타이프인데, 이들이 세운 슈타이프사(社)는 현재 세계 최고의 봉제인형 제조회사가 되었다. 한 사람의 따뜻한 마음이 전 세계 어린이를 포근한 동심으로 이끌었다.

루스벨트 대통령은 백악관 재직 시에도 일하는 하급 직원들의 이름을 친근하게 불러 관심을 표명한 것으로 유명한데, 자신의 마음이 담긴 따뜻한 한마디는 돈 들이지 않고 자신을 돋보이게 하는 최고의 대인관계의 방법이 아닐까. 곰인형은 유사할 수 있다. 그런데 스토리가 있는 테디 베어는 특별한 것이다. 루스벨트는 배려의 마음을 '스토리액팅'했기에 자신의 브랜드가 배려와 따뜻함이라는 이미지로 남을 수 있게 했다. 당신은 어떤 곰인형을 스토리액팅하고 있는가.

♨ 적절한 '스몰 토크(Small talk)'는 관계의 윤활유

가끔 고층빌딩 엘리베이터 안에서 지인을 만나는 경우가 있다. 어떤 경우는 둘만의 침묵이 1분가량 지속될 수 있다. 이때 그 사람의 관심사를 포함해 가벼운 대화를 이끌어갈 수 있다면 친밀도는 증가한다.

관계는 거창한 이슈를 통해 접근하기보다 때로는 사소하고 작은 일상의 문제에서 출발하는 경우가 많다. 또한 어려운 상하관계에도 공통의 취미나 관심사가 있다면 심각한 문제를 푸는 데도 부드러운 대화를 이끌어 갈 수 있다.

기업체에서 일상처럼 있는 회의 시간에도 참석자가 다 모이기까지는 1~2분의 시차가 생긴다. 이때 회의 분위기를 가볍게 하는 것은 가벼운 농담이다. 대중교통편을 기다리다 우연히 마주쳤을 때에도 침묵을 대신할 짧은 대화의 시간은 주어질 수 있다.

인간관계를 형성하는 데 있어서 이런 대화는 상당히 중요한 역할을 한다. 펀(fun) 경영전도사로 잘 알려진 진수 테리는 미국에 간 한국인이 'Wow', 'You're right', 'Amazing' 같은 긍정의 감탄사나 'Tell me more'와 같은 경청의 사인만 할 수 있어도 충분히 우호적인 관계를 지닌 친구를 사귈 수 있다고 한다. 기업체에서 사장을 보필하는 사람도 우연히 마주친 사장에게 넥타이가 잘 어울린다고 한마디 한다면 얼굴을 찡그리는 CEO는 없을 것이다.

그 사람의 권위에 주눅 들기보다 스몰 토크(Small talk) 한마디로 친밀하게 다가갈 수 있다면 그 사람과의 관계도 부드러워질 것이다. 필자는 가끔 지인들의 칼럼을 신문지면에서 읽고 나서 즉시 칼럼 잘 읽었다는 인사나 그 내용에 의견을 보내곤 한다. 그러면 대개 졸필에 대한 과찬이라거나 어떤 반응을 보내온다. 그 사람에 대해 애정과 관심을 가지고 지켜보는 것을 누가 싫어하겠는가.

권위로 치면 대한민국에서 첫째 갈 수 있는 대통령들도 스몰 토크를 통해 경직된 분위기를 풀고 생산적인 대화를 이끌어낸 경우가 많다고 한다. 노무현 전 대통령은 참모들과 스스럼없이 맞담배를 피우며 딱딱한 분위기를 없애려 했다. 미국의 오바마 전 대통령도 참모들이 부동자세로 자신의 메세지를 받아 적는 회의보다 마치 친구들과 대화하듯 자연스런 스몰 토크를 즐기는 모습이 외신을 타고 자주 보도됐다. 정치를 잘하고 못하고를 떠나서 '불통' 이미지를 해소하는 대통령의 모습도 스몰 토크로 형성할 수 있을 듯하다.

어떤 조직이건 왕성한 스몰 토크가 있는 그래서 권위는 있지만, 권위주의의 엄숙함과 무거움은 없는 조직이 생산성이 높을 것이다. 물론 개인 대 개인의 관계에서도 마찬가지일 것이다. 스몰 토크로 관계를 부드럽게 다진다면, 아마 빅 토크(Big talk)도 좀 더 쉬워질 것이다.
눈치 보기에 급급하고 생산성 있는 대화를 어렵게 만드는 무거운 조직을 원하지 않는다면, 스몰 토크에 관심을 가지자.

물론 스몰 토크를 위해서는 상대방에 대한 관심이 우선이다. 평소에 그 사람의 특성을 정확히 파악하지 못하고 있다면, 상대방을 불편하게 할 수 있는 스몰 토크는 하지 않느니만 못할 수도 있다. 독신자이거나 이혼의 아픔을 겪고 있는 사람에게 가족 이야기가 불편할 수 있는 것도 그런 이유일 것이다. 리더라면 권위주의의 갑옷을 벗는 유연함이, 참모라면 스몰 토크의 팁을 부단히 준비하는 치밀함이 있는 조직은 스몰 토크가 활발해질 것이다. 그렇다면 그 조직은 이미 소통에서 상당 부분 앞서가는 조직이다.

자신의 시나리오를 '스토리액팅'으로 실현하고자 의욕이 앞서서 바로 본론으로 들어가 거부감을 느끼게 하기보다 스몰 토크를 통해 분위기를 누그러뜨리는 것이 대화에서 의견을 부드럽게 개진하는 계기가 될 수 있음을 기억하자. 유머 또한 상대방의 단단한 갑옷을 벗기는 지름길의 하나일 수 있다. 상대방이 외국인이면 그 나라 인사말을 간단하게나마 건네는 것도 좋은 스몰 토크가 될 수 있다.

나의 농담은 진실을 말하는 것이다. 그것이야말로 이 세상에서 가장 웃기는 농담이기 때문이다.

- 버나드 쇼

♣ 절제된 유머의 힘

유머의 힘은 정색을 한 직설화법이 하지 못하는 것을 해낼 수 있다. 즉흥적인 애드리브가 약한 사람도 한두 마디 재치 있는 농담은 준비해서 다니면서 적시타를 칠 수 있다면 상대방에게 딱딱한 사무적인 인물이라는 인상을 희석시킬 수 있다. 유머는 곧 그 업무에 대한 자신감이나 여유를 엿볼 수 있게 하기에 신뢰로 연결될 수도 있다. 그러나 어릿광대 수준으로 유머의 양을 늘리면 신뢰도를 떨어뜨릴 수도 있으니 유머 역시 중용의 도를 지킬 때 그 사람의 멋을 더할 수 있다.

유머는 때로 성격적인 결함이나 작은 실수를 너그럽게 보게 만들수 있게 하는 좋은 수단이지만, 장난이 심하다는 인상을 줄 정도로 선을 넘지 않는 범위에서 자신의 감정에 따른 오버 액션이 아닌 상대의 기분을 살피는 세심함에서 구사할 때 그 사람의 품격을 높일 수 있다.

유머로 상대방을 무장해제시킨 후 자신이 준비한 본론으로 돌입할 때 스토리는 더욱 쉽게 액팅된다. 어떤 자리에서 꿀 먹은 벙어리가 되지 않기 위해서라도 분위기에 맞는 조크 한두 개는 마음속에 담아가자. 상대방을 웃기는 것은 다음 문제다. 즐겁게 해주려는 마음만 읽힌다면 이미 상대는 마음의 문을 열 것이다. 자신의 스토리는 그다음에 액팅해도 늦지 않다.

원하는 사람을 얻으려면 꼬셔야 한다. 꼬시려면 그를 잘 알아야 한다. 그를 잘 알려면 그를 사랑해야 한다.

- Hugh. M. Hefner(『플레이보이』지 창업주)

♟ 말로 상처 주지 말자. 잊힐 권리를 찾기 전에

바둑을 두고 나서는 서로 복기하면서 패착을 점검하고 다음에는 더 좋은 대국을 기약하는 일이 가능하다. 그러나 인간관계에서의 말실수는 일수불퇴인 경우가 많아 각별히 조심해야 한다. 특히, 정치인이나 유명인들은 자신의 말 한마디가 일파만파로 변해 상처를 받거나 줌으로써 인생의 오점으로 남아 재기불능의 상태로 빠지는 경우도 쉽사리 볼 수 있다.

중국 당나라 말부터 무려 다섯 왕조를 거치면서 재상을 지낸 풍도는 지조가 없는 정치인이라는 비판을 받기도 한다. 이에 대해 풍도는 자신은 황제를 섬긴 것이 아니라 나라를 섬겼을 뿐이니 자신이 비난받을 이유는 없다고 했다. 정치인으로서 풍도의 가장 뛰어난 점은 말을 함부로 하지 않았다는 것이다. 그는 "입은 재앙의 문이고 혀는 몸을 베는 칼"이라고 함으로써 말을 아낄 것을 강조한다. 인터넷이 보편화된 세상이기에 특정 유명인의 과거발언은 금세 검색이 되고 설사 실언에 대한 값비싼 기회비용을 치렀다고 하더라도 계속적으로 이미지에 타격을 주는 것이 현실이다.

특히, 다양한 SNS를 통한 부지불식간의 많은 발언들이 통제 불능의 상태로 인터넷 공간을 떠돌기도 한다. 그래서 어떤 학자는 인간은 "잊힐 권리"도 있기에 이를 인터넷에서 말소하지는 못하더라도 과거의 잘못된 발언의 굴레에서 빠져나올 길을 찾아서 과거 발언의 굴레에 갇힌 사람의 권익을 보호해야 한다고 하기도 한다. 관계의 출발이라고 할 수 있는 우리의 말은 어떤 부메랑이 될지 모르기에 항상 조심해도 지나침이 없다.

♣ 장사는 손님에게 호감을 파는 것

도시에서의 삶은 지독한 은둔생활을 하는 사람이 아니라면 거의 매일 특정한 음식점이나 상점 이용을 거를 수 없게 만든다. 직장에 다니는 사람이라면 대개 단골 음식점이 있기 마련이다. 맛이나 가격 외에 주인과의 유대가 중요한 변수가 된다. 마음을 열고 손님을 대할 때 손님은 주인에게 호감을 가질 것이고 그것은 곧 매출로 연결될 것이다. 세계 각국의 전통시장이나 가게를 돌아다닌 경험을 기반으로 전통시장을 살리겠다고 나선 이랑주 씨는 핀란드 헬싱키에서의 경험을 잊지 못한다. 그녀가 헬싱키의 한 카페를 방문해서 커피를 시키고 나서 리필을 위해 웃돈을 준비해 카운터로 갔는데, 주인은 리필해주면서 돈을 더 받는 것이 아니라 그녀의 손에 50센트를 오히려 쥐어주었다고 한다.

주인의 대답은 "우리 가게 커피를 맛있게 마셔주셔서 너무 감사합니다"라는 말이었다. 커피의 맛보다 더 진한 주인의 마음은 그녀가 마음을 파는 가게를 찾아다니게 한 동기가 되었다고 한다.[54] 나도 단골이 된 몇몇 가게에 가는 이유가 주인들의 따뜻한 마음이 읽히기 때문인 경우가 많다. 사람의 호감을 얻는 것은 때로 단기적으로 손해를 감수하더라도 꾸준하게 그 사람과의 관계를 만드는 거대한 에너지가 될 수 있다. 호감은 결국 가슴으로 장사를 할 때 따라오는 보너스가 아닐까. 『열혈장사꾼』의 저자 박인권도 "가격으로 주목하게 하는 것은 3류 상인이고, 가치로 주목하게 하는 것은 2류 상인이며, 가슴으로 주목하게 하는 것은 1류 상인이다"라고 했다.

내가 자주 가는 한 음식점 사장은 자신의 장사원칙을 소개하면서 손님의 미각도 좋지만 건강도 같이 생각한다면서 화학조미료 사용을 자제하고 있다고 한다. 처음에는 특유의 감칠맛을 쉽게 내려는 주방장과 다툼도 있었지만, 결국은 손님들이 자신의 진정성을 이해해주고 성심껏 서비스를 하니까 단골손님이 하나씩 늘어서 장사가 잘된다고 한다. 긴 호흡으로 손님의 건강을 생각하는 음식점 사장의 진심은 나를 포함한 손님들에게 결국 통한 것이다.

4. 스킨십에 소홀하지 말자

♣ 중요한 상의는 만나서 하자

전화를 포함한 기계 매체는 의사전달에 한계가 있다. 미국의 사회학자 다니엘 본은 "챌린저호 폭발사고에 대한 보고서를 보면 그것이 인간의 커뮤니케이션 미스에 의한 인재(人災)일 개연성이 높다는 것을 알 수 있다"고 했다. 1986년에 우주왕복선 챌린저호는 발사된 뒤 73초 만에 공중 폭발해 승무원 전원이 몰사했다. 이 비극의 원인은 발사하루 전에 있었던 원격 화상회의가 원인이라는 분석이 있다.[55] 케네디 우주센터와 마셜우주센터, 발사 현장을 삼원으로 연결한 화상회의에서 발사가 확정됐다. 당시 현장에 있었던 고무패킹 제조업체의 엔지니어들은 날씨가 추워 O-링(접합용 고무패킹)에 문제가 있다고 했다.

챌린저호는 이 O-링에 이상이 생기면서 고열의 불꽃이 누출되어 폭발한 것으로 밝혀졌는데, 당시 화상회의 상황에서는 엔지니어들의 우려가 지휘부에 명확하게 전달되지 못했다고 다이앤 본은 판단하고 있다. 화상회의 상황에서 엔지니어들의 불편한 심정이 다양한 표정이나 몸짓과 같은 논 버벌 커뮤니케이션(non verbal communication)에 의해 전달되지 않았던 것이다. 나사도 이를 간접적으로 인정했음인지 이후에 중요한 회의는 반드시 현장에 같이 모여서 한다고 한다. 중요한 의제는 일단 만나서 상의하고 회의하는 것이 더욱 인간관계의 신뢰도를 높이고 커뮤니케이션 실수를 줄이는 방법이 될 수 있다.

너와 함께 시간을 보내려고 애쓰지 않는 사람에게 시간을 허비하지 마라.

- 가브리엘 마르케스(콜롬비아 작가)

♧ 만남으로 관계를 완성하라

"우리 지금 만나, 당장 만나, 휴대전화 너머로 짓고 있을 너의 표정을 나는 몰라." 인디밴드 '장기하와 얼굴들'이 부른 <우리 지금 만나>라는 곡의 노랫말이다.

휴대폰 문자메시지와 같은 표정 없는 대화에 점점 익숙해가는 삶의 모습을 돌아보게 된다. 가끔은 직접 만나서 안부도 전하고 서로의 감정을 확인하는 것이 인간관계를 완성하는 것임에는 예나 지금이나 변함이 없다.

오랜 무명 시절을 거쳐 다양한 TV 프로그램과 영화에서 활약하고 있는 배우 성동일은 자신이 긴 무명 시절을 이기고 인정받는 배우가 된 데 대해 "사람이다. 후배들에게 사람을 많이 만나라. 그 속에 돈벌이가 있다고 말한다. 성공한 사람도 거지도 만나야 한다. 나는 술을 좋아하는데, 술값은 언제나 내가 낸다. 다만 부담 없이 막걸리로. 사람과 길은 왕래가 없으면 지워진다. 좋은 사람이 있으면 먼저 찾아야 한다. 나보다 잘난 사람이 시간을 내서 나를 찾아오겠는가?"[56]라고 말한다.

명절이나 새해 인사를 대량발송의 문자메시지로 받았을 때 우리의 기분이 썩 좋지가 않은 것은 그 무성의함 때문일지도 모른다. 정성을 들인 맞춤형 인사가 아닌 형식적인 몇 마디는 감동보다는 가끔은 짜증을 불러일으킬 때도 있다. 지하철을 이용할 때 보면 승객들이 스마트폰에서 시선을 떼지 않는 경우를 많이 보게 된다. 지하철 풍경을 스케치한 SNS 메시지가 인상 깊다.

> "한강입니다. 한강을 지날 때만큼은 스마트폰을 잠시 내려두고 창밖을 보는 게 어떨까요? 오래된 친구를 볼 수도 있고 이상형을 만날 수도 있습니다. 삶은 우연에서 시작하는 것 아닐까요?" 퇴근길, 한강을 지나는 지하철에서 흘러나온 기관사의 안내방송 멘트다. 방송이 나오자 열차에 타고 있던 사람들이 일제히 고개를 드는 진풍경이 연출됐고, 승객들이 서로를 보며 웃기까지 했다고 한다.

한 네티즌이 자신의 트위터에 올려 1,000여 회 리트윗이 되며 화제가 됐던 이야기다. 이 이야기를 들으며 우리는 관계의 단절에 대한 위기의식이나 현대인의 소통방식에 대해 다시 생각하게 되었다. 가정에서는 많은 시간을 휴대폰을 만지작거리는 자녀들을 나무라기에 지친 부모들의 하소연을 쉽게 들을 수 있다.

명절에는 온 식구들이 모여도 저마다의 스마트폰에 고개를 숙이고 말 한마디 하지 않는 극단적인 조용한 가족도 남의 얘기만은 아닌 것이 현실이다. 시대에 따라 소통의 방식이 진화를 해왔어도 두 눈을 똑바로 응시하면서 그 사람의 진심을 읽어야 하는 것은 변하지 않는 인간관계의 기본이기에 이제 휴대폰을 내려놓고 상대의 눈을 바라보자.

고개를 숙이고 스마트폰에 몰입한 자세가 다른 소중한 것에 대한 '묵념'을 의미하지는 않는지 살펴볼 일이다.

> 말없이 건네주고 달아난 차가운 손 가슴속 울려주는 눈물 젖은 편지 하얀 종이 위에 곱게 써 내려간 너의 진실 알아내곤 난 그만 울어 버렸네

1970~1980년대에 히트한 어니언스가 부른 "편지"의 노랫말이다. 노랫말에서도 시대 변화상을 읽을 수 있다. 하얀 종이에 고운 글씨로 써 내려간 사연을 설레는 마음으로 펼쳐본 추억은 이제 구세대의 유물 정도가 되는 듯하다. 종이 위에 편지를 쓰고 우표를 붙여 우체통에 넣는 건 적어도 휴대전화 메시지 엔터키를 누르는 감정과는 달랐을 것이다. 이메일이나 의사전달수단이 제한적인 시절에는 편지나 엽서는 인간의 따뜻한 체온을 전하는 유용한 소통수단이었고, 남녀 간의 교제에 있어서도 중요한 매개체가 되곤 했다.

메시지 전달의 형식에 따라 같은 내용이라도 상대방의 반응은 판이하게 다를 수 있다. 대리인을 통해서 전하거나 직접 전화를 하거나 공개로 하거나 비공개로 하거나 같은 내용이라도 그 진정성이나 메시지의 무게감에서 엄청난 차이가 난다. 관계의 깊이와 넓이를 다르게 만드는 소통수단에 대해 고민할 필요가 있다.

마셜 매클루언은 1964년 자신의 저서 『미디어의 이해』에서 대중음악과 TV에서부터 주요 회사들까지 다양한 형태의 대중매체 이용에 대해 기술하고 '미디어는 메시지(medium is message)'라는 유명한 말을 남겼다. 오늘날 인간의 관계는 미디어를 빼놓고 논할 수 없을 정도로

미디어의 홍수 속에서 우리는 살고 있다. 인간관계의 시작과 끝도 대개는 미디어의 매개가 작용한다. 차가운 이별의 휴대폰 문자메시지도 있을 수 있고, 인터넷을 통한 뜨거운 연애편지도 있다. 메시지의 오남용은 자칫 인간관계를 황폐하게 할 수도 있다. 올드 미디어와 뉴미디어를 적절히 혼합해서 사용하되 인간의 향기를 불어넣는 방법을 모른다면 인간관계는 어려워질 것이다.

♣ 만나기 어려운 사람은 있어도 못 만날 사람은 없다

미국의 보험업계에서 판매왕으로 유명했던 폴 마이어는 처음 보험영업을 시작했을 때, 부자들에게 영업을 위해 고급승용차의 번호판을 메모하고 그 주소를 파악해 만나서 계약을 성사시키기도 했다. 그런 마이어가 꼭 만나고 싶은 거부(巨富) 한 명이 만남을 계속 거부하자 편지 한 통을 썼다고 한다. 그 내용은 이렇다. "사장님, 저는 날마다 하나님도 만나는데 어째서 사장님은 한 번도 만날 수가 없나요? 사장님이 하늘에 계신 하나님보다 높다는 말씀이신가요?" 이 편지에 감동받은 사장은 그에게 큰 액수의 보험을 계약했고, 자신의 지인들을 소개시켜 줘서 마이어가 승승장구하는 계기를 만들었다.

세상에 신(神)도 만나는데 못 만날 인간이 어디 있단 말인가. 나도 개인적인 학연이나 지연만 찾아서 만나기보다 정말 그 사람의 인품에 반해서 만나는 몇몇 분이 있는데 이런 분들을 만난 계기도 거의 우연에 가깝다. 나는 보험영업을 하는 사람은 아니지만, 그분들에게 자신을 소개하고 이런 이유로 존경한다고 하면 자신에 대한 관심에 싫어하는 사람을 보지 못했다. 그리고 후에 다시 만날 때 이런저런 화제로 얘기를 나누다 보면 어느새 그분과 교감하는 부분이 생기게 되었다. "저 사람은 분명 바빠서 나같이 어리고 사회적 지위도 저 사람에 비해 낮은 사람과 만나주지 않을 거야"라는 식의 선입관의 커튼을 걷어내면, 사람은 누구나 만나서 좋은 관계를 맺을 수가 있다.

무조건 만난다고 일이 성사되는 것은 아닐 것이다. 자신의 진정성이 전달되지 않는다면 안 만나는 것보다 못할 수도 있다. 미국의 전설적인 자동차 판매왕 조 지라드는 인간은 교제범위가 보통 250명 정도 된다는 '250명의 법칙'을 주장했다. 그에 따르면 한 사람이 가진 250명의 인간관계가 관계의 관계로 연결되므로 한 사람에게 성심껏 자동차를 판매하면 다른 사람이 소개시켜 줘서 좋은 결과를 낳는다는 것이다. 물론 비호감의 경우도 같은 유사한 방식으로 전파될 것이다. 250을 네 번 곱하면 39억여 명에 이른다. 그러므로 지라드의 주장에 따르면 산술적으로 인간관계는 네 단계만 거치면 40억 명의 네트워크 구축이 가능하다고 할 수 있다.

소셜 네트워크 서비스가 활성화된 시대이므로 특정한 서비스에 가입만 하면 웬만한 인연이 닿은 사람은 어렵지 않게 찾을 수 있다. 몇 단계만 거치면 수소문이 가능한 인간관계. 좋은 이미지가 전달되려면 지금 만나는 한 사람의 무한 파급력을 두려워하고 그 사람에게 최선을 다하려고 노력하는 자세가 필요하다. 클린턴 대통령을 인터뷰한 한 기자는 "그는 마치 인터뷰 시간 20분 동안에는 내가 그가 아는 사람의 전부인 양 인터뷰에 응하더라"고 하며 자신에 집중하는 태도에 높은 점수를 준 적이 있다. 지금 만나는 사람에게 최선을 다하는 것이 곧 최상의 네트워크를 구축하는 것은 아닐까. 이탈리아의 작가이자 전설적인 바람둥이의 대명사가 된 카사노바는 『불멸의 유혹』이라는 자서전에서 여성이 자신을 사랑하도록 만드는 법에 대해 이렇게 쓰고 있다.

> 여성은 자신이 매우 사랑받고 있으며 매우 소중한 존재라는 사실을 일깨워주는 사람과 사랑에 빠진다. 따라서 여성을 진심으로 사랑하고, 그 여성이 얼마나 아름다운 존재인지 일깨워주고, 그 여성을 소중하게 대해주기만 하면 모든 여성으로부터 사랑받을 수 있다.

새에게는 둥지가, 거미에게는 거미줄이, 인간에게는
친구가 필요하다.

– 윌리엄 브레이크

5. 가까운 사람부터 챙기자

가까운 사람끼리 더욱 조심하고 편한 사이일수록 최소한의 금도(襟度)를 지킨다는 생각도 필요하다. 나중에 '우리끼리인데' 하면서 웃는 낯으로 사정해도 이미 돌이킬 수 없을 때가 있다. 가족은 인생의 동반자이지만 소홀히 대하기 쉽다. 항상 나를 지지해줄 것만 같다가도 남보다 싸늘해지는 것이 가족이다.

나경일 씨는 고등학교 3학년 딸에게 보낸 301통의 편지로 딸과 소통하려고 했다. 아빠가 평소에 느낀 점을 딸에게 용기가 될 만한 문구와 함께 편지로 쓴 것이 한 권의 책으로 나왔다. 대학생이 된 고3 딸도 아빠의 정성이 큰 용기가 되었음을 고백한다. 딸과의 편지를 『아빠는 있다』라는 책으로 낸 나경일 씨는 자녀에게 편지를 쓸 때의 몇 가지 팁을 제시하고 있다.

첫째는, 내용보다도 빈도가 중요하다. 거창한 내용을 길게 쓰려면 스스로도 부담이 되니 짧더라도 자주 쓰라고 권한다. 아빠가 관심을 두고 있다는 메시지가 중요하다고 한다. 둘째, 목표 편지 수를 정하라. 꾸준함을 위한 목표가 필요하다는 것이다. 셋째는, 오랫동안 쓰려면 일정한 기획이 필요하다. '어린 시절', '아빠의 회사일' 같은 테마를 정해 써보면 아빠도 인생의 가치를 성찰하게 되는 것이다. 넷째, 잔소리조차도 편지로 하면 말로 하는 것과 다른 효과가 있다. 다섯째, 답장을 생각지 마라. 부모의 마음을 100% 전달할 수는 없으니 50%만 전달되어도 된다는 생각으로 반응이 없어도 실망하지 말고 쓰라고 한다. 마지막으로는 편지를 소중히 보관하면 가족의 역사가 될 수 있다는 것이다.

메시지의 내용 못지않게 전달수단이 중요한 것은 커뮤니케이션의 기본 중의 기본이다. 손수 정성들여 쓴 편지의 효과는 시대가 바뀌어도 사람을 감동시키는 힘이 있는 것이다. 휴대폰으로 메시지를 전달하는 것이 일상화된 지금, 진솔한 대화와 편지가 우리의 감성을 울리는 데 더 요긴한 도구는 아닌지 생각할 일이다. 정성이란 감미료가 없는 편리하고 건조한 전달이 가져다주기 힘든 감동이라는 울림을 주변 사람들에게 편지를 써보면서 선물하면 어떨까.

스토리를 텔링하는 것만으로 부족하다. 그 사람의 마음을 흔들 수 있도록 액팅하기 위해서는 진정성을 담은 내용 못지않게 그것을 전달하는 방식과 시점이 중요하다. 스토리가 액팅이 되어서 상대방에게 도달할 수 있도록 정성을 쏟아야만 감동이란 답장을 받을 수 있다.

♣ 내가 가깝게 느낀다고 항상 나의 편은 아니다

지금의 한국사회를 부계(父系)사회에서 모계(母系)사회로 바뀌어간다고 하거나 지금을 신모계사회(新母系社會)라고 봐야 한다고 주장하는 이도 있다. 여성의 권익신장과 함께 맞벌이 부부가 많이 늘어난 탓도 있을 것이다. 한국사회는 유교적인 가부장사회로 남성 중심, 장자상속의 문화로 상징되곤 한다. 그런데 고려시대는 사실 남자가 대부분 처가살이를 했으며, 재산분배에서도 아들과 딸에 대한 차별이 없었다. 그러다가 조선시대에는 주자학의 영향 등으로 남성 지배사회가 되고 장자상속이나 아들 중심의 문화가 상당기간 고착화되어 오늘에 이른

것이다. 한국의 유교화 과정에 대한 저서『한국의 유교화 과정』을 펴
낸 미르티나 도이힐러 영국 런던대 명예교수는 한국의 400년 부계사
회는 곧 끝나고 양계사회(兩系社會)가 될 것이라고 전망하고 있다.

한 식구이지만 남보다 더 어려운 경우도 있을 정도로 가정은 때로
식구들 간에 화해와 반목이 공존하지만 우리에게 행복을 주는 원천이
기도 하다.

몽테뉴는 "식구를 다스리는 것은 온 왕국을 다스리는 것보다 근심
이 덜하지 않다"고 했고, "가정생활이라는 어둡고 어려운 세계에서는
가장 위대한 자도 실패할 수 있고, 가장 미천한 자도 성공할 수 있다"
고 미국의 작가 랜든 자넬은 말했다. 노벨평화상을 수상한 바 있는 데
스몬드 투투 주교는 "식구는 선택할 수 없지만, 신이 내린 선물"이라
고 했고, 미국의 코미디언 조지 번스는 "행복이란 다른 도시에 서로
사랑하고 돌보는 끈끈한 가족을 두는 것"이라고 한 바 있다.

가족은 고단한 사회생활의 아픔을 같이 나누는 안식처에서 한 식구
로 지내는 소중한 존재다. 가족의 마음을 먼저 얻는 것이 건강한 생활
의 출발이 될 것이다.

작가 유진 오닐은 그의 작품『밤으로의 긴 여로』를 12주년 결혼기
념일에 아내에게 주는 헌사라고 했다. 아내의 사랑에 감사하는 마음을
담은 자전적 작품이다. 오닐의 가족사는 아들의 자살, 오닐의 딸은 오
닐 자신보다 한 살 어린 찰리 채플린과 오닐의 반대를 무릅 쓰고 결혼
하는 등 일그러져 있었다. 온전히 아내에게 몸을 의탁한 오닐의 이야

기는 지금도 가족의 의미를 되새기는 데 유효하다. 가족은 서로가 남남이 될 정도로 상처를 주고받을 수도 있지만 어려울 때는 누구보다 가장 든든한 후원자이기도 하다.

　가족의 유대는 사회생활에도 보이지 않는 위안과 에너지를 주는 큰 힘이 되고 행복을 찾는 길목에서도 가장 쉽게 발견되는 것이 아닌가 한다. 김현동 씨가 쓴 '일곱 살 편지'[57]는 읽는 이의 심금을 울리고 가족의 의미를 생각하게 한다.

보고 싶은 엄마에게

엄마 지난주에 우리 유치원에서 재롱잔치 했어.
근데 난 엄마가 없어서 가지 않았어.
아빠한테 말하면 엄마 생각날까 봐 말하지 않았어.
아빠가 날 막 찾는 소리에 그냥 혼자서 재미있게 노는 척했어.
그래서 아빠가 날 마구 때렸는데 얘기하면 아빠가 울까 봐
절대로 얘기 안 했어.
나 매일 아빠가 엄마 생각하면서 우는 것 봤어.
근데 나는 이제 엄마 생각 안 나.
아니 엄마 얼굴이 기억이 난 나.
보고 싶은 사람 사진을 가슴에 품고 자면 그 사람이 꿈에
나타난다고 아빠가 그랬어.
그러니깐 엄마 내 꿈에 한 번만 나타나.
그렇게 해줄 수 있지. 약속해야 돼.

혁수야, 아빠야

우리 혁수한테 정말 미안하구나.
아빠는 그런 것도 하나도 모르고.
엄마의 빈자리 아빠가 다 채워줄 수는 없는 거니?
남자끼린 통한다고 하잖아.
혁수야, 너 요즘에도 엄마한테 편지 쓰지.
아빠 너 하늘로 편지 보내는 거 많이 봤다.
엄마가 하늘에서 그 편지 받으면 즐거워하고
때론 슬퍼서 울기도 하겠지.
혁수야, 넌 사랑받기 위해 태어났어.
그걸 잊지 마.
아빠가 널 때린다고 엄마가 혁수를 놔두고 갔다고 섭섭해하지 마
알겠지?
사랑한다.
세상에 하나밖에 없는 나의 아들

6. 가끔은 고독과 친구가 되자

인간의 모든 불행은 한 가지,
고요한 방 안에 들어앉아 휴식할 줄 모르는 것이다.

- 파스칼

고독하다는 것은 그 사회보다 앞서 간다는 의미다.

- 에머슨

♣ '생산적인 고독'을 위해

사회적 동물인 인간에게 사회와 격리시켜 고독이라는 형벌을 내리고 자신의 죄를 반성하게 하는 것이 감옥의 모습이다. 이처럼 고독은 외로움과 연결되고 사람들과의 유대가 차단되어 행복과는 거리가 먼 상태가 될 수 있다. 그러나 고독은 자신을 돌아보는 소중한 시간이 되고 나아가 창조의 동력을 얻는 계기로 작용할 수도 있다. 비록 자신이 의도한 생활은 아닐지라도 유배생활 동안 수많은 저서를 남긴 정약용은 고독을 창조로 승화한 대학자로 기억해둘 만하다.

『변신』의 카프카는 "방을 나설 필요는 없다. 그냥 책상 앞에 앉아 귀를 기울여보라. 귀를 기울일 필요도 없이 그냥 기다려라. 아니 기다릴 필요도 없이, 그저 조용히 고독해져라. 세계가 가면을 벗고 그대 앞에 자유로이 모습을 드러낼 것이다"라는 말로 고독을 예찬한 바 있다.

카프카의 장편 『아메리카』는 미국을 방문하지 않고 쓴 소설이지만, 생생한 묘사가 놀라울 정도다. 고독에 침잠한 채 무한 상상력을 발휘한 게 아닌가 한다.

만유인력의 법칙으로 물리학의 신기원을 이룬 뉴턴(1642~1727)은 다른 사람과 접촉을 끊은 극도의 은둔자적인 생활을 했으며, 명성을 대수롭지 않게 생각한 사람이었다. 고독이 만들어낸 성과가 역사에 남을 만한 유산이 된 사례는 무수히 많다. 일상에 헐떡이면서 시간의 노예로 하루하루를 보내는 현대인들에게 시간의 수레바퀴에서 복잡한 인간 관계망에서 탈출해 고독 속에 침잠하는 시간을 권해본다. 역사상의 위대한 발견이 그러하듯 위대한 발전의 모티브는 개인의 고독 속에서 잉태되는 경우가 많기 때문이다. 때로는 관계의 북적거림 속에서 해방되어 자신을 돌아보자.

블라인드가 쳐진 공부방에서 가만히 있으면 섬광처럼 떠오르는 아이디어들이 있을 것이다. 작가 한상복은 "지금 외롭다면 잘하고 있는 거"라고 한다. 법정 스님의 가슴을 울리는 수필 문구도 송광사 불일암이나 강원도 오두막의 적막 속에서 탄생한 것이 아닌가. 다산 정약용은 40세에서 58세까지 무려 18년의 유배기간에 500여 권의 저서를 썼다. 남의 책을 읽은 것이 아니라 직접 썼다. 그것도 『목민심서』를 비롯해 수백 년이 지난 오늘날 후세 사람들이 읽어도 가슴에 닿을 수 있는 노작들이 대부분이다. 다산은 많은 선대의 지식을 독창적으로 흡수해 재창조하는 뛰어난 재주를 지닌 사람이기에 앞서, 자신의 고독을 창조의 에너지로 승화한 경우라 할 수 있다.

이렇게 고독을 즐기거나 창조나 자기 수련을 위한 에너지로 만드는 힘은 결국 자신에 대한 무한 신뢰에서 비롯된다. 자신을 믿지 못한다면 아무것도 할 수 없을 것이다. 타인과의 관계 속에서 많은 일들을 하는 것이 사회생활이지만 그 원동력은 타인에게 자신을 신뢰할 수 있는 사람이라는 믿음을 주는 것이다. 그런데 자신도 스스로를 믿지 못하는데 타인들이 어떻게 자신을 믿고 따를 수 있을까. 타인에게 배려하고 양보하고 관심을 가지며 온갖 정성을 쏟지만 정작 자신에게는 소홀하다면 안 될 것이다. 아무리 못나고 무능해 보여도 한 사람의 가치는 분명히 있는 법이다.

한국의 스티븐 호킹이라 불리는 서울대 이상묵 교수도 지질탐사를 위해 미국 캘리포니아에서 답사를 하던 중 차량이 전복되고 전신이 마비되는 절망적인 상황을 맞이했다. 그 상황에서도 그는 "이런 몸으로 뭘 하겠어"라는 자포자기의 마음 대신에 반드시 강단에 다시 선다는 마음으로 의지를 가다듬어 강단에 섰다. 그의 눈의 동공으로 컴퓨터를 움직이면서 남들보다 몇 배의 노력을 들인 강의 자체는 아마 학생들에게 살아있는 인성교육은 아닐까 한다. 그도 자포자기의 심정으로 실의의 나날을 보냈지만, 그의 아버지가 쉬쉬하면서 숨기다가 병실을 방문해서 그날 사고로 여학생 제자 한 명이 죽었다고 알려주면서 "네가 그 제자의 몫까지 두 배로 열심히 살아라"라고 한 말이 새로운 의지를 불어넣었다고 한다.

이상묵 교수는 제자에 대한 추모의 마음을 품은 채 불편한 몸으로 휠체어에 의지해 미 대륙을 횡단하는 어려운 도전을 감행해 성공했고, 다음에는 인도양 탐사에 도전할 계획이라고 한다. 아무리 어려운 현실이라도 자신을 믿는다면 소생할 한줄기 가능성은 있을 것이다. 이제 스스로 자신과의 관계를 돌아보자. 박수부대로 남들의 성공담에 환호하지만, 자신에게는 냉소의 시선을 보내지는 않았는지 돌아보자.

♣ 종교는 절대자와의 관계

절대자에 의탁하고 대화할 수 있다는 것은 인생을 건강하게 만들 수 있다. 필자는 아직 특정한 종교 신자는 아니다. 그러나 종교가 가지는 긍정적 기능에는 공감하는 편이다. 신체 면역력에서 있어서 종교를 가진 사람은 가지지 않은 사람에 비해 면역력 저하를 나타내는 단백질(인터로이킨-6)이 절반 수준이며, 고혈압에 걸릴 확률은 40%, 심장병 발병률도 20%가 비종교인에 비해 낮은 것으로 나타났다.[58] 그렇다면 종교가 사람들의 행복을 증가시킬 수도 있을 것이다.

행복연구가 에드 디에너(E. Diener) 박사는 종교와 행복에 관해 여러 국가를 비교 연구한 결과 사회복지가 취약한 저개발 국가에서 종교가 행복을 증진시키는 효과가 있다는 결과를 보인 반면, 사회복지가 잘 갖춰져 있으며 빈부격차가 심하지 않은 스웨덴과 같은 서구 선진국에서는 종교와 행복의 관계가 거의 없음을 보여주었다. 이는 종교가 집단적인 의식을 통해 공동체에 정신적·물질적 상호부조의 효과를 주는 데 있다고 볼 수 있다. 실제로 종교인구도 서구 선진국에서는 다소 줄어드는가 하면, 저개발 국가에서는 늘어나고 있다고 한다.

특정 종교의 교리 자체보다도 서로 공감하고 위로받을 수 있는 따뜻한 공동체에 대한 그리움이 종교 그 자체보다 더 필요한지도 모른다. 한국교회는 대형화를 위해 높은 성전을 쌓는 데 골몰하고 있고, 불교도 세속화된 모습으로 실망을 안겨줄 때가 많다. 신자(信者)들과 더불어 살기보다 성직자들이 그들만의 리그를 형성해서 파벌 다툼을 하는 예도 쉽게 찾을 수 있다. 그러나 지금도 잘 알려져 있지는 않지만 또 다른 김수환 추기경, 이태석 신부, 성철이나 법정 스님 같은 이가 어딘가에서 우리의 영혼을 맑게 하기 위해 힘쓰고 있다는 사실도 우리에게 위안을 주는 일이다. 우리 인생의 스토리를 액팅할 때 우리를 지켜주는 절대자가 있고, 그분이 나를 지켜준다는 믿음은 정신건강에도 좋을 것이다.

♣ 사랑의 힘

빅터 프랭클은 저서 『삶의 의미를 찾아서』 중에서 "나는 비록 한순간일지라도 사랑하는 이를 생각할 수 있다면 이 세상에서 모든 것을 박탈당한 인간이라도 행복을 찾을 수 있다는 사실을 알게 되었다. 완전히 고립된 상황에 처하여 어떠한 수단으로도 자신을 표현할 수 없고, 자신의 유일한 목표가 고통을 온전히 감내하기 위해 자신의 한계를 규정해버린 상황에서도 인간은 사랑하는 이에 대한 아름다운 상상 속에서 자아를 실현시킬 수 있다"고 했다. 프랭클은 사랑하는 사람을 생각하면서 삶의 목적을 되새기는 사람들은 언제나 그 목적을 실현할 방법을 찾을 것이라고 보았다.

사랑이 무엇일까. 아무런 대가를 바라지 않고, 자신의 모든 것을 내어줄 수 있는 그런 것을 사랑이라고 할 수 있을까. 그런 사랑의 대상이 몇이나 있을까. 결혼을 하고 자식을 키워보니 이제야 어머니의 무조건적인 사랑에 대해 조금 알 것 같았다. 정호승 시인이 소개하는 사랑의 이야기 하나를 들어보자.

한 청년이 아름다운 아가씨를 사랑했습니다. 그런데 그 아가씨는 얼굴과는 다르게 아주 독한 마음을 가진 아가씨였습니다. 아가씨는 청년이 정말로 자기를 사랑하는지 확인해야 하겠다면서, 청년에게 자기를 사랑한다면 어머니의 심장을 꺼내어 자기 앞에 가져오라고 말했습니다. 사랑에 눈이 먼 청년은 그녀의 말을 그대로 따랐습니다. 어머니의 심장을 꺼내어 두 손에 들고 아가씨의 사랑을 얻게 된 기쁨에 들떠 아가씨가 있는 곳으로 있는 힘껏 달음박질쳐 갔습니다. 그러다가 그만 너무 서두른 나머지 돌부리에 걸려 넘어지고 말았습니다. 어머니의 심장이 땅바닥에 툭 굴러떨어졌습니다. 청년은 놀란 얼굴로 땅바닥에 떨어진 어머니의 심장을 바라보았습니다. 그때 어머니의 심장에서 이런 소리가 들렸습니다. "얘야, 어디 다치지 않았니? 조심하거라."[59]

이 글에서 자신의 모든 것을 희생해서 나를 사랑하는 나의 어머니를 보았다. 그리고 갖은 핑계로 그 사랑에 보답할 길을 피하기만 하는 자신의 모습에 한없이 부끄러워졌다. 불효자는 뒤늦게 자식의 성공만을 바라고 뒷바라지에 골몰하느라 거칠어진 어머니의 손과 얼굴의 주름을 보면서 마음속으로는 회한의 눈물을 흘린 적이 한두 번이 아니다. 늦기 전에 표현해보기로 했다. 따뜻한 말 한마디로 안부전화라도 자주 드려야지 하지만, 항상 나의 편이니까 하는 마음으로 일상 속에서 핑계거리를 찾으며 사는 나를 발견하곤 한다. 인생에서 가장 강력한 아군은 사랑하는 가족이다. 사랑하는 가족에게 먼저 마음을 표현해보자.

남편 없이 여러 남매를 키우는 홀어머니는 음식점을 운영했다. 술을 빚어서 손님들에게 내놓으려고 음식점 한구석에는 항상 커다란 술독이 있었다. 술 빚는 솜씨가 일품이라 인기가 많았고 장사에 곧잘 도움이 되었다. 힘든 줄 모르고 일하던 어머니는 술을 집에서 담그는 것이 '밀주'가 되어 경찰의 단속대상이 될 줄은 몰랐다. 알았더라도 당시 관행처럼 하던 일이었고 설마 순사(경찰)들이 잡아가기야 하겠느냐는 생각으로 장사를 계속했다. 어느 날 설마 하던 순사가 단속에 나와서 이게 술이 아니냐고 음식점 귀퉁이에 있는 술독을 가리켰다. 속으로 가슴이 철렁 내려앉으면서도 자식들 먹여 살리려는 어머니의 강한 모성이 발동했다. 댁들이 의심하면 내가 이 독을 깨 보겠다고 으름장을 놓으면서 망치를 들고 술독 앞으로 가자 순사들이 오히려 말리면서 갔다고 한다.

이렇게 힘들 시절을 견딘 강한 모성의 힘으로 키워낸 아들은 대기업의 사장이 되어 그 시절의 어머니를 술자리에서 에피소드의 하나로 회고했다. 여성보다 어머니의 사랑은 훨씬 강하고 깊다.

♋ 사랑, 가장 순수한 관계에 대해

방송작가 노희경이 쓴 『지금 사랑하지 않는 자, 모두 유죄』에 이런 글귀가 있다.

"죽도록 사랑하지 않았기 때문에 살 만큼 사랑했고, 영원을 믿지 않았기 때문에 언제나 당장 끝이 났다. 내가 미치도록 그리워하지 않았기 때문에 나를 미치게 보고 싶어 하지 않았고, 그래서 나는 행복하지 않았다. … 그런데 그녀는 저를 다 주고도 쓰러지지 않고 오늘도 해맑게 웃으며 연애를 한다. 나보다 충만하게… 그녀는 자신을 버리고 사랑을 얻었는데, 나는 나를 지키느라 나이만 먹었다."

모든 관계가 그렇듯이 남녀관계도 상대적인 것이다. 자신의 중심을 잃고 이성이 마비되는 눈먼 사랑의 홍역을 앓지 않고 진정한 사랑을 얻었다고 생각할 수 있을지 작가의 글이 가슴에 와 닿는다. 소유와 거래의 방정식이 숨은 남녀관계와 결혼을 우리는 가끔 사랑이라고 착각하면서 사는 건 아닌지 생각해볼 일이다.

세계적인 비디오 아티스트 백남준의 사랑도 우리가 흔히 생각하는 조건을 초월해있었다. 자궁암에 아이를 가질 수 없는 여성이지만 그의 예술과 인격에 반해 백남준을 무척 사랑하는 이혼녀가 있었다. 일본의 비디오 예술가 구보타 시게코 여사다. 백남준은 결혼을 망설이는 여인에게 "자신과 결혼하면 의료보험 혜택도 받을 수 있고, 난 평생 예술만 할 거니까 아이엔 관심이 없다"며 사랑하는 여인을 받아들인다. 미망인 시게코는 고인이 된 백남준을 기리는 다양한 사업을 구상하면서 『나의 사랑 백남준』이라는 책도 집필한 바 있다.

독재와 부정축재로 악명이 높아서 세계인의 지탄을 받았지만, 부부애는 각별했던 마르코스에 대해 그의 부인 이멜다 마르코스는 이렇게 회고하고 있다. "마르코스는 밤에 잠을 자다가 일어나서 내 얼굴을 물끄러미 보면서 내가 보고 싶다고 얘기하곤 했죠. 잠든 순간에도 나를 그리워했던 그 사람은 지금 얼마나 내가 보고 싶을까요."

♧ 사랑하지 않는 것은 불행

네덜란드 영화 <블라인드>는 맹인 소년과 어릴 때의 사고로 얼굴이 온통 흉터투성이여서 스스로가 추한 외모를 가졌다고 생각하는 여인이 만나서 사랑을 나누는 이야기다. 시력을 잃어서 맹수와 같은 반항 기질만 남은 소년, 그 소년을 가르치는 가정교사 역할로 두 사람은 만났다. 세상에서 호감을 얻을 수 없는 공통분모가 있었던 그들의 사랑은 한없이 뜨거웠지만 이내 현실은 둘 사이에 장벽을 만든다. 소년이 안구이식 수술로 시력을 회복하자 자신의 흉한 얼굴을 차마 보여줄 자신이 없었던 여인은 한 장의 편지를 남기고 사라져버린다.

가장 순수한 사랑, 진실한 사랑은 보이지 않아. 그리고 영원함도….

순수한 사랑을 힘들게 하는 우리의 눈을 멀게 만드는 많은 장막들을 걷어낼 수만 있다면, 마음의 창으로 상대방을 볼 수만 있다면 사랑은 인간에게 남은 최고의 축복일 것이다.

우리는 외모와 스펙 속에서 진정한 사랑보다는 그 사람의 소유가치를 먼저 생각하는 거래관계를 사랑이라는 이름으로 부르고 그에 답하는 메아리로 결혼이라는 제도를 선택하는 것은 아닐까. 그나마 남아있던 사랑의 감정들은 육아와 생활에 휩쓸려 지나가고 고부관계나 남녀를 얽어매는 각종의 관계는 사랑의 자리를 대신해 자리를 차지하고, 어느새 사랑은 의무로 변해있는 것은 아닐까도 생각해본다. 카뮈는 "사랑받지 못하는 것은 한갓 불운에 지나지 않지만, 사랑하지 않는 것은 불행의 늪에 빠진 것"이라고 했다. 사랑의 힘은 크고 위대하다. 나만이 옳다고 외치기 전에 사랑의 시선으로 상대방을 바라볼 수 있다면 인류의 불행은 상당부분 치유될 수 있지 않을까.

♠ 히든 챔피언이 되자

'히든 챔피언'은 독일의 경제학자 헤르만 지몬(Hermann Simon)이 주장한 개념이다. 세계시장 시장점유율 3위 이내이거나, 소속대륙 시장점유율 1위 기업, 또는 매출액 규모 40억 달러 이하인 기업, 일반에 잘 알려지지 않은 기업을 모두 충족하는 회사를 뜻한다. 즉 세계적인 경쟁력을 갖고 있지만 아직 일반인들에게는 잘 알려지지 않은 기업을 말한다. 허풍만 있고 실력이 없는 개인은 언젠가 그 내공이 들통이 나고 만다. 개인도 히든 챔피언과 같은 강소기업(强小企業)이 되려면 외형보다는 내실을 다지는 노력이 필요하다.

우리 주변에 대단한 명성은 없지만 탄탄한 내공을 쌓은 히든 챔피언을 가끔 보게 된다. 분명 이들은 언젠가 그들을 알아보는 사람이 있으면, 그 가치를 제대로 평가받을 것이다. 설사 알아주지 않더라도 주위에 잔잔히 깔리는 자신의 흡인력과 영향력이 어느새 부드럽지만 강한 사람으로 커나가는 사람들을 가끔 보게 된다. 반면에 그 지위에 비해 부실한 내공이 보여서 그 위치를 오래 지키기는 힘들겠다는 생각을 갖게 하는 사람도 볼 수 있다.

♠ 초원의 사자와 맞짱을… '공정경쟁'에서 살아남기

철학자 강신주는 어떤 사람이 강한 사람인가에 대해 이렇게 설명하고 있다. "더 힘들어야 많이 힘들어야 감당할 수 있습니다. 강한 사람은 자신의 발바닥에 있는 벌레를 밟아 죽이는 사람이 아니라, 초원에서 달려오는 사자와 맞짱 뜨는 사람입니다. 그런 심장을 가지기 위해 저는 산에 올라갈 때 시계를 맞추어놓고 올라갑니다. 오십 분 동안 한 번도 쉬지 않고 올라가지요. 말 그대로 죽어라 올라가는 겁니다. 그것은 중요한 경험입니다. 아버지가 어려서 본드를 흡입해보거나 가출한 경험이 있을 때 청소년들을 이해할 수 있지요. 범생이는 문제 청소년들을 이해할 수 없습니다. 학교 선생님들도 연수 다니지 말고, 룸살롱에서 아르바이트도 하고, 새우젓 배도 타면서 힘들어야 진정성을 보게 됩니다. 책을 본다고 해서 해결되는 문제는 따로 있지요. 그것은 인생의 입문서이고, 실제 생활에서는 가혹한 경험을 한 사람이 개과천선을 해서 선생이 되는 겁니다."[60]

TV 프로그램 중에 <히든싱어>, <복면가왕> 같은 프로그램이 한때 인기였다. 진짜 가수와 그 가수를 모창하는 가짜 가수 여러 명이 경연을 펼치거나 복면을 쓰고 노래를 부르게 하는 프로그램이다. 숨은 실력자를 가려내려는 이 프로그램이 인기였던 것은 '공정 경쟁'이라는 사회적 화두와도 맞닿아있었기 때문은 아닐까. 실력으로 승부를 보겠다는 '히든 챔피언'이 곳곳에서 숨 쉬고 이들을 스타로 대접할 수 있는 사회는 건강한 사회일 것이다.

♣ 공부하는 삶

히든 챔피언이 되기 위해서는 부단히 공부하여 스스로 내공을 키워야 한다. 히든 챔피언들의 공부 방식도 다양하다.

MIT미디어랩 박사과정 이진하 씨는 생각을 교환하면서 아이디어를 발전시키며 프로젝트를 진척시킨다고 한다. "독자적으로 새롭고 좋은 아이디어를 내는 사람도 있겠지만, 대부분은 생각을 교환하며 발전시키죠. 생각을 교환하고 피드백을 받지 않고서는 어려워요. 우리 팀 내에서뿐만 아니라 다른 팀과의 교류가 없었다면 우리 팀 프로젝트의 반 이상은 시작도 못했을 겁니다."61) 이진하 씨처럼 자신의 창의성으로 뭔가를 기여할 수 없다면 협업과정에서도 소외될 것이다. 그래서 시너지를 위해서는 창의성 있는 개개인이 뭉쳐야 한다.

MIT미디어랩의 부책임자인 히로시 이시 교수는 협업하는 가운데서도 창의성의 힘을 강조한다. "저는 동양 출신이기 때문에 동양 문화권에서 단일성이 중요하다는 것을 잘 압니다. 하지만 혁신의 시대에 살아남기 위해서는 못처럼 튀어나오면 망치로 두드리죠. 하지만 자기 고집을 갖고 계속 못처럼 튀어나올 수 있도록 노려야 합니다. 그래야 아무도 망치로 두드리지 못하고, 미래사회에서 생존할 수 있는 창의성과 혁신의 힘을 기를 수 있는 겁니다."62)

히로시 교수가 말하는 창의성과 협력의 힘이 아웃 풋(Out put)으로 발휘되는 것도 자신이 감당해야 할 기본적인 지식의 인풋(In put)이 없으면 결코 쉽지 않을 것이다. 그래서 스스로의 내공을 키우는 부단한 공부가 기본인 것이다. 베이징대 러우위 교수는 끝없는 공부를 강조한다. "공부의 끝이 어디 있겠습니까? 살다 보니 늙은 것이고, 공부하다 보니 또 늙는 것이지요. 공부는 죽기 전까지 하는 것입니다. 정신이 허락하는 한 공부해야 합니다. 세상에는 늘 새로운 지식이 존재하고 인간은 늘 새로운 의문이 생기기 때문에 계속 공부해야 합니다. 결코 공부의 끝이란 없습니다."[63]

프랑스의 살롱문화와 토론에서 보듯이 질문과 소통을 중시하는 서
양의 공부, 혼자서 많은 양을 암기하는 동양식의 공부도 있다. 한국을
비롯해 동양의 유교문화권에서는 경전을 암기하면서 그 결과를 시험
으로 평가해 관리의 등용문으로 삼기도 해왔다. 지금도 고시는 조선시
대의 과거시험과 같이 일종의 동양식 공부의 상징적인 면이 있다.

자기수양의 도구로서의 공부, 출세의 수단으로서의 공부를 비롯해
공부의 양식과 목적은 다양하다. 분명한 것은 인류가 공부를 통해 문
명을 발전시켜 왔으며, 인간은 공부를 통해 부단히 자신의 부족함을
메우고 있다는 것이다. 어떤 형식이건 간에 우리는 공부를 통해 지적
으로 키 크기를 계속하고 있는 것이다. 이왕 해야 할 공부라면 주도적
으로 스스로 찾아서 하고 즐기면서 하는 것이 어떨까.

노벨상 수상자인 리처드 파인만은 물리학계의 괴짜로 유명해 노벨
상 수상 이후 유명세로 많은 학교나 단체의 강연요청을 받았다고 한
다. 막상 초청 장소에 가서는 강연대상자들이 물리학에 대한 지적 호
기심보다는 노벨상 수상자에 대한 관심이 커서 깊이 있는 강의나 질
문, 토론을 즐기려던 그의 생각이 빗나가서 실망하곤 했다. 그래서 파
인만은 꾀를 내었는데 한 번은 초청한 고등학교 학생회 간부에게 자신
이 간다는 사실을 비밀로 하고 대신 다른 학자의 이름을 빌려서 현수
막을 걸고 묵직한 물리학 주제를 정해서 강연을 한다고 하자는 조건을
달았다. 그 결과 정말 물리학에 관심이 있는 학생들만 오게 되었고 아
무도 모르게 강연 장소에 왔던 파인만과 알차고 깊이 있는 토론이 되

어 강사와 학생들 모두가 만족했다.

학교 측에서 학생들에게 나무란 것을 알았기 때문에 "모두가 나의 뜻이고 학생들과 무관하다"라는 정중한 편지를 써서 학교 측에 해명했다고 한다. 파인만의 이런 자세는 매스컴에 기웃거리면서 제자들과 진정한 학문의 즐거움을 탐색하고 지적 즐거움을 찾는 것과는 거리가 먼 학자들에게 많은 시사점을 주고 있다. 학문 그 자체에 순수하게 몰입하고 즐기면서 히든 챔피언의 경지에 오를 때 누군가는 그의 내공을 알아줄 것이다.

히든 챔피언이 되려면 우선 자기 분야에 대한 깊은 공부에서 그 길을 찾을 일이다. 공부를 통해 가능성을 찾고 우직하게 부족함을 메워 나가는 길이 오히려 현명하고 지름길이 될 가능성이 크기 때문이다. 그럴 경우 당신은 어떤 상황에서도 준비한 인생의 시나리오를 과감하게 액팅할 수 있을 것이다.

♣ 스스로 쌓은 내공은 '목계지덕'으로 발산된다

망지사목계, 기덕전(望之似木鷄, 其德全). 글자 그대로 해석하면 "보기에 흡사 나무로 만든 닭과 같으니 그 덕이 완전하구나!"라는 뜻이다. 이 이야기는 장자의 달생편(達生篇)에 나오는 이야기다. 기원전 8세기 중국 주나라의 선왕(宣王)은 닭싸움을 매우 좋아했다. 그 왕은 어느 날 '기성자'라는 이름의 투계 조련사에게 최고의 싸움닭을 만들어달라고 했다.

열흘이 지나자 왕은 "닭싸움에 내보낼 수 있겠냐며 물었다. 기성자는 "닭이 강하긴 하나 교만하여 자신이 최고인 줄 안다"며 아직 멀었다고 답했다. 열흘이 또 지나자 왕은 다시 물었다. "이제 그 닭을 닭싸움에 내보낼 수 있겠느냐?" 기성자가 대답하기를 "아직 안 됩니다. 교만함은 버렸으나 상대방의 소리와 행동에 너무 쉽게 반응하기 때문에 인내심과 평정심을 길러야 할 것 같습니다." 다시 열흘 뒤에 왕은 물었다. "이제 되었느냐? 싸움에 내보낼 수 있느냐?" "조급함은 버렸으나 눈초리가 너무 공격적이라 눈을 보면 닭의 감정상태가 다 보입니다. 아직은 힘듭니다." 마침내 40일째가 되던 날 기성자는 "이제 된 것 같습니다. 상대방이 아무리 소리를 지르고 위협해도 반응하지 않습니다. 완전히 편안함과 평정심을 찾았습니다." "다른 닭이 아무리 도전해도 혼란이 없습니다. 마치 나무로 만든 닭같이 '목계(木鷄)'가 됐습니다. 이젠 어떤 닭이라도 바라보기만 해도 도망칠 것입니다"라고 대답하였다는 이야기이다.

결론은 "최고의 싸움닭은 싸우지 않고 이긴다"는 것이다. 주변에서 아무리 난리를 쳐도, 나무로 만든 닭처럼 평온하면 종국에는 이긴다는 뜻이다. 결국, 자신의 내공을 가다듬어 외부의 변화에 흔들림이 없는 자가 승자가 된다.

일본 스모계의 후타바야마는 79연승을 한 전설적인 스모 선수이다. 하지만 이 후타바야마가 어느 날 경기에서 지고 79연승에서 멈추었을 때 스승님을 찾아가 가장 먼저 한 말이 "저는 아직 완전한 목계(木鷄)가 되지 못한 것 같습니다"라는 말이었다고 한다. 이 "목계의 덕"은 경청(傾聽)과 함께 삼성을 창업한 고(故) 이병철 회장이 아들 이건희 전 삼성그룹 회장에게 가르친 것으로도 유명하다.

> 말하는 것을 배우는 데는 2년이 걸렸고,
> 입을 다무는 법을 배우는 데는 60년이 걸렸다.

- 어니스트 헤밍웨이

♣ 돌부처의 힘

입덕승명(立德勝命), 덕을 쌓으면 운명도 이겨낼 수 있다는 말이다. 이것이 천재기사 이창호의 좌우명이라고 한다. '돌부처'라는 별명으로 잘 알려진 이창호 9단은 어린 시절 할아버지 손에 이끌려 바둑의 세계에 입문한 뒤 조훈현 9단의 내제자로 들어가 세계 정상에 올라선 바 있다. 그에게 할아버지는 '겸허함'과 '공정한 눈'이라는 가르침을 주었다고 한다.

그의 할아버지는 손자에게 어린 시절 동네에서 고수는 물론 하급자와도 대국을 시켜 겸손과 함께 자만하지 않는 이창호의 돌부처 근성을 배양시켰다고 한다. 스스로 단련해서 경지에 오르면 오히려 겸손해지고 인생에서도 패착을 둘 확률이 줄어들 것이다.

1980년대 인기 개그맨으로 맹활약하다 한학을 가르치면서 방송활동을 하고 있는 개그맨 김병조는 한때 의도하지 않은 정치적 발언으로 자살까지 생각할 정도의 고역을 치를 때가 있었다. 그때 그를 버티게 한 힘은 가난했던 시절의 고생한 기억이었다고 한다. 당숙의 빚 독촉에 고개 숙이던 할아버지, 행상을 하면서 고생한 어머니, 동생의 공부를 위해 자신을 희생한 누나를 떠올리면서 어금니를 깨물었다.

술·담배를 입에 대지 않고, 일이 없으면 집에 일찍 들어가서 연구에 몰입한다는 그는 대인관계의 핸디캡을 남다른 노력과 성실로 극복했다. 그는 후배 개그맨들에게 노력하는 자세를 강조하면서 역사 공부와 신문 구독을 권한다. 또 고생을 하라고 한다. 고생을 해야만 인생의 폭이 넓고, 세상을 따뜻하게 바라볼 줄 알게 된다고 하면서, 노숙도 하고 무전여행도 하면서 눈물을 아는 개그맨, 노지(露地) 채소 같은 개그맨이 되라고 한다.[64] 스스로의 내공을 쌓아서 단련이 된다면 어떤 외풍에도 흔들리지 않는 돌부처가 될 수 있을 것이다.

♣ 틀어진 관계를 복원하는 용서와 화해

실수는 인간의 영역이고 용서는 신의 영역이라고 한다. 그런데 가슴에 한이 된 것들을 어떻게 쉽게 잊을 수 있는가. 우리가 신의 손을 빌려 용서를 한다고 말끔히 치유되기 힘든 게 인간의 관계이다. 한번 틀어진 관계는 그래서 회복하기 어려운 것이다. 인간이 인간을 용서하고 품어주기는 쉽지가 않다. 어린아이가 아닌 성인 대 성인 사이에서는 특히나 어려운 일이다.

소냐 류보머스키의 방법을 따라보면 어떨까. 그녀는 『행복의 신화』에서 부정적 경험을 물리적으로 봉인함으로써 정신적 고통을 덜어주는 방식을 제안하고 있다. 자신의 고민거리와 관련된 일기장의 한 페이지나, 편지, 사진과 같은 것을 특정한 용기에 넣고 봉인함으로써 잊자는 것이다. 이런 간단한 행위가 정신적 고통을 덜어줄 수 있다는 것

이다.65)

　많은 사람들이 결혼생활 중에 배우자가 과거의 어떤 일을 말다툼이 있을 때마다 꺼내와서 얘기하는 통에 그 상처가 덧나고 또 덧나는 사실을 하소연한다. 처가나 시댁의 문제도 있을 것이고, 원하는 자녀가 안 생기는 문제도 있을 것이다. 누구나 상처를 안고 살아가기에 인간은 고통스러운 경험을 영원히 봉인하고 싶은 때가 있을 것이다. 그러나 쉽게 봉인될 수 없는 상처를 우리는 다시 꺼내보며 분노의 마음을 상대방에게 향하게 되고 이는 서로에게 상처를 주기가 쉽상이다. 무엇보다 인간관계가 틀어지지 않게 예방하는 것이 최고의 방법이다.

7. 좋은 관계가 행복의 밑거름

인간의 행복은 90%가 인간관계에 달려있다.

- 쇠렌 키르케고르

인간은 관계 속에서 무수한 갈등과 사랑, 우정, 증오, 배려 등의 단어를 교차시키면서 살아가고 있다. 내가 일하는 곳에서 가까운 시청광장에서는 연중 수많은 집회가 열린다. 어떤 절차가 막혀서 호소를 하는 경우도 있고, 자신들의 정치적 신념을 공유하기도 하고 거리행진을 통해 시민들에게 선전을 하기도 한다. 모든 관계가 순조롭게 교과서처럼 풀린다면 이런 일들은 없을 것이다. 민주주의에서는 관계가 틀어져서 서로가 갈등하게 되는 상황마저도 비정상적인 모습이라고 단정할 수는 없을 것이다. 복잡한 사회발전을 제도가 뒷받침하지 못하는 경우도 있을 것이고, 갈등의 정도가 깊어서 대화나 관계가 복원 불능의 정도가 되면 다양한 방법으로 관계의 파산을 선언하고 실력행사를 하는 경우도 더러 있을 수 있다. 그러나 상대에 대한 '배려'나 '양보'라는 카드를 항상 한쪽 주머니에 넣고 다니면서 반대편 주머니에 있는 '갈등'이나 '투쟁'이라는 카드를 접을 수도 있는 마음의 준비는 개인이나 단체 모두에게 필요하다.

♣ 행복해지는 연습

그룹 '너바나'의 멤버로 1980년대를 풍미하다 27세의 나이로 요절한 커트 코베인은 "다른 누군가가 되어서 사랑받기보다는 있는 그대로의 나로서 미움받는 것이 낫다"고 함으로써 자신의 정체성을 지킬 것을 강조하고 있다. 엘라 휠러 윌콕스는 "우리는 잘 모르는 사람을 칭찬하고 뜨내기손님을 즐겁게 해주지만, 정작 사랑하는 사람에게는 생각 없이 무수히 상처를 입힌다"고 했다. 자신과 사랑하는 사람에게 상처를 주지 않으면서 어떻게 행복해질 수 있을까.

듀크 대학의 심리학자인 에릭 파이퍼는 지혜롭게 나이 먹는 사람들의 공통된 특징으로 좋은 인간관계를 들었다. 성공해도 불행한 사람이 있는 반면, 크게 성공하지 못해도 행복한 사람이 있을 수 있다. 행복한 사람은 좋은 인간관계를 가지고 있으며, 좋은 인간관계의 바탕은 타인에 대한 배려일 것이다. 상대방에게 뭔가 도움이 될 수 있는 것이 없을까를 고민하는 사람과 상대방에게서 뭔가를 얻을까를 고민하는 사람의 인간관계의 폭과 넓이는 짐작하고도 남는다. 나아가 진정한 존경과 사랑을 받는 사람은 기부에서 자신의 삶의 보람을 찾는 사람이다.

석유왕 록펠러와 워런 버핏, 빌 게이츠는 엄청난 부를 축적해서 존경받는 것이 아니다. 부의 축적에 그치지 않고 많은 재산을 사회에 환원한 사람으로 존경받는 것이다. 기부는 사회적 약자에 대한 배려의 다른 표현이라고 할 수 있다. 타인에 대한 배려가 몸에 밴 사람은 그만큼 성공에 가까이 가 있는지도 모른다.

♣ 누구와 먹고 마실까

철학자 에피쿠로스는 "너는 무엇을 먹고 마실까보다 누구와 먹고 마실까에 대해 생각해야 한다"고 했다. 직장생활을 하거나 개인 사업을 하든지 간에 점심이나 저녁 시간에 중요한 만남이 이뤄진다. 어떤 점심이나 저녁은 그 사람의 운명을 바꾸기도 한다. 공식, 비공식 만남의 대부분이 식사 시간에 이뤄지기 때문에 무엇을 먹을까보다 누구와 먹을까가 중요한 것이다.

저마다 자신을 둘러싼 관계에서 자유로운 사람은 없다. 한국 불교계의 거인이었던 성철이나 법정의 경우도 속가의 연에서 또는 불교계 내부에서 관계를 완전히 단절하고 살 수는 없었다. 워낙 교계의 거인이었지만 때론 짧은 오해에서 오는 관계의 어려움 속에 인간적인 고민을 한 적도 있었다. 성철은 어머니와 속연을 끊기 위해 경남 합천에서 금강산까지 찾아온 노모를 매정하게 돌려보낸 사연도 있고, 딸이 찾아와도 거의 남 대하듯 한 모습에서 수도자의 길이 관계의 단절일 수도 있음을 알려주고 있다.

성철의 딸은 불필(不必)이라는 법명으로 나중에 비구니가 되어 큰스님의 뜻을 나중에 알았다고 회고한 바 있다.[66]

법정은 수필가로 다수의 책을 집필해 인세로 남모르게 형편이 어려운 대학생에게 장학금을 주었다. 이때 속연으로 찾아온 조카의 학비 요청을 매정하게 거절하는 어려움을 토로한 바 있다. 조직이나 사람에게 수없이 상처받아서 '힐링'이 필요한 현대인들이다. 인생의 시나리오는 '관계'라는 무대를 통해 액팅이 되는데 관계를 맺으면서 새로운 무대에 노출될 때마다 자신의 이야기가 먹히지 않으면 좌절하고 상처받는다. 그래서 종종 극단의 선택을 하는 경우가 있다.

관계의 극단에서 나오는 것이 범죄다. 미국에는 세계 인구의 5% 정도가 살고 있으며 전 세계적으로 감옥에 수감된 범죄자들의 25%

가 살고 있다. 미국은 범죄자 교정에 연간 680억 달러를 쓰고 있어 수감자 1인당 연간 5만 달러 이상의 비용이 지출된다. 이는 하버드를 비롯한 유수의 명문대학생의 1인당 교육비보다 많은 수준이다.[67] 자식이 부모를 살해한다거나 하는 극단적인 패륜사건 보도를 접하게 된다. 보도를 보면서 우리의 상식은 가끔 혼란에 빠진다. 관계의 극단에서 나오는 돌파구는 결국은 극단의 선택으로 나타날 것이다. 극단으로 치닫기 전에 주위를 돌아보고, 그러기 전에 우선 자신을 돌아보자.

♻ 디폴트(default) 상황을 점검하자

디폴트 상황의 행위는 무엇을 해야 할지 모를 때 의식하지 않고 습관적으로 하는 행위다. 컴퓨터의 디폴트를 생각하면 이해가 될 것이다. 디폴트 상황에서 어떤 행동을 하는지가 쌓이면 그것이 하나의 거대한 행동양식을 이룰 수도 있을 것이고 운명을 바꿀 수도 있다.

인간관계가 삐걱거리면 술 한잔에 그 사람에 대한 저주의 마음을 안주 삼아서 밤을 지내고 나면 수면 부족과 숙취의 고통 속에 다음 날 어렵게 하루를 보낸 경험은 있을 법한 이야기다. 인간관계가 삐걱거릴 때 자신에게서 원인을 찾고 '내 탓이오'라는 마음으로 일찍 퇴근해서 아이들의 해맑은 모습 속에 현실의 아픔을 치유하고 새로운 에너지를 얻으면 어떤가. 아니면 『명상록』이나 성경을 읽으면서 자신의 마음을 추스르면 어떨까.

한 해에 1억 장 이상의 우울증 처방전이 발행되는 미국은 인구의 3분의 1 이상이 스스로 우울증 증세가 있다고 생각하는 것으로 조사되고 있다. 또한 성인 13명 중 한 명 꼴로 알코올중독이라고 한다. 세계 최강국이자 자본주의가 만개해 아메리칸드림이 실현되는 곳에는 그림자 또한 만만치 않다. 한국도 높은 자살률이라는 부끄러운 자화상을 가지고 있다.

국민 개개인들이 디폴트 상황에서 어떤 건설적인 매뉴얼로 위기에 대처하고 '자신의 처지를 약진의 발판으로' 삼아 힘차게 스토리를 액팅해나가도록 만드는가 하는 것이 사회의 건강성을 키우는 궁극의 힘이 아닐까. 물론, 자조적인 노력에만 의존하지 않는 공적부조의 든든한 사회안전망은 국가의 몫으로 남겠지만.

> 자기중심적인 사람은 절대 행복하지 않다. 만족한 인생을 보내는 비결은 다른 이에게 보다 많은 사랑과 기쁨과 행복을 나누어주는 데 있다. 자기의 일만 생각하고 있는 인간은 그 자신마저도 될 자격이 없다.
>
> — 탈무드 중에서

♣ 관계도 습관이다

앤서니 홉킨스의 명연기가 돋보이는 영화 <패신저>는 런던과 바르셀로나를 배경으로 하고 있다. 특히 가우디의 아름다운 건축물이 우리의 눈을 즐겁게 한 바르셀로나가 인상 깊게 다가오는 영화다. 주인공 앤서니 홉킨스가 한 여인에게 해준 맹인에 대한 이야기가 기억에 남는다. "어느 맹인이 40년간 눈이 멀어 지내다가 갑자기 눈을 떠서 아름다운 풍경을 봤을 때의 희열은 정말 즐거웠지만, 이내 먼지라든지 쓰레기 같은 추한 모습을 많이 보게 되고 보는 것이 더 이상 희열이 아니라는 것을 알게 된다. 이후 맹인은 추한 것을 보는 것에 대한 두려움 때문에 자신의 어두운 방에만 갇혀 지내다가 자살하고 만다"는 이야기다.

<패신저>에서 홉킨스는 기자인 자신이 다른 사람과 뒤바뀐 인생을 사는 역할을 하는데 기자에서 무기밀매업자로 변신한 뒤 겪는 갖가지 에피소드를 맹인의 은유로 잘 표현하고 있는 듯하다. 자신의 창을 깨고 다른 관계를 형성하기가 그만큼 어려운 것을 잘 보여주고 있다. 사랑하는 사이에도 마찬가지다. 정형화된 어떤 것이 무너지면 복원하기 어려운 강을 건너야 할 것이다. 그렇다고 시간이 지나면 저절로 해결된다고 내버려 두면 관계는 더욱 나빠진다.

프랑스의 만화가인 장 지로드는 "서로 사랑하는 두 사람 사이에 한순간이라도 시간이 끼어들게 내버려두면 그것은 자라서 한 달이 되고, 일 년이 되고, 한 세기가 된다. 그러면 너무 늦어진다"고 한 바 있다. 부부싸움, 연인끼리 싸움 후에 냉랭한 기류가 감지되는 경우가 가끔 있을 것이다. 이때 한바탕 통렬한 말싸움이 서로의 속내를 이해하게 하는 지름길일 수도 있다. 침묵 속에서 미묘하게 틀어진 관계보다는 작은 다툼 속에서 정(情)이 계속 자라는 관계가 더 바람직하지 않을까.

♣ 피카소를 만든 관계와 평판의 힘

현대미술사에 남은 두 거인 빈센트 반 고흐와 파블로 피카소의 삶은 여러 가지로 대조적인 면이 있다. 1만 3천 점이 넘는 다작으로 생존 시에 이미 거부의 반열에서 사교계는 물론 많은 여인들의 사랑을 받으며 장수를 누린 피카소의 삶은 적어도 외형적으로는 누구나 부러워할 만한 것이다. 반면에 900점가량의 회화 작품을 남긴 고흐는 동생 테오 외에는 사회와의 연결고리를 잘 찾지 못하고 젊은 나이에 불행해 보이는 생을 마감했다. 예술가의 삶에 대해 누가 더 행복하고 훌륭했는가라는 평가를 단선적으로 내리기에는 무리가 따른다.

반 고흐는 <자화상>(한쪽 귀가 잘린 그림)이나 <별이 빛나는 밤>과 같은 명화를 남겼고 그가 가진 예술혼은 지금도 세계 곳곳 어딘가에서 회자되고 있을 것이다. 피카소는 <아비뇽의 처녀들>이나 <게르니카>를 비롯한 무수한 작품들이 지금도 세계 어느 미술관에서 '피카소 회고전'이나 다양한 이름으로 전시되면서 사람들의 시선을 붙잡고 있을 것이다.

수중에 한 푼 없이 동생이 사는 곳에서 더부살이하다시피 하다가 죽어갔던 젊은 고흐의 모습은 고독한 예술가의 모습을 대표하는 아이콘이 되어있다. 피카소는 살아서 이미 사교계의 거물이 되어 수많은 화상들이 그의 그림에 높은 값을 매기고 귀부인들이 피카소에 환호하고 있었다. 젊은 여성들도 피카소에게 매료된 이유가 그의 영향력이나 재력이지 160cm의 단구인 노인의 육체에 빠져든 것은 아닐 것이다. 피카소의 삶의 방식은 예술이라는 외피를 벗길 때 관계의 관점에서 시사하는 바가 크다. 사회를 이루는 다른 것과 마찬가지로 미술도 결국은 그 수요자가 있어야 빛이 날 것이다.

고가의 미술품을 구매할 구매력이 있는 집단에서 가치를 부여하고 그것을 사게 만드는 힘이 있어야 한다는 것을 피카소는 이미 알고 있었는지도 모른다. 관계와 평판의 힘이 그의 미술품에 가치를 부여했다. 물론 창조적인 파괴를 통해 독특하게 경지를 개척한 입체파의 거장으로 그를 기억하는 것이 미술사의 정사(正史)의 입장이겠지만, 야사(野史)의 입장에서는 사교계의 거인이자 관계와 평판의 힘을 잘 알았던 자기 마케팅의 귀재 피카소로 기록할 수 있을 것이다.

무일푼으로 죽은 고흐와 1973년 사망 당시 이미 7억 5천만 달러로 추정되는 어마어마한 자산가였던 피카소의 삶에는 관계와 평판의 힘을 생각할 여지가 숨어있다.

♧ 관계의 힘은 네트워크 외부성의 힘

피카소와 고흐의 사례처럼 기량의 차이보다 관계의 차이가 결과를 바꿀 수 있다. 아주 극소수의 전문 연구 집단이 아니라면 살아가면서 다른 사람과 어울릴 수 있는 인간, 즉 네트워크 외부성이 있는 인간이 경쟁력이 있다. 네트워크 외부성(Network Externality)이란 어떤 제품을 사용하는 소비자가 많으면 많을수록 그 상품의 사용가치가 더욱 높아질 때 네트워크 외부성, 또는 네트워크 효과(Network Effect)가 있다고 말한다.

이러한 현상은 정보통신기술 분야에서 주로 나타나고 있다. 소프트웨어를 예로 들면 컴퓨터 사용자가 마이크로소프트(MS)사의 윈도우를 많이 사용하면 할수록 파일교환도 쉬워지고 부품공급도 쉬워지며, 문제를 해결해주는 컨설턴트도 늘어나게 되어 더욱 많은 사람들이 사용하게 되는 것을 말한다.

이것은 인간의 관계에도 적용해볼 수 있는데, 친구나 인간관계망이 발달한 사람은 이런 관계의 시너지가 발생하게 된다. 기량과는 별개로 살아가면서 적당히 다른 사람과 어울릴 수 있는 인간, 즉 네트워크 외부성이 있는 인간이 경쟁력이 있다. 즉 제품의 내재적 효율성과 다르게 사용하는 사람이 많으면 경쟁력이 생기듯이 관계가 풍부한 사람은 그 자체가 경쟁력을 지닌다. 마이크로소프트와 애플사의 매킨토시 간의 경쟁도 결국 외부성이 뛰어난 마이크로소프트의 운영체제가 전문가에게 호평을 받았던 매킨토시를 제칠 수 있었던 요인인 것이다.

당신이 어려울 때 기꺼이 위로가 될 수 있는 친구를 가졌는가. 진정성 있는 관계가 풍부한 사람, 그래서 네트워크 외부성이 뛰어난 사람이 되었으면 한다.

♣ 좋은 리더는 위대한 소통자

국민들과 좋은 관계를 가진 리더는 훌륭한 소통 능력을 지닌 사람이기도 하다. 미국 갤럽에 따르면 제2차 세계대전 이후 대통령 12명 중에서 취임 직후 지지율 최저 기록은 로널드 레이건의 51%였다. 그러나 퇴임 직전의 지지율은 63%로 65%를 기록한 클린턴에 이어 2위였다. 배우 출신으로 지성이 빈약할 것이라고 국민들은 생각했을 수도 있지만, 유머를 곁들인 그의 소통 능력은 국민들의 마음을 사로잡은 것이다. 훌륭한 소통 능력을 지닌 레이건은 위대한 커뮤니케이터

(Communicator)로서 미국인의 존경을 받은 대통령으로 기록되었다.

조직에서의 리더는 디미니셔(Diminisher)가 아닌 멀티플라이어(Multiplier)가 되어야 한다. 리즈 와이즈먼과 그렉 맥커운은 전 세계 글로벌 리더 150여 명을 20여 년간 탐구한 연구보고서를 통해 조직원의 역량을 최대한 끌어내는 조건을 아래 표와 같이 정리하고 있다.[68]

구분	멀티플라이어	디미니셔
어떤 마인드로 대하는가?	사람들은 똑똑하기에 해낼 것이다.	사람들은 나 없이는 못한다.
재능을 어떻게 관리하는가?	계발한다.	사용한다.
실수에 어떻게 대처하는가?	원인을 탐구한다.	비난한다.
어떻게 방향을 정하는가?	도전을 시킨다.	명령한다.
어떻게 결정을 내리는가?	상의한다.	결정한다.
어떻게 일을 시키는가?	지원한다.	통제한다.

좋은 리더는 조직원들과 같은 눈높이에서 소통하고 능력을 이끌어내는 멀티플라이어임에 분명하다. 결국 독단적으로 수직적인 의사결정을 내리는 리더보다는 조직원들의 눈높이에서 수평적인 리더십을 구축하고 소통을 통해 조직원들의 역량을 최대한 이끌어내는 리더가 더 많은 성과를 낼 수 있다고 하겠다.

♣ 경조사 이후엔 감사 인사를

경조사는 초대장 못지않게 사후 인사도 중요하다. 문상을 다녀온 뒤 내가 받았던 인상 깊은 인사말이 있어 소개한다.

지난번 저의 어머님 상중에 슬픔을 함께해주시고 위로를 보내주셔서 큰 힘과 위안이 되었습니다. 직접 찾아뵙고 인사를 드려야 하는데, 이렇게 서신으로 인사를 드리는 것을 용서해주시기 바랍니다.

저는 아기 때 어머니와 헤어졌습니다. 무작정 상경하여 힘들게 살던 부모님이 입 하나 줄이고자 저를 외삼촌 댁으로 보냈지요. 그때 생때같은 자식을 떠나보내야 했던 어머니의 심정을 생각하면 지금도 가슴이 미어집니다. 그 후로 공사판 노동자부터 시장 노점상까지 별의별 일을 다 하시며 자식만 보고 살아오신 어머니는 아들이 국회의원이 된 것도 모르고 10년을 앓으시다가 돌아가셨습니다.

저도 그동안 적지 않게 문상을 다녀보았지만, 막상 제가 닥치고 보니 조문을 해주신 분들이 그렇게 고맙고 반가울 수가 없었습니다. …

한 국회의원의 조문 답례인사다. 자연스럽게 고인의 삶을 떠올리게 되어 가슴이 찡하게 되었다. 그리고 안타까움과 고마움을 전하는 상주의 마음도 읽을 수 있다. 마음이 담긴 정중한 답례의 글은 이렇게 여운을 남긴다. 단체문자로 대량 발송하는 감동 없는 답례에 익숙한 시대다. 연말이나 명절 때 불특정 다수에게 보내는 경우의 메시지는 자칫 그 무성의함에 안 보내느니만 못한 경우도 많다. 정성 들인 감사의 인사가 관계의 깊이를 더할 것이다.

✿ 적절한 인사말이 관계의 윤활유가 된다

경조사뿐만이 아니라 각종 행사에서 마이크를 잡거나 자신의 차례가 왔을 때 적절한 인사말로 분위기에 맞춘다면 자신의 이미지는 더욱 돈보일 것이다. 분위기에 맞는 적절한 인사말은 그 사람의 품격이나 지성, 재치를 가늠하게 한다. 듣는 사람은 아랑곳하지 않고 자신의 일방적인 메시지를 장황하게 늘어놓아서 얼굴을 찌푸리게 한다면, 그 인사말은 그 사람의 명성이나 인기를 갉아먹는다.

같이 일한 스태프에 대한 배려가 넘치는 배우 황정민의 청룡영화제 주연상 수상 후의 인사말은 두고두고 회자되고 있다. "저는 그냥 잘 차려진 밥상에 숟갈만 얹었을 뿐입니다." 배려와 겸손이 듬뿍 넘치는 인사말이다.

<죽은 시인의 사회>에서 키팅 선생 역으로 우리에게 잘 알려진 로빈 윌리엄스의 아카데미 조연상 수상 후의 재치 있는 인사말도 인생역전의 통쾌함과 함께 그의 재치를 느낄 수 있는 멋진 인사말이다.

"상을 받고 나니 생각나는 분이 있네요. 제가 배우가 되겠다고 했을 때 '놀고 있네. 그냥 용접기술이나 배워!'라고 말씀하셨던 아버지께 감사드립니다."

당신은 미래에 멋진 인사말 한마디의 설렘을 위해 오늘 어떤 준비를 하고 있는가.

☘ 천 냥 빚을 갚는 말의 힘

장자 산목 편에 이런 말이 나온다. "행현이거자현지행(行賢而去自賢之行), 안왕이불애재(安往而不愛哉)"라는 말이다. 즉, 현명한 행동을 하면서도 스스로 현명하다는 태도를 드러내지 않으면 어디서든 사랑받게 될 것이다. 자기 피알(PR)이 난무하는 시대에 진정한 내공을 드러내지 말고 살라는 것도 무리가 따른다. 남이 알아주기만을 기다리는 것도 소극적이라고 할 수도 있다. 무조건적인 겸양의 미덕도 좋지만, 적절한 언어구사로 자신을 드러내는 장면에서는 품격 있는 언어로 다른 사람과의 관계를 매끄럽게 하는 것이 필요하다.

어떤 연구에 따르면, 사람이 태어나서 죽을 때까지 계속하는 말의 수가 평생 5백만 마디 정도 된다고 한다. '말 한마디로 천 냥 빚도 갚는다'는 속담에 따라 이를 돈으로 환산해보자. 돈으로 계산하면(금 한 냥에 60만 원 상당액으로 쳐서 곱하기 1,000) 말 한마디가 약 6억 원이 되고, 이것을 다시 5백만으로 곱하면 3천조 원이란 천문학적인 계산이 나온다. 스피치 전문가인 김재화는 말할 때의 5가지 원칙을 제시하고 있다.

첫째, 같은 말도 때와 장소를 가리자. 어떤 곳의 히트곡은 여기서는 소음이 될 수도 있다.
둘째, 이왕이면 다홍치마다. 말에도 온도가 있으니 표현을 아끼지 말고 화끈한 말을 쓰자.
셋째, 내가 하고 싶은 말 대신 그가 듣고 싶어 할 만한 말을 하라.
넷째, 체로 거르듯 곱게 말해도 불량률은 생기게 마련이다. 고르고 또 골라서 말하자.
다섯째, 눈이 맞아야 마음도 맞는 법! 꼭 상대방의 눈을 보고 말하자.

여기에 더하자면 유머가 인간관계의 윤활유가 될 수 있음을 잊지 말자. 지성과 해학, 배짱이 담긴 소설가 이병주의 유머는 국비 유학으로 연결된 일화가 있다. 1980년대에 당대의 딜레탕트로 이름을 날린 소설가 이병주는 당시 요정문화를 즐기면서 사귄 샹바르 주한 프랑스 대사에게 국비 유학을 부탁하면서 왜 프랑스 유학이냐는 질문에 "그 유명한 센강에 오줌을 갈기는 쾌감을 위해서…"라고 답했다고 한다. 조선일보 문화부장으로 이병주와 가깝게 지냈던 남재희 전 장관의 말이다.69)

독일의 소설가 토마스 만은 "말이 곧 문명이다. 아무리 말이 안 되더라도 말은 사람과 사람을 이어주지만, 침묵은 사람과 사람을 떼어놓는다"고 한 바 있다. 말이 지나치게 많은 사람은 경솔하게 보이고 진정성이 없어 보일 수도 있다. 말수가 너무 적은 사람은 소통이 강조되는 시대에 접근하기 어려운 점도 있다. 그래서 중용을 지키면서 말의 힘을 인간관계에 잘 활용하는 것이 그 사람에 대한 신뢰도를 높이는 길이다.

해도 안 해도 후회가 될 수 있는 말은 어떤 사람을 구설수에 오르게 하기도 하고 인간관계의 윤활유가 되기도 한다. 한마디 말에 상처를 받아서 아물지 않아 두고두고 가슴 아파하는 사람이 있고, 증오의 대상이 되는 사람도 있다. 한마디 재치 있는 말은 그 사람의 품격을 대변하기도 한다. 뜻하지 않는 말실수로 곤욕을 치르거나 운명이 바뀌는 정치인들을 보게 된다. 천 냥 빚을 갚지는 못해도 상처를 주거나 받지는 않도록 스스로의 언어생활을 돌아보자.

인터넷에 오르내리는 실언(失言)에 대해서는 대중들이 '잊어주는 아량'을 발휘하기를 기대하기 힘들다. 실언의 당사자는 자신에게도 '잊힐 권리'가 있음을 호소할 수도 있겠지만 아직 무한 복제되는 인터넷상의 발언록을 통제할 수 있는 기술이 마땅치 않아 보인다. 조심하고 또 조심하는 것이 최선의 방안이다. 최근에는 인터넷상에 과거에 뱉어놓은 말이 후회되어 이를 소멸시켜 달라는 주문을 받아 특정업체가 개인의 디지털장례식을 치르는 경우도 있다고 한다. 한 번 뱉은 말과 글은 언젠가 부메랑으로 자신의 길을 막아설지 모르니 신중하고 조심해야 하겠다.

♧ 사촌이 땅을 사면 축하해주자

우리 속담에 "사촌이 땅을 사면 배가 아프다"는 말이 있다. 정신과학 분야에서도 이와 유사한 연구가 진행되었다. '샤덴프로이데(Schadenfreude)'라는 것으로 이는 다른 사람, 그것도 자기 분야에서 잘나가는 사람이 불운한 일을 겪을 때 드는 오묘한 감정을 가리킨다. 이 연구에 따르면 잘나가던 사람이 불운에 빠질 때 그것을 느끼는 사람의 감정을 피험자의 뇌자기공명영상을 촬영해 조사한 결과 뇌의 보상회로가 활성화된다고 한다. 다른 사람과의 관계 속에서 행복을 찾는 인간이기에 나타날 수 있는 개연성이 있다고 보인다.

이와 같은 맥락에서 '연극성 인격 장애(Histrionic Personality Disorder)'가 있다. 이는 계속해서 다른 사람의 관심을 갈구하고, 다른 사람의 인정이 없이는 자신의 실체를 찾지 못하는 것을 가리킨다. 사람은 누구나 정도의 차이는 있겠지만 다른 사람에게 인정받고 싶은 욕구가 있다. 대다수의 한국인은 어린 시절부터 서열화된 학업성적 평가체계에서 자유로울 수 없다.

학업성적이 전부인 것처럼 몰아붙이며 무능한 인간으로 몰아가는 교육제도는 가끔 도마에 오르고 전인교육의 중요성을 강조하지만, 치열한 경쟁사회에서 불가피한 측면도 있다. 그러나 성인이 되어서도 자신의 개성보다는 동일한 시험대에 자신을 계속 올려놓으려고 하는 것은 자신을 위해서나 다른 사람을 위해서나 바람직하지 않다. 자신의 개성을 찾아서 비교에서 해방되는 길을 꾸준히 모색하는 것이 곧 자신의 행복지수를 높이는 길이 아닐까 한다. 사촌이 땅을 사도 입사 동기가 다소 먼저 승진을 해도 웃는 얼굴로 축하해주자. 그것이 어쩌면 자신이 다음에 땅을 사거나 승진 케이스가 될 때 도움을 얻을 수 있는 관계의 출발이 될 수도 있다.

♧ 적이 없는 능선은 어디일까

신경식 전 의원은 『7부 능선엔 적이 없다』는 저서를 통해 정일권, 김영삼, 이회창 씨의 비서실장을 역임한 4선 의원으로서의 회고담을 담담히 기록하고 있다. 이 책에서 신경식 전 의원은 충북지역 의원으로서 신문기자, 국회의장 비서관, 국회의원으로서 간단치 않은 경험을 쉽고 가벼운 문체로 풀었다. 정일권 총리 내정 사실에 대한 특종, 의장실에서 포커를 하는 것이 박정희 대통령에게 보고된 내용, 국회의원과 점집과의 관계, 김영삼 정부의 초대 총무처장관으로 내정되었다가 안 된 사연, 4선 고지에서 어려웠던 상황 등이 그려져 있다. 10부 정상에 우글거리는 수많은 적들 대신에 7부 능선에서 자신의 입지를 찾는 지혜를 통해 정치적으로 입지를 넓힌 저자의 이야기가 인간관계의 지혜를 전해주고 있다.

7부 능선에서 승부를 본다고 반드시 승리하는 것은 아닐 것이다. 11 대와 12대 선거에서 두 번 낙선했던 경험을 기술한 대목에서 저자의 처연한 감정을 읽을 수 있다. "낙선 후 나를 대하는 남들의 시선이 전과자를 대하는 것 같다고 느껴졌다. 낙선, 심연으로 가라앉는 것 같은 절망은 겪어보지 않고는 아무도 상상할 수 없다. 우주에 혼자 내버려진 듯 고독했다"고 말한다. 우스개로 하는 말 중에 원숭이는 나무에서 떨어져도 원숭이지만, 국회의원은 선거에서 떨어지면 사람이 아니라는 말이 그냥 나온 말이 아니라는 생각이다.

책을 읽으면서 노태우 대통령 시절 청와대 민정 사정 수석 비서관을 지낸 법조인 출신 김영일 전 의원의 말이 생각났다.

첫째, IQ는 지위라는 것이다. 머리가 명석하고 아는 것이 많다는 것은 개인의 실력이기보다 높은 지위에 있게 되면 자연히 정보가 몰려와서 남들이 볼 때 IQ가 높은 사람으로 인식된다는 것이다.

둘째, 능력은 찬스다. 아무리 뛰어난 능력을 지니고 있어도 기회가 없으면 쓸모가 없다.

같은 능력을 가지고 있더라도 큰 조직이나 힘이 센 조직에서 일할 기회를 얻어야 자신의 능력이 더욱 빛날 것이다. 청와대에 근무하는 직원은 바로 대통령과 대화를 할 수 있는 찬스를 갖기 때문에 발탁기회가 생길 것이고, 비서실장은 1인자와 가까이 있기에 누구보다 능력을 발휘할 수 있을 것이다.

셋째, 파워는 공간이다. 공간적으로 권력자와 가까운 거리에 있는 사람이 실질적으로 힘을 쓴다는 것이다. 누구를 만나고 매일

매일 어떤 사람이 자신과 가까이 있는지 주위를 둘러보자.

누구를 만나고 누구와 어떤 관계를 맺느냐에 따라 그 사람의 운명과 삶이 달라진다. 다음의 얘기를 보자.

미국 대통령직에서 물러난 클린턴이 힐러리와 함께 드라이브를 즐기던 중에 한 주유소에 들르게 되었다. 주유를 하고 계산을 하려던 참이다. 주유소 사장이 와서 계산을 하려는데 놀랍게도 주유소 사장은 대학생 때 힐러리가 사귀던 남자였다. 서로 반가운 인사를 하고 주유소를 나온 뒤에 클린턴이 힐러리에게 의기양양하게 말했다. "당신이 만약 저 사람과 결혼했다면 지금쯤 주유소 사장 부인이 되어있겠지?" 그러자 힐러리는 이렇게 대답했다. "천만의 말씀, 저 사람이 나와 결혼했다면 지금쯤 주유소 사장이 아니라 미국 대통령이 되어있을걸."

"남이 하면 스캔들, 자신이 하면 로맨스"라는 자기중심적인 심리는 우리가 피할 수 없는 속성 중의 하나다. 지구는 나를 중심으로 돌아가는 것도 어떤 면에서 사실이다. 인식의 주체인 내가 있어야 모든 것이 존재하기 때문이다. 그러나 정도가 심하면 다른 사람이 있기에 자신이 있을 수 있다는 겸허함을 잃고 관계에서 무리수를 둘 수 있다. 인생은 내가 주연이지만 때로는 다른 사람을 위한 조연이 되어줄 수 있는 아량의 중요성도 알지 못하면 외톨이가 될지 모른다.

♣ 은혜를 잊지 않는 마음

내가 아는 정치인 한 분은 배신과 불신의 정치판에 대해 많은 서운함을 가지고 있다. 그래서 그분은 인간관계에 있어서 좌우명처럼 즐겨 쓰는 말이 '음수사원(飮水思源)'의 자세라고 한다. 자신의 오늘이 있기까지 도와준 사람들에 대한 고마움을 잃지 않는 마음, 끝까지 의리를 지키는 마음이 작은 이익 앞에 허무하게 무너지는 것을 보면 세상인심의 야속함을 느낄 때가 많다. 그러나 글자 그대로 물을 마실 때는 우물을 판 사람을 생각하듯이 자신의 존재에 대한 기본적인 존재기반에 대해 늘 고마움을 느끼는 자세야말로 부모에 대한 효(孝)는 물론 인간관계의 바탕이 된다.

올챙이 시절에 돌봐주지 않았다면 지금의 자신이 없다는 생각을 하기는 쉽지 않다. 곰곰이 생각하면 자신의 오늘이 비록 화려하지 않더라도 어엿한 개구리로 만든 데는 올챙이 적에 도움을 주고 공을 들였던 많은 사람들이 있음을 기억하자. 20여 년 만에 초등하교 동창들을 볼 기회가 있었다. 그때 초등학교 은사님 한 분이 생각났다. 연락처를 수소문했으나 여의치 않아서 다음 기회에 인사드리기로 했다. 그분의 칭찬은 내가 책과 친해지고 글쓰기에 대한 두려움이 없도록 만드는 데 큰 자양분이 되었다. 가끔 스스로가 살아가는 데 있어서 많은 은혜의 빚을 지고 있음을 기억하고 그 고마움에 답하는 마음을 가지자.

♣ 부탁과 '진심이 담긴 제안'의 차이

남자의 일생일대의 제안은 아마 여성에게 청혼하는 '프로포즈(propose)'일 것이다. 박사 학위 논문을 써본 사람이라면 알겠지만, 논문을 쓰기 전에 '프로포절(proposal)'이라고 해서 미리 논문의 계획에 대한 개요를 패널들에게 허가받는 절차를 통과의례처럼 거쳐야 한다.

사업이든 인생의 대소사이든 간에 누구나 어떤 큰일을 성사시키기 위해서는 그 전 단계의 제안이 수반된다. 이때 제안을 창의적인 것으로 만든다면 그것은 상대방을 부담스럽게 하는 부탁의 수준이 아니라 상대방을 기쁘게 할 수 있을 것이다. 결혼을 위한 '프러포즈'도 여성에게 부담스럽게 한다면 여성은 도망갈 것이다.

제안이 창의적이지 못하더라도 자신의 진정성을 담은 간절함이 있다면 그 제안은 성공할 확률이 높을 것이다. 러시아의 문호 톨스토이는 젊은 시절 방탕한 생활을 청산하고 결혼하고자 한 여인에게 진심 어린 프러포즈를 했다. 톨스토이는 34세의 나이에 17세의 소녀 소피아를 짝사랑하면서 3년 동안 가슴앓이를 해왔던 것이다. 톨스토이는 어느 날 사랑을 고백하고자 드넓은 호숫가에서 그녀에게 프러포즈하고자 자신의 진심이 담긴 보따리를 풀었다. 그 보따리에는 몇 권의 오래된 노트가 있었다. 톨스토이의 일기장이었다.

그의 삶의 궤적이 낱낱이 기록된 일기장에는 지난 세월의 흔적이 고스란히 드러나 있었다. 도박으로 재산을 탕진하고 미혼인 채 다른 여인에게 아이를 갖게 한 일까지도 담은 젊은 날의 방황이 드러난 노트는 여인에게 분노가 아니라 연민을 일으켰다. 만약 그 노트를 결혼한 후에 소피아가 남편 몰래 꼭꼭 숨겨둔 장롱 속에서 꺼내 봤다면 어떻게 되었을까. 상호 간의 신뢰가 무너지고 결혼이 파국으로 치닫게 될 수도 있었을 것이다.

대학 시절 짝사랑으로 가슴앓이하던 친구가 고민 끝에 한 여학생이 강의를 듣고 있는 수업직전에 강의실에 난입해 꽃다발을 전하면서 "교수님, 죄송합니다. 이렇게라도 저의 마음을 고백하고자 강의실에 들어왔습니다" 하면서 그 여학생에게 덥석 꽃다발을 전하고 나왔다. 후한을 걱정했으나 다행히도 그 친구는 그 일을 계기로 사귀게 되었다. 그 수업이 '문학'과 관련한 수업이라서 그런지 교수님도 "용기 있는 자가 미인을 얻는다"는 투의 말로 젊은이의 객기를 무례하다고 하지 않고 너그럽게 보았던 것이다. 형식은 거칠었지만 진심을 전한 이는 사랑을 얻었다. 정성 어린 스토리가 담긴 제안을 액팅한다면 어떤 마음의 장벽도 허물 수 있을 것이다. 진심이 담긴 제안은 상대방의 마음에 언젠가는 닿는다.

♣ 영혼의 울림을 들을 수 있는 친구가 있는가

『수상록』으로 유명한 몽테뉴는 라 보에티 같은 친구가 한 명 더 있었다면 『수상록』을 쓰지 않았을 거라고 말했다. 우리는 라 보에티 덕분에 걸출한 수필집을 읽을 수 있게 된 것이다.

몽테뉴와 라 보에티는 깊이 있는 사고력, 문학과 철학을 포함한 교양에 대한 열정, 선대의 영웅들처럼 훌륭하게 살겠다는 결심을 같이 할 정도의 자기 절제력과 인품 면에서도 서로를 닮았다. 안타깝게도 둘의 우정은 오래가지 못했다. 라 보에티가 페스트에 걸리고 서른셋의 짧은 생을 마쳤기 때문이다. 병상에 있을 때도 몽테뉴는 보에티의 아내보다도 그를 더 극진히 간호했다.

몽테뉴는 그와의 아쉬운 작별을 달래려고 사상가이자 작가이기도 했던 라 보에티가 남긴 글을 읽기도 했지만 그의 마음은 쉬 치유되지 않았다. 교감을 나눌 사람이 없으면 어떤 쾌락도 흥겹지 않다고 느낀 그가 마음을 다잡고 집필한 책이 세계 지성의 심금을 울린 그 유명한 『수상록』이다. 둘의 빛나는 우정이 한 권의 책, 인류의 고전으로 결실을 맺었다. 이런 건강하고 깊은 관계를 가졌는지 스스로 반문하게 된다.

♣ 큰 장사는 이익보다 사람을 남긴다

주변의 관심과 사랑은 인간생존의 필수 조건이다. 가족이나 친구, 다양하고 풍부한 대인관계가 우리 삶의 조건을 더욱 기름지게 할 밑거름이 된다. 그러나 이런 관계 속에서 상처를 받기도 하는 것이 현실이다. 미국 미시간대의 크리스토퍼 패터슨 교수는 "만족스러운 삶이란 곧 관계가 풍부한 삶"이라고 했다. 아무리 높은 지위나 돈을 가져도 이를 혼자만 향유할 수는 없다. 관계 속에서 누리기도 하고 베풀기도 하는 것이다.

레바논 속담에 "사람이 없다면 천국도 갈 곳이 못 된다"는 말이 있다. 인간관계가 행복의 바탕이 되는 이유이기도 하다. 조선 후기의 거상 임상옥은 "장사란 이익을 남기기보다 사람을 남기기 위한 것이다. 사람이야말로 장사를 통해 얻을 수 있는 최대의 이윤이며, 신용은 장사로 얻을 수 있는 최대의 자산"이라고 했다. 결국 신뢰가 바탕이 된 풍부한 인간관계가 사회생활의 가장 중요한 기반이 아닐까. 관계가 풍부하다는 것은 곧 자신의 인생 시나리오를 스토리액팅하면서 펼쳐갈 무대가 넓다는 것이기도 하다.

관계 맺기(Networking)를 하지 않는 것은 일을 하지 않는 것(Notworking) 이기도 하다.

우리들은 자신에게 관심을 보여주는 사람에게 관심을 보인다.

- 파브리아스 시라스(로마 시인)

<스토리액팅을 준비하는 리더의 '관계'>

자신의 인생 스토리를 액팅하기 위해서는 관계라는 무대가 필요하다. 그 무대가 크고 넓을수록 스토리는 더욱 풍성해질 것이다. 우리는 인생에서 수많은 '누군가'를 만난다. 그런데 그 '누군가'와 한 번의 만남이 한 사람의 운명을 가르는 결정적인 만남이 될 수도 있다. 유비는 제갈공명을 얻기 위해 삼고초려의 예를 갖추면서 인재에 대한 욕심을 냈다. 공을 들인 만남도 있고, 많으면 하루에도 여러 번 운명을 바꿀 수 있는 사람을 스치고 지나갈 수도 있는 것이 인생이다. 청춘남녀는 백마탄 왕자나 신데렐라를 애타게 기다리고 기업체 경영자는 자신의 회사를 반석 위에 올려놓을 인재를 눈을 크게 뜨고 고르기도 한다. 모든 관계가 원하는 대로 되지는 않는다. 때로는 재앙을 가져다주는 만남도 있고, 서로가 필생의 은인으로 엄지를 치켜드는 만남도 있다. 인생은 관계다. 오늘 리더를 꿈꾸는 당신은 어떤 만남과 관계를 준비하는가?

스토리액팅을 위한 생각습관 V

협업 … 하모니가 교향악을 만든다.
※ 팀 스피릿(Team sprit)은 사회생활의 기본
배려 … 배려의 마음은 인격의 발로다.
호감 … 감성의 힘은 이성의 힘보다 강할 수 있다.
스킨십 … 스킨십 없는 관계는 한계가 있다.
편 가르기에 휩쓸리지 말자. … 실력파면 된다.
가까운 곳부터 돌아보자. … 가족의 지지부터 얻어내자.
사랑 … 사랑받지 못한 것은 불운이지만, 사랑하지 않은 것은 불행이다.
네트워크 외부성 … 관계 속에서 역량을 발휘하자.
제안 … 진심이 담긴 제안은 관계를 더욱 성숙하게 한다.
고독을 즐기자. … 고독은 자신의 콘텐츠를 키워 히든 챔피언을 만드는 힘이다.

우리는 누구도 타인을 완전히 이해할 수는 없다. 그러나 완전히 사랑할 수는 있다.

- 영화 <흐르는 강물처럼>에서
아들을 잃은 맥클레인 목사가 한 말

대표적인 시간예술인 음악을 가끔 들으면서 이런 생각을 한다. 연주자는 흘러가는 순간순간을 놓치지 않고 자신의 색깔이 담긴 음악을 완성한다. 그래서 순간을 놓치면 음악을 완성할 수 없다. 그런 면에서 우리의 삶도 하나의 음악일 수 있다. 짧은 음악연주와 달리 인생은 다시 연주할 수 없다. 그래서 오늘이 중요하다. 우리 인생을 어떤 음악으로 만들 것인가. 웅장한 교향곡이나 현란한 춤곡일 수도 아름다운 소품일 수도 있을 것이다. 그런데 이도 저도 아닌 소음으로 끝나고 마는 인생은 생각만 해도 끔찍하지 않은가.

책에서 우리 생의 멋진 연주를 위한 생각의 관리를 위해 몇 개의 나침반을 소개하고자 했다. 여기 쓰인 나침반의 행로를 좇아간다면 적어도 길을 잃지는 않을 것이다. 현대의 복잡한 삶을 헤쳐 나가기 위해 많은 현자(賢者) 또는 사이비 현자들이 삶의 방식을 때로는 파격적으로 비틀어보라고 한다. 삶의 방식에서 진부함을 타파하고 참신함으로 옮아가라고 한다. 그런데 삶의 방식에는 변칙이 있을 수 있어도 원칙에는 변칙이 있을 수 없다. 그래서 도덕군자의 설교 같아 보일 수 있는 원칙에 대한 얘기를 되도록 풍부한 사례를 빌려 말하고자 했다.

이 책은 인생을 '행복'이라는 항구를 찾아 항해하는 과정이라고 할 때 우리가 어떤 이정표를 보고 가야 할지 독자와 함께 생각했던 여정이다. 그 여정에 함께한 나침반은 우리가 익히 알고 있다고 생각할 수도 있다.

시간을 지배하며
꿈을 향해 도전하는 삶을 사는가?
관계를 소중히 하면서
후회 없는 죽음을 준비하고 있는가?
이런 질문을 끊임없이 던진다면 이미 당신은 '행복'이라는 항구에 어느덧 도착해있을지도 모른다. 질문을 던지고 스토리를 액팅하는 순간에 당신은 이미 행복이라는 바다를 가로지르며 살고 있는 자신을 발견할지도 모른다.

글을 쓰고 보니 그 나름대로의 몇 가지 방정식을 얻었다. 단순한 방정식일 수 있지만, 이를 염두에 두고 생활한다면 행복과의 거리가 가까워질 것이다. 우선, $H=T \times C \times R \times D$다. 여기서 H는 행복(Happiness)을 추구하는 삶, T는 시간(Time)을 소중히 여기는 삶, C는 꿈을 향해 도전(Challenge)하는 삶, R은 관계(Relation)를 조화롭게 꾸려가는 삶, D는 죽음(Death)을 생각하는 삶이다. 여기서 더하기가 아니라 곱하기가 되는 점이 중요하다. 어느 것 하나라도 제로가 되면 행복이 완전히 증발할 가능성이 있기 때문이다. 또한 $H=T/D$와 $H=T/C$라는 등식도 얻을 수 있다. 여기서 T는 감사(Thank), D는 욕망(Desire), C는 비교(Comparison)다. 즉, 감사의 마음을 늘리고 욕망과 비교를 줄이는 것이 행복을 크게 하는 것이다.

이 책을 읽는 것이 어떤 면에서는 존재의 의미를 찾아가는 여행이었으면 한다. 1954년 아카데미상 수상작인 이탈리아 영화 <길>은 인간존재의 의미에 대해 근원적으로 묻는 영화다. 여주인공 젤소미나는 좀 모자라는 여자인데, 남주인공 잠파노에게 이끌려서 떠돌아다닌다. 젤소미나는 잠파노의 카리스마에 눌려 지내면서도 어느새 삶의 재미를 느끼고 따라다니게 된다. 그러던 중에 잠파노가 사업상 얽히게 된 마르코라는 친구를 두들겨 패는 바람에 감옥에 갇히게 된다. 그러자 젤소미나는 자신의 존재 의미를 찾지 못하고 자신이 왜 살아야 하는지를 생각하며 실의에 빠진다. 그러자 마르코가 젤소미나에게 하는 말이 걸작이다. 마르코는 "네 인생에도 의미가 있어, 의미가 있어야 돼! 이 돌멩이에도 의미가 있듯이 말이야"라고 젤소미나에게 말한다. "제 인생에 무슨 의미가 있어요?"라고 젤소미나가 다시 묻자 마르코는 "무슨 의미인지는 몰라, 그렇지만 무슨 의미든지 있어야 돼! 만일 이 돌멩이에 의미가 없다면, 이 세상 모든 것에는 의미가 없어"라고 말했다.

우리 인생도 의미를 찾고 자신이 주연으로 살고자 하는 삶과 의미따위는 묻지 않고 그냥 살아가는 것과는 같은 결과라도 받아들이는 행복의 총량은 많이 다를 것이다. 자신이 스스로 텔링하고자 하는 인생 스토리를 주연으로 액팅하고자 한다면, 그 인생은 하나의 작품으로 승화될 수 있을 것이다. 모두가 '리더'가 되지는 않더라도 '의미의 돌멩이'라도 되어야 하지 않을까.

생각과 행동을 관리해서 성공으로 이르게 하는 방법은 많은 현자들이 책으로 강연으로 쏟아내고 있다. 그런데 사람마다 능력과 처한 환경이 다른데 어떻게 같은 방식의 접근이 만병통치의 효력을 낼 수 있을지 의심이 들기도 하는 것이 사실이다. 틱낫한 스님 같은 이는 화를 다스리라고 하고, 마샤 캐넌 같은 이는 화는 건강에 이로우니 똑똑하게 분노하라고 가르친다. 슬로우 라이프를 실천하는 가운데 행복을 찾는 이도 있고 분, 초 단위로 시간 관리를 해야만 행복해지는 이도 있다. 매사에 긍정 에너지를 가지고 적극적으로 도전해야만 행복이 쟁취된다고 단언하는 사람이 있는가 하면, 치열한 도전보다 느긋한 삶 속에서 소소한 일상이 주는 행복을 찾아 나서기를 권하는 사람도 있다.

얼핏 상호모순처럼 보이는 주장들 속에서 어떤 삶이 정답인지는 오직 스스로가 찾을 수밖에 없다. '자기계발'이라는 말이나 자신을 돌아보는 일이 사치로 느껴질 만큼 등이 휠 거 같은 삶의 무게에 짓눌려 있는 사람에게 무한 긍정 에너지를 가지라고 강요하는 것은 무리일지도 모른다. 그러나 절망 대신 희망을 택해야 하는 것은 인간을 포함해 삶을 선택한 모든 생명체의 본능이자 의무가 아닐까.

우리는 인생이라는 연극무대에 올라 선 배우, 즉 스스로가 만든 대본을 들고 액션을 하는 액터(acter)이다. 주위를 둘러보면 스스로 만든 대본을 들고 액팅하는 많은 사람들이 있다. 극적으로 바닥을 차고 일어서 인생의 반전에 성공시킨 사람도 있고, 많은 이들이 향유하는 그 지극한 평범함도 누리지 못하는 사람도 있다. 그 평범함이 어떤 사람에게는 불만덩어리이고 어떤 사람에게는 그렇게 갈구하는 부러움의 대상이기도 하다.

정답이 있을 수 없는 인생을 어떻게 살까. 인문학의 고민은 여기서 시작되는 것이 아닐까. 이 책 또한 그 고민을 같이 독자들과 나누는 여정이었다. 불완전함을 견디면서 같이 동시대를 살아가는 사람으로서 끝까지 여정을 따라온 독자들에게 감사의 마음과 부끄러움이 교차

한다. 쓰면서 많은 거인들의 어깨에 올라가서 생각을 가다듬었다. 이 책도 독자들에게 거인의 어깨까지는 아니더라도 생각의 습관을 가다듬을 때 곁에 두고 기댈 수 있는 작은 의자라도 되었음 한다.

이 책이 나오기까지 수고를 아끼지 않은 신수빈 님과 이담북스 관계자 분들께 감사의 마음을 전한다.

- 2019년 가을이 무르익은 어느 날

"영원한 건 없어요. 행복도 절망도, 인생조차도 그다지 오래가지 않아요."

- 영화 <밀회(Brief Encounter)> 중에서

참고문헌

1) 『행복하게 만들어주는 책』, 아르튀르 드레퓌스 지음, 이효숙 옮김, p.138.
2) 『한 걸음 쉬어가는 길』, E. 젤린스키 지음, 홍연미 옮기, pp.208~210.
3) 『행복의 비밀 50』, 김형자, pp.184~189.
4) 『행복의 함정』, 리처드 레이어드, p.34.
5) 『한국경제신문』, 2013. 10. 17.
6) 『행복의 신화』, 소냐 류보머스키 지음, 이지연 옮김, p.217.
7) 『지금 너에게 가장 필요한 것은』, 소프트뱅크 신규채용 라이브 편찬위원회 지음, 정은영 옮김, p.35.
8) 『이성적 낙관주의자』, 매트 리들리, p.35.
9) 『죽기 전에 더 늦기 전에』, 김여환, p.50.
10) 『월간조선』, 2013. 6월, p.490.
11) 『우리가 서로 사랑한다는 것은』, 피에르 프랑크 지음, 한영란 옮김, pp.125~127.
12) 『월간조선』, 2013. 6월호, p.347.
13) 『서울신문』, 2013. 8. 14.
14) 『오프라 윈프리 이야기』, 주디 L. 해즈데이, pp.103~104.
15) 『중앙일보』, 2013. 6. 13.
16) 『조선일보』, 2013. 10. 31.
17) 『행복은 나에게 있다』, 니컬러스 게이틴 지음, 문세원 옮김, p.213.
18) 『인생의 무게 앞에서』, 제임스 알렌 지음, 윤재원 옮김, pp.143~144.
19) KBS, <강연 100도씨>, 2013. 9. 1. 방영분.
20) 『우리는 언젠가 죽는다』, 데이비드 실즈.
21) 『모든 것의 가격』, 에두아르도 포터, pp.70~71.
22) 『문화일보』, 2013. 9. 11.
23) 『월간조선』, 2012년 6월호.
24) 2013. 5. 7., 케이건 교수의 서울대 문화관 강연내용 참고.

25) 『길을 묻다』, 이어령, pp.205~206.

26) 『부유한 노예』, 로버트 라이시 지음, 오성호 옮김, pp.165~166.

27) 『무신론자를 위한 종교』, 알랭 드 보통 지음, 박중서 옮김, p.280.

28) 『천재의 탄생』, 앤드루 로빈슨 지음, 박종성 옮김, p.42.

29) 『조선일보』, 2013. 6. 22.

30) 『문화일보』, 2011. 12. 28.

31) 『신동아』, 2013. 9월호, p.389.

32) 『중앙일보』, 2013. 10. 25.

33) 『시간에 대한 거의 모든 것들』, 스튜어트 매크리디 지음, 남경태 옮김, p.27.

34) 『프로의 경지』, 고미야 가즈요시 지음, 김윤경 옮김, p.14.

35) 『프로의 경지』, p.76.

36) 『콘텐츠로 세상을 지배하라』, 전진국, p.224.

37) 『시간 추적자들』, 하랄트 바인리히, 김태희 옮김, pp.40~41.

38) 『유니크』, 아냐 푀르스터, 페터 크로이츠, pp.144~151.

39) 『아이디어사용설명서』, 폴 슬론, p.226.

40) 『조선일보』, 2013. 8. 24.

41) 『월간중앙』, 2013. 8., p.141.

42) 『인생 후반전 이렇게 설계하라』(데이비드 코베트 지음, 이동은 옮김) 중에서.

43) 『브레인 룰스』, 존 메디나 지음, 서영조 옮김, p.46.

44) 『천재의 탄생』, 앤드루 로빈슨 지음, 박종성 옮김, p.59.

45) 『월간중앙』, 2012. 11월호, p.173.

46) 『동아일보』, 2012. 7. 11.

47) 『사랑하라 너를 미치도록』, 로베르트 베츠 지음, 송소민 옮김, pp.42~43.

48) 『행복의 완성』, 조지 베일런트 지음, 김한영 옮김, p.187.

49) 『당신 안의 기적을 깨워라』, 나폴레온 힐 지음, 강주헌 옮김, p.28.

50) 『거대한 사기극』, 이원석.

51) 『서울신문』, 2013. 5. 24.

52) 『바보처럼 공부하고 천재처럼 꿈꿔라』, 신웅진, p.219.

53) 『래리 킹, 원더풀 라이프』, 래리 킹 지음, 정미나 옮김, p.310.

54) 『마음을 팝니다』, 이랑주, p.6.

55) 『최선의 결정은 어떻게 내려지는가』. 토머스 데븐포트 · 브룩 맨빌 지음,

김옥경 옮김.

56) 『문화일보』, 2013. 7. 18.

57) 『월간조선』, 2012년 10월호, '박시호의 행복편지' 중에서.

58) 『인생 치유』, 댄 베이커·캐머런 스타우스, pp.367~368.

59) 『내 인생에 힘이 되어준 한마디』, 정호승, p.87.

60) 『월간조선』, 2012. 4월호 p.491.

61) 『공부하는 인간』, KBS 공부하는 인간 제작팀, p.350.

62) 『공부하는 인간』, p.354.

63) 『공부하는 인간』, p.358.

64) 『월간조선』, 2012. 6월호, pp.424~433.

65) 『행복의 신화』, 소냐 류보머스키 지음, 이지연 옮김, p.91.

66) 『영원에서 영원으로』, 불필.

67) 『인생이 우리를 위해 준비해 놓은 것들』, 대프니 로즈 킹마 지음, 이수경 옮김, p.44.

68) 『멀티플라이어』, 리즈 와이즈먼·그렉 맥커운 지음, 최정인 옮김, p.59.

69) 『월간중앙』, 2013. 3월호.

전영범

전영범은 고려대 철학과를 졸업한 언론학 박사(한양대)로 인문학과 사회과학, 나아가 예술을 통한 소통에 관심이 많다. 겸임교수로 서강대, 성균관대, 한양대 등에서 청춘들과 즐겁게 소통했고, 한양대와 서강대 언론대학원에서는 현역 언론인들과 미디어업계 종사자들에게 미디어산업 전반에 대한 지식을 나눈 바도 있다. 서울커뮤니티오케스트라 단장을 역임하는 동안에는 오케스트라 활동을 통해 감성의 교감과 소통의 문제를 경험하며, 다양한 봉사활동으로 클래식의 향기를 대중에게 전하고자 노력하기도 했다. 세종문화회관 자문위원으로 "모두를 위한 오케스트라 프로그램"에 조언한 바도 있다. 콘텐츠의 스토리텔링, 그리고 콘텐츠의 커뮤니케이션, 미디어와 광고산업에 대한 관심으로 영화 관련 책 2권, 방송산업과 관련한 책 1권을 썼고, 2014년에는 에세이 〈다시 활짝 피어라〉를 지은 바도 있다. 한국광고홍보학회 및 한국소통학회 이사를 지냈으며, 2019년에는 한국광고학회의 〈광고지성총서〉에 공저자로 참여했다. 현재는 한국방송광고진흥공사에서 미디어산업의 발전을 위해 힘쓰고 있다.

스토리액팅
STORYACTING

초판인쇄 2019년 11월 8일
초판발행 2019년 11월 8일

지은이 전영범
펴낸이 채종준
펴낸곳 한국학술정보㈜
주소 경기도 파주시 회동길 230(문발동)
전화 031) 908-3181(대표)
팩스 031) 908-3189
홈페이지 http://ebook.kstudy.com
전자우편 출판사업부 publish@kstudy.com
등록 제일산-115호(2000. 6. 19)

ISBN 978-89-268-9696-9 13330